メキシコの百年1810-1910

権力者の列伝

エンリケ・クラウセ＝著
大垣貴志郎＝訳

現代企画室

メキシコの百年　目次

日本語版発刊に寄せて 7
原著の序 13

第一章 独立の先駆者……21
1. 独立百年祭 23
2. 英雄と政敵 28
3. 禍根の清算 37

第二章 カウディーヨの世紀……45
1. 自由への渇望 47
2. 国家の下僕 69

第三章 クリオーヨの没落……97
1. 帝国の夢 99
2. 共和国の夢 124
3. 大衆の扇動者 135
4. 自由主義派と保守派 157
5. 戦え、メキシコ人 173

第四章　インディオの勇ましさ……203

1. 大地の申し子　205
2. 法への執着　225
3. 改革の時代　239
4. 世界で最も美しい帝国　271
5. 民主的独裁者　302

第五章　メスティソの躍進……325

1. オアハカの男　327
2. 秩序、平和、進歩　336
3. 怪物と族長　346
4. 聖人と化した自由主義者　353
5. 名誉の墓を求めて　358

原著参考文献　365
訳者あとがき　379

装丁——有賀　強

メキシコの百年 1810–1910
権力者の列伝

Siglo de Caudillos, Biografía política de México (1810-1910)
Enrique Krauze, 1994
Tusquets Editores, S. A., México

La publicación de esta obra se ha podido realizar gracias a la generosa ayuda prestada por Protrad de México, programa de apoyo a la traducción de obras mexicanas en lenguas extranjeras.

日本語版発刊に寄せて

私はいま、クエルナバカでこの文章をしたためている。この地はスペイン人がメキシコで最も早く入植した地域の一つである。近くにエルナン・コルテスの館が建設されたが、そこはもともと先住民が宗教儀式に使用していた丘であった。メシカ人の帝国滅亡後、僅か八年間経過した一五二九年に、新大陸に征服者が造った最初の民間建造物であった。また、この付近のトラルテナンゴには、今でこそ壁の色はあせているが小さなキリスト教の礼拝堂がある。おそらく新大陸で一番古いものかもしれない。一方、クエルナバカの中心街には、巨大な月桂樹の生い茂る葉が覆いかかるカテドラル［大寺院］がある。鐘楼からは四方が見渡され、その教会建築の壁面は城壁のように堅牢でそれに面して独特な中庭があり、教会の内部にはあまり人に知られていない貴重なものが保存されている。秀吉の命で殺された二六聖人（フランシスコ会の修道士と日本人の改宗者）の殉教者絵図（縦八メートル、横三〇メートル）が描かれている。一五九七年二月五日に長崎で磔の刑に処せられた犠牲者にメキシコ人のフランシスコ会修道士フェリペ・デ・ヘススも含まれているが、彼はそれからほぼ三世紀後の一八六二年に列聖された。

その教会内壁画は類稀なもので、制作に東洋の芸術家の手が入ったのかと想像させるぐらい、壁画は日本の屏風絵のように折り畳み式に展開している。その人物像はバロック風絵画によく見かける悲壮感はただよっていない。むしろ、描写技法は軽微で平穏であり、また、登場人物の風貌はストア哲学者のような冷徹さを感じさせる。徒歩の殉教者の行列と護衛する馬上の警吏の姿、想像上の虎退治の様子にも重量感というより全体が壁面から浮き上がっている。描写した対象物に影をつけず、遠近技法も用いていない。その上、殉教者は日本の服をまとっている。彼らが少しでも日本の風習と生活用式に慣れようとしていた意思の表現と思われるが、一つだけ日本と隔てる重要なものが描かれていた。十字架であった。宗教である。これがスペイン帝国と（ライバルのポルトガル帝国）の日本との恒久的出会いに大きな妨げとなった。秀吉とその後継者、伝説的な英雄家康も再三、ヌエバ・エスパーニャと通商交渉を試みたが、いずれもイエズス会やフランシスコ会の宣教師は、日本侵略の尖兵で布教にかこつけて来日している、との危惧は為政者からぬぐい切れなかったようであった。そのため、（遠藤周作の『侍』の題材にもなった）一六一四年の支倉常長遣欧使節は、当時の国情が影響して不運にも初期の目的は達成されていない。しかし、使節団の六〇人の侍と一三〇人の商人は、アカプルコに上陸しメキシコで四カ月滞在した。その間、各種の歓待を受け闘牛なども楽しんでいる。一行がフェリペ三世治世のスペイン、マドリッドに到着したとき、日本では禁教令が発布される。厳格に信仰の堅持と布教活動を強調した当時のスペインとバチカン法王庁は日本が望んでいた交易実用主義に興味を示さなかったため、オランダが日本との関係を保った。その後、日本は明治維新まで二世紀以上の鎖国に入るが、アメリカ合衆国は新興の強大国として日本が閉ざしていた扉を叩いた。

メキシコと日本を結びつけたのは、宗教でも交易でもなかった。文化であった。一八七四年、メキシコは金星の太陽面経過観測隊を東洋に派遣した。隊長はフランシスコ・ディアス・コバルビアスで、観測と日本国内視察旅行が終了するとその記録を上梓した。彼は宣教師としてではなく、科学者として日本の魅力に心をひかれて来日した人物である。そして、メキシコ人を改めて東洋に目を向けさせた。日本との通商を近代的に再開し増大させる方法があった。それは、（一五六五年から一八一五年まで）ほぼ三世紀の間、毎年マニラからガレオン船がアカプルコの海岸に到着して、東洋との交易（とりわけ、中国）から生じる収益を国中にくまなく配分していたので、日本と緊密な通商関係を再開すればよいと考えた。メキシコは日本に小麦、砂糖、穀類、金属、木材、植物の繊維などを輸出し、その代わり、絹織物、綿製品、陶器、絨毯などの織物、扇子、和紙、調度品、食器類などを日本から輸出できると説く。さらに、日本との貿易決済通貨は当時、メキシコにとり為替相場が有利なメキシコ銀が使用されるはずだとも述べた。そのため、この科学者は日本から移民を誘致することを全面的に支援したいとの信念を抱いた。その上、当時、回帰性の大計画であったテワンテペック地峡が建設されれば、ヨーロッパとアジアを結ぶ回廊として利用でき、待望されていたユートピアも現実になるのではないかとさえ彼は考えを馳せていた。

しかし、両国接近の夢は遅々として進まなかった。通商と交易船の派遣（日本側からは積極的であった）、日本移民はメキシコへ渡った。なかには、日本人の曲芸師一行が太平洋を越えてメキシコのサーカス団に出演し、大いに人々の喝采を受けた。日本人（質素で勤勉、労働意欲も旺盛）は大挙して農業移民として押しかけた。永年かかって日本人社会を作りエスクイントラ村やチアパス村で農業移民として成功した例もある。また、移民事業斡旋業者が鉱山や農園や工業部門で短期間働く労働者の滞留契約や労働条件の調停を引き受けた場合もあった。しかし、ヨーロッパや米国からの移民がこの国の経済界に浸透していく度合いと比較すれば、メキシコと日本はその規模において限定されていたと言えよう。

政治面の展開は意義深かった。メキシコは一八八九年に日本と友好通商航海条約を締結する。日本とメキシコがこの協定を締結した時は、ポルフィリオ・ディアス大統領が世界に向かって全方位外交政策に転じた時期でもあった。一八四七年の米墨戦争の結果、メキシコは「北方の巨人」に国土の約半分に当たる面積を割譲せざるをえなかったので、日本への接近はメキシコの独自外交政策上、大きな展開となった。日本にとっても、メキシコとの平等条約締結はヨーロッパの列強諸国や、とくに、米国との不平等条約解消の第一歩になる。しかし、一九〇四年、日本が日露戦争で大勝利を収めた頃から米国は、メキシコと日本の接近を次第に憂慮し始める。ポルフィリオ・ディアスは日本帝国との緊密感を深めることに一向に憚らない。さらに、当時、日本へのさゝやかな芸術的関心の証にテオティワカン神殿付近に日本庭園の建設（決して実現されなかった）を表明したり、日本の外交団を優遇した時期があったとまで言われた。また、ワシントンでは、メキシコは太平洋に面したマグダレナ湾の海軍基地使用許可権（永年米国に供用されていた）を米国から日本政府に譲渡するかもしれない、との噂に憂慮していたようであった。一九一一年のメキシコ革命でディアス政権は失脚するが、大統領のこの日本への過度の外交辞令が政権の命取りとなったと、考える者もでる始末であった。

一八七六年から一九一一年までディアスは間断なくメキシコを統治した。彼の母方の姓には日本人姓が付いていることは語り草になっているが、確かに母親の旧姓はPetrona Moriであった。ディアスの長期政権は堅固さと賢明さでメキシコ各地のカシケ（日本の地方大名に相当する）を徳川家のように巧みに束ねて国を統一した。また、彼がメキシコを近代化する意気込みは、あたかも明治時代の辣腕政治家を彷彿させる。一八一〇年のメキシコ独立戦争開始から一九一〇年のメキシコ革命勃発までの歴史を織りなし再現する本書、権力者の列伝を論述した『カウディーヨの世紀』、「メキシコの将軍たち」の最終部に、彼の列伝は記述されている。

本書で扱う、カウディーヨ（Caudillo）という言葉の意味は、次のように解説できる。元々、スペイン語のcauda（司祭の祭礼服の長い裾）から由来すると言われていて、丁度、ほうき星の長い尾のようなものを指す。しかし、実際は、ラテン語のcapitellumから由来して戦場で指揮する頭目、司令官のような立場の人を意味するらしい。言葉というものは、その単語を外国語の同意語で置き換えてみても、必ずしも、その意味合いが過不足なく伝達されることは難しい。メキシコのカウディーヨは、ドイツ語のführerではない。というのは全体主義的志向は含んでいないからである。また、単に英語の軍隊用語chieftainでもなく、イタリア語のcapoではマフィアのボスの意味が出てしまう。同じイタリア語でもduceの称号は傲慢な響きがする。いずれの同意語でも意は尽くせない。英語のleaderの意味に比較的近いが、それでも世俗権力の掌握者に過ぎず、マックス・ウェーバーが言う、なかば神聖な領域内で支配力を発揮するカリスマの響きが十分含まれない。一九世紀メキシコ、カウディーヨの世紀に登場した人物は全員、メキシコ革命に活躍した偉大な指導者（エミリアーノ・サパタやパンチョ・ビーヤ）のようにオーラを共有している。そして、つかの間であったが、そんな特徴を保持していたのがチアパスで先住民蜂起を指揮したマルコス副司令官かもしれない。仮に、カウディーヨ（その内何人か）を「メキシコの将軍」と呼べば、厳格には問題が生じるがまったく見当違いだとも決めつけられないだろう。彼らは国難の時期や戦乱の最中を、重厚な伝統（先住民文化、キリスト教文化、スペイン文化）の強力な引力と葛藤しながら、一刻の猶予も許されない状況で弾圧からの解放と経済の発展を、追い求めなければならなかった。勇気と品位を示して、抗しがたい宿命に立ち向かった典型的な英雄の姿もある。なかには、日本の切腹の儀式に宿る自己犠牲を貫き、（意図的かどうかは定かではないが）、自刃したつわものもいる。しかし、多くは戦死か銃殺刑で果てるか、または、流刑地か人知れぬ地で死んでいる。ヨーロッパから来た空想にふけた人物で、ナポレオン三世とその妻（スペイン人、エウヘニア・デ・モンティホ）に説得されて、ヨーロッパ王室の帝国をメキシコで建国する夢の犠牲者となった、ハプスブルグ家出身のオーストリア帝国皇子マキシミリアーノと妻、カルロータ妃も含まれている。他には、旧約聖書に登場するような預言者であるが武装したカウディーヨや、イスラム教最高指導者、アヤトラのような原理主義者のタイプもいた。こんな中で、他の追従を許さない典型的なカウディーヨは二人いた。一人は、先住民の血を引く法学士ベニート・フアレスと、もう一人は出自こそつつましい軍人だが、「ディアスの平和な時代」を築いた、日本の友人、ポルフィリオ・ディアスである。彼こそ、日本の「パクス徳川」（徳川の安泰）の立役者に匹敵するかもしれない。

原著が出版されてから間もなく一〇年になる。『カウディーヨの世紀』［著書の原題］はこのたび日本語に翻訳された。本書が両国の文化を理解する何らかの掛け橋になれば幸いである。と言うのは両国間には文化理解の努力が絶え間ない営みとして存在してきたからである。フランシスコ・ディアス・コバルビアスの業績は、ファン・タブラダの文学作品を生み出す原動力につながった。この詩人は一九〇〇年に日本を訪れた。日本について（俳句、紀行文、版画、詩作など）多く書き残した。オクタビオ・パスの言葉を借りれば、彼は極限の字数で諧謔や洒脱な文章を用いて目の前にある精密で珍しい事象に愛情を注いだ文を書いた、と言われている。パス自身も一九五二年に日本に滞在した。日本文化や文学についての著作を残し、芭蕉の『奥の細道』もスペイン語に訳している。また、多くの日本の知己も得た。

日本の多岐にわたる文化と芸術（絵画、建築、食文化や柔術など）はこれまでメキシコに紹介されてきた。日本を代表する作家の作品はメキシコでも好評でよく読まれているし、またメキシコの文学者の著作はいくつか日本語に翻訳されている。このたび、新たな分野からメキシコを紹介する本書が出版された。権力者の列伝、『カウディーヨの世紀』である。クエルナバカにある漆喰壁画の絵図が蘇ったのように、本書も歴史上に浮遊した表象を浮かび上がらせるような鎖の一つの輪になればと願っている。

二〇〇二年七月、クエルナバカ市にて

エンリケ・クラウセ

原著の序

歴史家カーライルは、「世界の歴史は偉人の列伝だ」と考えた。また歴史とは一種の聖書のようなもので、「人間がそれを解読し追記し、そして、同時に自分たち自身もその中に書き込まれているものだ」とも考えていた。この考え方に対して、この一世紀半にわたって、新しい批判的な理論――あるものは良識に満ちた、またあるものは凡庸きわまりない、そして大部分はかのスコットランド人歴史家のそれのように独りよがりな――が奔流となっておそいかかった。どんな歴史でも、列伝だけで記述されるものでないことは明白だ。そして、我々の時代に教訓を与えるものがあるとすれば、歴史叙述に不変の法則はないということだ。前者に懐疑的になれば、個人崇拝にいきつこう。後者を疑うならば、個々人には決意もあれば優柔不断なところもあることを否定してしまうことになる。それこそが、幸いにして、歴史の日常性をなす素地に見合っていることなのだ。

確かに、英国史に登場する勇敢なリチャード王や不屈のヘンリー王が、個人的に国の行方を決定したことは否定できない。同じことが古代の王国や、聖書の伝説的な時代に登場した人物にもあてはまる。古代の共和国は何れも偉大な人物に導かれた。しかし、プルタルコスやマキャベリは権力より民衆の力を重んじていた。だからこそ二人の列伝には王子、議員、戦士のほかに模範的な人物、嫌悪すべき人物もふくまれている。そして、各人はそれぞれ決定的な時期に登場した。我々の時代についても、一例を挙げよう。第二次世界大戦の幸運な結末については、チャーチルの勇敢な行為を抜きにして語ることができようか。これはカーライルの権威を失墜させた対をなす定式の還元的な性格を物語るものである。とはいえ、彼が考えた歴史観に見事に合致する歴史や国もある。その中でもメキシコは最もカーライルの歴史観に相応する国の一つであろう。

スペイン型の歴史秩序の崩壊は、ラテンアメリカ全域にカウディーヨの出現を招いた。我々にとってそのカウディーヨという言葉の意味は否定的意味合いだけを含むものではない。カウディーヨとは強力な権力を保持している者、新しいタイプの「傭兵隊長《コンドティエロ》」、生命と財産を支配する者、光輝く刀を振り回しイベリア半島を支配した典型的なアラブ人の血を受け継いだ者であり、「王国を興さんがために」戦った中世の騎士のような者で、それが一九世紀のメキシコにやや違った形で再び出現したのだ。カウディーヨはカリスマ的人物にとどまらない。神託を携えて神の摂理に導かれている者もあれば、偶像崇拝の対象になる人物もおり、または神権政治を司る人物であった。つまり、神がかりな者であった。

この特異な現象の起源は、オクタビオ・パスがいみじくも言及したように、宗教的専制政治——すなわち、先住民とスペイン——が融合した地点にある。トラトアーニと呼ばれたアステカ帝国の皇帝は神でこそなかったが、一般人は彼に直接会うことさえ出来ないほどの神聖な存在であった。彼を直接見たとしたら死を招いた。この特別な人物への恐怖とおののきはそのまま、植民地時代の征服者やエンコメンデーロへ継承された。さらに「カシーケ」や「専横領主《マンドン》」、さらに副王、アシエンダ領主へ引き継がれた。「奉仕する（servir）」と「命令する（mandar）」というスペイン語の動詞はメキシコのみで使用される語彙ではないが、長い間メキシコにおいて特別のニュアンスを帯びるようになった。また、トラトアーニは単に家臣の命を左右できる人物のみならず、配下の先住民の「両親」の代役を果たしたと年代記にある。この家父長的特徴は同時に、フランシスコ会、ドミニコ会、アグスティン会、イエズス会の宣教師にも引き継がれ、その結果はいわゆる「精神的征服」としてよく知られている。植民地時代に宣教師はどの村でも、村人の「神父さま《パドレシート》」として崇められていた。

そのため、三世紀間のメキシコの伝統的秩序は徐々にしかし、決して強制的でなく、過激な方法を取らずに、従順、同意、服従の巨大なピラミッドとして形成されてきたように思える。敗北していないが、昏睡状態にあるピラミッド、すなわちメキシコ先住民のピラミッドの上にキリスト教的帝国のピラミッドが建設された。これが、一八一〇年に崩壊した政治支配の秩序である。

本書はその崩壊が生じた後の百年間の権力者の列伝である。ラテンアメリカ諸国に見られるようにメキシコでも独立を求めるカウディーヨを輩出した。だが、メキシコの場合は特殊である。ミゲル・イダルゴとホセ・マリア・モレーロスという司祭が独立の担い手であった。彼らの活躍期間は短く悲劇的であったが、重要性と緊張に満ちていたのであたかも聖書のようであった。また、一八二一年から一八五五年にかけてのクリオーヨのカウディーヨは典型的で他のラテンアメリカ諸国に輩出した人物と対《つい》をなしていたといえる。一人は破格の人物である。神託を受けた人物のように人々から歓待された無冠の国王のような、アントニオ・ロペス・デ・サンタ・アナである。しかし、クリオーヨの心の中では、――ルーカス・アラマンとホセ・マリア・ルイス・モラは、サンタ・アナと同時代のクリオーヨであるが、彼と異なり二人は軍人でなく知識人であった――二人には国内統一が果たせないという思いもあった。彼等は可能性と知識は備えていたが、――来るべきメキシコの将来を、モラは文民の指導者、民主的かつ共和制体の国家の樹立を期待して新しい秩序を打ち立てることを試みた。アラマンは過去を振り返って身分制社会の復帰を望み、カトリック教を国教とした中央集権的国家を目指した――皮肉にも互いに意見を異にしたため、国内は保守主義者と自由主義者との確執から、無政府状態、領土の割譲、経済の貧窮、とりわけ革命、外国との戦争、国内紛争などを招くだけであった。

失われた秩序を回復したり、新たな秩序を築いたりするのに、カリスマ的な力だけで十分ではない。混じり気がなく、中身を伴わないカリスマ性は、確かに、何かを築く時には第一の障害となる。そこで、メキシコ史をカーライル風に記述する、謎につつまれた聖書は、異なる嫡出性から生まれた異質の支配を必要としたのである。ベニート・フアレスという人物の出現であった。ラテンアメリカのどの国においても彼に類似する人物は出現していない。一九世紀半ばの先住民出身の大統領である。彼に対する悪宣伝は不可解な人物だというイメージを決めつけたが、――幾分その面があるとしても誇張されているにすぎない――メキシコの政治に新しい秩序を回復した評価は決して損なわれることはない。あるいは特異なことには、祖先たるサポテカ人の温厚で、厳格で、悲哀にみちた形で、フアレスは本能的にも、アステカ帝国のトラトアーニの古い井戸からくみ取った水で、法に叶った新たな正当性に洗礼を授けた。古い型に新しい理想を合流させて、メキシコを初めて強力で中央集権化された国家として、独立した国の基盤を固めたのである。フアレスとともに、メキシコは独特の過去の基盤の上に、未来に託された歴史的責務を果たす課題を政治的に達成した。共和制という礼服をまとった一種の君主制であったが、副王領時代には想像できなかった個人の自由は保証されたのである。

こうした型を作り上げるには、長い間に多くの犠牲が払われた。闘争の中心人物は一九世紀メキシコを二分したフアレスである。その闘争は宗教戦争の様態を示し、ラテンアメリカのどの国にもその前例はない。その証拠にレフォルマ戦争（一八五八－一八六一）という比類なき名称が与えられている。メキシコはすでにスペインから独立を達成していたものの、それは植民地的秩序から解放されていたわけではない。というのはカトリック教会の占める歴史的重要性は何ら変化がなかった。解放された萌芽的国家は、並行して存在するいま一つの国家のような強大なものと宿命的に直面する。これを克服するためには、一人のカウディーヨが必要であった。彼にとり一八五七年の自由主義憲法と、レフォルマ法の二つの大義を採用することが不可欠となった。これらはメキシコにおいて教会が、昔ながらの、冷酷で、偶像崇拝的な宗教性を備えたものとして占めてきた歴史的位置を変えるものとなった。カウディーヨ―司祭―トラトアーニの三役を兼ね備えたのがフアレスであった。だが、これも、同世代の自由主義派知識人のイデオローグ的支持なくしては、一歩も進まなかったであろう。メキシコが二十世紀末の現在、辛うじて立憲体制を保持しているというのも、傲慢なほど自立心の強い以下の人物に負うところが大きい。例えば、イグナシオ・ラミーレス、サントス・デゴヤード、イグナシオ・マヌエル・アルタミラーノ、ミゲル・レルド、ギジェルモ・プリエト、そして特にメルチョール・オカンポのような人物である。哲学者のアントニオ・カソの言葉を借りれば、彼らは「巨人」であったと言える。しかし、この時期における知識人は一人残さず鮮烈な逆説の中に自分を置いていたかもしれない。何故なら、彼ら自身は自由主義者として権力は制限されるべきことを確信しつつ、勝利した自由主義国家の一員としてそれに一体化していったのである。やがて彼らは権力に対して自由を選択し、フアレスから距離をおくことになる。

フアレスはレフォルマ戦争の間だけカウディーヨとして振る舞ったのではない。フランス干渉戦争（一八六二－一八六七）でも果敢に抵抗した。その時は軍人のカウディーヨ（特にポルフィリオ・ディアス）から成る自由主義的な次世代の協力を得て国を難局から救った。この幸運な結果には、ナポレオン三世がメキシコの統治者として選んだハプスブルグ家のマキシミリアーノという人物の、晩年のロマン主義的な気質も大いに作用した。彼の抱いた夢はメキシコにとって二度目の君主国の出現となった。一度目とは独立の英雄、クリオーヨ階級のアグスティン・デ・イトゥルビデが一八二二年に、アグスティン一世として即位した時であった。レフォルマ戦争を経験した人間と同じように、二人の皇帝も不思議なほど似かよった逆説を体現した人物に見える。すなわち、「自由」を求めた彼らの世紀の召命を共有して生きながら、前世紀の伝統――絶対権力――を体現してしまった。また、二人は自由主義を信奉していた君主であるのに、この内なる矛盾が二人の運命を決定的にしてしまった。オクタビオ・パスが言うように、「二人は歴史の残忍な状況の中に生きたのである。すなわち、権力を回避した者が不運にも権力に執着したがために、別の権力により打倒された」。

一九世紀の自由主義者や保守主義者の英雄にとって殉教は避けれない宿命であった。二人を除けばほとんど全員がその運命を辿った。オアハカ出身の二人のカウディーヨは統率力を発揮することは回避しなかった。逆に大統領に任命されることを神聖なものにしたといえる。フアレスとディアスの権力の秘密がそこにあった。フアレスは軍事的に二重の勝利をおさめた。ヨーロッパ列強に歴史的な報復を加え、また、メキシコをある意味で民族国家形成の出発点に導いた。ディアスは、（一八七六年から一九一一年の）長期間にわたって秩序、平和、進歩という三つのスローガンを掲げて国家の土台を堅固なものにした。一方、フアレスは権力と栄光のうちに死んだといってもよい。彼にとり権力は宗教であり、その結果が栄光となった。しかしながら、彼を神格化させてしまった点はふさわしくないかもしれないし、同時に、ファレスの政敵が全て、地獄のような所に陥し入れられたことも正当ではないだろう。メキシコの歴史はその根底で人種にまつわる不思議な法則によって支配されていると考えても過言ではない。それは、クリオーヨが宿命的に負った非情な敗退、そして、宗教色濃厚な先住民出身の牧者に導かれてメスティソ階級が確かな飛躍をなし遂げたことを物語っている。反対に、メキシコ史上の敗北者、たとえば、保守派のカウディーヨはさまざまな呼び名――たとえば、「裏切り者」「売国奴」「反動者」「蟹ども」――で蔑視された。しかし、彼らの評価は公教育の歴史書が刻印を押したような、マニ教的扱いをするのは妥当ではない。同じように、ポルフィリオ・ディアスに対しても、彼の死後今日に至るまで、祖国から追放している現実は、逆説と言う他はない。

この善悪二元論が物語るように、メキシコは過去の歴史と和解することができなかった。メキシコという国はそのために、虚偽の中に存続するか、換言すれば、半ば真実の中に留まるかである。本書はささやかに、一九世紀――歴史のなかでは極めて重要な時期にあたるこの時代――を平衡感覚を保ち、広い展望をもって考察したい。決して過去の歴史上の人物を裁いたり、罰したり、赦免するというような拙速な判断も下していない。むしろ、過去の歴史上の人物をよりよく理解しようという目的で書いた。歴史上評価された人物をさらし台にのせたり、または、英雄の政敵に対して理不尽な共感を引き出す意図もない。ただ、歴史上の人物をその彫像の台座からひとまず下ろして、その人物の特徴をよく観察したい。その人物が歴史上の時点でどのような言動をしたのか、一人の人間として再考したいと思う。公教育の歴史上神格化された人物に対して偽りの評価をしていれば、それを正すことを回避せず、また同様に抹殺されている人物の評価できる点があれば受け入れたいとも考えている。しかし、本書は単なる「修正主義」に従うつもりは毛頭ない。そのため、自由主義者や保守主義者としての徳性、その人についての評価、そして、その人物の思想面の洞察力と明晰さを浮き彫りにして強調したいと考えている。

一九世紀メキシコには非常に多くの傑出したカウディーヨ（司祭、文筆家、実業家、政治家、軍人等）が存在し本書にも登場する。すべての人物について詳細に、或いは簡略に説明があってもしかるべきであるが、一つの拠り所として、偏向した人物選択は避けた。列伝事典を要約する考えはなく、あくまで、メキシコの歴史を調和のとれた全体像として浮き彫りさせるような人物、エマーソンがいみじくも指摘した「典型的な人物」、このような重要人物を一覧表にして絞ってみようと思う。

そのため、本書ではカウディーヨを総括的に捉える方法論を採用したい。つまり、カーライルが示したようにカウディーヨとは、国の運命が決定される緊張状態を生き抜いてきた人物である。彼らの個人的な特徴、家族関係、心理面などは、ほとんどすべてがすぐさま、国家の伝記に伝動したのである。カウディーヨについて理解を目的とした本書刊行のささやかな試み――国の公認した精神文化の担い手であった英雄のみならず、他の全てのカウディーヨを知ること――が、我々自身が築いてきたメキシコ人の寛大さの涵養に寄与する機会に役立てば幸いである。それは、対立のるつぼの中にある我々の先人との和解に繋がることを意味する。

ルーカス・アラマンは一九世紀を代表するカウディーヨで知識人の一人である。彼はいつもメキシコの歴史を理解するには、スペインの歴史に学ぶ必要があると考えていた。その理由は明白だ。

アラマンは書いている。「スペインから、我々の信奉する宗教を継承している。そして、その影響を受けた世俗的、宗教的な全ての管理・運営の秩序は長期間永続し、現在でもその大部分は保存されている。つまり、法体系や慣例、風習、分別は、我々にそれらが定着した原点を教え、また、我々の起源を評価させ、さらに、我々も国家の一部を形成していたスペイン国の、誕生と発展、偉大さに加えて、その衰退の原因までも検分させることになる」。

もし現在でも、この判断が彼の著書が著述された当時と同様に有効であれば、おそらく本書を読むスペイン人は自国史の出来事の反響が『カウディーヨの世紀』に反映されていることを認識し、また、スペインにとってこの歴史的経験は、歴史の一部だったと理解すると思う。一八二一年にスペインという木の幹から枝分かれしたメキシコという一つの枝は、常に、そして現在もなお、慎ましくその幹に信頼を寄せている。

一九九三年一〇月

追記

すでに述べたように、メキシコという国はカーライルの歴史観をあてはめてみると非常によく理解できる国である。一九九四年一月一日、メキシコが未来へ一歩踏み出したその瞬間、過去から響いてきたような武力的威嚇を手段にして、バルトロメ・デ・ラス・カサス師の古いメッセージがチアパス州に伝えられた。そして、現状を否定する主張、それは、メキシコには伝統的な問題、農民の訴える不満、発展途上国固有の問題、先住民の問題など解決すべき責務が残っているとのメッセージであった。大衆の前に、今までに例のない型のカウディーヨが、もう一度、この世界に贖いを求めて輩出した。司祭で反乱を企てたイダルゴや、モレーロスの再来かと思われる者も含まれている。彼らは権力を掌握することを回避するのであろうか。目的は達成できるのか、あるいは権力者に降伏させられてしまうのであろうか。我々は、ベニート・フアレスやポルフィリオ・ディアスが基盤を築き、それを引き継ぎ、さらに二〇世紀へ継承されてきたこの国の政治秩序に、決定的な打撃が加えられる場面に立ちあうのだろうか。新たな市民戦争が勃発する時が迫っているのだろうか。それとも今は、民主主義の誕生を告げる苦難の時期にあるのだろうか。多様なこの国の過去の歴史と、最終的に和解するのであろうか。現時点の闘争の経緯を観察していると、一九世紀のカウディーヨの時代と不思議なほど共感するのは何故だろう。同じ政治的、宗教的な緊張感は、当時のカウディーヨも抱いていたし、先住民の中にも存在していた。強い権力を握った人間が遭遇する逆説的で、しかも同じ運命を露呈している。メキシコの歴史に関する聖書の頁は今でも開かれている。さあ、我々が追記していくのか、それとも、我々自身の姿が書き込まれているのであろうか？

一九九四年一月一〇日

第一章　独立の先駆者

1 独立百年祭

一九一〇年九月の独立記念日は二重の意味で湧いていた。独立百年祭と、「平和と秩序と進歩の英雄」であるポルフィリオ・ディアス大統領の八〇歳の誕生日である。午前中は首都をはじめ各地方都市で宴、式典、ガーデンパーティー、ケルメッセ［都市部で行われる自転車レース］、山車が繰り出したパレードなどが行われた。夜になると、独立気運を盛り上げる照明に彩られた植民地様式の建物のなかで優雅な舞踏会やレセプションが催され、文学の夕べや演劇祭が開かれた。まさに、メキシコの絶頂期、ベルエポックを迎えていた。

この豪華な祭典にはメキシコと外交関係を持つほとんどの国から特使が馳せ参じた。日を追うごとに次々と新しい建物の建設や慈善事業がすすめられ、その目的は、長い間メキシコ人の生活を特徴づけていた後進性から脱却した国の進歩を証明することであった。旅人がベラクルス港に到着したり、あるいはアメリカ合衆国との国境で列車から降りれば、かれらはすぐに、ドン・ポルフィリオ――ほとんど全てのメキシコ人が敬意を込めてそう呼んでいた――が一八七六年に権力の座について以来、この国で定着させてきた社会基盤の充実を称賛しただろう。例えば港湾整備、鉄道網の拡張、電信電話郵便の完備など。首都メキシコ市では、学校、孤児院、病院、精神病院、留置場の施設などの機能が始動し始めていた。それらの設備は最も近代的な水準に達していた。独立百年祭を祝う頃に完成した、当時ではかなり注目された工事の中には、地震観測所と排水溝施設があった。メキシコで一九世紀に勃発する社会騒乱と同じ位頻繁に起こる大地震に対しても、地震の予知と研究が可能になった。下水処理は膨大な費用がかかるものの、一五二一年に征服者エルナン・コルテスがアステカ時代の湖沼の上に建てられた都市を首都として選んだ時以来の最大の問題——水害——の解決を地下道や運河網を張りめぐらせて容易にした。

メキシコが将来に向けて世界にその国力を誇示するには、取りも直さず過去の傷痕を遮断する手段を示すことが重大であった。スペインも同じ考えであった。スペインは三世紀の間、ヌエバ・エスパーニャと呼称されていた現在のメキシコに加えて中央アメリカ地域の大部分、ニューメキシコ州、アリゾナ州、カリフォルニア州とテキサス州を含んだ広大な領土に君臨していた。一九世紀スペイン本国はかつての海外領土に対して、疎遠な態度をとりつつも、公然と敵対性を示していた。一九一〇年になると時代も変わり、その証左にスペインは一八一五年に処刑されたホセ・マリア・モレーロスの形見の国旗、軍服、司祭の胸かけ用十字架をメキシコに返還した。ポラビエハ伯爵、当時の駐メキシコ・スペイン大使は独立記念日の祝宴で「偉大なメキシコ大統領万歳」と唱え、ディアス大統領はこれに応えて「我等の心の母国、スペイン万歳」と答礼した。

一八世紀半ばからメキシコ人エリート層は、フランスを流行の発祥地、芸術の形態、行動の規範、そして政治思想の典型として崇めていたが、そのフランスも、一九世紀におけるメキシコへの対処は思慮に欠けたものであったと認めるようになる。アメリカ合衆国が南北戦争の間、その南の隣国メキシコは、一八六二年から一八六七年のあいだナポレオン三世が指令した軍事侵略——一部にはかれの妃、スペイン人エウヘニア・デ・モンティホの再征服の夢に触発されてのことであったが——に悩まされたからである。フランス皇帝の目的はアメリカ大陸におけるフランスの飛び領土を獲得することであった。そのための手段が哀れなマキシミリアーノ皇帝であった。かれは三年間在位しただけで、一八六七年にケレタロで銃殺されている。ポルフィリオ・ディアス自身、対フランス戦争で活躍した主要な軍人の一人であった。いまとなっては、その武勲はすべては伝説と化している。長年にわたるディアス政権下では、——当時は「ポルフィリオ時代」として呼称されていた——パリは再び多くのメキシコ人のあこがれの都になっていた。そして両国の関係は全く通常な状態に戻っていた。決定的な和解の印となったのは、一九一〇年九月フランスが、一八六三年にフォレイ陸軍元帥が持ち去った「メキシコ・シティーの鍵」を返還したことである。

アメリカに持ち去られたもの——宝石、鍵、領土——は何も返還されなかったが、メキシコ独立百年祭に出席したアメリカ合衆国の代表団は、恒常的な不信を抱いている隣国に対し明らかに友好的な姿勢を示した。その頑な不信感には理由があった。メキシコ共和国の建国者は、はじめフランスよりもアメリカ合衆国に対して敬愛の念を抱いていた。一八二四年に公布された最初のメキシコ共和国憲法はアメリカ合衆国の憲法にならったものであった。[1] 当時の新聞エル・ソル紙はアメリカ合衆国の憲法を「精神の最も完全な創造物の一つである。歴史上最も簡潔で、自由で、幸福を前提にした基盤である」と見なしていた。不幸なことに、アメリカ合衆国は国内で用いた尺度と異なる方法で国際社会で外交活動を始めた。つまり、「明白なる天命」の教義と実践である。最初の軍事行動は一八三六年のテキサスの分離への援助。一八四五年はこの地の併合で、その翌年から対メキシコ戦争が始まった。一八四七年のメキシコ独立記念日の 九月一六日、星条旗が国立宮殿に翻っていた。そしてこの屈辱はメキシコ国民の記憶から消えることはなかった。一八四八年カリフォルニアが金鉱の発掘で湧いていた頃、メキシコはアメリカ合衆国にその土地の最も豊かな半分を割譲した。争いはそれで終わらなかった。その後、メキシコはその国境北部の領土を少なからず失っていく。自由主義派と保守派との戦争（レフォルマ戦争）のさなか、フアレスを代表とする自由主義派の政府は、南部の大統領ブキャナン政府の要求に従い、メキシコはアメリカ合衆国の保護国にさせられようとしていた。それは保守派に対抗するためにアメリカ合衆国からの援助を受ける見返りであった。しかし、この拡張主義の計画はいくつかの事情で、その中でもアメリカ合衆国上院が反対決議したことと、南北戦争勃発が重なったことで失敗に終わった。しかし、メキシコは領土併合を断念させる代わりに経済進出を相手国から引き起こすこととなった。

ポルフィリオ・ディアスはこんな両国関係を何一つ忘れなかった。彼は権力の座について以来、慎重にまた効果的にこのおそるべき「北方の巨人」と外交関係を展開した。ポルフィリオ・ディアスが一八七六年のクーデターで追放したセバスティアン・レルド・デ・テハーダ大統領は、[2]「弱者と強者の間には砂漠がある」と常々言っていたが、ディアスは対等でない隣人同士の相違点は、一つの単語を入れ換えてみてすぐに理解した。かれは「砂漠」を「鉄道」に置き換えたのである。ポルフィリオ政権の間、投資が領土侵略に取って代わった。アメリカ合衆国は鉱業、鉄道、銀行、石油、産業、農業など全ての分野にわたって制限なしに投資した。唯一の制限はヨーロッパの投資家たちとの競争であった。ポルフィリオ・ディアスは均衡を求めて、ヨーロッパの投資家の方を巧妙に好んでいた。その頃、メキシコとアメリカ合衆国との友好関係に影がさしてきていた。それは、日本帝国との外交関係に対してディアスが積極性を見せていたこと。[3] そして、アメリカ合衆国の海軍が慣例的に軍事演習に使用していた、メキシコ太平洋岸の港湾を使用することを拒絶したこと。また、ディアスがニカラグアの反政府組織を支援したことなどの理由で、タフト大統領を絶えず憤激させていた。しかしながら、タフト大統領は、ニカラグア国境付近で「不穏な活動をしている」メキシコ人には寛大な姿勢を示していた。それでも、両国関係は緊張しているようには見えず、むしろ、百年祭は和合をかもし出していた。アメリカ合衆国の代表団は、一八四七年九月に、チャプルテペック城をアメリカ軍に明け渡す屈辱より死を選んだ若き英雄たち、つまり六人の士官候補生を顕彰する大理石のオベリスクの下で彼らを称えた。ポルフィリオ・ディアスも「貴国はわが国にとり模範的な存在で、とくに、この国が独立した歴史的瞬間に、独立国とはかくあるべきだと我々に示してくれた」と感謝の意を表明した。これに対し、ワシントンから派遣された代表は「ローマ帝国にアウグストゥス帝が、大英帝国にエリザベス女王とビクトリア女王がいたように、メキシコにはポルフィリオ・ディアス大統領がいる。これで貴国は安泰だ」と絶賛した。

註

1　メキシコ独立後初の共和国憲法は、一八二四年一月に制定された。この年の六月にイトゥルビデは銃殺刑に処せられている。独立戦争期には、一八一二年のスペインの自由主義憲法、いわゆる、カディス憲法も発布されている。レフォルマ（改革）の法的基盤となる一八五七年憲法は、メキシコにとり近代法制の基盤となった。メキシコ憲法については以下参照。Tena Ramirez, *Leyes fun-*

damentales de México 1808-1961, México 1971.

2　Sebastian Lerdo de Tejada（一八二三―八九）は、一八七二年七月にファアレスが死亡したあとに大統領に就任した。メキシコ―ベラクルス間に鉄道網を完成させている。ポルフィリオ・ディアスに再選を妨げられ、ディアス政権が発足するとニューヨークに移り住み、そこで亡くなる。一方、兄ミゲル・レルド・テハダ（一八一二―六一）は、コモンフォルト政権時の一八五六年に外務大臣、五七年に大蔵大臣に就任。ファアレス政権時の五九年に再度大蔵大臣になる。一八五六年六月二六日に永代所有財産解放令の「レルド法」は、レフォルマ改革の財政推進策となった。

3　明治二一年（一八八八年）に、日本は外国と初めての平等条約をメキシコと締結した。ワシントンでマティアス・ロメロと陸奥宗光が両国政府を代表して条約に調印している。修好通商航海条約については以下参照。『一九世紀におけるメキシコと日本――メキシコの外交政策と日本の主権の確立――』（マリア・エレナ・オオタ、霞ヶ関出版、一九七八年）

2 英雄と政敵

一九一〇年九月一五日の夜、独立百年祭に派遣された特派大使たちは国立宮殿のライトアップされたバルコニーから、メキシコの国民暦にある祭典の中でも最大行事である〈独立の叫び〉に参加した。その百年前の、一八一〇年九月一六日未明（正確には、数時間前だが）、その頃、スペイン本国はナポレオン軍に占領されていて国王フェルナンド七世は捕虜となっていた。[1] 五七歳のクリオーヨ司祭ミゲル・イダルゴ・イ・コスティーヤはグアナファト州の小さなドローレス村の信者たちに驚くべき熱弁をふるっていた。一八〇八年からスペインを支配しており、間もなく新大陸にもその触手を伸ばそうとしていた「異端者フランス人」からカトリック教を守るために、当時の年代記によれば彼は信者たちに武器――すなわち、石、パチンコ、棒切れ、長竿、槍――などをひっさげて彼に従うように「挑発した」。実際、イダルゴは信徒にむかって「ガチュピン」（イベリア半島出身のスペイン人への蔑称）は「三〇〇年間にわたり、不正にメキシコ人の財産を乱費した」と批判した。翌朝には、――彼自身の言葉によれば、「熱に浮かされた」ように――近くの教会からグアダルーペ聖母像が描かれている画像布を持ち出し、軍旗の代わりにそれを棒切れに飾りつけようとする考えに「とり憑かれていた」。この宗教色と情熱が多くの下層階級の人々を引きつけ、その大部分は先住民であったが、一ヵ月も経たないうちに五万人もの民衆がこの呼び掛けに呼応した。この群衆こそ公教育の歴史書によれば、メキシコの独立闘争に立ち上がった人々であった。サン・ミゲル、セラヤ、バヤドリッド、グアナファトを独立闘争の嵐に巻き込んだ。しかし、その後、イダルゴがメキシコ市へ進軍させていれば、首都は戦禍をこうむっていたかもしれないと考えられているが、撤退したためのちの敗北の緒につながっていった。つまり、それから数ヶ月後に彼は逮捕され、まず、異端審問にかけられ、裁判でも有罪とされて一八一一年七月には処刑された。しかし、彼の行為はメキシコ独立への最初の闘争の炎となった。国中を震撼させたこの長期の暴動は植民地時代を通じて前例がなく、同時期、アメリカ大陸では一八〇一年に勃発したサントドミンゴの黒人による反乱や、一七八一年にペルーでトゥパック・アマルの反乱があったが、メキシコの場合とは異なる。というのも、メキシコでは、首都以外の広範囲な地域で闘争が展開され、大衆に支持され数年間も独立戦争は持続しその上、数多くの司祭とメスティソ［先住民とスペイン人との混血］が武装集団の主力であった点は異色であった。

メキシコのこの独立闘争の経緯は、百年祭式典中、誰一人思い出している者はいない。ただ、民衆は今年もこの日は憲法広場に行って独立万歳と大声で「叫ぶだけ」である。本当の「叫び」とは、年代記によると、イダルゴの追従者が「グアダルーペ聖母万歳、くたばれ、ガチュピン」と叫んだ怒濤の声であるはずだか、百年後の今は時代の変化と非宗教性が反映してか、独立万歳の叫びは、聖なる闘争への叫びの儀式から、享受している平和を単に称える叫びに変貌してしまった。一九一〇年九月一五日の午後一一時、例年通りその時刻きっかりに、ポルフィリオ・ディアス大統領は大統領府のバルコニーに出てイダルゴがドローレス村で撞いた同じ鐘を打ち鳴らし、「独立闘争の英雄、万歳、メキシコ共和国、万歳」と叫んだ。宮殿の下、大聖堂の足元には、アステカ帝国時代から何ら変わりない威厳に満ちた広場があって、メキシコ国の祭典の中心地であるその中にいた十万人もの大衆は、「万歳」と叫びこれに応えた。なぜ、一六日の朝早くに「万歳」が叫ばれず、一五日の夜に祝祭されるのかの理由は、単なる歴史上の許容範囲内の措置であろう。すなわち、一五日が聖ポルフィリオの祝日、大統領の誕生日にあたったからである。

＊

一九一〇年九月一六日の独立記念日は軍隊の分列行進と独立記念塔の除幕式が合わせて行なわれた。ポルフィリオ・ディアスはその塔を一八七七年から建設しようと考えていた。つまり、その地点は町の中心部とチャプルテペック城を結ぶ大通りに所在し、マキシミリアーノ皇帝がかつてシャンゼリゼ通りを真似て広い美しい街路をつくり、それを「皇帝の散歩道」と命名した街路である。首都の南端に位置するこの城はかつて、植民地時代の副王がこよなく愛していたし、後には、陸軍士官学校として使われ、マキシミリアーノ皇帝とカルロータ妃が改めて内部改装して、アドリア海が見えるような美しい庭園を備えた居城に変えた所である。ポルフィリオ・ディアスもしばしば、ここに通い水泳をしたり、乗馬したりして過ごしていた。そこの、樹齢千年のメキシコサイプレスは、アステカの皇帝やスペインの征服者、副王、フランス人の皇帝、メキシコ歴代大統領の姿を見守っていた。

一八六七年マキシミリアーノの帝政が崩壊すると、忽ち、「皇帝の散歩道」は「改革通り《レフォルマ》」と改名された。そこは「祖国の歴史」についての新しい公開講座となった。それは保守主義者を徹底的に打倒した自由主義者の信条を導入した脚色であり、また、カトリック要理を学校で学習させるような方針と符合していた。それぞれの交差点（シャンゼリゼ通りにそっくり造られている）には、数々の記念碑と像がメキシコの光輝ある歴史を新たな形で顕彰していた。

チャプルテペック城に向かって南下して行くと、まず、アステカ帝国最後の皇帝クアウテモックが受けた拷問を彷彿とさせる青銅の素晴らしい像が目に入る。その全体像は彼自身の武勲と、「母国防衛のために捧げた他のカウディーヨの功績も顕彰しているかのように映る」。この像を除くと、「先住民」の過去について記憶されるものはない。ファレス時代の歴史教科書を記述したロマン主義的自由主義歴史家、ギジェルモ・プリエト（一八一八―一八九七）、イグナシオ・マヌエル・アルタミラーノ（一八三四―一八九三）、イグナシオ・ラミーレス（一八一八―一八七九）らは、「先住民の偶像崇拝信仰や人身供養に簡潔だが批判的」にふれて、「その陰湿な世界観と憂鬱な民族」、また、「恐怖感は社会を震撼させ、人々は従属と隷属を止むなくされていた」と記している。しかし、ポルフィリオ時代の最も鋭敏な歴史家の一人であった[2]フスト・シエラ（一八四八―一九一二）だけは例外的に、かれの先人たちの歴史家とは微妙に一線を画していた。根底では他の歴史家と歴史観を共有しているが、マヤ文化の「独特の生気」に触れ、その時代の「神秘性」は学者としての謙虚さから認めていた。しかし、メキシコの過去の「黒く塗られた貪欲な神々の支配と、血の恐怖と犠牲の強要は終焉すべき」だったとしている。先住民の歴史で唯一評価できるとすれば、レフォルマ通りにあるクアウテモックの像に見られる、アステカのカウディーヨと共に、「祖国」を死守したその勇敢さだけに限られる。祖国は「征服者に勝るクアウテモックの卓越した徳性」を称賛した。それでは自由主義者は先住民の歴史をどのように認識していたのか？ 人口の三分の一に相当する混血していない（約五〇〇万人の）先住民が住みついていた国土で、一〇〇以上の土着言語が話されていた国土で、その民衆文化——宗教、魔術、土地の共同所有形態、生活様式と死の儀礼、愛と祭礼の表現方法——にも先住民の強い影響力が浸透していた国土で、自由主義者たちは現実を直視せず、彼ら独自の見方だけで都合よく歴史観を構築していた。フランス人の侵略者についても同じように観念的な見方をしている。

さらに、南に下がると「新世界」の記念碑がある。コロンブスの偉業を称える像がある。また、一六世紀の霊的征服、すなわち、先住民の教育者、擁護者であったペドロ・ガンテやラス・カサスの著名な宣教師の像もみられる。しかし、「貪欲で残忍で、独断的」なもう一方の征服、すなわち、「計り知れない無法者」、コルテスの像はない。彼は教会の地下室に眠っている。メキシコの教育を根本的に変革し百年祭の時期に文部大臣であったフスト・シエラは、フランシスコ会、アグスティン会、ドミニコ会、イエズス会の少数の宣教師が一六世紀の三〇年代から各地に布教活動にあたったことを教科書で紹介しその功績を称えた。宣教師は何年もかけて言葉と率先垂範して先住民を改宗させたばかりでなく、スペイン人によって征服された敗北感を癒し、先住民の文化的孤立感を和らげた。例えば、フスト・シエラは、「宣教師のなかには」事実、非常に善良で慈悲深い人がいたので、「修道会の創立者のような純粋な精神が人々の心を回心させた」と伝えている。バスコ・デ・キロガは、ミチョアカンのある村で先住民に実践教育を展開し、人々からは「タタ・バスコ」［先住民のことばで父という意味］と呼ばれていた。彼は、村では冶金、馬の鞍、靴、平かごや家具、手工芸品の製作もしていたので、トーマス・モアの描いた『ユートピア』を実践したとも考えられる記録も後世に残されている。フスト・シエラのことばを借りれば、「宣教師は教師になったが、教師になるには、宣教師のような心を持ち合わせなければならない」ことになる。

カルロス四世の大きな騎馬像はもとは一八〇三年にスペイン君主から「臣下」に寄贈されたもので、植民地時代の統治者を想起させる唯一のものとなって三番目のロータリーにある。ハプスブルグ王朝やブルボン王朝のスペイン国王も六二人の副王の像も存在しない。その理由は一〇数年あとのロマン主義的自由主義者の歴史家によるどんな歴史書も一様に「植民地時代は、時代と宗主国の違いはあっても不幸な時期である」とか、「国に幸運を生み出す何の発展ももたらさなかった」と記述しているからだ。三世紀におよぶ植民地時代を非難する立場は、実証主義歴史学派は、常に自由主義的傾向をもち、ロマン主義の後に続いたポルフィリオ・ディアス時代の独特な進化論学派も支持していた。全ての著者が植民地時代を非難する理由は同じである。自由（経済、政治、知的活動、信教の自由）の欠如を指摘して、これら全ては植民地の発展を阻害した原因であるとした。

四番目のロータリーには、すらりとした形で金色に輝く天使像が飾られた独立記念塔が建立されている。そこには、現在、「独立戦争のカウディーヨ」と「祖国の父」が鎮座している。まず第一にイダルゴの像、つづいて、モレーロス、ゲレーロ、ニコラス・ブラボー、スペイン人のラ・ファイエット、フランシスコ・ミナなどの独立戦争時期のカウディーヨが並んでいる。ブラボーを除いて全てが銃殺されている。

カルロ四世の騎馬像（エル・カバジィート）から憲法広場に向かっていくと、アラメダ公園に着く。周辺の歩道や泉、出店は日曜には人で埋まる。また、公園の中にはドン・ポルフィリオが一九一〇年九月一八日に除幕したと分かる独立戦争後の英雄ベニート・フアレス大統領を称えた半円形の記念碑がある。最後に、ポルフィリオ・ディアスはフアレスや自分と同時代に活躍した自由主義者の数々の像を十九世紀の最後の一〇数年に歴史的教壇を完成させるために鋳造を命じ、レフォルマ通りに随行員のように設置した。

＊

レフォルマ通りと市内の百年祭記念遊歩道を注意して、そして、少し皮肉な視線を向けて散歩する人は、そこはメキシコの歴史そのものではなく、メキシコ史のひとつの解釈、すなわち政府の公式見解と理解し、批判するかもしれない。つまり、ポルフィリオ・ディアス時代の思想家とファアレス時代の歴史家が抱いた歴史観によれば、メキシコはドローレスの叫びで誕生した国となる。一八一〇年以前の歴史は、自由主義の勝利が一九世紀にその目標へと向かい、予測されうる限りにおいて、意味をもつ。そのため、英雄の銅像は例外なく国土を守って戦死したカウディーヨである。一五二一年のアステカ帝国の人々は一八一〇年に始まった独立戦争の英雄の先駆者となる。彼らは一八四七年の「勇敢な少年兵」へと精神を継承して、一八六二年から五ヵ年に及んだ対フランス戦争の勝者へと引き継ぐ。全員が戦い、戦死して外敵からメキシコを防衛した英雄であった。

政治的正当性を増幅するために事実を歪曲したり、広大な地域の歴史を軽視したり失念したことが政府見解の唯一の誤りではなかった。街路に顕示された像は恣意的な歴史観である。そのため像を建立して顕彰してもよいかつての、歴史上の平民、副王、征服者、当時の歴史上の「政敵」、保守的な一九世紀のカウディーヨは地獄に追い遣られている。また、アグスティン・デ・イトゥルビデ（一七八三―一八二四）の場合は、一八二一年に秩序と合意をとりつけ平穏に独立を九月――またしても九月――に達成した「無敵の英雄」、「不死身の解放者」と歓呼されたのに煉獄に追放されている。自由主義者は、独立達成後彼がメキシコのナポレオンの如く帝政を復活した誤りを糾弾している。しかし、短期の政権でその後は退位、亡命、帰国、そして、他のメキシコの英雄と同じように銃殺されているが、その経緯に対しては公正な見方と復権を試みていない。彼こそ、イダルゴに匹敵する国史の重要な位置を占めても良い。保守派、自由主義派の立場に拘らず歴史学者の多くは一八一〇年から一八二一年までの独立戦争時期の継続性を問題にしている。そして、スペインの植民地からの解放者はあくまで、イトゥルビデであってイダルゴではないとしている。しかも、この神父の「情熱」こそ、ヌエバ・エスパーニャやラテンアメリカの独立を全てのクリオーヨが望む形で到来するのを遅らせた、恐らくその原因だとしている。しかし、運命はイトゥルビデには冷酷であった。彼には帰納的に保守主義者の代弁者としての標号が付きまとい、それが運命を決定した。一九一〇年の時期でもこの事実は変更されず、彼を記憶する記念の像は大衆の目に見える所にはない。遺骨はメキシコで最も保守的な場所、カテドラル（大聖堂）の中のガラス張りの櫃に眠っている。

　またサンタ・アナ（一七九四―一八七六）の運命は不当にも、更に残酷に扱われている。三〇年以上も悲喜劇的に描かれてきた。しかも、一九一〇年には誰一人彼について口にする者はいない。一八三三年から一八五五年までサンタ・アナは一一回大統領になったが、けっして、権力に固執したのではなく、むしろ、果てしない策略の実行と自己顕示欲とさらに闘争自体に意欲を燃やしていた。オペラの一風変わった主人公よろしく、自由主義者の歴史資料に出てくるが、保守主義者からは王冠をかぶっていない帝王と非難されている。反面、民衆からは人気があった。一八三六年のテキサス割譲に関して、ましてや一八四七年の米墨戦争の敗北に関わって責任を負う者はサンタ・アナひとりではないが、自由主義者は一八五五年、彼を打倒した。さらに彼は、「黄泉の国から堕胎されて世に生まれ、その悪の権化はメキシコ国を愚弄」しただけで、「売国奴」には像を建立する値打ちもないらしい。大統領時代は自分の顕彰像を造ることしかしなかったと、決めつけている。

　サンタ・アナと同じ運命をたどっているのが、「改革戦争」と「フランス干渉戦争」で敗者となった保守主義者のカウディーヨである。また、ミラモン将軍（一八三一―一八六七）や勇敢な先住民トマス・メヒアは、敵対するアメリカ人に一八四七年の「英雄士官兵」のように猛しく「アンゴストゥーラの戦」でアメリカ軍と勇敢に戦ったが、その後、二人はマキシミリアーノと一緒に銃殺されている。大赦は与えられず「国の誉れの祭壇」にも葬られていない。その理由は、彼らは「売国奴」で「蟹ども」、「反動分子」で外国の王子、白昼夢をみたマキシミリアーノを擁立してメキシコに植民地的呪縛支配体制をもたらしたと見做されているからである。百周年を迎えた当時のメキシコでも一向に和解と赦免の気配はない。勝者の論理の適用である。一方、ファレスやオカンポなどの自由主義者の失政で、一八五九年にメキシコがアメリカの保護領にまで落ち込む可能性があった時のことは、自由主義者に敗北した保守主義者だけが記憶している。

あと顕彰すべき銅像があるとすれば、ポルフィリオ・ディアス自身のものだけであろう。事実、本人はその気であったかもしれない。武勲を顕彰する歌曲も出来上がり、列伝、詩も完成し、誕生日とフランス侵入軍を撃退した戦勝記念日（一八六七年四月二日）も祝われていた。彼の名は街路や市場、公共の建物や子供の名前にも付けられた。彼の肖像は公共施設や町のショーウィンドーの中、料理のお皿、カレンダーや煙草の商標にも描かれるまでに氾濫していた。トルストイの言葉で言えば、さしずめ、「時代の寵児」、A・カーネギー流に言えば、メキシコの「モーゼかヨシュア」になる。当時の市中では、「善良な独裁者」、「待望の人」、「余人に代えられない大統領」となってしまう。百年祭はメキシコの歴史の金字塔となり、今やポルフィリオ・ディアスは自尊心の極限に達していた。イダルゴやファレスと同列の「祖国の歴史」を形作る三位一体となり、メキシコ人の「父」と称せられるまでになりかけていた。彼の列伝、誕生から権力の座を勝ちえた一八七六年までの記録は、メキシコの国の歴史と同一視されるようになり、銅像はもはや不要で、かれ自身が生きた銅像そのものになりつつあった。

註

1　一八〇八年にはナポレオン三世がスペインに侵入して、カルロス四世とフェルナンド七世をフランス領バヨンヌに幽閉した。一八一四年までスペインは国王不在となりこの期間に海外植民地は独立運動を開始する。Ramon Solic, El Cadiz de las Cortes Madrid 1969 など参照。

2　Justo Sierra（1848-1912）Justo Sierraは、O'Reilly の息子で文学、法学を学び、早くから著作活動を活発にしていた。一八八〇年より政界に入り、一九〇五年には文部大臣に就任。一〇年には現在のメキシコ国立自治大学を創設し、ポルフィリオ・ディアスを打倒したマデロ大統領の時に、駐スペインメキシコ公使としてマドリッドに赴任しそこで客死した。Agustin Yanez が編集した一五巻のフスト・シエラ全集には、メキシコ知識人として代表的な著述が収められている。

3 禍根の清算

独立百年祭の大祝宴、熱狂的な演説、街路に並び立つ英雄の銅像、光明と暗黒の二元論を説くマニ教のように、英雄を称え政敵を憎む風潮はこの国の歴史の複合性を覆い隠すか、メキシコ史の真実を隠蔽することにつながっていった。しかし、メキシコの政府公認の歴史の前提は単純だった。すなわち、歴史は一八一〇年から始まり、この日を境に、多大な困難を伴いつつも、独立し主権国家の建設が始まった。そのため、一九世紀後半の自由主義歴史家はロマン主義、実証主義にかかわらず、この建設によって、三世紀間の植民地時代（フスト・シエラの考えによれば徒労と不毛の期間）の歴史を完全に乗り切ったと見做していた。そして、これらの歴史家は「陰鬱で」「迷信深く」停滞していた植民地時代（ただ、この歴史観は、保守主義歴史家と不思議にも一致している）と、「先住民による神権政治に由来する忌まわしい殺戮の時代」から、選別すべきものはあるのだろうか、と主張していた。二つの時期の歴史、先スペイン時代と植民地時代はメキシコが回避すべき過去となる。イグナシオ・ラミレスに至っては熟慮せず「メキシコ人はインディオの末裔ではない」と述べ、「スペイン人の末裔でもなく、我々はイダルゴの子孫である」と書いている。さらに、「〝スペイン人を殺せ〟［独立戦争時の掛け声］と、声高に叫ばなかった者は一人でもいただろうか？」とさえ付け加えている。[1]

一九一〇年でもこの風潮は続いた。ルーカス・アラマン（一七九二—一八五三）は、一九世紀に最も権威のあった保守主義歴史家で、彼にとってもまた彼の著書を読んだ各世代の者やその考えの継承者にとっても、メキシコ国は一八一〇年に誕生したのではなく、一五二一年であると考えている。一八一〇年以前の歴史もなおざりにはできないことになる。その時代は忠実に保持し、蓄積し、ある意味で回復すべきものとなる。アラマンは彼の著書のなかで、この国は「スペインの征服がなければ、文明も宗教も定着しなかった。コルテスは神の摂理に従いこれを実行した」と書いている。一理はある。副王領からスペイン語が伝わり、民衆の宗教心から由来している倫理観と芸術面の基底、建築様式、洗練された宗教建造物、絵画、彫刻、音楽、文学、それに料理まで伝播されたことは否定できない。恐らく彼は故郷グアナファト村で、イダルゴの追従者が一八一〇年にスペイン人を大量殺戮した時点が、メキシコ史の断絶を意味したと考えた。「不吉な九月一六日はイダルゴが革命の軍旗を掲げた日で、たちまち戦禍は広がったので、国の荒廃の第一歩となった」[2]。「〝グアダルーペ聖母万歳〟〝スペイン人を殺せ〟など、殺人と略奪のためのなんと恐ろしい宗教的集会だろうか。死と荒廃を招いたこの叫びは、私の幼年時代にも何度も耳にした忌まわしい響きだった」と追想していた。仮に、「レフォルマ戦争」で保守主義者が勝利を収めていたら、皇帝通りの名は改名されずに、そこには征服者コルテス、宣教師、ハプスブルグ王朝期の初期の副王、ブルボン王朝期の副王領末期の副王、主なる大司教、イトゥルビデ、ミラモン、マキシミリアーノやアラマン自身の銅像がこの通りを飾っていたかもしれない。闘いの勝利者は自由主義者だったので政敵の歴史的見解を拒絶してしまった。

　両者の意見は決して一致をみることはなかったが、それぞれの立場には真実の部分がある。まず、自由主義者が独立国家を樹立した点や、一定の近代国家の体裁を整えて西欧の近代諸国からは二世紀も発展が遅れている市場を外国とも交易できる状態にまで形成したことと、宗教に支配されない自由な国家を造りあげた点は高く評価されるべきだ。一方、保守主義者の主張する論点は、次のようになる。ヌエバ・エスパーニャから引き継いだ歴史的遺産（倫理、美学、知的遺産、宗教）などは無視できず、その遺産は不毛で徒労の期間であった植民地時代からの単なる継承ではなく、メキシコのアイデンティティーだと言う。必ずしも、我々は両方の観点に同意できないのは、それぞれの立場が理想化される傾向があるからだ。自由主義者は楽観的に完全に近代的な将来（共和制政体、資本主義国家、連邦制、民主主義国家）が到来することを予想していた。その案を建白し制定するだけと考えている。反面、保守主義者の考え方は、堅実に過去の植民地時代の諸制度、(政治や宗教、経済、教育制度)を肯定した。しかし、近代国家においては実行不可能で、時代錯誤的な厳格さで諸制度を国政に反映しようとしていたことを露呈していた。

確かに、ポルフィリオ・ディアスの時代には〝平和と秩序と発展〟の空気が漲り、メキシコの過去については誰も改めて議論をする興味を示さなかった。しかし、植民地時代の評価をめぐって相反する見解ゆえにこそ、一九世紀のメキシコ・エリートは「レフォルマ戦争」でその相違に決着をつけなければならないほどの非和解的な形で分裂していったのである。両者の対立は武力の優劣で勝敗が決した。保守主義者は政治的に敗北したので、国の「英雄廟」から追放されたが、依然として彼らは経済的には優位に立ちつつ、子弟を従来どおりミッション系の学校で教育を受けさせていた。常に社会の特権階級に属し、宗教的信条はあくまでも伝統的である。一方、自由主義者や教会との融和も進み、八〇才の司祭の論客、アグスティン・リベラなる者は突如、高潮して百年祭の最中、「イダルゴとファレスはポルフィリオ・ディアスの冠を用意するため以前からオリーブの木を植えていた」と言いだす始末となり、祭りの雰囲気は「融合の政治」が成立したかに見えた。ついに、ポルフィリオ・ディアス自身がその錯覚を演出する張本人になった。彼は連邦共和国の大統領であるが、現実には多くの保守主義者が一九世紀を通じて夢にまでみていた、絶対専制主義で中央集権的な家父長的終身独裁者そのものになりきっていた。

しかし、その合意は表面的なものでもあった。というのは、保守主義者と自由主義者の対峙はもはや、寛大さの不足と相手の立場を考慮する良識の欠如から他陣営を嫌悪する程まで達した。それはメキシコの家族とメキシコ人全てを巻き込んだ、神学的な嫌悪感のようで解決の目処はたたなかった。ポルフィリオ・ディアスの時代は、事態を直視しながらなんら対処できなかった。ガブリエル・サイードの言葉を借りれば、自由主義国家の形をとりながら、実は艤装した極端な保守主義的な秘密裡の工作が形成されつつあった。すなわち、共和制と君主制と、中央集権制と連邦制と、民主主義と独裁制とが一つになって呼吸しているかの如く、国内には奇妙な統合が創り出されていた。この状況は決して、政治の円熟さを意味するものではなく、単なる混乱そのものに過ぎなかった。

この状況に陥ってしまったポルフィリオ・ディアス時代の人々は、いま彼らが祝祭している独立百年祭で、独立戦争がメキシコという国にとってどんな歴史の重みと意義があるのか、忘れさっていたようだ。というのも、独立革命が引き起した歴史的な緊張はすでに解決したか、または、解決されようとしているのだと錯覚していた。少なくとも、（人間生来の問題ゆえに解放不可能だ）と判断していたのかもしれない。もし、社会的激動が再び起こらず、もし、メキシコ革命を起こす熱意がなかったら、また、独立戦争が自由主義者の時代の到来を予告するだけの前兆としての意味しか持たなかったら、そして、一八一〇年以降のメキシコの歴史が、一九一〇年からの歴史の単なる起点にすぎなかったら、独立戦争のもつ意義は、改めて格別学ぶ必要はない。なぜなら、独立戦争の挿話は現在の私達にとって示唆するところがあるとは思えないからだ。

しかし、貴重な教訓が内包されていた。独立戦争の緻密な検証によって、確信的なポリフィリオ・ディアス主義者の歴史観は深い変容を遂げた。百年祭の後に来るべき大異変、一八一〇年の社会変革に酷似した新しい革命の到来時期は、おそらく、早まったのであろう。彼らは過ぎ去った過去の革命と、緊迫している革命について顧みなかった。つまり、歴史を線上に捉えていた。アステカ時代の巡回史観を引用するわけではないが、メキシコの歴史というのは弁証法的に複雑な概念が入り組み合って進展し、単に自由主義思想の進展の方向性に追従するばかりではなく、あらゆる社会階級層の要求に応じて過去の重圧からの離脱と、未来にかけた解放感が相乗効果を出して、根強い緊張感として持続していった。

この観点に立てば、カウディーヨが権化した一九世紀の権力者の列伝は、現実を多岐にわたりより多角的に、奥深く忠実に説明する。保守主義者と自由主義者は交互にメキシコの歴史の中で、三千年の先住民の伝統と三世紀のスペイン植民地時代の遺産を受け継ぎながら、この国の豊かで複雑な慣習、信条、思想をつくり出してきた。また、将来も両者は補完し合っていくだろう。フランス革命の唱えた三つの信条、つまり、生活の向上、教育の充実、政治の自由は一九世紀の発展の表徴となっていく。保守主義者と自由主義者は影響を与えながらも、進むべき方向は異なっていた。自由主義者は国の将来計画について、「禍根の清算」策をとり、保守主義者はスペイン的要素とカトリック的影響を温存して、メキシコ独特の国づくり策を立案した。自由主義者が勝利した時、メキシコは決して自由主義的な国家にならなかったし、同様に、保守主義者が政権をとった時も、国は保守的な国にはならなかつた。伝統と近代性を兼ね備えた、両者の主張を組み合わせた国でありつづけるだろう。

この両者の政策の間に横たわる緊張感を決定的に緩和するには、対立する一方を放逐するだけでは満たされず、また、両者を渾然と一体化することでもない。すなわち、絶頂期の終身制大統領が君臨して、国家の体制護持主義を実行することでもない。(ポルフィリオ・ディアスはその考えを抱いていなかったにせよ、現実は歴然としていた)。そこに、解決策があるとすれば、相異なる主義を誤解せず、正確に自己の考えとの相違点を区別し、公正に評価した上で競合することに帰着する。すなわち、民主主義の実践である。

ここに、二つの主義の大きな違いと、自由主義者の道義的、かつ、歴史的な正当性が存在する。出自と信条にとらわれず寛容で、自由と尊厳が保証される民主主義とは、正しく、一八五六年憲法制定議会と翌年の憲法発布で保証された正真の自由主義者の綱領に合致する。その一九世紀の軸流線に沿って、二〇世紀の著名な歴史家、ダニエル・コシオ・ビジェガスは、次にように記述している。

「メキシコの歴史には黒く、恥ずべき、消去したい頁がある。また、大文字で誇らしく記述したい頁もある。しかし、我が国も、近代ヨーロッパの諸国のように民主主義と自由主義思想に裏打ちされ円熟した国であるような印象を受ける頁が一頁だけある。その頁こそ、一八五六年憲法制定議会である。さまざまな政治色と激情に駆られたり、燃えるような気性を持ち合わせた攻撃的な気質の人々がいた。しかし、彼らは決して議会では些かの策略も用いず、誰一人暴力や脅迫に訴えず、多数決の原理を尊重することに努力を惜しまなかった[3]」。

その後、メキシコに民主主義が完全に定着しなかった原因は次の三つに要約される。第一に、教会と保守主義者の寛容の欠如と無力。そして、第二は社会基盤、すなわち、自由主義に立脚した政策を支える強力な中間層の欠如。第三に二人の政治家の責任、つまり、フアレスとディアスは民主主義の実行を引き延ばし、自由主義的な形態だけを維持して、保守主義政治を定着させてしまった点。しかし、少なくとも、二人は一八五七年憲法で提唱された個人の自由とその保証を固執したことは評価できる。

一九一〇年ポルフィリオ・ディアスに代わる新しいカウディーヨが登場する。レフォルマ改革時代の自由主義者の政治理念を再び採択したフランシスコ・マデロである。彼の政治綱領は明快であった。メキシコはこれまで一八五七年憲法は死文化されてきたが、今後は共和政体で代議制で、民主主義、連邦制国家になるべきだと明記した。そして、その構想にはそれまで放逐されていたカトリック党を初めとする全政党が対応できた。まず「民主主義の使徒」とまで称せられたマデロは、奇跡的に歴史的調停に成功した。そのため、革命はあくまでも民主主義的で、無血革命とまで言われ、多くの支持者を得てポルフィリオ・ディアスを一九一一年に打倒。マデロは二〇世紀メキシコに完全な民主主義を樹立する比類なき実験をして、一五ヶ月間政権を維持した。

メキシコはこの時代、ポルフィリオ・ディアス政権の秩序を踏襲して、民主主義で近代的な政治体制に移行するかに見えた。その基本は混合された正当性（法律に基づいた形態をとりつつも、根底は伝統的）から成り立っていた。そして、合法的、民主主義的、かつ近代的で、唯一合法的な正当性を軸とした政治活力を、生み出す方向に向かっていた。しかし、反マデロ勢力が結集して一九一三年二月二二日クーデターが発生しマデロは暗殺されたので変革の種は摘み取られてしまった。かくして、植民地時代が崩壊した時のように、武力行使の手段に訴え、社会暴力とも言える新たなカウディーヨの時代が再現する。逆説的に言えば、メキシコ革命は一九三〇年代に、ポルフィリオ・ディアスの政権に類似した秩序、新たな反民主主義の体制護持秩序をつくり出すことになる。ホセ・バスコンセロスの言葉を借りれば、「集団的ポルフィリオ・ディアス体制」と名付けられた「制度的革命」政権の誕生に至るのである。

歴史の英雄を礼賛する百年祭の厳粛な空気の中で、ポルフィリオ・ディアスはいつもより演説文の推敲に神経質になっていた。演説台に立ちメキシコの歴史を簡潔に要約しながら話しだした。

「メキシコ人の努力は、かつてこの国が無政府状態であった状態から脱して、平和国家へ移り、窮乏から富国へ、軽蔑を克服して信頼を取り戻し、国際的孤立から世界の諸国と友好的理解を勝ちとる国に変わった。一国の百年の営みとして、私達の努力は小さいと言えるだろうか」。

彼の持論にも一理ある。国家が達成したことを誰一人過小評価しなかったからだ。しかし、ポルフィリオ・ディアスは歴史をよく理解していなかった。何故ならその直後に、それまでメキシコに積み残され鬱積して同化できないで埋蔵されていたもの全てが噴出した。大多数のメキシコの民衆はその発露を、武力を用いて血を恐れず、革命という手段で全面に押し出した。これもまた、メキシコの歴史的傾向――カウディーヨの世紀たる一九世紀の暴力的で、悲劇的で、輝やかしくもある――を、民主主義の中にあっても完全な和解に至らせることができなかった一世紀の歳月に起きた現実である。

註

1 Ignacio Ramírez（1818-1879）は、ベニート・フアレス時代の自由主義者で、先住民の原始宗教や人身御供については、その陰湿な世界観と憂鬱な民族性をやや批判的にみていた。

2 Lucas Alamán（1792-1853）は、自由主義者に対抗する保守派の代表的な人物である。彼の著書 *Historia de Méjico* は、一九世紀史理解の主要な著作の一つとなっている。

3 Daniel Cosío Villegas（1898-1976）は、二〇世紀メキシコで最も権威のある歴史家の一人である。特に *La constitucion de 1857 y sus críticos*（México, 1957）はメキシコ近代史を理解するうえで必読の一冊であろう。

4 José Vasconcelos（1882-1959）は、オアハカ生まれで幼年時代をアメリカ合衆国のテキサス州で過ごした。哲学への関心を強く抱いていた。マデロ大統領から文部大臣に任命され、一九二〇年にはメキシコ国立自治大学学長になった。オロスコ、シケイロス、リベラなど壁画運動指導者を擁護しながら、国民教育の一環として、壁画による歴史教育を推進した。一九二五年に *Raza Cósmica*

（宇宙的人種、第五の人種）を出版し、メスティソが未来の世界を担うべき人種であると説いた。彼の思想はメキシコの新しい文化を創造するための劇的なアイデンティティーの転換となった。

第二章　カウディーヨの世紀

1 自由への渇望

衆目の一致するところ、メキシコの独立革命は独立をするための一つの革命に過ぎなかったという見方が定着している。事実、革命とはその言葉に一つの解釈上の責務がともなう。しかし、同時代のすべての歴史家が使用した「独立革命」という定式文句には、本来の「革命」という言葉の意味を含んでいなかったようだ。それは、無政府主義的傾向に駆りたてられていた戦争だけに、イダルゴの個人的な闘争としてのイデオロギーに、ある程度影響を受けていたかもしれない。そのため、独立百周年の式典が盛大に進行している時期に複雑な歴史的動きを理解するには、不十分であった。

イダルゴはヌエバ・エスパーニャにおいて一六世紀から見られた、伝統的なクリオーヨ固有の愛国心に組み込まれた人間であった。更に一八世紀半ばの教養豊かでクリオーヨ階級のイエズス会士が書いた書物からも大きな影響を受けていたので、ブルボン王朝の歴代の国王は彼らの影響力に強い猜疑心を抱いたので、一七六七年には宣教師をヌエバ・エスパーニャから追放したのである。[1] 当時人口六〇〇万人の中で僅か一万五〇〇〇人のスペイン人が独占していた特権、即ち、(政治的、経済的、公職上ならびに宗教上の)所有権を合法的に主張するにあたって、バヤドリードにいたフランシスコ・ハビエル・アレグレ神父やフランシスコ・ハビエル・クラビヘロ神父に代表されるイエズス会士は、彼らに残された唯一の道——すなわち、起源と出生の問題——に訴えた。彼らは自国の資源を総合的に調査し始めた。入念に、そして科学的にヌエバ・エスパーニャの古代史、考古学、言語、地理等を研究した。しかし、一八世紀の後半はクリオーヨの思想にも別の流れが付け加わった。セルバンド・テレサ・デ・ミエール司祭に代表される思想で、彼らはクリオーヨ階級の権利を主張するために、神学的な突飛な推論を打ち立てた。[2] クリオーヨの自分たちと、アステカ時代の過去を結び付けて、両者の立場からスペインの征服事業の不当性を決めつけたのである。セルバンド師によれば、伝説上の存在であり、かつ文明の推進者とされるケツァルコアトル神は聖トマスと同一人物であると考えた。独立戦争が始まる頃、この常軌を逸した非科学的で非論理的な考え方はそのままクリオーヨ階級の特異性につながっていく。即ち、彼らはヌエバ・エスパーニャを「アメリカ」という名称で総括的に、かつ自信を込めて呼びはじめるのである。イダルゴは「我々の土地は自由に使おう。この広い国土の豊かな生産物は、全てその住人が享受すべきだ」と宣言し、それを支持したクリオーヨの指揮官アジェンデ自身もヌエバ・エスパーニャの中で主要な鉱山地帯グアナファトこそ「世界の首都」に匹敵するとまで述べた。

　イダルゴの場合は特殊なケースになる。クリオーヨの復権を目指す点では前述の人達ほど観念的な理由は抱いていなかった。スペイン本国がヨーロッパでイギリスと戦争を続行するための財政援助を海外植民地に応分の負担を求め、過度な税の徴収を断行した時に、一八〇四年に勅令として出された王室借用証券を長期負債証券として組み換えてしまったからだ。[3] その影響でイダルゴの家族は一八〇七年に財産を差押えされ破産に追い込まれる羽目になったばかりか、所有していた農園に財政危機をもたらし、特に親戚筋のサンタ・ロサ農園と、サン・ニコラス農園は大きな犠牲を蒙った。弟であるマヌエルは経済的窮地から精神異常になり一八〇九年に死亡する悲劇を招いた。

　一八一〇年、独立戦争が始まった時、イダルゴは彼の所属する司教区で有名な神学者の一人であった。人文科学の分野においても認められていた。イダルゴは一七五三年グアナファト州コラレッホの農園でその農園の管理人の息子として生まれ、バヤドリードで神学の勉強を続け、そこで「イエズス会の追放」という事件を目撃する機会を得たのである。神学校の同僚は、その頃、イダルゴに対して「ゾロ」というあだ名を与えたが、ルーカス・アラマンはその命名について、「彼の強靭な性格を見事に言い当てたものだ」と解説している。一七八二年になると、神学科の専門課程を修了し、その後一〇年間は神学の教師として、また、同じ町のサン・ニコラス神学校の経理担当、副校長、そして最後には校長にまで任命された。実証的な哲学を擁護し、簡潔さを欠く思弁的な哲学を基礎にした聖書の解釈学に対抗して、一七八四年に『スコラ派神学を学ぶ真の方法』をスペイン語とラテン語で出版した。その著書に神学者のホセファ・ペレス・カラマから高い評価を受け、「著者の頭上にある神の燭台にともしびを灯す人物になるだろう。さらに、イダルゴは教会学博士、神学博士と呼ばれてきた先人たちを凌ぐ人物になる」とまで絶賛された。

教区の評判は、通常は好意的なものであったが、なかには批判もあった。一九世紀の初めの宗教裁判所の法廷に、イダルゴに関する様々な密告が寄せられた。というのも、彼はサン・フェリペ・トーレ・モチャス教区内の財政が豊かな教会にいて、また、彼の実家の農場に近いところに所在したこともあって、告白の内容は道徳的なものと神学的なものが混ざっていた。しかし、イダルゴに反感を覚える人は間違いなく彼から「鋭敏な反論」が浴びせられると恐れていた。誰しも彼を「気難しい気性」の持ち主と思い、同時に「機知に富む人間」であるとも考えていた。しかし、神父はその風変わりな行動から不評を買う羽目になる。たとえば、彼に対して次のような風評があった。「賭博師さながらだとか、浪費家である」とか、または「女性と交遊関係がある」とか、遊興においても「かなり自由奔放」で、彼の住む司祭館は〝小さなフランス〟と呼ばれるような雑然とした家であった。そこには「男性の音楽家、女性の音楽家、遊び道具に、ファンダンゴ、スペインの伝統舞曲が流されている雰囲気で、館にはひとつのオーケストラが丸がかえされており、宿泊人さながらに住んでいた」。反面、イダルゴは批判されればされるほど、遊興にうつつを抜かしていなかった。彼に対する告発が本当だとすれば、神父は異端者にならざるをえない。告発の中には次のようなものもあった。マヌエリータという、神父が特に親しかった女性が告解室でイダルゴから聞いたところによれば、イダルゴは教会の説く地獄の存在を否定したと告げている。彼女は彼の口から、それは「想像の世界だ」、「甘言」だとまで聞いたと話した。また、聖テレサは「白日夢を見ていた女性だと語り、その理由は常に自分の体に笞を打ち、断食を繰り返し、ほとんど睡眠をとらなかったので、おそらく幻想を見ていたに過ぎない」と、聖人の名誉を傷つけるようなことも話した。また、彼は説教の中で聖書は、「個人が自由に読み宗教裁判所に咎められる懸念を持たずに、聖書の内容を検討することができる」とまで話した。ユダヤ人の改宗に対しても懐疑的なことを話した。「聖書には彼らの救済に関して言及されていない」、という理由であった。また、彼は禁書となっている書物も読んでいた。そして、イダルゴはやや滑稽に「姦通は罪ではない」と告解場で話したとも語る、何人かの証人も出てきたほどだった。

非難の的はまもなく下火になり、一八〇七年に再発したが何れも真剣に取り上げられなかった。告発には、かなりの誇張と歪曲がともない、とりわけ神学についてはそうであった。一九世紀の初めに、共通の現象としてすべてに自由な批判精神が巻き起こったのが彼に幸いした。しかも、イダルゴに対しては世俗や教会の権威者たち、即ち、インテンデンシア（長官領）と司教区の代表者たちからは高い評価を受けていた。ルター派に近い異端者だと中傷されもしたが、イダルゴはむしろ修道者の生活に関してはヤンセン主義に傾いていた可能性もある。彼について伝記作家も、告発は彼に対する羨望、あるいは、イダルゴ後半の人生に関連させたものであるという理由から告発はまともに取り上げられていない。（事実、イダルゴが裁判にかけられた最後の宗教裁判所の審議記録からもその事は明らかである）。しかし、少なくとも道徳面についての告発は、信憑性があると指摘している。そして、イダルゴは活動的な神父というより、むしろ奇人で才能豊かな人で、同時代の最も知的な人までも引きつける反面、厳格主義の人々や保守派の人々にとっては煩わしい人物にあった。また、彼は何か新奇で放縦な一面を秘めている。

イダルゴはいろいろな側面を持っていた人物であった。しかし等しく常軌を逸していた。彼がコリマ教区、特にサン・フェリペ教区や最後に赴任したドローレス教区において、教会の中での公証人の仕事にはあまり熱意を示さないばかりか、ミサをあげることも熱が入らなかった。その代わり、神学に関する知識をふんだんに取り入れた説教をするときは熱弁をふるい、また病人や死期を間近に迎えた人を訪問して告解を聴くことは非常に熱心であったと言われる。つまり彼の場合は、神学を愛徳に変えようとする機会を探していたのかもしれない。この家父長的性格は、とりわけ先住民との触れ合いでよくみられた。彼は先住民の言葉を学び、それを使って学問や仕事を教えた。仮に、イダルゴの青年期が独創性を磨き上げる期間であったと考えるなら、その具体的な能力を発揮する時期に、革新的で才覚のある実業家の面が成熟してきたと思われる。その例として、家族の所有する小さな農場でその運営を手助けしていたほかに、そこで養蜂業、革のなめし、陶磁器の製造、ブドウ畑の耕作、そして彼が最後に赴任したドローレス村の教区においては、絹を生産するための桑畑の開墾をするに至った。ミチョアカンの司教自身も彼のこの才能に対して、「非常に創意工夫をし小規模ながらこの地域一番の手工業の育成者」になったと語っている。

彼の卓越した活動の裏には、浪費癖と無頓着な性格があった。借入金が滞納したことは山ほどあった。それだけではなく、彼は賭け事に熱中する性癖や浪費に走る面が際立っていた。コリマ教区からサン・フェリペ教区へ所属替えをするその前夜、彼は借入金を清算することを失念していたのである。そのため、サン・フェリペに到着した時には、イグナシオ・デ・ソトという人物との間で同じ債務問題が生じた。彼は遂にその借入金をイダルゴから清算する手段として、教区から支払われる司祭への手当ての三分の一を天引きすることにした。サン・ニコラスの神学校においても、金銭問題が生じ、その後、数年にわたって非常に厄介な訴訟が引き続いた。また、司教自ら彼に叱責せざるを得ない状況まで発展した。イダルゴの行状には間断のない行動力と無分別さが伴っていたので、歴史家のアラマンは次のような面白いエピソードを紹介している。

ある時、アバット・イ・ケイポ司教がイダルゴに、蚕に与える桑の葉は、蚕の大きさに応じて食べやすいように葉を細かく刻むのか、あるいは一か所にまとめてやるのかと尋ねた。司教は養蚕にはかなりの周到な準備が必要であるということを書物で知っていたので、彼に対して、乾いてしまった桑の葉の扱いや、古くなった葉の片づけ方を質問したかったのである。彼の答えは、「特別の準備はいりません。桑の木の葉をそのままやれば、蚕は好きなだけ食べるものです」。

かなり長期間バヤドリードに住んでいたマヌエル・アバッド・イ・ケイポ司教はヌエバ・エスパーニャにおける最も知的で、魅力のある人物であった。[4] ヨーロッパにおける最新の出来事や政治学に関する造詣も深く、一八世紀後半からは『報告書』という書物を出版した。それによると、スペイン王室に対してヌエバ・エスパーニャの社会経済問題に触れ、将来この地域には何らかの社会騒乱が発生すると警告をしている。一方、イダルゴはこの司教の友人で団欒仲間の一人に加えられていた。

アバッド・イ・ケイポ司教と親しい間柄でも司教が知的影響を受けていた人物、アダム・スミスやホベヤーノスなどの重農主義者には、イダルゴは傾倒していなかった。また、ヴォルテールやルソー、すなわち、フランス百科全書派学者の書物には親しんでいなかったと考えられている。イダルゴがもっぱら親近感を感じていたのは、一八世紀の文学作品より、ラシーヌ、『タルチュフ』の喜劇で知られるモリエールなどの一七世紀の翻訳作品で、フォンテーヌを読み、またラモーの曲をバイオリンで演奏したりしていた。彼の〝小さなフランス〟は知的サロンというより、むしろ、フランス芸術紹介の場所であった。教会史のみならず、一般の歴史にも興味を示していたが、特に摂理説の信奉者のボシュエに強く魅かれた。政治関係の知識は、アバッドがよく引用したモンテスキューではなく、一七世紀スペインの新スコラ哲学者の説から学んでいた。イダルゴは、「主権は基本的に国民に在り、国王には存在しない。国王は国民と契約することにより権利が遂行でき、国民の利益と繁栄の為に主権は行使されるという、付帯条件がついていると考えていた。国民は権利を国王から剥奪できるし、さらに、王に代わって権利を保持し王に対する闘争も可能である」という考え方まで学んでいたに違いなかった。

支配の圧制的な性格に関するルソー以前のこれらの論理（フランシスコ・スアレス（一五四八―一六一七）の考えに影響を受けたかもしれない）は、当時の多くの思想家の論理たとえば、イエズス会のマリアーナ神父の著作（要人の暗殺を弁護する主張）でも言及されている。その考えこそ一八〇八年九月に、メキシコ市参事会のクリオーヨたちが主張した論理的かつ倫理的な論拠であった。[5] ナポレオン軍がイベリア半島へ侵入後、スペイン国王フェルナンド七世が幽閉されたとき、彼らの中には主権を有する国民の代表を要求した者もいた。「国王の主権とは単なる間接的なものである」とする次のような説を引用をしている。新スコラ哲学者の説を引用するのみでなく、アルフォンソ十世賢王の『七部法典』にも遡り「主権は国民の声を委託された者が保持する」。国王が不在になれば、それに代わる者がその権限を維持する。すなわち、「国家は王室が有していた特権と権利のすべてを立法権とともに直ちに受け継ぐ」と強弁する。この考えに従ってイトゥリガライ副王自身は、市参事会に合法的な権限を移譲することに同意した。市参事会は中世スペインから「市民の代表」で構成されていたなかば民主的な自治体組織であった。この動きに、メキシコ市在住のスペイン人商人はクーデター計画で、クリオーヨ主導の自治権行使を試みた最初の事件を阻止したのである。

ヌエバ・エスパーニャで起こった事件、すなわち、一八〇八年にスペイン副王が罷免され、市参事会のメンバーが逮捕され、そのうち数名が死罪にされた事件から二年経った頃、イダルゴはある『科学と技術の事典』で、歩兵隊と大砲の戦術についての項目を読んでいた。また、『世界史』を読み国家に対する陰謀の項目を読みあさっていた。彼は単なる知的欲求を満たすのみではなく、今度は数人のクリオーヨの士官とともに、スペイン支配に対する反乱を企てたがすぐ密告された。再度、一八〇八年と同じ論理で主権在民を掲げて再び反乱を企てた。今度は市参事会のクリオーヨをかつぎ出す代わりに、大衆を支持者に回して「メキシコ国家防衛のために」の決起であった。「下劣で不正、残酷な征服者スペイン人から、神によってメキシコ人に付与されている聖なる権利の奪還を狙った」。その〝独立の叫び〟の行動形態は定かではないが、彼自身の述べるところによれば、九月一六日の夜、ドローレス村の牢獄を襲撃して投獄者を解放した。さらに、彼は聖母マリア像を軍旗として農園を急襲することと、スペイン人住居の略奪も容認した。「皆の者、全ては我々の所有物である。さあ、奪ってしまえ」とサン・ミゲル・エル・グランデで叫んだのである。さらにスペイン人を暗殺することも看過したと言われている。この時は――三世紀に及ぶスペイン人の植民地支配の時代に、たった一度だけ先住民は副王の宮殿を襲撃したことがあったが――一人の神父、もはや司教と名乗っていたが、「スペイン国王万歳、横暴な政府を打倒」と叫び、それに人々は呼応したのである。ヌエバ・エスパーニャの平穏な植民地では、かつて数日間続いた一六二四年の暴動から、その日まで反乱など勃発するなどとは考えられていなかった。[6] しかし、ドローレス村の司祭の煽動で始まったこの「革命」は異様で、長期化する現象かもしれないと、目撃者はすぐさま判断していた。貧弱な武装で規律のとれていない武装集団は、クリオーヨの士官の後に従った。群衆という軍隊であった。

「先住民と農民の一団は手に手に石ころを持ち、棒切れを下げ、安物の槍を片手に雑然とした集団を構成していた。彼らは裸同然でしかも、空腹で、ぼろ切れをまとった先住民の女性を伴っていた。その姿は家族の移動のように、見方によれば、あたかも、アステカ人の移動を連想させた」[7]。

グアナファトの動顛したスペイン人は穀物倉庫の中に逃避した。しかし、征服者がチョルーラやメキシコ市で先住民を虐殺した残忍行為の歴史的な仕返しがそこで始まった。群衆はイダルゴの一団に合流し、グアナファトの住民はスペイン人を一人残らず殺戮する。クリオーヨの数家族が命からがら救われただけで、その僅かなクリオーヨの中にはアラマンという姓の若い未亡人を、イダルゴが救ったので生き残った。女の一八歳の息子ルーカスも生き残ったが、大虐殺の場面を目撃した。先住民の金銭欲を満たすために、穀物倉庫の中から金銭をばらまいているあわれなスペイン人の姿も目撃された。スペイン人の遺体を見て、ユダヤ人の屈辱的な印と言われている尾骨が出ているかどうかを捜し回っていた先住民もいた。さらに、おののいた女性が屋上をよじ登って隣の家に逃げていく姿もあった。先住民の略奪で、家の扉、食卓、イス、果ては家の梁まで肩に背負って奪っていく人もいた。今やイダルゴは「アメリカ［スペイン海外植民地の総称］の総司令官」になったのである。イダルゴの動機は大部分のクリオーヨが抱いていたものと同じであった。すなわち、スペインから独立することである。一八一〇年九月二一日、イダルゴはグアナファトの長官であるホセ・アントニオ・リアニョに降伏を促した。イダルゴは次のように述べている。

「私は現在四千人以上からなる反乱軍の将軍である。我々は、スペインから独立し我々自身の政府を樹立したい。イベリア半島の本国に三〇〇年間従属されていたことは、我々にとって最大の屈辱で、その間我々は不当に扱われ固有の財産を奪われていた」

イダルゴは友人の一神父から独立闘争の性格について問われたとき、次のように答えた。「自分はどんな革命をしたかったのか。どのような革命であるべきだったのか。実際、どんな結果に終わったのか私自身もよく分からない」と。イダルゴは彼の反乱軍にクリオーヨ階級が合流することを「望んでいた」が、彼らは同意しなかった。理由は当初からこの戦いは内戦であり、被差別階級の人々の戦いであるという見解を持っていたからだ。彼らは人口六〇〇万人の内、特権階級のスペイン人と一部の上流階級に属するクリオーヨの白人たちを合わせても僅か一〇〇万人に過ぎなかったが、これらをすべて追放するのが闘争の目的であったと考えていたのである。イダルゴ自身は実際に行なった以外の闘いの方法は知る術もなかったと告白している。司祭という特権を生かして、単純に教区の先住民の激情を掻き立たせ、略奪と復讐心を煽り立てたということになる。

イダルゴは軍事的な戦略には長けていなかった。どのような新国家を建設すべきかという理念も持ち合わせていなかった。アバッド・イ・ケイポ司教の言葉を借りれば、「イダルゴの始めた革命は、繭《まゆ》をとる目的の養蚕のようだった」。戦術を拡大していき、一つの熱狂的な目的のために進められた。旧秩序を崩壊させ、社会の不公平を是正し、クリオーヨの逆襲と実弟マヌエルの恨みを果たしたかった。全てを炎に包みたかったのである。バヤドリードでアバッド・イ・ケイポ司教から教会破門を通告されたとき、その屈辱に次のように答えている。「アメリカ人［スペイン海外植民地の人］よ、眼を開け。もはや、我々は敵の思いのままになる必要はない。彼らはカトリック教徒ではなく、政治に支配される人間である。彼らの信奉するものは金銭である」。同様に、彼が発布した黒人奴隷解放法令は、南北アメリカ大陸で最初のものではないにしても、初期の奴隷解放令の一つと言われている。次のような伝聞もある。ある時イダルゴは、鉱山地帯を通っていた時、臼を回していたロバを解き放ったと言われている。そのロバのひずめは鉱石のため焼き爛れていたからだ。彼の意識では、愛徳とは自由であると確信していた。そのため、正義の戦いを指導し、その結果は「どのような形態の国家を作りあげるかという事は問題にしていない。国家の基本は自由に立脚すべきであって、神が全ての人間に与えた生来の権利を享受することだと考えていた。その点は何人からも非難されない権利である。そして、必要とあらば、獲得のために犠牲は払わなければならないと考えていた」。

とはいえ、自由主義思想の歴史家ホセ・マリア・ルイス・モラ[8]（一七九四―一八五〇）は、アラマンと同様、民衆を革命へ走らせた主たる動機には別の背景があるとかなり確信に満ちた意見を示していたようだ。モラは、アラマンが「宗教」だと言ったその動機を「盲信」だと呼んだ。アルダマという名のイダルゴの職務代行の一人は、「我々は聖なる自由の獲得のために戦うので、反宗教的なフランス風自由のためではない」と言った。アジェンデ[9]も〝ヨーロッパ人〟、すなわちイベリア半島から来たスペイン人は、「フランスかぶれして堕落した人間」だという考えを抱いていた。イダルゴ司祭は説教し民衆は、異教徒フランス人とその化身、ガチュピンが危機にさらした宗教を、守らなければならないと考えた。戦いはスペイン人の支配に抵抗し、悪魔と闘い、聖母の援助を得て進めるものだと考えていた。ルーカス・アラマンは革命の四〇年後に著した『メキシコの歴史』という著書の中で記述している。「イダルゴに従った兵士たちは無防備であり、単に棒切れ、あるいは細い棒の先にグアダルーペ聖母の様々な姿を括りつけ、それらは彼らの戦いの軍旗であった。全ての者がグアダルーペの聖母の御絵を帽子に取りつけていた」。反乱徒の間では「イダルゴ司祭は聖人、聖母マリアは司祭に一日何度も語りかける」と話していた。聖戦の意味はイダルゴの敵陣にもあった。彼らはグアダルーペ聖母に対抗する意味で、「レメディオス聖母」を敬い、高位聖職者に祝福されたその聖母と、剣と銃で武装した王党軍は手に十字架を持ち、ちょうど十字軍時代のようないでたちで対抗した。そして、イダルゴに対しは「異端者」、あるいは「逆上した司祭」、「反狂乱の人物」、「嫌悪すべき人物」、「信仰心の欠如した人間」などと、「神の敵」としての烙印を押された人間として扱っていた。イダルゴの個人的な友人であったアバッド・イ・ケイポも最終的には彼を教会から破門する決定を下した。

イダルゴ軍が進軍してメキシコ市の近郊、モンテ・デ・ラス・クルセス［十字架の山］で一〇月下旬立ち往生していた。「多くの先住民とカスタ［隷属階層］の人びとは、八万人を下らないと言われたが、全員槍や石ころ、棒切れ等で武装をして、これから略奪しようとするものを入れる袋をめいめいが担ぎながらイダルゴに従っていた」。その頃、王党軍の歩兵隊の攻撃が初めて先住民に向けられ反撃は始まった。彼らは思いがけないこの砲火に麦藁帽子を深くかぶって、大砲の硝煙から口を塞いで防戦した。イダルゴは部下のアジェンデの再三の進言にこの時も耳を貸さず、メキシコの首都を攻撃することを断念した。これは彼がスペイン人の血を引いている人間［クリオーヨ］だという理由でメキシコ市のスペイン人を新たに殺戮することを避ける意図があったのか、それとも先住民の新たな犠牲を避ける慎重な決断をしたのかは定かではない。

イダルゴは首都から西の方向へ退却することを命令し、一時はグアダラハラに本営を構えた。そこで社会的権利と農耕地に関する権利を取り戻す二つの布告を出した。第一に、貢納の義務の廃止である。税金の負担は（三世紀の間、専横政治と隷属の印として耐え忍んできた）恥ずべき制度であった。二番目は、先住民の共有地の奪還である。すなわち、イダルゴの言葉を借りれば、「その土地の先住民だけが土地を所有する権利があると私は確信している」と。その他には、議会の招集も要望した。「その代表者は全ての町、国の各地からの代表者により構成される。彼らは聖なる宗教を守り、適切な法律を制定すること。代表者たちは今後、あたかも両親のように、国民を兄弟として扱い貧困も追放しなければならない」。この頃からイダルゴはあたかも君主のような尊大な一人称話法の言葉遣いを始めた。惜しみなく使用人を使い、いつも護衛に守られ、傍らには美しい若い女性を同伴させ、周囲の者が「閣下」と呼ぶことに同意していた。晩餐会、感謝頌、舞踏会、各種の催物、演劇祭、行進、そして豪華な各種の行事には国旗、軍旗、美酒、音楽演奏、軍隊の歓迎のラッパ等が鳴り響く中で、政治家、軍人、教会関係者から歓迎を受けた。「閣下」が入場する光景を、ある伝記記録者は伝えている。「閣下に相応しい万歳三唱が全ての人びとから叫ばれた」。今やグアダラハラは彼の〝小さなフランス〟さながらの様相を呈し、イダルゴはフランスの太陽王さながらであった。イダルゴの神権政治の完成を待ち、あとは「メキシコの首都でその司祭の頭上に王冠を載せることだけである」と、イダルゴに仕える若い士官はグアナファトで当時のアラマンに語ったと言われている。

王のような扱いを受けたこの司祭は、一方で鷹揚であり、他方残酷な人物であった。グアダラハラで起きた事件に関してモラは述べている。「イダルゴの私的な裁定により、モラティンという闘牛士は静まり返ったその町で、スペイン人の一群をサルト断崖で剣を使って一突した」と。グアダラハラにおけるスペイン人に対する殺戮には、嫌悪感を覚える人が多い。また、イダルゴはガチュピンに恩赦と身の安全を約束して各地から集め、コレヒオ・デ・サン・フアンやセミナリオに集結させた。中には、家族を守るために妻子を同伴する者もあった。しかし、この集結の目的――マロキン指揮下の大虐殺――が明らかになると、あの「クソ神父」――アジェンデはイダルゴをそう呼んでいた――と以前から考えを異にしていたアジェンデは、イダルゴを毒殺することを考えた。しかし、彼はそれを実行しなかったが、イダルゴは、一八一〇年のグアダルーペ聖母の祝日から翌年一月一三日まで殺戮を止めることはしなかった。反面、モラの記録によれば、独立運動の偉大なカウディーヨの中にはアバソロのように「多くの者を逃亡させ、残りを隠まい、斬首に引き出された二人をマロキンの手から助けている者もいた」。イダルゴは数ヶ月後に軍事法定で、次のように自白した。

「グアダラハラで自分の命令によって殺された者は三五〇名にのぼった。その中にはカルメル会の助修士一人、助修士だったか神父だったかは定かではないがディエゴと呼ばれる一人が含まれていた。殺された誰一人に対しても裁判が行われなかったのは、彼らを裁く罪などなかったと私はよく知っていたからである」。

恐らくイダルゴは、犠牲者は亡くなった実弟マヌエルのように無罪だったと考えていたかもしれない。モラによれば、イダルゴは職務代行者のアジェンデやアバソロと戦略面で対立していた。「彼らは膨大な数の民衆を集めても武装できず、給料も支払えず規律も統制もとれないと反対し、これまでの経験からかえって、目的達成を阻み逆効果であることが判っていた。しかし、イダルゴは民衆に全ての期待を寄せ、勝利を収められなかったのは必要な数の民衆を集められなかったからだ」と断言した。イダルゴは間違っていた。植民地時代のように、先住民の蜂起はすぐ消される火事のようなものであった。グアダラハラで彼らは、疲れたのか、満足したのか、聖母グアダルーペの姿が民衆のソンブレロから突然消えた――イダルゴにはその理由が判らなかった――ためか、先住民の軍勢は散り散りになっていった。その上、独立戦争資金の多額の浪費と経理の混乱、独立運動の推進計画の不明確さ、指揮官の間の内部抗争、形成されつつあった膨大な費用を要する官僚組織、プエンテ・デ・カルデロンでの王党軍からの容赦ない迎撃など、不利な戦況が重なりイダルゴ軍は北へ、内陸州へ追いやられた。

サルティーヨで、イダルゴはメンチャカとコロラドという二人の独立運動の指揮官に出合った。この指揮官の軍勢にはコマンチ人の先住民が参戦していた。彼らを見るなりイダルゴは感動した。目撃した者の話によれば、「彼らは体に何色もの縞模様を塗り、野牛の皮で全身を覆っていた」。その時の説教は、クリオーヨ神父、イダルゴにとって先住民グループにした最後のものとなった。もっとも、それはドローレス村での説教とはまるで異なったものであった。しかし、意義深かったことに、彼の説教はクリオーヨとしての存在感の根幹に触れていた。つまり、スペイン人から蒙ったクリオーヨとインディオ共通の侮辱を挽回する目的で、両者が見事に結びついていると説いた。

「イダルゴは、私はこれまで国内でスペイン人と闘ってきたと、インディオたちに語った。彼等に帰属しない国に、祖国の民である先住民に、スペイン人は多大の損害を与えた。長きに亘って冷酷さと暴政で支配した国を、彼らから奪い取る戦争を仕掛けてきた。先住民の祖先はその不当さを糾弾する代わりに、断固とした態度にでた。というのは、征服者たちに対して勝利を収める望みがなかったので、屈辱に耐えるより山中へこもる道を選んだのだ」。

この説教のあとに破滅が待っていた。イダルゴはサン・アントニオ・ベハー村に着き、恐らくそこからアメリカ合衆国への逃亡を目論んでいたが、自分のかつての職務代行者であった士官に阻まれた。

彼はチワワ市で二つの裁判にかけられた。軍事裁判と異端審問であった。前者では短命に終わった自軍の展開の詳細を述べた。そして、「心から後悔している」と言明した。バヤドリードとグアダラハラでのスペイン人大量殺戮の責任を認め、「そうした場面を見たかったインディオや下層階級の者たちを満足させるため」に実行したと供述した。こうした暴力的な手段に訴えても目的を達成しようとした点の釈明は次のようであった。「人々は計画を実行する必然性を認め、しかも、興味を示した多数の人々がいたからだ。とは言え、その目的を実行する手段について考える余裕はなかった」と。イダルゴは自分の不用意な計画は理解し難く浅はかな狂乱であり、かつ、スペイン王国に残されていた活力と底力も考慮しなかったことも述べた。さらに、「彼の独立運動の計画は、仮に、成功していたとしても無政府状態か専制政治を結果として招いていたかもしれない」と、迷夢からの目覚めを告げている。しかし、すべては「善き志」を持ってこの計画を推進したと信じており、また、全てのアメリカ大陸の人々には、「自分の心に感じたまま忠実に」行動した者だと知ってもらいたかったようだ。

彼の自責の念は——ルイス・ビヨロ[10]がそのように評した——虚偽であったと考える根拠はない。また、イダルゴが目ざましく進軍している間は彼の目的は——自らが明らかにしたように——「フェルナンド七世の下に統治される君主国」をめざしていたと考えるのが妥当である。イダルゴはおぼろげなユートピア的独立を望んでいた。それは、自らの説教が革命を突然引き起こしたように、独立も奇跡のように自然発生的に、現実となるものだと考えていた。だからこそ、声高にその成功を宣言することは決してなかったのである。それは神の摂理のようなものであったからだ。このクリオーヨに染み込んだ魂は、〈ガチュピン〉に対する恨みとスペイン国王に対する忠誠心が等しく重く伸し掛かっていた。イダルゴは共和主義者にも自由主義者にもなれる人間ではなかった。革命の基盤となる明確な政治的プロジェクトがなかったからである。イダルゴは、「三〇〇年間にわたってアメリカ大陸を隷属化し、人々を差別し屈辱を加えた」スペイン専制政治を批判しながらも、彼は過去と未来の狭間で身動きできなかった。二つのこと——君主国と自由——を願うようになったが、それが無理だとわかると「国王気取り」に身を任せ、狂乱のうちに空想の帝国造りに生きたのである。

彼は何よりも、常にそうであったように、神学者であった。一風変った神学者であり、実社会においては少々逸脱していた。ジョセ・ペレス・カラマの言い分は正しかった。イダルゴは「燭台に灯された光であり、山上に築かれた町であった」が、その神学上の町を包んだ光は理性的でも建設的でもなく、目をくらませる光であった。照らしてはいなかったのだ。焼いてしまったのだ。イダルゴの特徴——慈悲の心、インディオたちとの直接的な触れあい、その

「高尚な意見」、止まるところを知らない立案、無秩序、浪費、お祭り騒ぎ、華麗さ——は闘いの最中でも消えることはなかった。「ドローレスの叫び」から始まり、炎のように広がって、炎のように消えたのであった。当時の記録によれば、彼の計画は魅力的であったと記されている。イダルゴは暴力的であり、恨みを晴らそうと復讐心に燃えた魂——熱狂——に憑かれ、インディオの集団を「惑わし」、彼らはイダルゴを支持した。それが彼の仕事（神父 sacerdote とはラテン語 sacher dux であり、聖なるものへと導く者の意味である）であった。しかし、彼はまったく躊躇することなく、人々を逆方向に歴史的飛躍をさせようとしたのであった。つまり、伝統へではなく自由へと導いたのである。

チワワで間もなく死罪が宣告されようとしていた頃、イダルゴは一八〇〇年から自分に向けられてきた数々の神学上の非難に答えることができた。異端審問の新しい審理が再開されたのである。当代一の神学者の一人イダルゴから整然と、熟慮した、明晰な考えを聴くことができる瞬間であった。彼は自分に対する一二の告発を論破した。そして次のように結論づけた。もし信仰心に関して少しでも問題があるとしたら、それは「私の不徳のいたす所であります。見せかけの宗教心を持っていたからではありません」。イダルゴの誤りは別のものであった。神学上の問題ではなく道徳的な問題であった。人々を「惑わし」、「自らが放棄し、忌み、撤回した」方法で煽動したからであった。「私はこうした考えが神の教えに反するものであったと信じています。この過ちに悔し涙を流し、私が神に赦しを乞うことができるよう審問官の皆様に助けていただきたいのです」。数ヶ月、この博学の神学者は二つの不可解な苦渋の間をさまよった。一つは不当な行為。これは罪なき人々に対して自分が発した「殺戮命令」であった。もう一つは、神の慈悲を懇請しなければならなかったこと。これは最期に謙虚に受け入れている。

異端審問官は威厳ある修道司祭とフランシスコ修道院の神父と、陪席している軍隊の司令官らの面前で、イダルゴの司祭としての位階を剝奪してから、彼が企てた王と王国に対する反乱蜂起の理由を尋問した。しかし、彼はもう弁解を上申することはない、死ぬ覚悟はできていると言って、「他ならぬスペインからこのアメリカ大陸を独立させようとした罪で、斬首刑に処さないでほしい」と懇願した。しかし、神父に与えられていた装身具は全て剝奪され、身体検査をされ、それに服従した。審問官は「彼が身に付けていた羊皮紙に絹で刺繡された聖母グアダルーペの像は汗にまみれていた」と記している。それをイダルゴの胸から取り上げようとすると、

「この聖母様は私が軍旗と持ち歩いたもので、その恵みで人々の先頭に立ってこられました。そのため、ケレタロのテレサ修道院に納めていただきたいのです。そこの修道女たちが作り、一八〇七年、私の霊名の日に贈ってくれたものなのです」。

一八一一年七月三〇日、イダルゴは四発の銃声で処された。銃殺隊の隊長ペドロ・アルメンダイスという名の士官は、「彼はその美しい眼差しは我々を見つめていた」と回想している。イダルゴの遺志に反して処刑後は斬首され、重罪を犯した罪人として見せしめにされた。彼の腹心として闘った三人の戦友（アジェンデ、アルダマ、ヒメネス）も一緒だった。彼らの首はかごに入れられ、グアナファトの穀物市場の四隅に置かれた。そこに十年間、独立が達成されるまで放置されたのであった。

＊

結局、イダルゴの独立運動とは何であったのか？　一八一一年一月、王党軍司令官カジェハ将軍が次のような報告書を副王に書き送っている。

「この広大な王国は、存続が危ぶまれている母国にとってあまりにも重荷です。現地生まれの人々と本国人も含め、独立した政府を擁立した方が有利だと考えている。イダルゴの愚かな蜂起がこうした考えを基盤としていたなら、私の判断では、反乱に対する反対勢力はもっと少なかったかも知れない」。

後にメキシコが独立を達成した時、イトゥルビデも同じことを言っている。「蜂起した者たちは独立を達成できなかったどころか、むしろ、独立を阻止する要因を増加させただけである」。

アラマンも同じことを考えた。「イダルゴとアジェンデそして、その仲間たちは、彼らがとうてい指揮できない革命にやみくもに突入してしまった。祖国を図り知れない弊害で埋めてしまった。独立戦争が達成された後も、国土の荒廃は復帰できず彼らが計画実現のために用いた不当な手段は、忘却することはできない」。

十九世紀三十年代、モラは独立戦争について多少周囲と異なる意見を発表した。イダルゴの革命は、「祖国にとって有害で破壊的であったが、独立達成は必要だった。しかし、戦争が原因で引き起こした様々な誤ち、この運動に参加し指揮を執った者の責任、長期にわたってた実行した戦略などは全て、この国が何年もの間立ち直ることができない弊害を招いた。また、今だに復興できない祖国の疲弊につながっている」。

イダルゴの人物像については、一九世紀前半の自由主義派の歴史家――ロマン主義歴史家に先立つ――は彼を批判した。彼らの代表者であるモラ自身は「イダルゴはこのうえなく軽率で、全くの状況まかせな人間であった。彼が独立運動に如何に取り組むか、自分たちの戦いの結果を如何に予測するか、組織的に取り組む計画を立案することもしなかった」。当時、最も急進的自由主義者であったロレンソ・デ・サバラ(一七八八―一八三六)は、「このおどけた指導者はグアダルーペ聖母像を軍旗につけ、どんな政府を樹立すべきか示すことなく、町から町へ支持者と走り回ったこと以外には何もしていない」。自由主義者、セルバンド・テレサ・デ・ミエール(一七六五―一八二七)は、「イダルゴは聖人ではなかったし、その企てもたいしたものではなかった。これほどの害悪や犯罪が詰まった奈落の底を、私が称賛するはずがない」と言った。唯一、カルロス・マリア・デ・ブスタマンテ(一七七四―一八四八)だけが著書『メキシコ革命の歴史記述』の中で、イダルゴの戦闘の意味をメキシコ版ミシュレ(Michele)の眼差しを持って観察した。「自由、繁栄、正義を渇望した大衆に突き動かされ、天啓を受けた神父」と。一九世紀も後半に向かい、ロマン主義の精神が台頭すると、イダルゴに対するブスタマンテのこうした評価が主流となった。権力と正当性を求めて自由主義者は自分たちの意にかなったイダルゴ像を彫っていった。彼らは共和制主義者であり、連邦制主義者であり、自由主義者のイメージのイダルゴ像を作りあげていった。アラマン――彼はイダルゴに会ったことがあった――によれば、ドローレス村の神父は「猫背で、肌は浅黒く、ぎらぎらした緑色の目していて、髪の毛は胸あたりまで伸びていた」。これが最終的にイダルゴの肖像となった。彼は「聖なる老人」であり、白人でしゃきっとした「無垢な白髪の老人」であり、理想的な「祖国の父」であった。一九一〇年が近づく頃には、皆、イダルゴの様々なやましい点について覚えている者はほとんどいなかった。フスト・シエラがイダルゴの評判を辱めるようなことをすることは決してない。熱狂した群衆をイダルゴが「悲しくも冷ややかに放任したこと」については言及することをやめなかったが、最終的には、祖国建国の正当性に錨を下ろすために、建国者である神父という伝説を作る必要性は認めたのである。シエラはメキシコ自由主義者らしく、イダルゴは「歴史上、最も偉大なメキシコ人である」とし、彼の前では独立戦争の他のカウディーョたちは色褪せてしまった。「イダルゴの志は祖国への愛国心となり、その祖国はまさにその愛国心の中に存在していた。彼は祖国を生んだ。彼は祖国の父であり、我々の父である」。一九一〇年九月一六日、当時最も偉大な詩人の一人であったサルバドール・ディアス・ミロンは、〈風に髪をなびかせ〉を朗読し、〝善き神父に〟に捧げる頌詩を大きな声で読み上げた。

危機が差し迫っている
正義と栄誉を渇望した一人の男が
運命に身を投じた
そして死と戦った
智天使ケルビムの怪物と戦い
そして、今ある自由、強者の魂は
一世紀を経てその輝きを放つ

ドン・ポルフィリオの時代には、イダルゴを福者に列福しようとする案が生まれ、実証主義者の中でも論鋒鋭いフランシスコ・ブルネスさえも納得させるほどの勢いがあった。ブルネスは『メキシコ史の虚像』を書いている。また、自由主義派の祭壇では守護聖人とまで崇められている人物を『ファレスの実像』の中で酷評した。こうした辛辣な著作を発表していただけに、彼の読者は一九一〇年九月一六日(独立記念塔の竣工式当日)に刊行される独立戦争に関する著書では、「祖国の父」を抹殺するのではないかと多くの人は固唾を飲んで待っていた。実際はその逆であった。

ブルネスは独創的にイダルゴを擁護した数少ない歴史家の一人であった。それはロマン主義的視点からでも自由主義的視点からでもなく、純粋な倫理観からでもなかった。それは革命社会学視点とでもいうようなものであった。社会学と倫理を合わせたものとも言えよう。イダルゴは冷酷にも公然とクリオーヨからの支持を失い、独立達成のための武器も軍需品もなかった。彼はあの時期の状況に可能だった唯一の革命を起こしたのだ。それはカスタ[隷民被差別階層者]戦争であり、農民戦争であり、政治闘争であり、何よりも聖戦であった。この残酷で、激しく、理性を見失い熱狂した群衆を指揮し武装した預言者の戦いは、ブルネスの評価によると、近代史では類がないものだ。年代が下ると「マハディーの革命」がある。これは一八八三年に砂漠の熱狂的な部族によって引き起こされた戦いで、ハルツームにてイギリスのゴードン将軍の軍勢を襲撃し絶滅させている。

「……イダルゴ神父を立ち上がらせた反乱者の外観は、スーダンのマハディーの群衆と同じと考えられる。双方とも次の四つの要素を士気高揚のために備えていた。それは膨大な人数、略奪、祖国称賛、宗教が暴徒を興奮させた。二人には嵐を巻き込むような秘められた精神力があった」。

アラマンが「この恐ろしい革命」が後に、「メキシコ革命の発生の源」になるとは何たることかと、嘆くには一理あるかもしれない。二十世紀も終盤を迎えた現在、――フランス革命を皮切りに――近代革命から人類が学んだものは、歴史を創る力に手を貸すものは暴力だ、と信じてしまう裁断を受け入れたことだ。この保守派の偉大な歴史家が苦渋の判断を下したことは軽視できない。いずれにせよ、アラマンの認識は予言的であった。メキシコ人の中にメキシコ国は、祖国の独立を夢見た孤独なクリオーヨ「マハディー」の聖戦から生れ、「武装」したインディオの群衆は神に祈る一方で、略奪を繰り返した、と考える者がいるからである。しかし、彼らは祖国という言葉の基本的な意味を知らなかった。

それから二世紀経った今も、この伝説は存在している。祖国の父に敬意を払わないメキシコ人はいない。イダルゴはあたかもメキシコ国立霊廟の英雄で守護神であり、今後もそうあり続けるだろう。しかし、モラは「イダルゴの過ち、誤解、弱点、その残酷さ」を容認せず著述しているが、同時に、「彼の遭遇した逆境を考慮すると、危険で、破壊的で、無秩序な革命を起こさざるを得なかった予測不能の事態は、その行為が批判されるより、当時の状況がそこまで逼迫していたと認識することが不可欠だった」と説明している。メキシコは、まさにあの大天使［ミゲル］と同じ名前の郷士［イダルゴ］の肋骨［コスティーヤ］から生まれたのであった。ドローレス［悲嘆］という象徴的な名前の土地で発した叫び、つまり象徴的な行動が、無政府主義的な聖火を灯して、三世紀に及ぶ副王領の体制を倒したのである。

しかし、イダルゴは――自由な発想の持ち主であるので――自身が語っているように、自分が推進した「血の海」の戦闘こそ独立戦争を継続するのに必要不可欠な要素であったと、認めているかもしれない。しかし、独立戦争がイダルゴの蜂起で始まらず、当時、例外なく独立を望んでいたクリオーヨ階層を取り込んで独立推進計画が策謀されていたなら、事態はどう変化していただろうか。しかしながら、たとえ暴力は避けられなかったにせよ、少なくともモレーロスは避けようと試みていたが、イダルゴに扇動された群衆はあれほどまでに過激な行動に移るよう指揮する必要はあったのだろうか。答をはっきりさせなければならない。この伝説、つまり――独立の叫び――がメキシコ国民の尊厳を支える精神としていかに浸透していても、これはメキシコ史における残虐さを正当化するもの、不寛容を容認するもの、不条理となる。つまり、暴力が、暴力だけが難問を解決する手段という、恐るべき信条が幾度となく免責されることになるのだ。

註

1　第四五代副王カルロス・フランシスコ・デ・クロア（在位　一七六六―七一）の時代に実施された一七六七年のイエズス会士の追放令。Harold D. SIMS, *La expulsión de los españoles de México*（*1821-1828*）, Fondo de Cultura econômico, México, 1974 にも解説されている。

2　José Servando Teresa de Mier（1765―1827）は、メキシコのモンテレイ市で生まれ叙任された。一七九四年、副王と大司教出席のミサで説教中、グアダルーペ聖母の出現について、疑念を抱かせる言説をしたことで勇名をはせた。このため一〇年間、スペインのサンタンデールに追放された。一八〇一年パリに移り、そこでルーカス・アラマン、アレクサンダー・フンボルトらと知遇を得た。一八〇二年、ローマで司祭職を辞し世俗に戻る。マドリッドに行きメキシコ独立運動の支持的言動を始めたので当局から拘留される。その後、フランスに渡り、そしてロンドン滞在中に発行された El espanõl 紙でメキシコ独立戦争の正当性を説く。一八一六年に Francisco Javier Mina と共にメキシコに移った。王党軍に逮捕され、キューバのハバナまで追放されたが、独立後一八二二年メキシコに戻り、一八二四年憲法を国会議員として発布に協力した。

3　一八〇四年の勅令。Romero Flores Caballero : *La Consolidación de vares reales en la economía, la sociedad y la política novohispana*（1969, Mexico）に記述されている。

4　Manuel Abad y Queipo（1751-1825）は、サラマンカ大学で教会法を学んだ後グアテマラに移った。その後、一七八四年にメキシコのバヤドリード（現在のモレリア）に移った。一八〇五年にグアダラハラ大学で教会法の博士号を取得。常に先住民や被差別階級者に対する理解は深く、またミゲル・イダルゴをはじめとしてヌエバ・エスパーニャの独立を求める人々に共感を抱いた。一八一〇年にミチョワカンの司教に任命された。しかし、イダルゴの独立闘争が本格的になると、反乱者に対しては本国スペインの立場を正当化し、イダルゴなどを教会から破門した。

5　一八〇八年のメキシコ市参事会については、Timothy E. Anna, *The Fall of the Royal Government in Mexico City*, University of Nebraska Press, 1978 や、Kishiro Ohgaki Ph. D. dissertation : *El cabildo de la ciudad de México durante la guerra de independencia*, El Colegio de Mêxico, 1970　inêdito. を参照。

6　一六〇九年にベラクルス地方で、黒人の反乱があったが鎮圧された。しかし、黒人奴隷制廃止への警鐘となった。その地域は San Lorenzo de los negros と命名された。副王領の首都では、先住民や被差別階級の人々の反乱として、一六九二年、一六九七年にも勃発している。

7　典拠は、Francisco Blunes : *La Guerra de Independencia Hidalgo-Iturbide*, México, 1969と思われる。なお、ブルネス（1847-1924）は「メキシコ金星観測隊」の一員としてディアス・コバルビアスと共に、一八七四年（明治七年）来日し、三ヵ月横浜に滞在したことがある。『ディアス・コバルビアス日本旅行記』（大垣、坂東共訳　雄松堂出版　昭和五三年）も参照されたし。

8　José María Luis Mora（1794-1850）は、ルーカス・アラマンに対抗する自由主義派の代表的人物。著書として *Obras completas*（México, 1987）を参照。

9　Miguel Allende（1769-1811）は軍人で、Jiménez, Juan Aldama, らと共にメキシコの独立運動を推進し、王党軍の軍人 Calleja（のちメキシコ副王になる）と対抗した。その武勇を称え出生地は彼の名前をとり、現在 San Miguel Allende となっている。幼少の頃は、闘牛士にあこがれていたが、王党軍の士官としてその活躍が認められた。メキシコに独立の気運が高まる一八〇九年頃からは、独立運動を支持する側に回った典型的なクリオーヨと言える。一八一〇年からイダルゴと協力したが、戦況の変化と共に一八一一年には逮捕され六月二六日には、イダルゴらと共にグアナファトで処刑された。

10　Luis Villoro : *El proceso ideológico de la revolucion de independencia,* UNAM, México, 1967 ; "Hidalgo : violencia y libertad", *Historia Mexicana,* II, 6（El Colegio de México, octubre-diciembre 1952), Los grandes momentos del indigenismo en Mexico（México, 1987）などを参照。

2 国家の下僕

イダルゴは独立戦争の成り行きを見届けずに処刑された。衝動的で情熱的なこの闘争は副王領のほぼ半分に及ぶ地域に及んだことも、「当初、無視され軽視されていた」者が南部でイダルゴにより聖別されてカウディーヨとなり、「権限を与えられ重要視されるようになった。彼はヌエバ・エスパーニャ南部に起こった戦火を、積乱雲の如く忽ち全土を覆う大騒動に発展させて、凄まじい嵐の襲来を予告した」ことも知ることなく。

『メキシコを代表する人物』という書物をエマーソンが書いたとすれば、おそらくミチョアカン州バヤドリード出身のホセ・マリア・モレーロス・イ・パボンに一章を割いたであろう。[1] 一般的に一六世紀から植民地の精神的征服を担っていた宣教師達は「神父さま」と地元の人から親しく呼ばれ、尊敬されていた。一七九九年にミチョアカン司教区の司祭判事マヌエル・アバッド・イ・ケイポが、植民地時代を記述した書物の中でもモレーロスは代表的な宣教師の一人である。著書を引用すれば、「司祭は布教活動と悲惨な階級の人々の救済を、本来の宗教活動と両立させている。病人を見舞い人々を激励していた。医者の代役や薬の調合もしたりする。また、不当な訴えや扱いを受けた人々には、彼らの弁護士役も果たして土地の住民の権利も擁護した」。

モレーロスは一七六五年に生まれ、叔父が賃借していたサン・ラファエル・タウェフォ農場で若い時より一〇年間働いていた。その間、大工仕事や牧畜の経験もして、時には牧童の真似までしたので鼻に大怪我をした傷痕が残っている。夜は勉強して母方の影響からか、彼は独学で文法家になった。一七八九年にはミゲル・イダルゴが校長であったサン・ニコラス学校に入学した。その後、バヤドリードに移り、バヤドリードのトレント神学校で芸術、哲学、倫理学、神学を学んだ。九五年に修了し、アバッド司教の前任者サン・ミゲル司教の下で、グアダルーペ聖母の画像の前で司祭に叙任された。司祭の道へ進む啓示を受けたと同時に、家庭の経済的な事情も彼の将来に影響を与えた。学校の教師の娘であった彼の母は、塗装職人で家庭を振り返らない無頓着な夫のために苦労した。モレーロスの曾祖父の財産であった土地が、教会財産に組み込まれていたので、母は困窮から逃れるためにはその不動産を息子のモレーロスへ返還するよう申し入れていた。しかし、一八〇七年に返却された時には、すでに母ファナ・パボンが死去して八年も経過しており、その時には土地の値打ちも僅少になっていた。

しかし、この不幸は彼の行く手を左右しなかった。司祭の使命に専念しながら実家の家計をささえた。最初は気候も悪く財政的に恵まれないチュルマコ、ウアカナ、カラクアロ、ノクペタロやウレチョ教区などに派遣されて、アバッド司教さえその不運に同情するほどであった。「政府の資金援助も協力もなく、あたかも見捨てられた司祭」同然で、司牧活動でささやかに生活を支えていた。普通の年齢より遅れて叙階された者には止むを得ない処遇となったが、教区を商人のように活発にすることに専念した。

カラクアロ村ではちょっとしたいざこざが住民との間で起こった。ここでは「優しい神父」ではなく、厳しい指導者に徹したからである。住民を子ども扱いするのではなく、一人前の人間に成長するように援助したいと考えていた。キリスト教の教義を伝えるには、まず、人々を啓蒙する必要があると思い、「信者らは非常に無気力で怠惰である」と、司教に書簡を送った。逆に、住民は「モレーロス神父は怒りっぽく、良き指導者ではない」と不平をもらしていた。また、神父はノクペータロ村の住民と比べると、カラクアロ村の人は勤勉さに欠けると観察していた。しかし、モレーロスは盲人や死期の近づいた人への愛徳の行為は、沈着さと執拗さとを兼ね備えて対処したので、エピソードも残っている。ある時、悪霊に苛まれた女がいて煉獄からの声を聞いたと言って、腹部が麻痺して口から奇妙なものばかり吐いていた。洗礼を受けていないことも分かった。その夫も妻は洗礼を受けていないユダヤ人だという天の声を聞いたと語っていた。この二人は別居したが、カラクアロ村のモレーロス神父は、「彼女は精神が錯乱していたに過ぎない」と判断を下したと言われている。サン・ミゲルの司教へは、事件は悪霊が原因ではなく、その考えをその女に吹き込んだ村の何人かの神父が影響を与えていたと報告している。この件のみならず、モレーロスは性格的に徹底した原因追求と詮索好きなところがあった。

先住民とメスティーソが住んでいるノクペータロ村では、本格的に建築の仕事を始めた。

「ここでは自分のお金もつぎ込んで村に教会を建てた。この地方でクスマラ村に次いで良い土地で、一八〇二年には墓地も作り、ついに南門の上には胸壁まで作った。この地方ではなかなか立派な教会になった」。一八〇九年の彼の手紙によると、数年前から穀物、地酒、家畜などを運ぶ運送業を、彼と姉夫婦の協力を得てノクペータロ村からバヤドリードの間で始めた。同年にはコンセプシオン牧場の負債も完済できた。しかし、それ以外は彼の生活をなんら楽にはさせなかった。僅かな収入があると人々への奉仕に役立てた。ある記録には「私は誰よりも貧しく、奉仕のために生涯をささげ、病人を見舞い、負債をかかえている者には手助けをし、救いを求める人には手を差し伸べた」と彼について述べられている。一言でいえば、物心両面を癒す人であったが決して聖人ではない。歴史家アラマンによれば、彼は「多くの私生児をもうけた猛者《もさ》」でもあったらしく、ブリヒダ・アルモンテもその一人であると述べている。

一八〇八年ナポレオン軍がスペインに侵入した年、ホセ・マリア・モレーロスはすぐさま「カトリック教の擁護と、フランスに侵略された祖国の君主の解放」のために命を捧げることにした。二年のちにアバッド・イ・ケイポ司教とバヤドリード教区参事会からの書簡で、さらに危機感をつのらせて、母国解放のための献金と愛国心の高揚、司祭には教会の結束を訴えた。モレーロスも一ヵ月の給金の二〇ペソを献金している。一八一〇年の秋、尊敬するイダルゴ神父が決起したことを知った。バヤドリードに近いチャロ村で彼に会い、メキシコ南部で彼に協力して決起することになった。ホセ・マリア・モレーロス、四五才の時である。

＊

三年間におよぶメキシコ南部地方でスペイン王党軍に対する大勝利は、その土地柄に負うところが少なくない。バヒオ地方——鉱山と農業が発達していたメキシコ市の北部地域——は、イダルゴが奮闘した地域と比べると険しい山岳地帯であった。また、先住民と隷属階級の人が多く、メスティーソとクリオーヨが少ない地域でもあったので、モレーロスは遺憾なく彼の闘争計画を遂行できた。

アジェンデ［ミゲル・アジェンデは独立闘争軍に加担した正規の軍人］はモレーロスに対してわだかまりを抱いていたが、同じ気持ちをイダルゴにも持っていた。モレーロスの率いる兵卒は一向に軍規に従順でなく、イダルゴの兵卒もその例外ではないとこぼしていたからである。イダルゴはフェデリコ・プルシアの『軍事教練』を参考にして実戦に備えていたし、一方、モレーロスは南部山岳地帯のメスティーソの牧童頭ガレアナ兄弟とブラボー兄弟を下級将校として採用していた。しかし、現実には反乱軍の命令系統は正常で連隊は統率されており、師団は旅団に分割され軍規は保たれ、軍需費の管理、武器弾薬の調達も滞りなく実行されていた。モレーロスが考えていた戦士に対する昇進基準は明快であった。武勲そのものだ。そのため、戦場の英雄的な功績が基準で、任務に忠実でないものはその対象からはずれていた。同僚からはカラクアロ村の先住民が不平を漏らしていたように、モレーロスの姿勢は独裁的だと言っている。この批判に対して「自分は中隊の大尉でもなし、連隊の大佐でもなく、旅団を指揮する将軍でもない、ただ、規律をもとめているだけで、独裁者と呼ぶのは的はずれだ」と、反論した。

軍の編成に関しての持論は「無能な者の排除」である。イダルゴと異なり、無役者とは、「霊魂の救済にあたる司祭、世俗の人については、農業、工業や工芸技術と無縁な政治家、経済理論の専門家」を指していた。数と量を最大限の武器とする戦術のイダルゴと違い、モレーロスの勝利への方針は軍事教練が行き届いた若者、組織された集団、制服組を核として、熱狂的であるが生彩のあがらない群衆は相手にしなかった。一八一〇年の一一月、彼は「私の考えの共鳴者とは、前線の戦士に食料補給する土地を耕している農民だ」と、明言している。独立戦争に加勢するものは熱狂だけでは不充分で、むしろ、障害になるとも言った。

また、一八一二年九月、緊急革命評議会に対して、「貴殿らはナウリンゴ村に評議会を開会しているが、そこは混乱して動揺している。正当性が認められる機関こそ評議会というものだ」と述べ、評議会の無秩序と横暴さを糾弾した。

この国家最高評議会の議長はイダルゴが信頼していたイグナシオ・ラヨンであった。彼は司祭でなく武器をとった市民である。鉱山技師で弁護士でもある。愛国心が強くクロムエルを崇拝している知識人である。前線の軍人というより司令官であった。イダルゴの死後はシタークアロの地に集結した士官たちは彼に期待した。二年間モレーロスも彼の有能さを評価していたし、戦略や創意を採用していた。階級序列と隊旗の管理、貨幣の鋳造、裁判など。とくに、モレーロスはラヨンの『憲法学原論』については当初全面的に評価していた。ラヨンを憲法の生き字引として、スペインからの独立とスペイン国王への忠誠問題の矛盾点を彼と共に解決した。「主権は国民に由来し、フェルナンド七世に信託されているが、アメリカ大陸の国家最高国民議会がその権限を行使する」。つまり、今や主権はここアメリカ大陸に発生し、かの地に住む国王に在った主権は、このアメリカ大陸で再び行使されるべきだ」と。

ラヨンと評議会が過度の憲法議論に陥っている間、モレーロス率いる軍隊は各地で善戦していた。町から町への進軍でアカプルコ、ティクストラ、イスーカル、タスコを陥落させた。一八一二年の始め、クアウトラの町の守備を固めたのは、近くに王党軍の指揮官カジェハ将軍が接近していたからで、モレーロスは評議会から援軍の派遣を待ち敵陣にとどめの一撃を加えることを望みつつ、六三日間陣地を死守したのは驚異という他はない。カジェハ将軍は次のように報告している。

「クアウトラの防衛に仮に正当な理由があったとしたら、その行為は恐らく歴史の一頁に書き残されたかもしれない。彼らは我々に包囲され、必要物資に事欠きながら、勇敢に防戦した。味方の兵士の死を厳粛に哀悼ラッパで葬送し、その遺体を埋葬している。勝利を収めた出陣の後には、酒を飲み踊り楽しむ。また、敗北と降伏を口にすることは、厳に戒ましめられていた。この宗教指導者こそもう一人のマホメットで、信者に現世の魂の復活と天国への昇天を約束していたのだ」と。[2]

あのマホメットが守備兵を鼓舞していたのは、教義というよりユーモアであった。アラマンによれば、このマホメットも巧みな洒落が得意であったらしい。カジェハ将軍もそれを、クアウトラの兵営で「マホメット」からの伝令を受け取って確認した。

「カジェハ将軍、貴殿はその軍服ズボンを履いたまま、我々の師団を偵察することは難しいと思われます。この地区に潜り込むには別なズボン下を着用する必要があります。用意が整えばいつでも陣地に出向かれ、執務中の私に向かって唾を吐きかけて下さい。それなしでは私は悲しい。」

別の機会、ラヨンがモレーロスに、副王は内々に彼を暗殺する死客を陣営に放っていると用心を促した。「狙う相手は勇敢で太鼓腹」の男であると。彼は返書を送り、「確かに私は太鼓腹だが、最近病気してからそれもへっこんでいる」と。

もう一つの資質は、イスラム人にひけをとらない彼自身の勇敢さを物語っている。アラマンもこの点を「冷静で冷徹、かつ、沈着な男」と評価している。寒さ、落馬、脚の打撲、死線をさまよった病気にも耐える力の持ち主であった。頭に巻いた白いハンカチは、多分、偏頭痛を我慢するためと、この地域特有の厳しい太陽の直射から守るためであったと思われる。激しい銃撃戦の最中でも沈着に進軍していた。軍はモレーロスと一緒に敵の王党軍に対して〝勝利か死か〟の覚悟をして従い、モレーロスは味方の軍勢を「地獄の龍」と名付けて鼓舞した。

イダルゴの起こした革命は略奪に終始したと、その行動を非難して次にように述べた。

「彼らは高潔なアメリカ大陸の人々の名を騙って、民衆から財産を略奪し窃盗し破壊の悪徳に染まった輩で、聖なるそして、正当な抵抗精神を抱いている我々には程遠い存在である」。

ある時、モレーロスの職務代行者をしていたバレリオ・トゥルハーノに注意を喚起した。「他人に窃盗または強奪を働いたものがいて、その被害額が一ペソを超えた場合は、たとえ、犯人が私の父親であっても、貴殿は、その者を死刑執行前三時間以内に教会の礼拝所に連れて行き、カトリック教の秘跡を授けて処刑しなければならないだろう。被害額が一ペソ以下の犯罪であれば、私の手元に犯人を送れば服役させる。また、多数の犯人がでた場合には、その一割を貴殿が裁き、残りの者は捕縛して私の元に護送してこちらの裁量に任せればよい」。

このようにしてモレーロスは略奪と他人の財産を侵害しないように命じたが、敵には殺生を慎むが厳しく対処することを徹底した。また、ティクストラ村の強行派の司祭に対して「家族の一員を殺傷するような、残虐行為に走ってはならない、我々は、残忍な人間ではない」と、厳重に命令していた。その司祭は、グラナディータスの穀倉での非業な仕打ちに復讐を企んでいたからである。そのため、モレーロスの犯罪人への寛大さに納得していなかった。モレーロスは決して敵を抹殺することは考えていなかった。「国にとりスペイン人の抹殺は無益であり、私個人にとっても無意味である。我々の作戦は残虐ではなく、人道的である」と、アカプルコを包囲したベレス司令官に書き送っている。歴史家のブスタマンテによれば、モレーロスは時には情緒的になり、ベレス司令官から剣を贈呈された時など、「スペイン万歳、とはいっても、アメリカを支配しない、兄弟のようなスペインなら」と言ったという。彼を突き動かしたものは、政治的、軍事的目的であって、人種的な憎悪、社会的な復讐心ではない。闘争の意図は次のように要約できる。「祖国の運命はスペイン人からクリオーヨの手に任されるべきで、その悲願の達成のために我々は武器をとった」と。モレーロスは独立戦争を神学的な情熱と切り離していた。敵の抹殺を目的とせず、捕虜はある島に集め、そこからサカトゥラやテクパンの拘置所まで護送して、そこで解放し、ある者には独立戦争にも加担させたいと考えていた。例外的に、敵に対する無慈悲な報復をしたこともある。最も悲惨な出来事は、彼の右腕であるマリアーノ・マタモロス司祭が敵側に銃殺刑に処せられた時の復讐である。最初、彼とスペイン人十数人の捕虜との交換を願いでて拒否され、司祭が処刑された後に一〇〇人のスペイン人を銃殺した時である。

アラマン――双方の動きに客観的な立場にあった――によれば、モレーロスはすべての資質に恵まれていた。洞察力、明晰さ、快活さ、厳格さ、勇気、忠誠心、規律、綿密さ、独創性、誠実さなどである。もし不足なものがあったとすれば、それは、「攻撃開始前には、必ず告解はしていたものの」、真摯な宗教心が欠けていた点かもしれない、という懸念である。反面、このもう一人のマホメットは祖国への執着心ばかりか、彼に従う信者に強い愛着を抱いていた。クアウトラ包囲作戦の時の、村人の口ずさんだ彼を敬愛する歌詞に、にじみ出ている。

伍長に二レアルの貨幣、
軍曹に一トストン貨。
わたしの将軍モレーロスに
わたしのすべてものを。

包囲突破作戦が成功したあと、モレーロスは一八一二年の雨期をテウアカンで部隊を編成しながら過ごした。二、三ヵ月後に最大の戦場となったオアハカの占領も成功させた。ここで、彼は国内の秩序を保ってから、新しい政府を樹立する諸規則を制定した。メキシコ中央部、南部、コリマからグアテマラ、オアハカ、プエブラ南部、ベラクルス南部、ミチョアカンを手中にしたが、翌年大きな失策を演じた。アカプルコの包囲作戦に手間をとり過ぎたからである。その間に最高評議会との関係にひびが入った。ラヨンとモレーロスの関係が険悪さを増した原因は、モレーロスの指揮権に対して彼が全面的に干渉を始めたからである。特使や代表団を派遣して南部方面の軍隊やその指揮官の動向を偵察させた。しかし、いずれも無益におわった。モレーロスは彼らに「敵はラヨンの自分に対する不信感を反撃の好機に利用しようと企んでいる」と書き送った。モレーロスは自分が軍の総指揮をとるのは不本意だったが、事態を現実的に対処するために止むを得ない結果だったと弁解している。しかも、各地の司令部はモレーロスこそその任に適任者であるとは認めていた。その結果、ラヨンは突如解任され最高評議会自体も解散し、アナワック議会を一八一三年チルパンシンゴ村に設置した。[3] 議員には旧評議会のメンバーも招いたが、自分自身は軍司令官の立場を優先させて、出席しなかった。

＊

輝かしい進軍と勝利をもたらしたが、一方、実りのない結果も生じた。闘争イデオロギーの基底にモレーロス独特の道徳的規範を持ち出したからである。近代的な経済、政治、社会の発展への対処を、古めかしい救世主的発想の彩りで強調した。そして、アナワック議会でその議論を合法化しようとした。彼独特の予言者的かつ、法律制定者としての観点によれば、独立戦争は武力闘争やスペインから政治的独立を勝ちとることばかりではなく、キリスト教的な言葉でいえば、使命であると捉えていた。

モレーロスはイダルゴより下層階級に属し、混血でもあったので、スペインから解放されるということと同じ程度の重要性で、国内での平等を実現することを理想としていた。先住民の隷属状態、アバッド・イ・ケイポの言葉を借りれば、彼等のおかれた「苦渋と生活環境の劣悪、無知と貧困」から解放するために、更に、それより階級の低い隷属民、即ち、カスタ（先住民と黒人との混血）の人達の屈辱と黒人奴隷を解放するために、モレーロスは一八一三年九月以来、失敗したとはいえアバッド・イ・ケイポがスペインの王室に一七九九年に訴えた意見書と同じ趣旨の主張を繰り広げた。論点は、契約と移動の自由、インディオとカスタに対する課税の撤廃、権利侵害の撤廃などであった。アバッド・イ・ケイポも、メキシコには「富者と貧者、貴族と報われない人が居て、その中間の人は存在しない」と述べている。数年後には、フンボルトがその著、『ヌエバ・エスパーニャ王領政治試論』でも同じ判断を下している。[4]「メキシコは不平等な国であって、世界に稀なほど富、教養、土地、人口分布の不均衡が見られる。皮膚の色が白いか白っぽい人間が社会を牛耳っている。白人がたとえ裸足で馬に乗っていても、その国では彼を貴族と思えばよい」。こんな不平等な状態こそモレーロスの教区では日常的な風景であった。彼の理念は、イダルゴと違って階級やカスタの間で戦いの叫びを挙げることではなく、ペニンスラール［スペイン本国から植民地に派遣された人々］は別として、国じゅうの全ての住民のための建設と合意の計画を立てることであった。アナワック議会が開催されるその三年前の一八一〇年一一月、モレーロスは未来の社会を予想して軍隊の規範を定めた。それによれば、「もし、先住民や隷属民の間に争いが生じれば、先住民もしくは黒人が白人に反抗した場合、あるいは白人がムラート［白人と黒人の混血］に敵対した場合と同様に、まず、最初に仕掛けた方を軍隊の士官は処罰するべきである。互いの立場を斟酌して公正な処罰を下さなければならない。」

一年後、一つの「重大な誤解」が原因で一地方の住民が突然、無政府状態におちいるようになった。その時、モレーロスはいま、我々が目指している闘争の唯一の目的は、政府の実権をペニンスラールの手からクリオーヨの手に取り戻すことだ、と言って仲裁に入った。闘争が成功すれば、新しい、公正な、人種的、経済的、社会的に秩序のとれた国家になる。紛争当事者に次の言葉を伝えて説得した。

「人間は本質的に差別されることはなく、贖い主、イエスキリストが昇天の際、我等に残した聖なる平和を享受して、我々は互いにアメリカーノと呼び合い生きればよい。他者から差別される理由はない。白人が黒人に、黒人が先住民に敵対することはない。この敵意は宗教的にも現世的に大きな間違いであって、白人が我々のために最初に武器を携え王国の防衛を専念してきたことは、むしろ、喜ぶべきことである。我々の闘争の起因は、富んでいる者を羨望して敵対行動をとることではなく、その権利もない。主の教えは、他人の所有物を窃盗することを禁じている」。

一八一二年、オアハカでモレーロス独特の洒脱な言葉を用いて、「かの悪名高い人種差別用語、〈インディオ、ムラート、メスティソ〉などの呼称は廃止し、これから我々全ての総称をアメリカーノ［新大陸の人間］としよう」と主張した。

チルパンシンゴ議会開催の前日、モレーロスは盟友で弁護士のアンドレス・キンタナ・ローに、ユートピアについての自説を次のように吐露したが、キンタナ・ローはいたく感動したという。

「人間の高潔さ、知性、愛国心、愛徳は価値あるものだ。人間は全て平等で、特権階級や名門の出自だけで区別されるべきではない。奴隷制度は非人間的である。皮膚の色の違いで精神や思想が変わるわけではない。労働者や鉱夫の子供たちも、裕福な荘園主の子供も同様の教育を受けるべきである。暴力を振るう者や理不尽な者に対しての訴訟や、被害者を庇護する裁判所が必要だ。我々は子供に誇れる信念と大義、国旗がある。現在のように抑圧された状況を見るくらいなら、死を賭しても闘うのだ。いったん解放されたら、それを守りぬくのだ。」

アラマンは言う。翌九月一三日、「説教壇に注目している士気の高揚した議員を前にして聖霊称賛のミサの後、国運の隆盛を祈願して従軍司教代理が説教した後、モレーロスの部下は彼のメッセージを代読した。「戦闘をいち早く終結する方策を伝え、これから発布される憲法の主なる綱領」を発表した。この綱領がのちに〝憂国の情〟と呼ばれる文書となっている。イダルゴやラヨンより大胆に、メキシコの独立とフェルナンド七世への忠誠心の両立をなんらためらいもなく説明している。二三ヶ条の綱領の主要部分は次の通りであった。

一．アメリカ［新大陸の植民地］は、スペインと他の国から解放された独立国として、承認されなければならないし、その正当性を表明する。

二．カトリック教を唯一の国教とする。

五．主権は国民に由来し、国民の代表者にその権限が信託される。三権分立を旨とし、選出された各地方の学識豊かで誠実な代表者で、立法、行政、司法が構成される。

九．人事雇用はアメリカーノに限定する。

一二．議会の決議は全てに優先し、国民はこれを遵守し実行にあたり愛国心を発露する。ぜいたくと極貧は抑制し、困窮している人の日給を上げ、その習慣を改善し、無知、窃盗、万引きをなくす。

一四．法案は、議会で議論し、多数決にて議決する。

一五．奴隷制度は永久に廃止する。同様に、身分制度をなくし全ての人を平等とする。アメリカーノの評価は唯一、その善業と悪徳を基準にして判断される。

一九．一二月一二日をグアダルーペ聖母の祝日と制定し、毎月の一二日は敬虔な祈りを捧げる。

二三．九月一六日は、祖国が独立戦争の第一声をあげた日とし毎年、記念する。「聖なる自由」を獲得するため、国民は権利を主張し、目的完遂のため武力行動を開始した。イダルゴ神父と協力者アジェンデの功績を常に想起する。

一九世紀の半ばアラマンは、モレーロスの政治理念には「共産主義か社会主義」の片鱗が潜んでいるのかもしれないと思った。しかし、彼の抱いていた近代的な政治、経済、社会思想は、キリスト教平等精神に基づいた理念に遡れるような深遠な概念に依拠していた。それでは、彼はどこからそのような影響を受けていたのだろうか。この一介の神父が主張した平等観念、共和国制度、宗教観、愛国主義についての素養の根元はなにか?。

*

二年後にモレーロスは有罪判決を受けるが、激烈な異端審問官によって、モレーロス所有の蔵書収納箱を押収された。没収された書籍の一覧表から、モレーロスの愛読書とバヤドリード滞在中に読んだ本から得た教養の一端がしのばれる。数十冊は司祭養成時期の宗教学関連書物。説教集、祈禱書など。教義神学書、キリスト教倫理学、聖書、聖人伝、グアダルーペ聖母信仰書もあった。旧約聖書からは、インスピレーションをうけて、歴史上の類似性を抽出するのが常であった。たとえば、メキシコ人をバビロニア人の奴隷であったヘブライの民になぞらえている。彼独特のユーモアの感覚はフェドロの『寓話』から影響を受けていた。[5] また、商法に関する書物『Curia filípica』は、自己の運送取引業の参考書に利用したようで、ヘブライ語、日本語、タガロ語、イタリア語、フランス語、メキシコ語、コラ語、ラテン語、ギリシャ語などの文法書と辞書などもあった。

モレーロスの思想に影響を与えた書物は時代的に様々である。独立闘争開始後の「晩年」のモレーロスに感化したものとして、彼自身が示唆しているようにカディス議会の精神ともいえる穏健派自由主義的思想で反宗教的でない新聞、Concisos［簡明純然］、El despertador Sevillano［セビリアの警鐘］などがある。ラヨンの『憲法学原論』、カディス議会の憲法理念などから、代議員制、三権分立、主権在民の原則を学んだ。

彼が最も感銘を受けたものの一つは、スペインのドミニコ修道会フランシスコ・ラーラガ神父の著、『キリスト教倫理学総覧』で、モーレスが学んだセミナーのテクストでもあり、「正義の戦争で人を殺すのは合法」との主張がなされていた。また、一七世紀のもう一人のモラリスト、フランシスコ会のフランシスコ・エチャーリの『叙任司祭の指導綱領』からは、モレーロスが司祭として規範とすべき言動を学んでいる。独立戦争が勃発すると、彼なりに一七世紀神学者の教義を解釈して、戦闘行為の正当性を主張した。

「征服された国にとって、国土を回復することは正当であり、国民にとり不当な法律を制定されている時は、君主に服従しない権利は同様に正当である。それは今日我々が悪名高いスペイン人に支配されている現状そのものだ」。

倫理学的知覚が鋭く洞察力に富むモレーロスにとり、権力の起源、公権力のありか、専横政治に抵抗できる条件をめぐるこれらの主張は、人間の尊厳と、秩序と正義の重要性を説明する実に明解な思想と結びついていた。それは、スペイン自由主義思想の最新の潮流と一体をなして、一つの首尾一貫した独創的な思想を形成していた。歴史学者モラは、もし、モレーロスが「民衆の自由の原則について知識がなかったとしても、その結果は評価できる資質を本能的にもっていたのかもしれない。そして、代議員制の原理を知るやいなや、すぐにそれを確立するよう急いだ」と述べた。そこで、イダルゴが本質的には君主制の下で自己形成し、それを信じていたとしたら、逆にモレーロスは生まれながらの共和制志向と言えよう。「私は専制支配体制を決っして容認しない」と述べ、「仮に私が君主制支持者であってもその考えは変らない」と、一八一三年三月に言明していた。しかし、彼の共和制の考えは熱狂的ではなく、度々発布される憲法に関心を示していない。例えば、カディス憲法が発布された時も、「スペイン人よ、新しい政府を次々に樹立して、どうするのか」と、揶揄している。実務型の彼にとれば、国家とは、冷徹な政府と有能な政策立案能力者が必要だと考えている。そのため、彼は本能的に、行使される権力を制限するように考えたのである。

代議員制、三権分立、人権の確立、表現の自由の保障を採用するため、モレーロスは隣国アメリカからその基本概念を学んだが、ただ宗教に関しては厳然とカトリック教を国教とした共和制としていた。共和制や民主主義の近代的禁則と、宗教に関しての絶対的不寛容さが共存していることは、唐突ではない。それは、メキシコの独立闘争は開始当初から中世的要素を含んでいた宗教戦争であったからだ。

イダルオの革命において「主役を担った」大衆に対して宗教的に訴えるというやり方は、モレーロスにより神学的にその意義が確立された。フランシスコ・スアレスのような新スコラ哲学派の考えによれば、暴君、この場合は「ジャコバン派テロリスト」や「ボナパルトへの投降者」のような「異端者」で「無信仰者」と「偶像崇拝者」、「放蕩者」的な政府を指しそれに対抗することは、神学的に正当化されていた。一八世紀半ばにスペインの王位を奪ったブルボン王朝は本国のみならずスペインの海外植民地の教会に対しても、伝統的な教会の特権や種々の免責優遇措置を強奪したので、ヌエバ・エスパーニャの独立支持派カウディーョが――その大部分は司祭であった――それらを復権しようとすることは正当化された。マタモロス司祭が発行した軍用手形には「教会の免責特権回復に命をかけて」と記載されていることや、また、彼が議会に最初に提出し決議された案件が、イエズス会派宣教師のヌエバ・エスパーニャ追放令の失効であったことは、偶然とは言えない。この意味でモレーロスの政治理念と矛盾することだが、絶対主義体制のスペイン君主制には自由主義思想で対抗し、教会の聖と俗の権力に対しては反自由主義思想で対抗したのであった。独立戦争のインスルヘンテス［独立反乱者］は、王室とペニンスラール［スペイン本国人］の特権剝奪を望み、教会の特権回復にあたった。王室に対抗するには、市民的自由と教会の自由を同等に扱ったから、その矛盾は見なかったのだ。

不思議なことに、モンテスキューやプルタルコスの著作を読んでいた典型的な共和制主義者のシモン・ボリバールは、政治と宗教を混同するメキシコ独立戦争の独特の考えには、さほど驚きもみせなかった。[6]と言うのはむしろ、その点にこそ巧妙な策略を見抜いていた。一八一五年に著した『ジャマイカからの手紙』の中で彼は記述している。「幸いなことに、メキシコ独立戦争の闘士は、国民の信仰の対象、グアダルーペ聖母に全ての難問解決の拠り所を託して、その祈願実現の旗頭としていた。これで、政治的課題の熱狂を悉く宗教的要素と交合させて、独立の自由を勝ち取ることに至った。メキシコでは聖母にたいする敬愛は我々の想像を越えるものがあり、如何なる予言者の威光も凌ぐものがある」。

ボリバールは、人々の聖母への一種の宗教的哀願とも言える敬虔さは看破したものの、カウディーヨが聖母に懇願する、その動機を誤解していた。教養豊かなイダルゴの中にグアダルーペ聖母像を軍旗に利用する便宜主義の兆候のようなもの（事実、公判廷で彼は「人々を引きつける効果があると判断して利用した単なる機知だった」と表明している）があったとすれば、モレーロスはその点、戦争の大義を擁護する象徴のみならず聖母を独立戦争の中心的存在に祭り上げた。

それは、グアダルーペ聖母はメキシコ人にとり単なる神話ではないからだ。それは、メキシコの民衆に対する神の合同なのだ。メキシコ以外には見られない現象である。誰しもメキシコ市を訪れれば、テペヤックの丘に多くの老若男女が〝褐色の聖母〟のもとに巡礼する姿が見受けられる。言い伝えによれば、敬虔なインディオのファン・ディエゴが一五三一年、龍舌蘭の繊維で織った布に付いた聖母像を発見したのだ。一九世紀には、建国の父は誰であるかと議論は伯仲したが、誰もメキシコの母についての異論はなかった。「あり得ることではないが」と前置きして、一九世紀の代表的な自由主義者の一人、イグナシオ・マヌエル・アルタミラーノは「聖母は我々を結び付ける唯一の崇拝の対象で、それがなくなれば、メキシコの国の存在も消えてしまうかもしれない」と述べ、彼の弟子フスト・シエラも次のように補足している。

「聖母の前に跪くインディオの娘の傍らで、その母親は彼女の苦しみを一心に聖母に訴え、優しい慰めはいつも与えられるものだと、希望を抱く。その姿こそ、メキシコ先住民の神学の集大成とも言える」。この国民の敬虔さをモレーロスは独立戦争の士気高揚に利用した。その考えは随所にみられる。テクパンという新しい村を「グアダルーペ聖母の村」と名付け、一二月一二日を「解放の日」と憲法で祝日に制定した。(家庭の玄関やバルコニーには聖母像を飾ることを義務付けていた）毎月の一二日には自治体に聖母礼拝式を義務付け、戦争の勝利を「聖母」の賜物とし、「当選した市参事会参事に聖母の秘跡を擁護する」誓いを立てさせたり、チルパンシンゴ議会開催記念切手の表記文字を、グアダルーペ聖母の綴りと語句転綴して、発行させたほどであった。

「ヌエバ・エスパーニャは、主イエスキリストと聖なる母マリア、テペヤックの丘に現れしグアダルーペ聖母のとりつぎによりて、われらに慰めと、御加護を乞い願い奉る」。

彼の部下のなかには自分の元の姓名フェリックス・フェルナンデスの名を、グアダルーペ・ビクトリアに改名した者もいた。彼こそ後のメキシコ共和国第一代大統領である。

モレーロスが生きたのは一九世紀初頭であったが、その声と講演は、旧約聖書の時代にさかのぼっており、イスラエルの民とメキシコ国民の運命を重ね合わせていた。「我々の目指す正義はまさしく、主のご加護があれば達成されるに違いない」と考えていた。さらに、一八一三年八月一二日の新聞、エル・コレオ・アメリカーノ紙で説話している。「独立戦争開始から三年経過した現在、エジプトの王ファラオの私欲を肥やすため犠牲となって、坑道や農地で使役されたイスラエルの民のように働くメキシコの兄弟に告げる。モーゼとヨシュアの再来を願うことは、屈辱に苦しんでいるメキシコ人にとって夢ではない」。モレーロスは本当にこのような聖書に登場するような人物の登場を信じていたのだろうか。むしろ、彼の謙虚さから察すると、萌芽する新しい国家のために、自分自身がもう一人の神に奉仕する大工の子として、祖国に純粋な愛情を注いでいた。「私はキリスト教徒として、心から、祖国と信奉する宗教のために、全てをなげうつ気概を持ち合わせていることを誓う」と。

＊

モレーロスが推進している革命で日ごとに増大していく影響力を確保していたアナワック議会の法学者もまたこのようなイメージで頼りがちであった。しかし、彼等の思想の底流にあったのは、クリオーヨ独特の愛国心を正当化するような民族主義者的な弁明であった。メキシコ史の起源は、スペイン人の征服以前の時代にまで遡って捉えることだという考え方であり、イダルゴも彼の最後の説教となったコマンチ人への説話でその考えを述べている。しかし、アラマンによれば、モレーロスは、この「奇抜な暗示」は好まず、カルロス・マリア・デ・ブスタマンテが彼のために準備した議会開会式の祝辞はこの趣旨で草稿されていたので採用しなかった。むしろ、モレーロスは現実的なメスティーソであった。つまり、祖先から引き継がれたアメリカ大陸という土地に対する権利を主張する必要性は認めていなかった。それに反して、ブスタマンテはスペイン人の子孫だが、オアハカ生まれのクリオーヨなので、モレーロスとは異なりスペイン植民地時代とは断絶して、先住民文化と奇妙な古めかしい一致を求める知的クリオーヨ階級固有の考えの持ち主だった。

「偉大なる諸王モンテスマ、カカウマ、クアチモチン、シコテンカル、カルソチン、議会の玉座に鎮座されよ。汝らの子孫は、失しなわれし土地の奪還と、暴君の爪から永久に解き放なたれる戦いを始めた。一五二一年八月二一日は、一八一三年九月八日に引き継がれた。メヒコ・テノチティトランを縛った隷属の鎖は、いま、永遠にチルパンシンゴの村で破壊される」。

こうして独立戦争支持者のクリオーヨの法学者［議員］たちは、過去に執拗にこだわり、スペインの新スコラ哲学派の掲げる自然主義の理論を最大限に主張しながら、ルソーの異端的思想の「汚染」はすべて避けたうえで、――モレーロスに逆って――じぶんたちが主権をもつ民衆を代表していると主張することができた。クリオーヨと植民地時代を結び付ける唯一の絆は、言うまでもなく一六世紀の宣教師たちであった。彼らは征服行為そのものを厳しく非難していたと同時に、スペインが植民地を統治することは不当だと決めつけていたからである。一八一二年の年末に彼等の間で話題になっていたのが、『アメリカ愛国セミナー』誌に掲載された次の記事であった。

「真の使徒であり不屈の弁護人、アメリカ大陸の尊父バルトロメ・ラス・カサス師は我々に書き残した。神は必ず新大陸を破壊したスペインに早晩、その見返りとして鉄拳を下すだろう。その遺言執行人はチヤパスの司教である。征服者に神罰を下し、スペイン人と歴代の国王の手から、アメリカ大陸が解放される日は到来する」。

しかし、議会とモレーロスとの間の違いは、主義主張上の好みや歴史的アナロジーを超えたところにあった。議員の大部分を占めるクリオーヨとモレーロスの間では、モレーロスが故意に挑発した権限をめぐる対立とが引き起されることとなった。指揮権を弁護士ラヨンから剝奪すると同時に提出された全ての決議は、彼自身が召集した議会の議員たちの同意を得ていた。まるで議会が召集されメキシコ北部地域（ヌエバ・エスパーニャ北部）の独立が宣言（一八一三年一一月）された後は、モレーロス自身が自己の使命は頂点を極めたと判断したかもしれない。チルパンシンゴで執行権力を引き受けることは拒否していた。自分の体力と能力には余ることだと確信していたからだ。「民衆からの要望と国会の推挙により」――ブスタマンテの表現を借りれば――与えられていた威厳の呼称、「殿下」を捨て、「国家の下僕」として自分の使命を終えることになった。マルコ福音書の一節に彼が好みそうな言葉がある。「むしろ、あなたたちの中で偉大になりたい人はみなの召使となり、あなたたちの中で、第一のものになりたい人は、みなの奴隷にならなければならない（マルコ福音書　一〇節四二―四五）」。

一八一三年末には、モレーロスの存在感は戦況変化とともに翳りをみせてきた。王党軍の若き指揮官イトゥルビデの反撃が激しくなってきたからである。[7] 一八一三年一二月イトゥルビデはモレーロス軍をバヤドリードで破っている。そこは両者の生誕地でもあった。間もなく、モレーロスはマタモロスとガレアナ陣地も失った。味方のラヨンの行動もモレーロスに敗戦色を与えはじめる。モレーロスに敵意を抱いていたラヨンは、バヒオ地域を熟知していたにもかかわらず、情報を提供することを怠った。さらに決定的なことは、モレーロスが議会に屈服し始めたからである。彼は指揮官を罷免されていたし軍資金の支給も受けなかったため、自ら率いる軍隊は今や、弱体化の道をたどっていった。議会はさらに彼の行動を制限したので、モレーロスもカラクアロ教区に戻ることを考えはじめた。さらに議会の非難が強まると、モレーロスはその反論を試みた。「言うまでもなく、神なる主が話されている時は、下僕は口を閉ざさねばならないことは知っている」と。彼の良き理解者の一人、コスは国会の非難は中傷だとモレーロスを擁護した。モレーロスは独立闘争派軍隊の指揮命令系統の混乱は、味方にとって効果的な戦果をもたらせないことは十分承知していた。さらに、モレーロスも「国会の使命遂行の重要性と比べると、私の存在は無に等しい。むしろ、私は独立した政府が創設された段階で、その使命は達成されたものと思う」と。グアダラハラでイダルゴは新しい帝国建設を夢みたが、モレーロスは、一八一四年からメキシコ共和国誕生への下僕になることに徹していたと考えられる。

　歴史家ロレンソ・デ・サバラは、モレーロスについて述べている。[8]「彼は賢明にも、これからのメキシコにとり、多くの法律制定はその実行が不可能で、無意味だと考えていた。というのも、実際、山間部や森林で遊牧民のように同一地域に長期間滞留しない人にとり法律はどんな意味を持つのか疑問であった。一方、国会はこれまで形成してきた指揮権を取り戻そうとしのぎを削っていたし、国会議員は国家の歳入状況を示した。しかし、［モレーロスに対して］閣下とか最高司令官の称号を与えることに譲歩した彼等も、彼の持つ権限を制限したり、権力を抑制する法律も発布できず、極刑に相当すると脅迫した一人の敵に、何らの有効な打開策も構じられねなかった」と著述している。

　法学者の一団が戦時下の兵営で憲法の草案つくりに奔走してついに、アパチンガンでその作業を終えた。そこは、モレーロスが執務していた貧しい教区にほど近い所であった。この憲法はフランス憲法の一七九三年と九五年を参考にして、行政権と司法権より立法権を優先したメキシコ最初の共和国憲法となった。サバラは「国家は、いままでなかった政治的存在となったように思われた。国が独立を達成した時に、モレーロス氏が自ら社会的保証を確実なものとするいくつかの基本原則を定め、代議制共和政府の厳かな誓いをたてることができたなら、どんなに良かっただろう」と述べている。モレーロスはこの矛盾にどのような反応をしたのか。彼はついに憲法が発布された時、これは

「理論倒れ」だと判断しながらも、「日頃の節度を忘れるかのように、陽気に躍り、誰彼となく抱擁して」憲法発布を人生最後の喜びのように表現していた。

その後、米国から期待していた援助はなくなった。議会に対して常に身構え、いざとなればカラカスかニューオーリンズに逃亡しようと考えていたモレーロスは、彼の古い補佐官の罠にはまり、メキシコ市のシウダデラ拘置所に身柄を拘留された。人々は彼が収監されている拘置所の扉を叩いた。ある者は沈黙のうちに彼を慕い、またある者は公然と彼を罵倒した。誰にしても、伝説にまで語られた人物を一目見ようとする好奇心が強かった。軍法会議、教会、異端審問所はそれぞれ彼を独自の三つの法廷に引き出した。異端審問所審議官の一人は、逮捕されたこのカウディーヨの様子をつぎのように書き残している。「身長は五フィート位、体格は頑丈で精悍な容貌。黒い濃い顎髭を生やし、耳の近くにホクロがひとつ、左の額の生え際に二つの疣、左脚ふくらはぎに傷痕がある。リンネルのシャツ、黒いウールのチョッキ、ウールのズボン、白い綿製の靴下、半長靴、上着は現地風で白地に青色の模様が描かれている。絹のハンカチを持ち、絹地の布を帽子代わりに頭に巻きつけている。拘置所内では先住民風の白色の上っ張り、リンネルの着古したシャツ、縞模様のサラッペをまとい、厚地の白ズボン、粗布の二つの小袋、チョッキはキルティングがほどこしてあった」。

＊

モレーロスの裁判は決定的な懲らしめにしなければならなかった。合同裁判所（軍法会議と教会審判の）は、第一審で、国家反逆罪を言い渡した。彼は王室軍と戦ったことを否定した。作戦展開中の大半、フェルナンド七世はおらず、戻ったとしても、ナポレオンの影響を受け、フランス化して、反宗教的になっていただろう、というのがその理由であった。反面、モレーロスはイダルゴのように遠回しに言わず、独立を企てた背景を語った。

「最初からスペイン国王への忠誠心から事を起こしたのではないと彼は弁明していたが、占領されている本国の植民地を死守することは、ひいては幽閉中のフェルナンド七世に忠誠を誓うことになる」

訴訟項目には一々悠長に、そして、明快に反論した。まず、殺戮はしなかったと述べた。例外的に味方の将校マタモロスと敵陣捕虜との交換交渉を王党軍が拒絶した時だけであると。モレーロスは決して敵陣での略奪行為を命令しなかった点。教会の破門宣言は気にかけなかった。その決定は、ローマ法王か宗教会議の専管事項と理解していたからである。司祭職は、「指揮下に死傷者がでた時」まで実行していなかった点。しかるに、国家反逆罪の適用の嫌疑には根拠が希薄だと主張した。逆に、独立闘争には正当な理由がある。「フェルナンド七世がフランスに幽閉され、哀れな羊の群れのような祖国」を奪還するのが当然である反論した。そのため、植民地で独立戦争が始まり、その間、国土が荒廃するのは不可抗力であり、国家反逆罪の対象にはならないと否認した。

モレーロスの王権についての知識は、予てからの持論と学んだ知識が根拠であった。国王は不可誤謬の存在ではなく、悪政に与する王には反乱も暗殺も企てることができると、理解していた。判事はスペイン王の「フランス化」についての議論を極力回避しながら、被告が反乱を正当化し、独立戦争の歴史的正当性を擁護する申し立てを拒んだ。反対に、判事は「宗教会議で度々非難されてきた王権を侵害する重大性」には厳しく非難を集中させた。しかし、フランシスコ・スアレスが一七世紀に著した『Defencio Fidei』［信仰の擁護］の中で、ある宗教会議で極端な帝王教権主義者を論駁したことも当然協議された。だが、形式を重んじた高位聖職者は、被告人に弁護人を任命させたが、判決は厳罰であった。位階剝奪と死刑である。その上、独立戦争に捧げた生涯を後悔しその意思を公式に撤回したら、聖体拝領の秘跡を授け、終油も受けた受刑が許されていた。

異端審問所での審理はさらに厳格だった。「異端者」扱いそのものである。罪状は数々あった。イダルゴの追従者であるという嫌疑。モレーロス自身はアバッド・イ・ケイポにより一八一四年七月に破門されていること。また、教会の権威を利用して誤った考えを信者に植えつけた罪。ミサ典書から逸脱した形式でミサ聖祭を司った罪。神父の毎日の聖務とされている祈禱書の朗読を怠った罪。神父の立場を利用して信者を扇動した罪。自分の息子を異端者と放蕩者に陥るような米国へ行かせたこと。信徒に「独立戦争に参画することは信者として当然の行い」だと勧誘し、自由主義思想の憲法を遵守させたこと。ルソーの思想やフランスの法律と社会の影響をうけながら、自ら無神論者と唯物論者に陥ったこと。教会財産の略奪を扇動した。教会の権威を失墜させた、等。これに反してモレーロスは審理中に判事の尋問を巧みに回避しながら、「暴君と化したフランス国王に対抗して反乱を起こす権利は正当」だと論陣をはった。

「政治綱領」で、モレーロスは聖マテオ福音書の一節（一五章一三節）をラテン語で引用している箇所がある―天の父が植えなかった植物―、すなわち、それは異端審問所でその廃止を強く訴えていた。しかし、異端審問所の権威をモレーロスは否定せず、専ら、スペインがナポレオンによって侵略中という特殊な状況下で一種の「迫害」だと強弁するばかりであった。罪状の幾つかは真実ではなかった。たとえば、ニューオリンズにモレーロスの子息を留学させたことは事実だが、教養をつけさせるためで反乱分子の養成ではなかった。また、モレーロス自身はルソーの著書は一冊も読んでいない。自由主義思想のアパチンガン憲法も一度は目を通した程度で、その評価は「概ね良しとしたが、条文の適用ははなはだ困難」だと判断していた。自分自身が教会の司牧職を叙任していた理由は、独立戦争期間中にも味方の霊的指導は必要であったと考えたからである。しかし、モレーロスは戦争は暴君に対抗する正義の闘争であったことと、さらに独立戦争遂行の正当性について説明する手掛かりをなんらかの理論を援用して抗弁しなかったのは、不可解と言えるかもしれない。しかし、独立戦争の大義名分に関しては、「たとえ神父でなくても、この闘いには当然、参戦していた」とかつて述べている。結局のところ、独立戦争勃発の原因はスペイン国に侵入したフランスへの敵意と、カトリック教擁護にあり、決して反乱は、宗主国スペインに対する敵意ではなく、植民地の解放であったと言う、独立戦争の背景の真相を明言しなかった。

「モレーロスは、自分の立場の重要性を顧みず、師イダルゴ司祭の考えを踏襲して独立戦争に参戦してきた。また、アメリカーノの思惑は、スペイン人が自国をフランスに統治されることを許容できないのと同様であると理解していた。さらに、法律学者からの意見を参考にして、スペイン王が空位の時期には、この副王領の人々に国の主権を掌握できる権利があり、今こそ、それを実行する時期だと判断していた。しかしながら、幽閉された国王が以前と変わりなくカトリック教の敬虔な王として帰国したならば、はなはだ、彼の論拠を主張することは、困難だと言う事実もモレーロスは悟っていた」。

軍司令官領の軍事法廷で彼の反乱行為の罪状は余り見当たらなかった。むしろ、「自分に及んだ罪状は不公平だ」と告訴したほどであった。彼自身も反乱軍に与したことは認めると自白したものの、カトリック信徒として良心に恥じることはないと明言している。異端審問所が糾弾した異端者扱いの訴状には断じて同意しなかった。独立戦争の反乱者には厳格な批判を下している歴史学者アラマンでさえ、異端審問所がモレーロスを異端者扱いした点については、「それ以外の罪状の適用は無理はないとしても、異端者扱いは妥当でない」と言っている。

合同裁判所に対して一一月二六日、モレーロスは戦闘中の独立反乱軍の現在地、資金源、司令官の名前等を自白している。一二月一二日には、味方の武器弾薬や戦争継続の軍需物質の貯蔵庫も明らかにした。

「もし、モレーロスに筆記用具を与えていれば、王党軍が反乱軍、とくに、メキシコ南部沿岸地域と熱帯地域の部隊を鎮圧できる作戦に役立つ情報を筆述していたかもしれない」。

アラマンによれば、この措置、すなわち、他の革命の闘士たちに筆記用具を「命を保証する条件で」与え、情報を得て革命の終決を図る策略は、「彼等が唯一起訴中に錯誤に陥った弱点」であったと言う。革命の闘士が命乞いをすることは、まず、考えられない。また、彼らは棄教こそしなければ、終油の秘跡を受けないで死んでも怖くないと思っていたに違いない。さらに、味方を裏切る行為の密告を求めることは、本当に必要であったのだろうか。

異端審問所は、アラマンの意見を引用すれば、独立戦争を効果的に終決するために最も悪評をかった「最後の決断」、つまり、カウディーョに死刑の判決を言い渡した。同じ日、司祭として最も屈辱的な状況、教会史のなかでも稀な行為、司祭の位階剝奪を決めた。アラマンはその場にい合わせた証人の証言に基づいて述べている。

「司教服を着用したオアハカ司教は教会の中で立って待っていた。そこに、司教座教会の入り口から哀れな俗人の身なりをしたモレーロスが、緑色に着色された一本のローソクを手に異端審問所の判事に付き添われて入場してきた。多くの野次馬がその列を眺めている。モレーロスは視線を落とし苦渋に満ちた容貌で歩みも思うにままならない。祭壇に向かった。そこで、モレーロスは改めて司祭服を着用して、オアハカ司教の前で跪くと、司教から位階剝奪が宣告された」。

モレーロスは恐るべき言葉を耳にした。「汝から、神に生贄を捧げるミサを挙げる権能を隔絶する。この権能の消滅で、終油の秘跡の権威も喪失するものである。汝を、主の下僕の好ましからず者として遠ざける。汝の職責を罷免し、備わる権威と権限を剝奪する」。

「すべての人はこの厳しい決定に驚きを隠さなかった」。―アラマンは続けて語る―「司教は、涙に咽いでいた。モレーロス一人だけが、毅然としていたが感覚を無くしたような姿にも見えた。平静を保ち相貌は崩していない。ただ一瞬、位階剝奪の宣告がなされた時には、涙が頬にひとすじ流れていた」。

一八一五年一二月二一日、一八年前のこの日、モレーロスはサン・ミゲルの司教の前に跪き叙任を受けた日で、その同じ日に死刑判決を受けた。翌日、告解聴聞司祭と刑の執行人に付き添われグアダルーペ聖母寺院の方角に向かう、窓に覆いがかけられた馬車に乗せられた。

アラマンは言う。「彼は記憶している祈禱文を祈っていた。とくに、詩篇のなかの〝ミセレレ〟と〝デ・プロフンディス〟であった。また、馬車が通過する辻では、そのうちに止まった所が処刑の場所になるかもしれないという恐れから、祈りへの熱の入れようはますます高揚していった。同時に神から罪の赦しと慈悲が与えられるものと信じ、煉獄で受ける罰はこの忌まわしい現世での罪の償いだと覚悟を固めていた。グアダルーペ聖母寺院に到着した時は、膝ついて祈りを捧げたいと思っていたので、足枷が邪魔になったがその思いはかなった」。

寺院を過ぎてから、サン・クリストバル・エカテペックの寒村に着くと歴代副王の大邸宅がありその中庭が処刑場であった。その光景を見たモレーロスは、つぶやいた。「私が生まれたのは、ヌエバ・エスパーニャの庭であった」。そして、ガルバンソのスープをおいしく食べ、好きな葉巻も吸った。キリスト磔刑像の付いた十字架を手にとり、主に祈った。「主よ、私が主の御心にかなう行いをしたなら、それは主がお見通しの通りです。また、もし、私の行いが主の御心を傷つけたのなら、何卒、主の慈悲に与ることができますように」。そこで、モレーロスは告解聴聞司祭の言葉に耳を傾けた。「汝は、ここで我らの贖罪を果たす」。

アラマンの記述によると、「ヌエバ・エスパーニャにおける革命家のなかで最も卓越したモレーロスの末期は、四発の銃弾でその体が射抜かれた。まだ、微動するその身体にさらに留めの四発が放たれた」。

官憲はモレーロスの死は反乱軍の意気の根を止めたものだと安堵の胸を下ろした。国会は解散され、反乱に加わっていた者の内には恩赦を受けた者もいる。しかし、ゲリラ戦は執拗にその後五年間も続いた。一八一七年からはスペイン人の自由主義者フランシスコ・ハビエル・ミナも、ミチョアカンとグアナファトで残存していた独立戦争派の前線部隊に参戦し、その後銃殺刑になっている。ついに一八二一年独立達成の好機が近づいた頃、かつてモレーロスの側近であった二人は生存しており、グアダルーペ・ビクトリアはベラクルスに追いつめられて力尽きていたが、さらに勇猛な軍人であったビセンテ・ゲレーロはモレーロスが善戦した険しいメキシコ南西部の山中で、勇者の名を馳せた徹底抗戦をしていた。[9]

*

一九世紀の歴史家は自由主義者、保守主義者にかかわらず、こぞってモレーロスを評価している。サバラは彼を勇敢、冷徹、堅実、高潔、高貴、剛健として特に高く評価した。アラマンは彼の宗教性、つまり、メキシコの伝統を尊重する精神を評価した。自分の抱く保守的な理念とは相いれないものを認めつつ、間違いを犯している敵であるが、「反乱軍の闘士の中で最も注目すべき人物で、しかも忘れがたい敵」だとしている。モラはアラマンとは逆に、モレーロスの共和制についての考えに共鳴している。メキシコの国が将来とるべき政体を「彼の卓越した倫理観」から、その輪郭を我々に示したと述べている。ロマン主義的自由主義者のなかには、例えばプリエトなど「彼は言動が及ぼす責任をいっさい他人には帰さなかった」とその高潔さを過大に評価していた。実証主義者のフスト・シエラはモレーロスを「熱血漢、妥協の許さない男、勇猛、偉大な人物」と称している。冷徹な人物と定評のあるブルネスさえも、「面相が険しいが威厳のある人物」と評している。一九世紀の歴史家の他にも、自由主義者と保守主義者のカウディーヨまでが同様にこの人物に感歎していたようだ。後年、マキシミリアーノでさえ彼を称えて一八六四年メキシコ市に初めてモレーロスの銅像を造らせ、除幕式で述べている。

「我々は知っている。寒村の一司祭が戦場で勝利を収めたその事実を確認している。その謙虚な神父は独立戦争の第二段階を再編成して、難関を克服し各地方を制圧した。自らの血を流し、自由と独立戦争のために殉教者となった。そして、この人物は我々の心の中に住みついている。自己の信念に従いそれで勝利を収めたことは、われらの国民性の礎と言えよう」

共和制がフアレスにより復興されたとき、彼はメキシコの首都に隣接する州をモレーロス州と命名した。しかし、一九世紀の最後のカウディーヨ、ポルフィリオ・ディアスほど、モレーロスにメスティーソとしてまた、軍人（モレーロスの行軍録は読んでいた）として、とりわけ政治的に彼との類似性を意識した者はいないであろう。「七〇周年を迎えたメキシコ共和国の礎は、国民の勇気と聡明さと、卓越した政治家の創意の賜物でその中でモレーロスは、非凡な人物である」と敵を屈服させたモレーロスに言及して一八九一年に彼は言明している。また、独立百周年式典の際にスペイン大使のポラビエハ侯爵から、ポルフィリオ・ディアスに直接モレーロスの形見である軍服を贈られたとき、彼は感激のあまりスフィンクスのように硬直したと言われている。

「我が生涯にこのような僥倖にめぐりあうとは想像もできなかった。かの英雄の胸を被っていた軍服にふれることは、我が老兵の手が塗油により聖別される思いがする。英雄の胸の鼓動が伝わる。高潔な精神を直接包み込んでいた衣服だ。彼は、スペイン人ゆえに、スペイン人を敵視したのではなく、スペイン人の考え方に、敵対したのである」

モレーロスは一様に称賛されているものの、彼自身について知られざる側面がある。自由主義者はモレーロスの保守主義者としての萌芽、保守主義者は彼の自由主義者としての萌芽を忘れている。この二面性を持つ国家の下僕は何を言わんとしていたのか？　メキシコが直面する宿命的な岐路とは、メキシコが永続的な緊張感の中に存在している事実をさしている。すなわち、守るべき伝統と、避けて通れない近代化指向である。それは、「使徒職の本分を生き抜いた修道会の創立者のような精神」を引き継いだ一六世紀の宣教師が抱いていた宗教的構想と、それに対比する西洋の影響を受けた共和制と自由主義精神の新風である。

フスト・シエラは『政治史』の中で訴えている。「共和国建設の礎となったあの司祭たちは、その目的遂行のために彼らの宗教心を夢の糧としていた。彼らが神よ、祖国よと、叫ぶ時は良心に恥じない行為をして全能を傾けている時である。懐疑的になり夢を捨て、冷淡な現代の我々は、彼らは唯一信じる宗教のため、処刑台の前廊に至るまでその信念を棄てなかったことを悟るべきである」。

一九世紀メキシコは、懐疑主義の中で、夢を失って過ぎ去った、冷淡な時期であった。大衆受けしたメキシコではなかった。その世紀のメキシコは一つの宗教に結ばれて、現世への期待を精神的なものと結びつけていたのである。ちょうど、岐路にあった。あの預言者的人物の列伝が告げた二つの言葉で、メキシコが将来直面するきわめて重大なアナグラム、宗教と祖国であった。

註

1　José María Morelos については、Ernesto Lemoine: *Morelos su vida, Morelos y la revolución de 1810*, México, 1984 などを参照されたし。

2　典拠は Museo Nacional de Arqueología, Historia y Etonografía 編，Morelos: *Documentos inéditos y poco conocidos*, México, 1927 を参照。

3　アナワック国会は、一八一三年に独立派のモレーロスが中心となり創設され、ヌエバ・エスパーニャの独立を討議した国会。

4　Alexander Humboldt（1769-1859）は、一九世紀にスペインの海外植民地を探険者の中で最も綿密な記録を残した人物である。特にその著書、*Ensayo político sobre el reino de la Nueva España* は、ヌエバ・エスパーニャ独立以前の詳細な記録が収められている。またフンボルトに関する研究書としては、Hanno Back, *Alexander Von Humboldt*（México, 1971）がよく知られている。

5　マニラで発行の西日辞典は *Vocabulario del Japón*, 1603, Manila と考えられる。なお、一六七三年にはヴェタンクルトの『アステカ語文典』（Vetancourt, *Arte de Lengua Mexicana*, México, 1673）が発行されている。

6　Simón Bolívar に関しては、日本で次の二冊がよく知られている。ホセ・ルイス・サウセド＝バスタルド・水野一監訳『シモン・ボリバール―ラテンアメリカ解放者の人と思想―』春秋社、一九八六年と、神代修『シモン・ボリバール』行路社二〇〇一年。

7　Agustín Iturbide（1783-1824）。現在メキシコ国の独立記念日は一八一〇年九月一六日であるが、メキシコがスペインから独立したのは一八二一年九月二七日で、イトゥルビデが首都に入城した日である。本書でもイトゥルビデの立場を見直す背景は説明されている。エンリケ・クラウセはポルフィリオ・ディアスの復権とともに、イトゥルビデに対してもメキシコ史における再評価を主張している。

8　Lorenzo de Zabala（1788-1836）は、ユカタン地方で最初の新聞を創刊。その後、一八二四年憲法制定議会の国会議員となった。El Aguila Mexicana 紙では、連邦共和制を強く支持した論陣をはる。ヨーク派に属し、ビセンテ・ゲレーロ大統領政権で大蔵大臣に就任、一八二九年からヨーロッパに渡り、一八三二年メキシコに戻ってくると、テキサス地方をメキシコから分離する提案を支持したため、メキシコ国籍を剥奪される。

9　Vicente Guerrero（1782-1831）は、メキシコ史における特異な存在である。一九七一年には当時のエチェベリーア大統領がゲレーロの生誕地（現ゲレーロ市）で彼の顕彰式をしたことはよく知られている。独立戦争の時期にはモレーロスに協力した。王党軍の軍人としては異例の政治姿勢を貫いていた。イトゥルビデがメキシコをスペインから独立させた時期にも彼に協力している。また、サンタ・アナの時代になると、彼からの信頼も厚かった。次のエピソードは有名である。メキシコが独立を達成しようとしていた時期、アポダカ副王がゲレーロの父親を通じ、独立を支持する軍事勢力に加担していた彼に、寝返りを打つことを説得したが、ゲレーロは拒否した。次の言葉が有名である "Independencia y libertad o muerte", "Primero está mi Patria que mi padre".

第三章　クリオーヨの没落

1 帝国の夢

メキシコは伝統的な富に計り知れない期待を抱えながら、一八二一年に独立国家として誕生した。この期待は、一八世紀末にクリオーヨの教養人らが抱いたものと同じだった。彼等は全土を指して「豊穣の角」とするメタファーが単なる比喩ではなく、むしろ現実の図示であってほしいと願っていた。「十分に土地が豊かで、広大なヌエバ・エスパーニャ王国は、交易上世界各地が必要とするすべてのものを独自の力で生産できるだろう」と、フンボルトが『ヌエバ・エスパーニャ王領政治試論』に予言したことが実現する日も迫っていたかに見えた。

一八二一年は国史の輝ける一年であった。九月には独立運動が最終章を迎えていた。一一年前イダルゴが率いた独立運動とは全く逆に、それは短期間のあいだに流血を見ることなく整然と展開し、しかも実を結んだ。その最後の七ヶ月間に信じがたい事が起こった。王党派将校アグスティン・デ・イトゥルビデの大胆不敵な指揮下、クリオーヨ階層の聖職者、軍人、企業家、専門職の人達が、イグアラという南部の小さな村で一つの計画に合意した。[1] この協定に賛成した者は、一方に、当初からモレーロスの時代に敵であったイトゥルビデと、他方、最後のカウディーヨ独立運動推進者で、かつてのカラクアロの戦いのころからモレーロスに協力していたメスティーソで、彼の後継者であったビセンテ・ゲレーロも含まれている。

いつの日にかメキシコの歴史は実しやかに、次のように書きとめられるかもしれない。メキシコ征服はインディオ——コルテスに加担したトラスカラ人——が一五二一年に成し遂げた。また、メキシコ独立はスペイン人が——カディス自由主義憲法の再公布を懸念したメキシコ在住のペニンスラールは、救世主としてカウディーヨのイトゥルビデに関与を求め――一八二一年に達成したと記録されるかもしれない。この逆説は多くの真実を語っているが、独立達成に関する解明には二つの不可欠な要素が欠落している。ゲリラ戦を闘った反乱者の不撓不屈の精神とイトゥルビデの列伝記の存在である。

イトゥルビデはスペイン人の裕福なアシエンダ領主とパックアロ生まれのクリオーヨ女性の息子として、モレーロス同様バヤドリードにて生まれた。一七九八年、一五歳ですでに父親が所有していたキリオにあるアシエンダを経営。二二歳でバヤドリード地方歩兵連隊の少尉として名を列ねていた。同年、その地方で富豪のスペイン人実力者イシドロ・ウアルテの娘アナ・ウアルテと結婚。一八〇八年から〇九年にかけてメキシコ市とイトゥルビデの地元バヤドリード市で最初の独立の企てや陰謀が発覚された時、青年イトゥルビデの立場は、将来の反乱の指導者イダルゴ神父と対照的であった。イダルゴが弟マヌエルを埋葬し、遅まきながら差し押さえられたアシエンダを取り戻そうと奔走しているあいだに、イトゥルビデはイダルゴのアシエンダからそう遠くないところにサン・ホセ・デ・アベオのアシエンダを購入。当時、クリオーヨは独立を求めて一連の不穏な動きを起こしたが不成功に終わった。その際、イトゥルビデ家は政府を支持していた。その時独立を達成するために反乱軍の大佐となって自分を支持しろというイダルゴの申し出にもイトゥルビデ自身が断ったことも偶然からではない。イトゥルビデの父親はアシエンダの略奪にあい、首都に所有していた家に家族が避難しなければならなかったことも、イトゥルビデが王党派を強化した十分な理由があった。

反乱徒との最初の対決（それは、まさにイダルゴの命運を分けたあのモンテ・デ・クルセスの闘いであった）を皮切りに、イトゥルビデの軍歴は華々しい。「私は戦場では常に幸福であった」と彼はのちに『回想録』に記している。「勝利は部隊の誇りであった。私は一戦も落とさなかった。眼前に立ちはだかった敵であろうと、見つけ出した敵であろうと皆討ち崩した。多くの場合、敵は一人から一〇人までの小隊だった」。傲慢にも聞こえるが、誇張していたわけではない。イトゥルビデの軍歴書と彼自身の詳細な戦場日誌には獰猛なカウディーヨの捕虜、難攻不落の防塁の占拠、そして何よりも、有名な反乱軍指揮官リセアガ、ラヨン、モレーロス本人もバヤドリードで敗北させたことが記されている。

所属する陣営に拘らず、イトゥルビデの同世代は、彼が『回想録』に書かなかった一面を語っている。それは彼が冷酷無比であったということだ。「彼の九年間にわたるその輝かしい軍歴と同胞に対する残酷さは群を抜いていた」と歴史家サバラは指摘している。アラマンは「血痕の跡が彼の全進路を示していた」と記している。アラマンとイトゥルビデの間には商取引上のトラブルが生じたため、アラマンはイトゥルビデのことを独立反乱者以上に快く思っていない。そして、そのアラマンは、イトゥルビデは「反乱軍に対してあまりにも手厳しく、残酷な行為とあらゆる手段を使って富を得ようとする欲望のために、彼の数々の栄光はかすんでしまった」と言っている。

アラマンは自著『メキシコ史』のなかで、イトゥルビデの暴挙を余すことなく書き記した。多くの場合、イトゥルビデは敵に対しても罪のない市民に対しても、終油を受ける機会を与えず、躊躇せず銃殺している。指揮下の兵士に対しても手加減しなかった。彼等がひるんでいるところを見せた時、アレナスという名の罪なき市民を銃殺刑に命じ、その実行を勇敢に振る舞った者を除いた上で、ひるんだ部下の中からくじ引きで兵士一人を選んで同様に銃殺した。ユリリア湖の要塞攻略では、反乱兵は「一人残らず」死んだ。イトゥルビデは聖戦と言わんばかりに叫んだ。「哀れな者どもよ！　教会から破門された者はみな地獄へ行け」と。イトゥルビデはスペイン語の「家畜を追い立てる」という表現をもじって、反乱軍は（colear）追い立てる方が良いと語っていた。最も冷酷な行為は一八一四年末の一連の布告である。それはまさに彼の命令によって追い立てられ、投獄された「生き地獄同然」の数人の女性が「私たちを煉獄に送ってください。そこは今いるところよりもう少し息がつけるところと思います」と懇願するほどであった。

「イトゥルビデは布告した。反乱者と別離した妻または、母親、血縁者は速やかに居住地を離れて配偶者、子供、親属の元に身を寄せるべし。命令に背く者は逮捕される事を承知すべし。追記。両親、配偶者、子供、兄弟から隔離されて身柄を拘束されている背信行為をした女は、その内の十分の一、五分の一、三分の一の割合で容赦なく処刑されていく。不穏当な事態を招く反逆者が居ればいつも、かくの如く残酷に処罰されるものと知るべし」。

こうした極度な冷酷さの根底に何があったのだろうか。イトゥルビデはのちに『回想録』で次のように述懐している。「イダルゴとその後継者たちは国を荒廃させ、富を破壊した。スペイン人に対する憎悪を激化させ、何千もの犠牲者を出し、富の源泉をふさいでしまった。軍隊を混乱に陥れ、産業を全壊させた。アメリカーノ［スペイン領アメリカ大陸生まれの人々］の運命を最悪な状況に追いやった……あの時私が武器を持って立ち上がったのは、アメリカーノに敵対したのではなく国を荒らす者と戦うためだった」。しかし、イダルゴの場合と同じように、やはり憎悪に対しては憎悪で応えるほか術はなかったのだろうか。モレーロスを前にしても、このような手段に訴える必要があったのだろうか。この問いに対する答えは明快である。イトゥルビデの冷酷さには弁明の余地がなかった。イダルゴとイトゥルビデは共にミチョアカンのアシエンダ領主であった。その憎悪は根深かった。なぜなら、恐らく、あたかも兄弟間の憎悪の様相を呈していたからである。反乱軍を代表するカウディーヨであったクリオーヨと、王党軍を代表するカウディーヨのクリオーヨという、特有の二人に横たわる憎悪であった。メキシコにとって不幸なことに、一八二一年のこの性悪な憎悪の葉は枯れず、次の一世紀にわたって諸問題を抱え込み、様相を変えて増大していったことである。

イトゥルビデの冷酷さの裏には野心があった。その野心の大きさに、あのアバッド・イ・ケイポも、「時が経つにつれ、彼自身が独立を達成すべき人物と化していったのも不思議ではない」という考えを撤回することはなかった。この意見は間違っていなかった。一八一五年初頭、イトゥルビデの幸運が逆転し、唯一敗北を喫した日、「イトゥルビデはフィリソラ将軍と岩陰に座って無意味な流血を嘆き、王党軍の旗のもとに戦っている部隊が反乱軍と手を組めば、たやすく独立が達成できると言って注意を喚起した。しかし、反乱軍の大暴走と軍紀の乱れを知れば、特別の計画を実行に移す前に、まず彼らを始末する方が先決だという結論に至った」とアラマンは伝えている。

フィリソラがイトゥルビデの意見に同意すると、イトゥルビデは「いつか貴殿にこの話を思い出してもらう日が来るだろう。いざというときは当てにしている」と言った、とアラマンは付け加えている。しかし、一八一四年半ば反乱軍が敗退を重ねるに従って、イトゥルビデの野心の矛先はほかに向けられていった。それは名誉、名声、聖フェルナンド騎士団十字勲章などを受賞されることであった。スペインへ行けば自分が叙勲されてしかるべきだ、或いは手にすることができるはずだと思うようになっていた。

しかしながら、運命は別の道を用意していた。一八一六年からイトゥルビデは「アメリカ［スペイン領アメリカ大陸］のピグマリオン」と呼ばれて誹謗され、彼が行った盗み、略奪、放火、ヤミ取引などは一つひとつ暴露された。王党軍の前司令官で当時の副王であったフェリックス・マリア・カジェハが弁護してもイトゥルビデの汚名をはらすことはできなかった。イトゥルビデが国王への陳述のために雇った弁護士の仲裁も無駄であった。アラマンによれば、「イトゥルビデは放免されたものの、再び自ら軍隊の指揮をとることを拒んだ」。彼は中途半端ではない、完全な権限の回復を求めたからであった。それだけでなく、当時カジェハがイトゥルビデと同じような手柄で受けたイサベル女王騎士団士十字勲章までも望んでいた。

しかし、イトゥルビデは待ちぼうけであった。一八一八年、彼はメキシコ市近郊にアシエンダを借りている。借金から判断して、その経営状態は芳しくなかったに違い。「イトゥルビデは男盛りで、秀でた容姿、教養ある物腰、気の利いた作法、陽気で、お世辞が上手く、社交界に歓迎され、首都で節度のない放埒した生活に浸っていた。こうして贅沢三昧の生活にふけっている間にバヒオ地方での商取引で築いた財産をおおかた使ってしまい、すっかり窮乏してしまった。そこへ一八二一年憲法が再公布され、それに伴う様々な動きに乗じて、彼の栄光、名誉、富に対する野心は新たな活路を見いだしたのであった」とアラマンは記している。

この頃イトゥルビデはフィリソラとの会話を思い出したに違いない。まさにイトゥルビデはクリオーヨとして生まれた屈辱を実感していたからである。今こそ自己の歴史と国の歴史をたった一つの、独立という請求行為のうちに集約できたのである。辱められたイトゥルビデの名誉とメキシコの名誉は、最後の反乱軍戦士ビセンテ・ゲレーロと合意をもたらしたのである。

＊

イグアラ計画によれば、イトゥルビデとゲレーロという二人のカウディーヨの統一軍は「トリガランテ」〔三つの保証〕と呼ばれ、全ての社会階層間の結束、唯一の国教としてのカトリック教を制定、スペインからの完全独立という三つの基本理念を保証する軍隊となった。スペインとの絆は切れたのではなく、解かれたのであった。肉親殺しごときの独立を求めるものではなかった。なぜなら新国家は統治形態として立憲君主国家を採択し、その実現のため、カディス自由主義憲法の再公布によって一八二〇年から君主の権能を制限されていたフェルナンド七世、その人を迎えようとしたからである。彼が即位しない場合、その待ち望まれた帝位には数名のブルボン家王位継承候補者の名がコルドバ条約[2]（一八二一年八月二四日にイトゥルビデと最後の副王ファン・オドノフーによって締結された）に記されていた。そのいずれも即位しない場合、帝国議会が任命する者が皇帝となるものとしてあった。こうしてイトゥルビデは自らが皇帝に即位する道を切り開いたのである。イトゥルビデが宣言したイグアラ綱領の冒頭部からは、救世主が現れたかのような当時の歓喜が伝わってくる。

「アメリカーノよ、私の理解によると、このアメリカーノという呼称はアメリカ〔スペイン領アメリカ大陸〕で生まれた者だけを指すのではなく、この地に住むヨーロッパ人、アフリカ人、アジア人も含んでいる。私の考えを聞いてくれ。三〇〇年前からこの地は、最も敬虔にカトリック教を信奉し、慈悲深く、英雄的で、寛大な国の庇護のもとにあった。スペインがこの地を育て、発展させた。世界の歴史において冠たる場所に位置付けられるきらびやかな都市、美しい村々、広大な領地と王国は築かれた。人口も増え、人々は啓発されている。名だたる大地はあり余る自然を享受し、鉱山資源も豊富で、地形条件にも恵まれた。結束の中心地となる本国からは遠隔地であったために障害もあったが、枝はすっかり幹と同じ太さになった。今、人々は、世論は、スペインからの完全な独立を求めている」。

一八二一年九月二七日、イトゥルビデの三八歳の誕生日の当日、王党軍と反乱軍から成る「トリガランテ軍」の一万六千の兵が首都を凱旋した。フンボルト曰く、「パリやベルリン、ペテルスブルグの高級街にも見劣りしない」赤と黒の火山岩の煉瓦で建造された「宮殿の立ち並ぶ都市」に初めて独立軍がその姿を現したのである。これが最初の首都凱旋で、しかも独立を決定づける凱旋であった。イグアラ計画の内容を象徴した三色軍旗は絶大な人気を博し、多少の手が加えられただけで国旗として定められることになった。カトリック教の純潔を表した白、独立を象徴する緑、スペインに思いを馳せた真紅を配し、アステカ人の伝説的なメヒコ＝テノチティトラン建国のシンボル、サボテンに止まって蛇をくわえる鷲が付けられた。アラマンは「あの九月二七日は、悲壮な思い出も新たな不幸の知らせもなく、メキシコ人が純粋な熱狂と喜びを満喫した唯一の日であった」と書いた。メキシコは数多くの和睦、つまり、王党軍と反乱軍との和睦、ペニンスラール、クリオーヨ、インディオ、カスタ、メスティーソ間と和睦、征服以前の歴史と三世紀にわたる植民地時代との和睦、枝と幹の和睦のもとに誕生した。

当時の世論の大半もそう受け止め、イトゥルビデの主要な功績は独立達成のみならず、新国家のために彼が考え出したバランスのとれた適切な計画でもあるとした。アラマンは、「三つの保証は、当時の国の状況に見事に即したものであった」と評価している。代議制立憲君主政体を統治形態として選択したことは、「共和主義的革新への偏向」を拒絶することで、イトゥルビデ自身は、後にメキシコ帝国の一部となったグアテマラの軍司令官であり行政官でもあったガビノ・ガインサに対して次のように述べている。

「メキシコ各地の人々が自由を取り戻そうとしている時期に為政者が内政混乱の種を蒔くことなどを望んでいるはずがない。絶対主義権力を根本から払拭する場合、政府は新しい体制に急に移行することを避けなければならない。理由は、このメキシコが広大な領地を有していること、富の分配が極端に不平等であること、風俗と習慣の後進性、階層社会が存在すること、生活水準はヨーロッパに比べて劣悪であること、我々が生きている今世紀に特有な堕落と悪徳がはびこっていることを考えれば、この国を取り囲む環境や政治状況から見ても、我々は君主国家の建設を望ましく思うのは当然である」。

発展への希望に溢れ、楽観主義に包まれていた当時、メキシコ帝国の地図を見れば我々は驚嘆せざるを得なかった。北はアーカンサス川からカリフォルニア半島南部まで、南は中央アメリカ、そして長く延びる太平洋岸からメキシコ湾までがメキシコの領土であった。つまり、北アメリカ大陸北西部を占めていたのである。イトゥルビデが、「ヨーロッパとアメリカ大陸の双方のイギリス人」から窮地に立たされ、「国内紛争が生じてに混乱に陥る危機的状況」にあったキューバ島を視野に入れ、新帝国と将来「緊密な結束」を構想していたのも決して偶然ではなかった。メキシコはキューバの直面している「こうした危険のいずれに対しても無関心でいる」ことなどできなかった。また、彼が称賛の念と同時に不信感をもってアメリカ合衆国を見ていたことも単なる偶然ではなかった。イトゥルビデは合衆国の政治体制と勢いづく繁栄を称える一方で、その領地拡張への執着さに危惧の念を抱いていた。とりわけテキサスの情勢を心配し、このような事態になったのも「帝国の利益を生むこの領土を先の政府が放置していたため」だと分析した。

スペイン側のコルドバ条約承認を待つ一方、イトゥルビデはまず我が身の栄光を称え、そして皇帝への昇進を夢見た。「教養ある物腰で、気の利いた作法を身につけ、上品で、控え目に語る口調」のイトゥルビデが国民の崇拝の的となったのは、その秀でた容姿のためだけではない。彼の（軍事的画策というよりも政治的）画策の成果が大きかったためである。イグアラ計画に三つの保証を盛り込み、メキシコ人の想像力が崇め奉った古い宗教的観念、つまり摂理の観念を蘇らせたからであった。自然の摂理に従って「花咲き乱れる豊かな大地、壮麗で世界の富を誇る都」は創造されたが、メキシコの計りしれない富を奥底から引き出すことのできる摂理を受けた人物も必要とされた。一八二一年、新たな国家を自覚した大部分のメキシコ人は、イトゥルビデこそその人物だと信じ、イトゥルビデ自身も、束の間、自分がそうだと信じ込んだのである。

メキシコの、徹底して大袈裟に諸事を運ぶ気質、我先に媚びる態度、一〇年にわたる戦争で抑圧されたあらゆる苦悩、さまざまな高貴な希望、卑しい野心といった風潮すべてが、「祖国の父」、「神の子」、「教会の大黒柱」、「崇拝すべき吉兆の子」という代名詞でアグスティン・デ・イトゥルビデにまつわる寸劇、詩、讃歌、美辞麗句となって激流のごとく吹き出した。「スペインの獅子の鬣は、おまえを討ち崩すべきだった」とある詩人は詠み、イトゥルビデの卓越性、大物ぶり、偉大さを称え、「スペインを狼狽させた者、ヨーロッパを驚嘆させた者、アメリカ大陸の名誉、比類なき英雄」として崇めた詩人もいた。カスティーリャ語は形容詞をふんだんに使う言語だが、この人物のためにありとあらゆる称賛の形容詞が捧げられた。寛大なイトゥルビデ、比類なき解放者イトゥルビデ、寛容で不死身のイトゥルビデ等々。

数カ月後、まだ楽観主義に満ちその酔いも覚めぬ頃、別の出来事が起こった。最も「誇り高く偉大な」国家スペインが、メキシコ帝国に王位継承者を送ることを拒否したのである。(以後、数年にわたりスペインはこの旧植民地の再征服をいたずらに試み、一八三六年にようやくメキシコと外交関係を結ぶ)。スペイン側の否認にバチカンも続き、征服期からスペイン国王に授けられていた伝統的な聖職者推戴権(実質的には、聖職者の指名にあたって世俗権力に与えられた投票決定権)授与をこの国に対して無効とみなした。楽観主義的な幸福感のまっただなか、突如、孤児が抱く孤立感のようなものが新国家の歴史的誕生に影を落とした。この否認を受けて、メキシコ国民は父権を創りだすという打開策をとった。つまり、「教会と議会によってアグスティンをメキシコの立憲君主」として、祝別し任命したのである。

新憲法の起草のためにイトゥルビデ自ら議員を選出し、イグアラ計画とコルドバ条約に忠誠を誓った議会は、「ブルボン派」と呼ばれるスペイン人が主流を占め、皇帝にはブルボン王家の血を引く者がなるべきである、と譲らなかった。スペイン側の否認にもかかわらずブルボン派はその試みを断念する様子をみせず、思想的には対立する初期の共和主義派の前身で「スコットランド派」と呼ばれた秘密結社と手を組んだ。当初から両者はこれまで欠いていた国民を代表し自主権を有する代議制度を議会に求めた。各階層の代表から成っていた暫定摂政政府の長であるイトゥルビデはこれに応じたが、そうすることによってモレーロスとチルパンシンゴ議会の関係にみられたような権力の二重構造が即座に現れるという懸念を抱かなかった。しかしながら、議会の大多数はイトゥルビデが皇帝につくことに賛成した。軍人による圧力や都市の市民が抱く英雄に対する熱狂的な支持表明が、議員の意見に影響しなかったとは言いがたいが、アラマンによれば「大将軍の即位はいたるところで喝采をもって一様に歓迎された」。サカテカス選出議員バレンティン・ゴメス・ファリアス（数年後、急進的共和主義者となる）の言葉を借りれば、王冠は「解放者をねぎらう」一つの方法であった。

＊

一八二二年五月二一日、戴冠式が挙行された。式ではハプニングが続き、アラマンはそれを「まだ伝統が定着していない」ためだと言った。豪華な雰囲気にもかかわらず、皇帝と列席者はあやつり人形のようにぎこちなく、ほかの国々では伝統と歴史によってのみ育まれる、この崇拝の念を重んじる君主制とその儀式を、アメリカ大陸の地に移植することは無意味に試みた劇かパロディーであった。だれもはっきりと口にしなかったが、基盤も、摘出性も持たず、時間や伝統の重みのないこの帝国が最初から挫折の道へと運命づけられているのではないかと、多くの者が危惧の念を抱き恐れた。イトゥルビデの友人でもあった国会議長が王冠を彼の頭に置こうとして「落ちませんように」と言うと、イトゥルビデは「落ちないように私が気をつけるから」と答えている。議長が皇帝に祝別するのも、皇帝自らが妻に祝別するのも奇妙であった。アラマンの見解によれば、明らかに「長きにわたる権威の実践とそれに費やした時間だけが築きうる崇拝や敬意」が欠如していた。しかし、ここで最も重要なことは宣誓後のイトゥルビデの言葉である。彼は即位したことを祝うのではなく、毅然とした態度で、年老いて失意に満ちた王さながらに嘆いている。

「帝国の尊厳とは、多大な責務の負担に忍従している金の鎖ほどの強さに過ぎず、光輝、権力、威厳と呼ばれるものは虚栄の具でしかない」。

こうした所作と暗喩のうちに彼は憂鬱な気分を表明している。それとも、そう見せかけただけだったのか。いや、そうではない。即位したこと自体がイトゥルビデの野心が達成されたことを証明している。しかし、確かにその頃、皇帝の心の奥で何かが変化していた。あたかもイトゥルビデの人生における二つの指針（彼が国の栄光と発展を願う気持ちと彼に対するメキシコ国民の親愛）が、彼自身とのかかわりにおいて今までとは異なった形で関係づけられ、別の使命を果たすことになっていく。ボリーバルもイトゥルビデと同じような「崇められた」状況にあり、イトゥルビデ以上の名声と権力を誇っていたが、ボリーバル自身は事情をよく理解しており、シーザーやナポレオンのような運命を拒み続けた。ボリーバルに与えられた「解放者」という肩書は人間の栄誉に与えられた賛辞の中でも最高のものであった。イトゥルビデはスペイン語圏を代表する英雄ボリーバルほど話題性もなく、彼の辿った人生についても多くは知られていなかった。栄誉を拒絶することも、自らの勝利を巧みに利用することもできず、奈落の底をのぞくために頂上へ登ることになってしまったのである。

「イグアラの英雄は即位を承諾しつつ嫌悪感を覚えていた」と、当時最もよく読まれ、〝ペンサドール・メヒカノ〟「メキシコを代表する思想家」と呼ばれていた作家ホセ・ホアキン・フェルナンデス・デ・リサルディが記している。[3]彼の考えは正しかった。イトゥルビデ自身、自著『回想録』のなかで「辞退すべきだった」とか、「私にとって最大の不幸を背負い、苦悩することを覚悟しなければならなかった」と告白している。当時の状況からして自らが決心したことが唯一の選択肢であると彼は信じようとしたようだが、これは誤りであり、慰めにならなかった。ボリーバルのように立法者の役割を試みて、ブルボン家に固執しながらも、彼は摂政政治もできたし、シンシナットのように十分な勢力を蓄えてから復帰するためにひとまず退陣することもできたはずであった。しかし、大勢が好奇の目を向けて見守る中、自分の弱点をさらけだすことは容易ではなかった。イトゥルビデはこの無意味な戴冠式も終わりに近づいた頃、実際に王冠が頭上から落ちるところを「恐れ」おののいていたのである。

ペンサドール・メヒカノにとっては、皇帝の数々の暗示はまさにメキシコ人の寛容を示す前兆で、メキシコが多くの統治形態から最良のものを選択したということの証であった。それは、まさに「共和制君主国」であった。リサルディは、「私が錯覚していなければ、皇帝を戴く穏健派政治体制と、大統領がいる共和国とは同じだ」と結論づけている。イトゥルビデの演説からほかにどんな結論を導くことができるだろうか。皇帝が発した言葉は実際のところ自己批判ではなく自虐であり、自分自身の権威を求める嘆願であり、それは不安の表れであった。自由主義の兆しというよりは、予言であった。また、イトゥルビデは、もし議会の公布する憲法に自らが反した場合、自分に服従する必要はないとも言っている。皇帝ではなく国会議員の一員として次のように述べている。

「メキシコ人よ、私がもしこの地の人を幸福にできなかったなら、もし自分の責務に忠実でなければ、帝国がもし機能を果たさなかったら、私の行動を監視せよ。その結果、私が国民に敬愛されないなら、私は自分自身の存在すら疎まれることだろう。宣誓する！　君主とは国民のために在り、国民が君主のために在るのではないことを、私が決して忘却しないように望む」。

街路では四日間にわたって花火が打ち上げ続けられた。皇族と侍従、執事、王位継承権を持たない皇子らが任命され、世間をあっと言わせた。多くの女官や召使も指名された。グアダルーペ帝国騎士団が創設され、聖職者と独立戦争の功労者から同数のメキシコ貴族が誕生した。地方から首都から、リサルディ曰く、「敬愛する皇帝陛下」にうわべだけの祝辞が降り注いだ。イトゥルビデは金品や不動産を贈与されたり、息子や親類が公爵の地位に任命されることを拒否した。「美辞麗句」は名も知れぬ村からだけではなく、ビセンテ・ゲレーロのような特別な経歴を持つ人物からも寄せられた。ゲレーロは、ティストラの兵営で礼砲がこだまし太鼓やラッパが鳴り響くなかで、声明文を受け取ったと熱狂ぶりを報告し、次のような恭順の宣誓文を添えている。「我々の祝いの席に唯一欠けていた方が皇帝陛下でした。皇族の方々の前にひれ伏し、ご挨拶できれば光栄です」。しかし、どれほど支持され、アグスティン一世万歳！と叫ばれようと、イトゥルビデについてまわる真の弱点、つまり、彼は王位継承者としての摘出性を有していないという影を払拭することはできなかった。イトゥルビデは帝位を簒奪したわけではなかったが、あたかも悩める簒奪者かのごとく過ごしていた。戴冠式の一週間後、彼はアメリカ大陸中で最も彼の考えをよく理解できる人物ボリーバルに思いを託した。「私を打ち砕くような重責が肩にのしかかって、何ひとつ思案できない」と書き送っている。「私には帝国を維持するための必要な力量が不足している。私は帝国に嫌悪を感じ、無政府状態や過去の不幸に陥らないようにと悩み、ついにその重圧に打ちひしがれる思いに陥りそうだ」。

しばらくして、イトゥルビデ自らが運命に対して抱いていた「戦慄」は現実のものとなった。根本的な問題はモレーロスの場合と同様で、議会との権力闘争であった。皇帝を祝別した神父の集合体のような性格を備えた議会は、その権限が皇帝の上位に位置づけられると期待していた。議会は初日からその権限を行使した。皇帝の拒否権に異論を唱え、経済振興のための円滑な手続きを妨害し、皇帝による最高裁判事の任命をも阻んだ。新憲法についての討論を先送りし、秘密結社の集会で陰謀や帝位剝奪を密かに画策した。またたく間に、奇妙なことに歴史的役割が逆転し、皇帝は国会と権限を分担し、共和制さながらに行政権を行使することになった。一方、議会は帝国主義的で絶対主義的になった。鋭い観察眼のあるイギリス人はこうした議会の対応を見逃さなかったが、イトゥルビデの自己謙遜の態度も信用しなかった。「メキシコ人は自分たちが育った専横的な専制政治の上に、フランス学派の最も大胆な理論を接ぎ木したからだ[4]」。

まさに、こうした大胆な理論の実践から得られた結果に対して、当時の著名なフランス人著述家ベンジャミン・コンスタンは、「立法権がすべてを支配すると、有害なものしか生み出さない」と語っている。メキシコにおけるコンスタンの愛読家であるユカタン州身のロレンソ・デ・サバラは、とりわけ議会の規模と機能に関する改革を提案した。数年後、一八〇八年から一八三〇年においてメキシコで起った数々の反乱についての見事な評論『ヌエバ・エスパーニャ革命史試論』で、サバラは当時のジレンマに触れ、「共和制の習熟も備えず、君主制の要素もなかった新国家に、適した統治形態は何か、私にはわからない」と記している。しかし、サバラが数々の疑問を抱いていたからといって、彼がその後に帝国が直面する解決困難な経済問題についてイトゥルビデに協力しなかったというわけではない。議会は非合法な行動に出て対立したからである。非合法とは、新帝国創設の基礎を記した文書であるイグアラ計画では二院制を掲げていたが、議会がこれを軽視し、さらにイグアラ計画とコルドバ条約に規定されていないにもかかわらず議会が権限を独占したことを指す。すでにイトゥルビデは数人の議員の逮捕を命じ（そのなかにはカルロス・マリア・ブスタマンテとセルバンド・テレサ・デ・ミエール師も含まれていた）、国家は権力争いと国会議員の無気力さで疲弊しきっていると厳しく言及した。

イトゥルビデが真に望んでいたことは、アラマン曰く、議会の解散ではなく改革であった。「私は立憲政治のもとで国を統治すると国民に誓った。自分の言葉に忠実でありたい。私の方針と心の熱い思いの命ずるまま、私は立憲君主となろう」。イトゥルビデの政敵はその一挙一動に専制君主の証を見いだし、本人が最も恐れていたように、フェルナンド七世と比較された。一方、イトゥルビデは犬猿の仲であった議会に対して、自分の議会への敬意を理解してもらうように努めた。「私は議会を三つの保証と同様に支持する……私は議会を尊重している……議会は自由の擁護者でなければならない」。実際のところイトゥルビデは議会という概念だけを理解していたのであって、決して当時招集されていた議会を尊重していたのではなかった。そして、一〇月末にクロムウェルを想起させる打開策をとった。つまり、議会を解散したのである。しかし、クロムウェルが護国卿に就任したのに対して、「共和制君主」であったイトゥルビデは直ちに創設準備国家評議会を招集した。牢獄から批判を唱える高名で異端の僧侶セルバンド・テレサ・デ・ミエール師（全ての君主の敵と自称していたブランコ・ホワイト氏の友人）は意味深長な詩編を書いた。

一人の司教が議長
二人の道化が委員長
百羽の風変わりなカラス
これが創設準備評議会

下劣で卑しいやつら
確かに、法律を制定するだろう
偉大なるスルタンの気に入るように
すばらしい説教を
憲法として
この馬鹿どもが制定するだろう

帝国が抱える様々な問題の根底には政治的対立よりもさらに深刻なものが横たわっていた。長きにわたる戦争によって国庫は多大な打撃を受け、あらゆる意味で国の財産が不足していた。創設準備評議議会が無意味な植民地維持計画を話し合ったり、憲法制定議会の招集を遅らせている間、イトゥルビデは国内負債を減らすため経済政策に奔走した。強制借款、資金確保、税の徴収などであった。「絢爛たる帝国」の経済状態の実態が一挙に明らかになった。鉱山は泥と化し、アシエンダは荒廃し、初期段階にあった工業は稼働できない有様だった。一八一〇年からの大規模な資本逃避の総額は一億ドルまたは一億ペソ（年間予算の一〇倍に相当する額）で、一八二二年の赤字は四〇〇万ペソであった。これは破産である。これを証明するのに大それた計算など必要なかった。街の声を聞くだけで十分だった。

僕はイトゥルビデの兵隊
三つの保証を身にまとって
裸足で見張り
毎日食べるものもない

対外関係においても状況は深刻でないわけではなかった。外国からの融資もなく、メキシコの独立は合衆国からもイギリスからも承認してもらえず、スペイン、バチカン、神聖同盟諸国に手厳しく否認されていた。唯一の頼みはボリーバルのグラン・コロンビアだけであった。これは孤立である。そこで、一八二二年一二月、イトゥルビデは合衆国政府からの使者ジョエル・R・ポインセットと会見した。ポインセットはその様子を著書『メキシコ外交文書』に書き残している。

「皇帝は我々と三〇分間、歓談した。我々の国の政治体制を称えたものの、自らが治める国の実情は理想的ではないと思っていた。皇帝は温厚で、気さくである。この上ない気前のよさで、司令官、士官、兵士から尊敬されている。彼らに給料を支払い、労をねぎらう術がある間は帝位にとどまっているだろう。こうした術が底をついたとき、彼らは皇帝を追い出してしまうだろう」。

*

その数日前、ベラクルス出身の若い傲慢な司令官がポインセットの予感を現実のものにしていた。イトゥルビデに対して武装蜂起したのである。その司令官は自分でも気づかないうちに、一九世紀を通じて慢性化した一連の武装蜂起の口火を切ったのである。「火山のような気性」と知られた人物は、イトゥルビデが過度に称賛し、指揮権や地位を与えたアントニオ・ロペス・デ・サンタ・アナであった。以前モレーロスの職務代理を務めたグアダルペ・ビクトリアはただちに彼を支持した。[6] 両者はカサマタ計画を提唱したが、その目的は皇帝本人に反逆したものではなく、議会の再招集を要請するものであった。その頃、独立戦争で活躍したビセンテ・ゲレーロとニコラス・ブラボーの二人は各自が個別に蜂起している。イトゥルビデは独立戦争やイグアラ計画では軍事紛争の解決に長けているところをみせたが、今回はあえて何もしないと決意していた。「私には武力があり、反旗をひるがえした者に私を尊敬させ、私に服従させることもできる。だが、流血を見ることになる。私のために一滴でも血が流れるようなことはしたくない」。彼が行動を起こすことに躊躇したのは、敵への恐怖心のためでも、軍資金の欠乏でも、軍事力の不足でも、軍隊への国民の支持に危惧の念を抱いていたからでもなかった。彼は国内が混乱することを恐れていたのである。何らかの形で世論が自分を「私利私欲」に走っているとか、ましてや国に奉仕するために授かった「王冠を頭に載せておきたいという執着心」のためだと思われることが恐ろしかった。親友や側近は次々と辞職し、イトゥルビデを見捨てていった。エチャバリ将軍やネグレテ将軍のようにカサマタ計画を支持するために背信行為に走った者もいた。イトゥルビデは辞任を匂わせるありとあらゆる行動にでた。帝位世襲継承権を放棄し、ほかの一族へ譲ることにした。「私自身は何も欲しくない。私は民意に反することはしない」。彼が唯一、心の奥底から望んだことは、自ら憲法に対する信条を明らかにしたいことであった。そのため、帝国を手離すことにしたのである。

一度は解散された議会は、屈辱に甘んじ、遅蒔きながら再開した。議会は「責任もとらず、非難されることもなく」しかも「和解」の精神をもって再開に同意した。こうして一つの歴史のサイクルが幕を閉じる。三月一九日、イトゥルビデ退位。その三日後、イトゥルビデは議会で退位の理由を説明をしたが、その演説は議員を感動させることはなかった。彼はシェークスピア文学に登場する歴代の王のように、そしてヘンリー王やリチャード王に共通した孤独と絶望を味わったのである。

「王冠を失ったからといっても人間失格ではない。過ちは人類の遺産である。君主は不可誤謬だと考えてはいけない。もし、誤りを犯せば弁明できるはずである。君主はあらゆる動きの中心に位置し、あらゆる利害はこの中心に向かっているのである。そこでは人間の様々な情熱がぶつかりあう。君主の意向は多くのものに向けられ、真実と虚偽の狭間で精神をかき乱される。純真さと偽善、無心とエゴイズム、お世辞と愛国心、両方から発せられる言葉は同じなのである」。

イトゥルビデは自分の決意が弱さとして見なされることを承知していた。しかし、彼の統治体制は不和を生み出すものではなかったが、無政府状態に陥ることに恐怖心を抱いていたので、「国益が一致すること」を強く望んでいた。謀叛人らと対決するという危険を冒すべきであったのだろうか。反撃して勝利すれば、イトゥルビデの勝利は独裁制の勝利であると非難されてしまうだろう。いずれにしても負けるしかなかったのである。

「手の施しようのない状況を抱えているとは悲しいものだ！　こうした無力感にさいなまれているような時は

もっと悲しい！　人々は同時代の人間に対して公正でない。後世の裁きに訴えるのが賢明であろう。なぜなら情熱は、情熱を抱いている心とともに尽きてしまうものだ」。

議会による皇帝選出は「もともと不備」なものであったと、議会はイトゥルビデを侮辱した。退位は受理されなかった。つまり、そもそも帝国誕生が非合法的であったというのである。イトゥルビデを待っていたのはイタリアへの追放と人々の愚弄であった。神に遣わされた者は、今やスケープゴート、不当な人物、裏切り者、残忍な人物、新たなるカリギュラ、暴君と化した。「彼を祖国の解放者と呼び、彼に何か負うところがあると思うことは非常に重大な政治的過ちである」と当時の共和派新聞エル・ソル紙は指摘している。それを象徴するかのように、一八二三年九月一七日、イダルゴとモレーロスをはじめとした独立戦争の戦士たちの遺骨が、首都の大聖堂の特別な納棺に納められたが、イトゥルビデの功績が称えられることはなかった。こうしてイトゥルビデを悪者視する傾向が高まりをみせる中、「ペンサドール・メヒカノ」は短命に終わった帝国を客観的に判断しようと試みた。メキシコは、その無分別さ、気まぐれ、失策、経験不足、盲目、媚び故に、崇め奉ったかつての英雄「偉大なるシーザー」を失ったのである。しかし、イトゥルビデ自身は、祖国からの憎悪、怒り、復讐、恨み、忘却が極度に至ったことに納得がいかなかった。彼は自著のなかで、帝国の最初から最後までを回想し、亡命の辛苦を忠実に書き記した。

「失った王冠に未練はない、メキシコ人よ信じてくれ。私の痛恨は国民の好意、庇護、無償の友情、愛、それを失うことだ」

亡命先イタリアのリオルナには、大西洋を横断して三ヵ月後の一八二三年八月に到着した、とイトゥルビデは『回想録』に記している。その年の終わり、神聖同盟諸国がスペインの加担でメキシコを侵攻するかもしれないという知らせがイトゥルビデの耳に入ってきた。イギリスは力で牽制してくるだろうし、アメリカ合衆国のジェームス・モンローは丁度あの有名な宣言を発していた。イトゥルビデにしてみれば再征服は現実問題であった。彼はあてにできる資金も底を突いてきたためイギリスに渡り、しばらくバースで過ごした。その間、イトゥルビデの帰国を懇願する手紙がメキシコから届いている。南アメリカ大陸諸国の独立戦争で活躍したカウディーヨ、サン・マルティンは彼に帰国を断念させようと試みたが、無駄に終わった。イトゥルビデは国内が混乱の危機に見舞われ、外国の侵略を受けるだろうと案じ、栄光への野心に再び駆られたのである。一八二〇年のように、サンタ・エレナ島のナポレオンのように、イトゥルビデは家族数人を連れてメキシコへ向けて出発した。武器は持っていなかった。議会が彼を追放し、メキシコの領土を再び踏めば死刑に処せられることは知らなかった。七月のはじめにメキシコ湾のソト・ラ・マリナ港に到着し、かつての部下に逮捕された。その軍人は、その場で即座に任務を全うするべきか、パディーヤに連行され、自分の罪状を尋ねたが、裁判官だれ一人としてイトゥルビデの言い分に耳をかさなかった。地方議会が裁判所と軍事法廷さながらに振る舞ったのである。イトゥルビデは、銃殺刑の直前、つまり一八二四年七月一九日、身重の妻へ手紙を書いている。

「この地の地方議会は、私の身柄の扱いで最も大きな間違いを犯しそうだ。そのため、しばらくすると、私はもうこの世に存在していないかもしれない。おまえは追放の危険がないところで、私たちの両親が信じた宗教の下で子供たちを育てなさい。この不幸なアグスティンが、おまえに唯一残してやれるのはこの血染めの時計とロサリオだ。これを受けとってほしい」。

銃殺隊を前に、彼は叫んだ。「私は誇り高く死に向かう。裏切り者として死ぬのではない。私の子供たちやその子孫に汚点は残らない。私は裏切り者ではない。決して……。虚栄心から言うのではない。私はそんな罪状を否認する」。兵士を前に、また、自分自身に対してなぜ、もう一度、こんな弁解をしたのか。あえて、我々は彼の本心を推測したくはないが、彼への血の仕打ちは、独立闘争の時代からあふれ出たと考えられる。この呵責こそ、彼にとってはこれまでの敗北感のなかで最も大きな衝撃を与えたものかもしれない。末期まで、彼はその罪の償いを浄化し終えたのか、確信できなかった様子であった。

＊

数年後、解放者ボリーバルはサンタンデール将軍に短命で終わったメキシコ帝国について述懐している。

「イトゥルビデは、きらきらと流れ星のように華々しく、輝やいて駆け抜けていった。もし運命が大胆な試みに味方するというのであれば、なぜイトゥルビデがその恩恵にあずからなかったのか私には分からない。彼を導いたのは他ならぬその大胆さであったのに。私は、イトゥルビデもきっと、ミュラ［Joachim Murat 一七六七―一八一五、フランスの軍人でナポリ国王となった］のような末期を遂げると想像していた。いずれにせよ、この男は並々ならぬ運命の持ち主であった。彼の人生はメキシコの解放に捧げ、彼の死はその安定に役立った。率直に言って、イトゥルビデのような平凡な男が並外れたことをしたのは、称賛に値する。ボナパルトは奇跡を起こすために神に呼ばれたが、イトゥルビデは違った。だからこそ、ボナパルトよりも大きな辛苦に耐えたので評価されてもよい。しかし、その汚点は永久に消えない」[7]。

自由主義者のなかで最も急進派であったサバラにとって、「イトゥルビデの最大の欠点は、最も重大な状況下で最善の決定を下すことができなかったこと」で、物事を進めていく能力に欠け、事態が進むがままに任せる傾向にあったということであった。思想的にその対極に位置しているアラマンは、イトゥルビデは卓越した能力と経験の持ち主で、政治的にも道徳的にも優れた人物だが、彼の理解しがたい優柔不断さを批判した。サバラもアラマンもイトゥルビデが権力に執着しすぎていた点を責めた。帝政時代は二人とも投獄されていた歴史家であった。本書第一章「独立の先駆者」の章の語り手の一人カルロス・マリア・デ・ブスタマンテと共に、イトゥルビデの死を次のような詩編で述懐したのはセルバンド・デ・テレサ・デ・ミエール師である。

「王たちは知るだろう、愛国心の炎が燃えても、国民や法律を決して愚弄してはならない。暴君よ忘れるな、その嘘つきの悪党どもよ忘れるな、すべての人に平等な平和の時が訪れる、イトゥルビデが死んだように、ほかの悪党どもも死んでいく」。

一方、モラは、常に冷静で、イトゥルビデの政治の功績や長所、独立達成の信望を否定しないが、政敵として彼の「暴挙と暴力」を批判している。

アラマン曰く、イトゥルビデの政権は帝国というよりも「演劇または夢」であった。しかし、当時、傑出した人物のなかには、イトゥルビデの思い出は夢ではなく、痛々しい悪夢として甦った者もいた。それは、死後の世界において団結心と慈悲が混在した胸をしめつけるような感覚であった。イトゥルビデに対するこの思いを最も生々しく具現したのが、モレーロスの数少ないクリオーヨの部下、マヌエル・ミエール・イ・テラン将軍である。

彼は技術将校で、反乱軍においては鋳造、兵士養成に従事し、大砲に関しては随一の専門家であった。モレーロスは当時、彼を右腕としてみなしていた。「今日いる司令官のなかで彼が最も資質と才能に恵まれ、加えて彼には数理に明るい人物だ」。一八一五年、テランは議会を解散し、その後、伝説的な進軍（十日間の沼沢地帯の行軍とその達成）を達成した。逮捕後、放免され、プエブラにて幽閉されて生き長らえた。イトゥルビデを支持し、帝位につくのではなく、単独摂政職を掌握するように忠告していた。グアダルーペ・ビクトリア政権下、陸軍大臣も短期間務めた。イギリスからの使者ヘンリー・G・ワードがテランに会った一八二七年頃、彼について回想している。「非常にひっそりと暮らしていた。常に秀でていた科学や数学の研究に傾倒し、彼の連隊は軍紀が厳しいことでは群を抜き、部下に対して強い愛情を吹き込む術を得ていたと言われている。まだ若いが、才能豊かで、遅かれ早かれ頭角を表すであろう」。一八二八年、三九歳の時、テランはテキサスにおけるメキシコと合衆国との最終的な国境線を画定する代表団を率いることになった。遠方の国の地形や自然についての情報を得るため、テランはその時独立国メキシコから初めて科学者、幾何学者、製図工を同行させた。一年後、タンピコ港におけるスペインからの再征服を意図する侵攻を阻止したことで注目を浴びている。三〇年代全般は揺るぎない地位を得た、東部内陸地域の司令官の任務である。この地は常にメキシコから分離独立を願う地帯で、政治的に不安定なテキサスが含まれていた。テランは「この地域は北アメリカに併合されるかもしれない」と一八三一年四月にルーカス・アラマンに書き送っている。また、こうも付け加えている。「テキサスはどうなるのだろうか。神のみぞ知るところである」。

一年後の大統領選で、テランは一九州から成る共和国のうち一二州から支持される候補者となった。進歩的な知識人モラも推す理想的な候補者で、保守派のアラマンとは古くからの友好関係にあった。しかし、イトゥルビデの亡霊が彼にまとわりついた。テランにとってはテキサスのアメリカ合衆国併合が気がかりであった。彼は、その地域の損失はもはや時間の問題だと見ていた。そして、絶えず革命が起こるような国を統治するという自分の将来が重荷に感じられた。こうした状況の中、彼をイトゥルビデが死んだパディーヤへと向かわせた。一八二八年、代表団の旅の途中、テランは、日誌に「我々の注意を向ける価値のない」と記されたその寒村を訪ねた。イトゥルビデが刑の執行を待った兵舎の暗い部屋を歩き回り、墓地にも立ち寄った。一八三二年七月二日、テランは再度同じ場所を歩いた。イトゥルビデの墓で一時間以上もたたずんでいた。そして、近く現実となるテキサスの喪失を側近と共に嘆いた。「きっと大統領選では過半数の票を集め、恐れている状況をくい止めることができるでしょう」という側近の言葉に応えず、歴代大統領側近は主に一条の真実も伝わらないようにするものだ、とだけ言った。翌朝、再び広場まで歩いた。そこはまさにイトゥルビデが果てた場所であった。ミエール・イ・テランはそこに剣を置き、その剣で自害して果てた。遺志により、イトゥルビデの遺骨が納められている墓に側近の手によって埋葬された。死後、テランはメキシコ解放者と抱擁を交わしたのである。

ミエール・イ・テランだけがイトゥルビデと連帯を感じていたクリオーヨ軍人ではなかった。一八三八年頃、大統領アナスタシオ・ブスタマンテ将軍は、イトゥルビデの亡骸を首都のカテドラルの礼拝堂に移した。一八五三年にブスタマンテが死ぬと、その心臓は英雄の亡骸のわきに納められた。

＊

一九世紀後半を通じてイトゥルビデにまつわる記憶は地獄の辺土にあるようだった。時に褒め称えられ、時に蔑まれた。しかし、自由主義派がマキシミリアーノ皇帝に勝利すると、それほど専制的ではなかった二人の皇帝に対する共和派の恨みが甦った。メキシコにとって第二の帝国をイトゥルビデの第一帝国と結びつけたからである。しかし、優れた著述家ビセンテ・リーバ・パラシオのようにやはり異論を唱える者もいた。「パディーヤ［イトゥルビデの処刑地］で流された血はメキシコの歴史のなかでも最も恥ずべき汚点である。解放者を捕らえた国民は、父親の命を奪った子と同罪であると」。

ポルフィリオ・ディアス政権下の平和時、イトゥルビデが思い起こされることはなかった。特に彼の名誉が傷つけられることもなかった。意見は二分された。エミリオ・ラバサ[8]は、「アグスティン・デ・イトゥルビデの一八ヵ月は、最高権力という尊厳さを長きにわたって失墜させ、法への信頼を崩し、根底では民主主義を破壊した」と考えた。フスト・シエラはより寛大で、「イトゥルビデへの報復として処刑台はふさわしくなかった。祖国が良心に従っていたら、彼を無罪にしていただろう」と弁護した。しかし、一九一〇年の百年祭に、文字通り腫れ物にさわったのはブルネスであった。

「私にはわからない。メキシコの知識人が冷静になり、醜い派閥争いから解放された今、我々自身にイトゥルビデの名誉回復の動きが見られないとは……」。

ブルネスの言葉は、疑い深い君主が亡命について著した『回想録』の最後の呼びかけに対してひっそりと返答したものであった。そのイトゥルビデの『回想録』は短命に終わった自分の帝国について、後世の赦免、庇護、友情、愛情について綴られていた。「後世の人たちに祖国の歴史を教えるとき、トリガランテ軍司令官の祖国に対する愛情を教えなさい。祖国のために、彼は人生最良の時期をなげうったのだから」。そして、イトゥルビデは願い事をしている。許しを乞うたのである。我々の態度を明確にする時期が到来している。

註

1　イグアラ計画（Plan de Iguala）は、ゲレロ州イグアラ市でアグスティン・デ・イトゥルビデが一八二一年二月に宣言した網領である。そこにはメキシコの独立達成に関する計画が述べられている。この計画は別名「三つの保証」（結束・独立・宗教）と呼ばれていた。

2　第六三代副王オドノフーとイトゥルビデが署名したコルドバ条約により、メキシコは独立国家となる。一八三六年には、スペインはメキシコと平和友好条約（マドリッド条約）を締結し、メキシコの独立を承認した。三九年に、初代駐メキシコ公使として、アンヘル・カルデロン・デ・ラ・バルカが着任する。その夫人が『メキシコ素描』を出版した。三章三節訳注八を参照。

3　José Joaquín Fernández de Lizardi（1776-1827）は、El Pensador Mexicano と呼ばれたほど、一九世紀を代表する思想家。代表著書として *El periquillo sarniento, La vida y hechos del famoso caballero don Catrín de la Fachenda.*

4　このイギリス人は、グアダルーペ・ビクトリア政権下の陸軍大臣で、マヌエル・ミエール・イ・テランに会見したイギリスからの使者ワードを指す。なお、この引用箇所は Henry George Ward : *México en 1827*, 一一一頁と思われる。

5　Carlos María Bustamante（1774-1848）は、一七九六年から法律部門で活躍し始め、一八〇一年にはグアダラハラ・アウディエンシア法律顧問となった。一八〇五年には El diario de México 紙を発刊した。その後、ヌエバ・エスパーニャの独立運動に加担した。一八一二年には El Juguetillo 紙を発行し、El Correo del Sur 紙の編集も担当した。いずれも独立の正当性を主張する論を貫いた。イトゥルビデやサンタ・アナとも同時代の人物である。一八二四年からはメキシコ市選出の国会議員として活躍した。*Cuadro histórico de la revolución de la América Mexicana, comenzada el 15 de septiembre de 1810* は代表的な著書である。

6　Guadalupe Victoria（1786-1843）は、本名は Manuel Félix Fernández。独立戦争期間の一八一二年には、モレーロスに協力した軍人であったが、共和国成立後、イトゥルビデとは確執があった。アグスティン一世が退位したあと、一八二四年憲法が発布され、初代メキシコ共和国大統領に選出された。一八二七年に「スペイン人追放令」を出した。一八二九年には、ビセンテ・ゲレロが第二代大統領に就任。グアダルーペ・ビクトリアの研究書としては、Carlos Peredo Herreján : *Guadalupe Victoria*, Documentos I, INEHRM, México, 1986 がある。

7　典拠はシモン・ボリバールがサンタンデール将軍に宛てた書簡で、Simón Bolívar : *Doctrina del Libertador,* Venezuela, 1976 に所収されている。

8　Emilio Rabasa Estebanell（1856-1930）の著作としては、*La Constitución y la Dictadura, estudio sobre la organización política de México, México,* 1912 がある。

2 共和国の夢

新国家は徐々に現実に目覚めていった。この国はフンボルトの説に反して、人が居住している地域が少しも豊かでないということがわかってきた。北方の広大な砂漠はメキシコ湾側の密林に匹敵するほど住みにくかった。二つの大洋から中央高原の良質な土地へ到達するには、北から海岸沿いに南下する二つの入り組んだ山系を越えなければならなかった。この山系は雨や風を遮ったが、物品や人の交通を困難にした。農村はまさに、自立経済、非生産的で、かつ封建的なアシエンダであった。これは近代的な資本主義的搾取というより封建時代の名残りであった（国全体で六千余りのアシエンダが存在していた）。メキシコの銀はスペイン国王の重要な資金源であったが、三世紀にわたる無計画な採掘と一一年間に及ぶ独立戦争によって、鉱山の多くが廃坑となるか、作業停止に追いやられていた。航海可能な河川の不足はその当時からメキシコの風景に「優美だが不毛」というイメージを植えつけた。さらに向こうの北の広大な地へは少数の入植者、冒険家、宣教師は到達していたが、驚くべき自然の豊かさは沈黙を守ったままであった。しかし、この価値を評価して開発する人が皆無ばかりか、その存在すらを知らないメキシコ人もいた。独立国家として歩み始めるにあたり、新国家は自国の領土、国境、資源についての地理的概念すら持ち合わせていなかったのである。

四〇〇万平方キロメートル以上に及ぶ、そのあまりにも広範な領土を支配するにしては、メキシコはようやく七〇〇万人の人口を数えるにすぎなかった（その九〇％が小さな村落や牧場に住み、インディオ人口がまだ圧倒的であった）。こうした自然環境と人口過疎の不利な条件に加えて、まもなく人間の関与が事態を深刻化した。この国では市民の自由と経済安定をもたらす政治形態の構築が何世紀も遅れて開始され、その後の貴重な何十年間を最終的には経済破綻、不信、内乱、対外戦争、領土割譲を引き起こすことになる国内の軋轢に費やされたのである。こうした事態の根本的な原因の一つが、長きにわたって築き上げた教会の新国家における存在であった。実際、教会の精神支配は絶対的で、一九世紀の近代的な潮流全てに逆行していたにもかかわらず世俗的支配も衰えを見せなかった。しかも、教会は土地、建造物、動産、あらゆる貸付や融資を含めて国家財産の五分の一を有していたので、貨幣流通の悪さと資金不足の慢性化という膠着状態が避けれなかった。

メキシコはすでに植民地でもなく、スペイン大帝国の一角でもなかったが、まだ国家としての形態は充分整えてはいなかった。自然が生んだ地理環境も左右し影響して、小さな村落、共同体、地域などが集合してモザイクを形成していただけで、国籍は言うに及ばず政治という概念なしに各地の指導者が統治していたにすぎなかった。こうした有力者は、メキシコのみならずスペイン領アメリカ全土にて植民地秩序の崩壊をきっかけにキノコのごとく出現した。こうした指導者の名称はパンパからベネズエラやメキシコまで違いこそあれ、その特徴は非常に似通っていた。彼らは独立戦争を通じてそれぞれの支配地域で勢力を広げ、名誉、権力を獲得したり、人々を震え上がらせるほどの威圧感を与えたり、支配地域への利益を図ることで地方君主のようになった。メキシコで彼らは「カシケ」と呼ばれたが、それはカリブの言葉カシケに由来している。そしてこの言葉は遥か昔の植民地時代から、インディオ世界を起源とする神権政治に近い、絶対的な権力掌握の概念を意味してきた。さらに、この強力な人物には、中世スペイン、さらにはアラブ世界の権力者の幻影が付きまとっている。それがカウディーヨである。過去の征服者や王国に対して「蜂起した」戦士と同様、独立戦争中に出現した軍司令官は、その行動範囲を地方だけにとどまらず、国全体に広げ、カシケの権力よりもずっと広範な支配領域、つまり国家権力の獲得を要求したのであった。（恐らく最初のメキシコのカウディーヨはマルティン・コルテスと言えよう。十六世紀に実父が征服した土地の権利をめぐり、「スペイン王室に反乱した」例である）。特にメキシコの場合、ある一つの特徴がカウディーヨとカシケをはっきりと区別していた。カシケはたいていメスティソで、彼らと同じメスティソ、インディオ、カスタといった人種上の立場が似通った人々の忠誠をとりつけていた。これに対して、カウディーョは少なくとも今世紀の半ばまではその大半がクリオーヨであった。

トルストイが考えていたように、国史とはすべての地方史の総合であり、極論を言えば、個人史の総合でもあるとも思える。その意味でメキシコ史はようやく何らかの方法で綴られつつある。この歴史の主人公はカシケであろう。しかし、もう一つ別の次元の国史がある。それは、メキシコ社会および地理上のすべてを忠実に反映するという点で制限付きの決定版である。その歴史とは寡頭制における指導者の歴史である。彼らの行動や考えは全住民に大きく影響したからである。ただ、ほとんどの場合、人々はそれに気づきもしなかった。狭義において、一九世紀前半のメキシコ史がクリオーヨのカウディーョによる歴史であると断言してよい。

＊

しかし、これは幸福な歴史ではなかった。当初の輝しい兆しにもかかわらず、年月が経つにつれ、この少数派は経済面では堅固で、政治面では安定した国家を組織する能力を十分に備えていなかったことを徐々に露呈した。植民地時代のスペイン人第二世代や独立後のメキシコ人第一世代、つまりクリオーヨのカウディーョは経済における基礎的な事項を扱うにもおぼつかない貧弱な能力と、独立した政府の心得と術についてもまた、外交にも全くといっていいほどの無知をさらけ出したのである。ボリーバルが記したように、スペイン自身が彼らをそうした経験から遠ざけたのであり、その長期にわたる支配は逆効果となった。スペインは役人を指名したが、それが植民地の人間ではなかったのである。その上、ブルボン改革の実施にもかかわらず、もはやスペインは政治的有効性や経済的実効性の模範ではなかった。もし枝が幹と変わりなければ、枝の未来はあまり期待できない。こうした状況のなか、一八二七年、初代駐墨イギリス代表ヘンリー・G・ワードは次のように観察した。「植民地支配から独立することは比較的に容易だったが、それ以前のつながりをご破算にして社会を組織すること、独立によっていったん解放された血気を抑制すること、似通った要求や意図が存在して卓越した才能が乏しい社会において、方針を決定したり、確固たる制度を生み出すことは、いかに困難であるかは火を見るより明らかである」。

　これを学ぶ道程は本当に長く、痛みを伴うものであった。準備不足はありとあらゆる方面にわたって現れた。大蔵省は手際が悪く、行き当たりばったりで有効な手だてを打てずにいた。外国からの借款（当初は英国から借款）はその表れの一つであった。歳出の殆どは軍隊の出費であった。独立戦争中に生まれた人種間、社会階層間の憎悪も消えなかった。スペイン側はかつての植民地の独立を徹底的に否認し、サン・フアン・デ・ウルーア要塞やキューバからベラクルスを攻め、再征服するという執拗で高圧的な態度を見せた。反スペイン感情は極度の強迫観念に駆られたが、スペインも一八二五年に要塞を陥落させることはできなかった。二年後、メキシコ在住のスペイン人が反乱を起こし、反スペイン感情はついに厳格な法律となって爆発した。六〇日以内の全スペイン人国外退去令と、首都中心部のスペイン人経営による主要倉庫の商品の略奪が容認された。ルーカス・アラマンは一連の出来事にイダルゴの蜂起を重ね合わせた。「反乱兵が村に雪崩れ込んだ、独立戦争で見られたありとあらゆる暴力行為」が繰り返された。彼の意見は一理ある。役者は独立戦争の時と同じであった。イトゥルビデの帝国が夢となって崩壊した後、スペイン国王に敵対し、独立戦争末期に活躍したカウディーヨらがメキシコの大統領になった。グアダルーペ・ビクトリア（初代大統領　任期一八二四年－一八二八年）と一八二九年から国を治めたビセンテ・ゲレーロである。この年、再征服の噂が現実となった。スペインが艦隊をメキシコ湾へ送ったのである。しかし、メキシコはこれを徹底的に阻止。ようやくスペインは真剣に独立承認の可能性を考え始めることになったが、一方、スペイン人再追放による経済的損失および道徳的退廃は多大なものであった。[1] この悲劇の責任の一端はスペインにもあったが、その最大の責任はややもすれば植民地時代の記憶を消そうとした急進派のエリートにあったといえる。中道派代弁者のホセ・マリア・ルイス・モラは、スペイン人は家族のほかに財産と知識をも持ちかえり、とうてい埋めることのできない空白を残すであろうと警告していた。三世紀以上も前にスペインはユダヤ人やモーロ人を無慈悲に国外追放した空虚感は、依然として今日まで克服していないとも語っていた。メキシコにも同様のことが起こる可能性があった。「祖国の運命を握っている司令官そして権力者よ、……貴殿らの審議そして裁定如何で、祖国を救済できるかあるいは、取り返しのつかない荒廃を招くことになるのだ」。

しかし、おそらく、この時代の最たる過ちは、法に対する理想主義とそれによる法の権威の失墜であろう。確固たる原則を信じる姿勢、国家建設に関する形式的で観念的な立案への偏重、そしてその反対に実用性および具体性の欠如といったものは、メキシコの政治舞台の主役たちがスペインの政治的土壌から受け継いだものであった。イトゥルビデが自ら皇帝に即位した一八二二年からアメリカ合衆国侵攻の一八四七年にかけて、メキシコは絶え間ない騒乱と窮乏を体験し、五〇の軍事政権に耐え、連邦制共和国（一八二四-一八三六年）と中央集権制共和国（一八三六年-一八四七年）になり、国土の割譲（取り消すことのできない一八三六年のテキサスの分離、復帰の余地があった一八四七年のユカタンの分離）にも悩まされ、七つの憲法制定議会を招集し、憲法草案を一つ、憲法を三つ、改革法案を一つ、そのほか数えきれない州憲法を発布した。そして、こうした法律の一つひとつに国を立て直そうとする打開策が打ち出されていたのである。

このような法律理想主義は相手側の動きに密接につながっていた。その相手とは「反乱」、つまり、しばしば宣言を伴った軍事行動のことであった。クーデターを起こす前に指揮官は火薬を入れて大砲を打つより、劇さながらの言葉による大砲、つまり「宣言《プロヌンシアミエント》」（メキシコ人よ！　自由の兵士よ！）を発しなければ気がすまなかったらしい。こうしたクーデター計画が提唱する内容が完璧であればあるほど、計画強行のためにクーデターが多発し、そのたびに法の権威が傷つけられた。かくしてメキシコは「革命の国」として知られるようになった。兵営から発せられるこうした宣言があまりに頻繁だったので、当時の年代記録者によれば、首都に住む人々は「お祭り気分で、レースや歌の最中に飲み食いしながら」宣言発生を知り、「平和が訪れるのを避けているほどであった」。人々は決まってこう言った。「そら、またドンチャン騒ぎだ」[2]

自由主義思想の歴史家には、革命と宣言の弊害をイトゥルビデのせいにする者もいた。彼こそが議会を解散したことで民主主義の芽を摘んでしまったというのである。この評価は少なくとも一面的であった。とりわけ、共和国であり民主主義国家であり代議制を採択した政府でありながら、汚職をめぐる対立関係にあった二つの秘密結社の責任を問うことを怠っていた。そもそも異なる意見を論じる場であるはずの議会において、国の計画は法に則って広く論議されなかった。様々な意見を率直に擁護すべき新聞報道もなされなかった。全ては「ヨーク派（反スペイン派、急進派、親アメリカ合衆国派、連邦主義派で初期の自由主義派）」と「スコットランド派（親イギリス派、中道派、中央集権主義派で初期の保守主義派）」という秘密結社の画策のもとで検討された。そこでは国の運命が、軍事クーデター、議員の贈収賄、選挙違反、選挙運動の資金と法律文書の用途如何で左右されていた。

幸い、イギリスからの投資は、鉱山の好景気をもたらしまだ底をついていなかった若干の有償借款によって、実直なグアダルーペ・ビクトリア大統領は任期を満了。彼は共和国の各機関が強化され、権力が平和的に継承されると信じていたが、彼の統治下では権力は大統領府ではなく秘密結社にあったということは否めない。秘密結社は時の内閣、新聞、議会、州政府、軍の兵営に影響力を及ぼせ、すべての犠牲の上に敵を排除することで国をわがものにしようとした。ビクトリア大統領政権末期に起こった一連の政界事件は、強力な反逆軍司令官や秘密結社の顧問に守られた支配階級エリートは、自ら一八二四年に宣誓した憲法に従おうという意志を少しも持っていなかったことを示している。

こうした軍人の一人で、「スコットランド派」のリーダーであったニコラス・ブラボーは、一八二七年、ビクトリア大統領に対して軍事蜂起した。その責任で追放されたのは並みの司令官ではなかった。こともあろうに副大統領である。彼に対する処罰は国外追放とその一派の解散であった。しかし、「ヨーク派」は降って沸いたこの政界独占の機会を民主主義の推進に利用し損なった。彼らが支持するカウディーヨで、人気を博した独立戦争の英雄ビセンテ・ゲレーロは、中道派ではあったが同じヨーク派のマヌエル・ゴメス・ペドラサに善戦したが、大統領選で戦って負けた。

この時ゲレロは武器をとった。この戦術を助言したのは他でもない連邦主義者ロレンソ・デ・サバラであった。さらに、陰謀を企む天性と信念の欠如した一人のカウディーヨが、ゲレロに武器を提供して支援した。その人物とはアントニオ・ロペス・デ・サンタ・アナである。サバラとロバトと名乗る将軍はラ・アコルダーダ兵営で反乱を画策し、その上、町の人々には市場の商品倉庫を襲撃するように仕向けた。この有様を無名のクリオーヨ吟遊詩人が次のように詠んでいる。

ゲレーロとロバト、万歳！
ついでに、俺の強奪品、万歳！

このクーデターによって、選出された大統領ゴメス・ペドラサは辞任に追い込まれ、共和国としての正当性が奪われた。ボリーバルはラ・アコルダーダの反乱について知らされると、再び落胆して次のように語った。

「華麗なメキシコは堕落した街と化した。最悪の恐怖があの美しい国を襲っている。傍若無人な者どもというよりむしろ野蛮人というべき者たちが新たに政府の要職につき、あるもの全てをわがものにしている。略奪や強奪というその場限りの道理が、首都で、連邦国の各地で君主のごとく君臨しまかり通っている。二千人の死者と土地を剝奪された二千万人の犠牲の上に最高役職にまで登りつめた者もいる。この新しいデサリーヌは何をも容赦しない。すべてを踏みにじり、村人からは自由を奪い、市民からも自由を奪った。罪のない者からは命を、女からは純潔を…。法をもってしても国民選挙でも大統領になれなかったため、メキシコは最も邪悪な人物サンタアナ将軍と組んだのである。まず帝国を破壊し、自分たちが帝位につけないからといって皇帝を死なせた。その後、各地をそして首都までをも支配するため、彼らと同様に不道徳な扇動者と示し合わせて連邦国を築いた。身の毛もよだつ下賤な者ども、ゲレーロ、ロバト、サンタ・アナ……何たる男ども！　一体こいつらは何者であろうか！」

ボリーバルは、「イトゥルビデのような男」が「簒奪」をした時に非難したと同じように、今度は共和国への夢が暴力によってまたしても破綻しまったことを悔やんだ。彼の次の言葉には含蓄がある。――帝国も共和国も、サンタ・アナは軍事クーデターで倒したが、却って、判断を誤った政権の残酷な結末は、「停止状態」から「動きの活発な国」へと変化をもたらした――と、確信していた。しかし、その後、共和主義者同士が共和制をふりかざして対立したことに、彼は打ちのめされた。スペイン領アメリカの残酷な運命についてボリーバルが抱いていた危惧を、メキシコが現実のものにしたからだ。「アメリカには誠実さがない。国家間であっても、条約は紙ほどの価値しかなく、憲法はただの書籍となる。選挙とは戦闘であり、自由とは無政府状態を意味し、人生は嵐同然である」。

クリオーヨであるボリーバル（彼は自国においては「ムラート」が権力を手にすることを恐れていた）の考えに見られる人種差別的意見はいくぶん気分を害するものであろうとも、当時の政治を理解するためには重要な事実に触れていることに相違ない。歴史の流れはクリオーヨにあり、メスティソにはなかった。メスティソの人口増加は徐々にではあるにせよ安定して増えてはいたが、それでもようやく目にとまるくらいのものであった。だからこそゲレーロは権力の座にいながらも疎外された者、権力の座にいるゲリラ兵士のように感じていたのであった。ゲレーロは「教養ある人と接したり、政治についての抽象的な会話」を避け、「自分が受けた教育の欠点、言葉使いの誤り、粗野な振る舞いを指摘できる人たちの前に出ると、自尊心を傷つけられたような気になった」とサバラは記している。彼はモレーロスほどの力量など持ち合わせていなかったが、一〇年間戦ってきた連邦主義への理想、独立、平等に対する真の理想をもってそれを補った。世間はこれを美点として褒め称え、独立の炎を燃やし続けた男として見なしたが、政治家としての彼の限界も見逃さなかった。ゲレーロもそれを露呈した。彼はひどく自信をなくし、大統領府内で孤立したのであった。常に、別の生活を、それまで通りの生活を、山岳での生活を夢みていた。「あぁ、友よ！」サバラと二人きりで郊外を散歩しながら次のように告白した。「この孤独感、この寂寥感、この無心は首都の喧騒や仕事よりはるかにいい！」

「なぜこのような人物が危険に満ちた大統領府を手にしたいと望んだのであろうか」とサバラは疑問に思った。答えは簡単であった。クリオーヨのヨーク派の手中にあったゲレーロは利用されたのである。彼自身の目的は独立戦争を続けることであった。スペイン人を追放する新たな法律を発布すること、ハイチからキューバに侵攻し、黒人の反乱を勃発させる計画を練ること、スペインからの再征服軍の派兵に果敢に対抗すること、そして押収したスペイン国旗を司令官モレーロスの思い出に聖母グアダルーペの聖地に捧げることであった。

奇しくも運命はゲレーロをイグアラのもう一人のカウディーヨ、イトゥルビデと平行線上に位置づけた。両者とも国庫の深刻な問題に奔走し、新しい税制やロレンソ・デ・サバラが忠告した方策を講じて解決しようと試みた。二人とも軍隊への給与未払いという問題を抱えた（むろん、それが反乱の気運を煽った）。両者ともそれぞれ別の理由から国を治めることができなかったのである。ゲレーロに「統治者として不適格」と議会が宣告すると、彼は自分の故郷であり、モレーロスと独立達成まで抵抗することを誓った南の山岳地方に戻った。ゲレーロには、同じ南の荒地の出身で、やはりメスティソで、大地やインディオを身近に感じ、モレーロスが掲げた社会的平等と人種差別の撤廃いう高貴な理想を分かちあった部下が付き添った。彼の名はメキシコ史に何十年にもわたって鳴り響くことになる。フアン・アルバレスである。[3] 彼は一九世紀におけるメキシコの最も典型的なカシケであろう。

今度の反乱兵のゲリラ戦は長く続かなかった。新政府はゲレーロを逮捕するため、五万ペソでピカルーガという名のジェノバ人船乗りを買収していた。ピカルーガは美辞麗句を並べ立てゲレーロをアカプルコの自分の船に招待し、捕虜にして、ウアトゥルコの港でオアハカ州政府へ引き渡した。数日後、イトゥルビデ同様、ゲレーロはオアハカ州首都近郊の旧クイラパ礼拝堂の裏庭にて銃殺刑に処された。一八三一年二月一三日のことであった。これを知って、マヌエル・ミエール・イ・テランは友人であり良き相談相手であったホセ・マリア・ルイス・モラに手紙を書いた。

「ゲレーロの運命こそを最も残念に思う。独立に対する数々の貢献、独立の気運を保持するための努力、それ故に祖国の功労者と称えられたことが、彼を不本意な形で特別扱いすることになってしまったのだ」。

この実直なメスティソのカウディーヨは、カシケとして暮らすことにも満足しなかったが、大統領としての任務も十分に果たせず、また果たそうともしなかった。しかし、時勢の勢いは、独立推進者の祭壇に奉られているイダルゴとモレーロスのすぐ下にゲレーロを位置づけた。彼への最大の墓碑銘をフスト・シエラなら次のように記したかもしれない。「彼の陣営は彼を政治家にしたてようと躍起になったが、かれは偉大なメキシコ人でしかなかったのである」。

*

ゲレーロの死をもってメキシコは一つの歴史のサイクル、独立運動と、その反響のサイクルに終止符を打った。メキシコは帝国になれきれず、共和国を建設することも叶わなかった。そこで、クリオーヨの思想家らが別の課題にあわただしくその努力を結集させた。しかし、それは国の経済状態を支えるのに十分な、統治形態を引き継ぐ責任を負ったということではなかった。秘密結社は数年にわたり国を疲弊させたが、次第に主張が明確になり、開放されたグループへと転換していったが、以前通り、メキシコにとっての理想的な二つの命題が対立するようになったのである。モラの言葉を借りれば、それは〝後退と発展〟であり、アラマンの言葉を借りれば〝伝統と扇動〟である。

しかし、政治舞台の主役は思想家ではなく軍人とその司令官であった。カウディーヨである。軍人は、国家建設計画の揺らぎ、法に対する理想主義、エリート階層の脆弱さと優柔不断さに直面し、自分たちの「聖なる任務」は無政府状態を未然に防ぐことであり、「如何なる専制君主」が国の手綱を握ることも回避して、「国の救済」に貢献することであると考えた。この「国の救済」という戦いに精通し、歴史上に名を残すことになる人物がいた。ボリーバルは彼を「最も邪悪な者」と評したが、政治に目覚めた者と国内の幅広い階層が、盲目的にあるいは理解不可能な形で三〇年間にわたってその人物に心酔した。カウディーヨ中のカウディーヨ、アントニオ・ロペス・デ・サンタ・アナである。[4]

註

1　一八二七年のスペイン人国外追放令については次の参考文献がある：Harold D. SIMS, *La expulsión de los españoles de México*（*1821-1828*）, Mexico, 1974。一八二九年、メキシコ湾岸のタンピコ港をスペイン艦隊は襲撃したが、サンタ・アナによって敗退させられた。尚、一七六七年にイエズス会士が、植民地から追放されていることはよく知られている。

2　典拠は Fernando Díaz y Díaz：*Caudillos y caciques*, México, 1972 と思われる。

3　Juan Alvarez（1790-1867）は cacique の一人。一八一〇年にモレーロス指揮する独立戦争支持派に加担し、軍人として頭角を現し始めた。二一年のイグアラ計画を支持しメキシコの独立に寄与する。その後、軍人として主要な位置を占める。ビセンテ・ゲレロに対抗したり、三〇年にはカルロス・マリア・ブスタマンテに対立して、自由主義派の主導者のひとりとしての位置を占めた。四五年には将軍に昇格した。五四年には、アユトラ事変を立案しサンタ・アナを打倒して、五五年には短期間ではあるが、臨時大統領に就任した。イグナシオ・コモンフォルトと意見を対立させた時期もあったが、五七年メキシコ憲法の発布に大きな役割を果した。六一年にはフランス軍のメキシコ侵入を阻止。ファレスも彼の軍人としての資質を高く評価したと言われている。

4　Antonio López de Santa Anna（1794-1876）に関する文献は次のとおりである。*La guerra de Texas. Documentos*, Universidad Autónoma Metropolitana, México, 1983. その他に Luis Reyes de la Maza：*El teatro en México en la época de Santa Anna*, México, 1979：José C. Valades, *México, Santa Anna, y la guerra de Texas*, México, 1982；Carmen Vázquez Mantecón：Santa *Ana y la encrucijada del Estado, la dictadura*（*1853-1855*）, México, 1986.

3 大衆の扇動者

「メキシコの歴史は一八二一年以降サンタ・アナが起こした革命史である。彼はこの国のあらゆる政変の主役を演じ、この国の運命が彼の命運に深くかかわるようになった」とルーカス・アラマンは記している。アラマンは決して誇張したわけではなかった。ベラクルス港に勤務するスペイン政府役人の息子であったサンタ・アナはあまりにも典型的なクリオーヨであった。アラマンは彼を新大陸生まれのスペイン人に特有な心理を体現しているモデルと考えていた。

「クリオーヨは両親の経済基盤を温存し、自分たちを豊かにしたその家業を引き継ぐことはまれであった。彼らは怠慢であった。聡明であったが、判断と熟慮があまり伴わなかった。ことを始めるのは早いが、それを実現するための手段を予め準備するようなことはなかった。目前のことに情熱を注ぐが、事後については無頓着であった」。

サンタ・アナはクリオーヨであったが、それも根っからのクリオーヨであった。それは父親がベラクルス出身であったからだけではなく、アラマンの定義にぴたりとあてはまるからである。サンタ・アナの父アントニオ・ロペスは、一八〇七年頃、「これ以上運に見放されないようにと」将来手に入る財産と自分自身をも担保にして七七一ペソ七レアル半を借入し、一三人に贈賄しようとした。妻はクリオーヨ女性で、名前をマヌエラ・ペレス・レブロンといった。サンタ・アナの母親となるのだが、その人生も順風満帆というわけにはいかなかった。一八〇九年、ハラーパ市にて、彼女は「一風変わった」舞踏会を自宅で催したと噂され、異端審問所に告発されている。こうしたクリオーヨの家系にありがちな素性は、とりわけサンタ・アナ・レブロン家の場合に目を引くが、それに加えてこの一家はジプシーの血を引いていたらしい。サンタ・アナの叔父が伊達男で、プエブラ州では聖職者の座についたり、闘牛士をしていたこともある人物であったことと、メキシコ中で最も豊かで、陽気で、派手な反面、怠惰な雰囲気の漂う商業港ベラクルスで育ったこと自体が、近く出現するカウディーョを育くむ環境を整えたのである。

サンタ・アナは早くから貿易商人を志していたが、一六歳の時、見習い兵として副王領軍に入隊する道を選んだ。テキサスで反乱軍との戦いに参加し、三つのことで注目された。それは、彼が腕に矢の傷を負いながらも勇敢であったこと、賭け事の借金が多かったこと、そして、その借金を偽造文書で支払ったことである。一八一五年以降ベラクルスは彼の活動の拠点となり、そこでゲリラとの小競り合いを続ける一方、港の中心から離れたところで新たな活動、すなわち、土地開発業者としての活動を開始した。サンタ・アナは建設業に執心したのか、家や小農園、教会を建て、道路を整備し、学校の教員宿舎、村を幾つも作った。大赦を受けた何百人ものゲリラはこの恩恵に預かることになった。それ以来、「ラ・ハロチャダ」と総称されたこの事業はベラクルスの民衆の間でサンタ・アナに対する評判と人気――「我らの指導者、サンタ・アナ」――となり、そのまま強固な政治支持基盤となった。

アラマンが描いたクリオーヨの心理は、サンタ・アナの性癖をよく捉えていた。それは賭け事が好きだということだった。サンタ・アナは「イグアラ計画」で副王領軍側から寝返って奇襲し独立達成に寄与した。この最初の賭けは、たやすいものだった。イトゥルビデ派になりすまし、軍事能力と雄弁さを発揮し、ベラクルスで大演説をし水兵を激励した。「アメリカ大陸では河川に黄金、牛乳、蜂蜜が流れ、大地は肥沃、人間は温厚で物腰が柔らかい善人が住む地になると、約束されている」。そして、ついには勝利した。独立を勝ち得るために、ペローテ要塞を占拠すると、自らを「大胆不敵のサンタ・アナ中佐」と称して声明を発し、祖国が私の功績を認めてくれるならば、それが十分な代償となろうと言った。のちに、首都の目抜き通りのあちこちで「アグスティン一世万歳！」の歓声が上がると、皇帝のもとに最初に祝辞を届けた。サンタ・アナは、「メキシコがイトゥルビデを皇帝に選ばなかった場合」イトゥルビデを皇帝として宣言するための「計画を準備していた」と言う。しかし、「皇帝陛下、万歳」につけ加えて彼への賛辞は尽きなかった。「この光輝ある令名は子子孫孫に伝わり、歴史は我々の解放者を称えるだろう」。

イトゥルビデは、皇帝のために自分の命をも捧げると誓ったこの「火山のように激しい気性」のサンタ・アナの性格をその『回想録』で次のように述懐している。

「サンタ・アナには中佐の地位を確約した。グアダルーペ大十字勲章も授け、最も優秀な連隊の一つの指揮権と最も重要な要塞の守備を任せてやり、地区の第二司令官と師団長にもした。だが、彼の欲望は満たされることはなかった」。

イトゥルビデはサンタ・アナを故郷ハラーパに訪ね、そこで「この若造はこの土地の皇帝のようだ」との印象を得ると、彼から指揮権を剝奪した。サンタ・アナは直ちに自分のイトゥルビデ崇拝が誤りだったことに気づいた。このひどい仕打ちが軍人としての彼の誇りを傷つけた。また、「絶対主義の権力がいかなるものか」を悟ったのであった。そこで、サンタ・アナは賭に出た。皇帝に対して武装蜂起したのである。しかし、見込みのない資金調達をしていた大蔵省から、サンタ・アナの行為が糾弾された。「罪なき人に陰謀を企てた彼は、背信者である。治安を乱して、邪悪な人間や軽率な輩を煽動して秩序を困乱させ、国の発展に著しい障害を引き越した」。ところが、サンタ・アナは新たな軍事的勝利を勝ちとったので形勢は変化した。すなわち、彼が勝利した「カサマタ事変」でイトゥルビデ帝政終焉が近いことを決定づけてしまった。その後、彼はサン・ルイス・ポトシ司令部での闘鶏、カード遊び、喧嘩などの放縦なふるまいがメキシコ市で裁判沙汰になったが、第一連邦共和制誕生声明によって救われた。ユカタン地域司令官に任命されたのである。それ以後、政府の支援、常に自分の意のままに行動しながら、実現できなかったにせよキューバ侵攻を企て、メキシコにおけるスペイン人の最後の砦であったベラクルスの正面に位置するサン・フアン・デ・ウルーア要塞の解放に寄与した。メキシコ市で政治には興味がなく、ましてやグアダルーペ・ビクトリア大統領が任命した技術将校軍団長の地位になどさらさら興味を示さなかった。その頃、サンタ・アナはイネス・デ・ラ・パス・ガルシアと結婚し、ベラクルス港の近くに素晴らしい荘園マンガ・デ・クラボを購入。そこで彼が牧歌的な生活にひきこもりつつも、新たな賭に出る好機を待つ場所であった。当時、首都のある新聞に、サンタ・アナについての記事が掲載された。おそらく洞察力が鋭く、交遊関係の広かったロレンソ・デ・サバラによって書かれたにちがいなかった。

「彼は上背があり、細身で、瞳は黒く、ひどくぎらついている。鼻筋は通っているが、口元はそれほどでもない。将軍の魂はその体内におさまり切らない。果てることのない動乱に生き、栄誉を手中に収めるという抵抗しがたい欲望のなすがままである。自分の長所は知り尽くしている。その不死身の高名を否定する向こう見ずな者には腹を立てる。彼の素晴らしさはその無鉄砲さの極致であろう。占領された領土に憤怒の視線を投げかける。友人が情愛をもって懇願するかのように兵士を勇気づける。怒り狂うのは敗北を喫した時のみで、その後は臆病風を吹かすわけでもないだろうが尻込みする。彼は戦略というものを無視する。戦いは大義名分をもってするということと、何千、何万もの敵と対戦するためには緻密な作戦が必要であるということを承知していたならば、彼も最大級の名声を得た将軍たちの一人となっていたことであろう」。

一八二四年憲法によって誕生した脆弱な議会は、暴動に慣れっこになりつつあった短気な軍人の荒れ様を押さえることが出来なかった。サンタ・アナはすでに人々に向けて反イトゥルビデの反乱を仕掛け、その天分でうまく立ち回っていた。しかし、大衆を扇動したものの、政府軍の力が上だと見ると成り行きを見て自分の矛先を変え、さっさと鎮圧側についた。そして自分は利益の分配を受けて、荘園で静養し、また賭けに出るという具合であった。それも常に確実な方法で。

マヌエル・ゴメス・ペドラサに対するビセンテ・ゲレロの反乱では、サンタ・アナは決定的役割を果した。彼特有の軍事的才能はその大胆さにあり、それはまさに賭博師の特徴とも言うべきものであった。オアハカに駐屯していた頃は、思いつく限り奔放に裁量をふるった。夜、食糧を求めて修道院や商店に押し入ったり、女装して敵を視察したり、修道院の高い塀をよじのぼって警備兵の武器を取り上げたりした。自分も部下もフランシスコ会士に変装し、ミサの開始を知らせ、寺院が信者でいっぱいになると扉を閉め、参列者に強制貸付を課したこともあった。ゲレロが勝利すると、サンタ・アナは大臣になることを望んだが、待つだけ無駄に終わった。そこでマンガ・デ・クラボの地に引きこもり、いつものことながら、政治を忘れようと、自分の栄誉の渇きを癒す、新たな国家の緊急事態が発生するまで待とう、と決心したのであった。

幸運とも言うべき神託が一八二九年半ばに下され、サンタ・アナに新たな機会が巡ってきた。メキシコ政府が数カ月前から警戒していたスペインからの再征服遠征が現実と化したのである。ことはタンピコ港で起こった。サンタ・アナは不眠不休で守りを整えた。マヌエル・ミエール・イ・テランによれば、バラダス総司令部へのサンタ・アナの攻撃は「大胆不敵の神業」であったと言う。バラダスは墜落し、サンタ・アナは儲けを百倍にした。師団の将軍に昇格したのである。ベラクルス港で熱狂的な歓迎を受けた。

「サンタ・アナの足が地につくか否や、軍人の一団が彼を肩車して屋敷まで凱旋する栄誉に出合った。彼は人々の熱狂に応えて、街を一周しなければならなかった。それも第九大隊、警官、そのほかの常駐軍そして全市民の絶え間ない喝采に付き添われて」。

イトゥルビデがそうであったように、サンタ・アナにも祝辞が、詩が、頌詩が降り注いだ。彼は、「センポアラの勝利者」「タンピコの英雄」「国の大黒柱」「軍神マルスの勇猛な息子」と歌われた。昔のクリオーヨの楽観主義が息を吹き返し、この賭博師の行動にぴたりと一致した瞬間であった。サンタ・アナは神格化されたのであった。

一八三〇年、新たな革命で、イトゥルビデから帝位を剝奪したビセンテ・ゲレロも大統領の座から引きずり下ろされ、代わってアナスタシオ・ブスタンテがその地位についた。[1] ブスタマンテの後楯として、実利に秀でた人物が権力を手中にしていた。当代一の統治能力を備えていたルーカス・アラマンであった。この政府は短命ではあったが、数々の政策を実施した。合衆国との境界線を確定し、テキサスの植民計画を進めた。対外借款の長期負債への組み替えを行うほか、工業促進のために銀行「アビオ銀行」を創設したことは特筆すべきである。不幸にもアラマンはゲレロ将軍の暗殺に加担したとされ、さらには強大な力を持つ複数の秘密結社から非難を浴び、僧侶や労働者階級との密接な関係を非難された。

サンタ・アナは、マンガ・デ・クラボだけでなく新しい荘園エル・レンセロでもひっそりと暮らしていた。「いつの時代も剣をかざして戦場に立っているより、ソンブレロを被って農作業をしていた方が儲かる」と友人に書き送っている。今は作物や家畜のことしか頭になかった。しかし牧歌的な隠遁生活もつかのまに終わることになった。ブスタマンテに対する蜂起が彼を再びゲームに呼び戻したからである。彼が今回狙ったものは今まで以上のものであった。共和国の大統領職である。彼は持ち札を驚くべきほど見事に切って、今回は前回の戦いとは逆に、当初は政府と距離をとり、反乱軍を支持した。この上ない巧妙さで審判役にまわり、奇妙な協定をとりつけた。それは、ブスタマンテ大統領を辞任させ、四年前サンタ・アナ自身が退陣劇を仕組んだ相手のゴメス・ペドラサを大統領として復帰させるというものであった。[2] サンタ・アナはゴメス・ペドラサと同じ馬車でメキシコ市に入った。サンタ・アナは国民に愛された英雄であった。彼は賭の勝ち分を取って、またマンガ・デ・クラボへ戻った。しばらくして今度はサンタ・アナ自身が圧倒的多数で選挙に勝利し、彼が十一期務めることになる大統領職の第一期目に就任することになる。

*

いよいよサンタ・アナ政権の時代が到来したかに見えたが、政治を司ることは彼の得意とするところではなかった。むしろそれを疎んじ、退屈なものと思っていたのか、あるいは臆病になっていたのか、その意思すら示さなかった。健康状態を口実に就任式にも出席せず、大統領権限を副大統領バレンティン・ゴメス・ファリアスに預け、荘園にこもってしまった。[3] 彼が不在の間、ゴメス・ファリアスは、当時最も優れた自由主義思想家であったホセ・マリア・ルイス・モラの助言を受け、教会が影響力をもつ経済、法律、政治、教育の分野にわたる特権に対して一連の重大な改革を初めて行った。その内容は、表現の自由、修道院の廃止、世俗との商取引上の証明書発行停止、十分の一税強制課税の廃止、教会による教育機関設置独占の廃止、大学の閉鎖、メキシコが独立後、聖職者が関与した土地譲渡権の無効（これはいわゆる農村部における「永代所有財産」解放の第一歩）といったものであった。サンタ・アナはこうした一連の改革に無関心ではなかった。うわべには隠遁生活を送りながら、世間の好むままにさせ、機嫌を伺っていた。しばらくしてモレリア州でドゥラン将軍が反乱を企てた。宗教と教会特権の擁護を支持し、政府に反旗を掲げるものであった。アリスタ将軍が鎮圧に向かったが、途中、ドゥランとアリスタは合意して、サンタ・アナこそ「至高の独裁者」と宣言してしまう。アリスタの証言によれば、サンタ・アナ将軍その人こそが、権力に対して陰謀を企てるようにこの事件を仕組んだ張本人であった。これが真実であろうと噂であろうと、その流言は、「アナワク高原最低の鬼才」だと彼の人間性を傷つけるものとなった。サンタ・アナは、一八三三年六月付けの「国民への宣言」の中で、その気まぐれと鉄面皮の人柄に似合わず「私は軍事独裁を拒む」と表明し、それを行動で示した。しかし、それ以上に忌み嫌っていたものがあった。それは権力への執着心である。

　彼と同時代の人々や歴史家は、健康上の理由で頻繁にマンガ・デ・クラボで隠遁生活に入ることこそが、権力への執着心を一層強調していると誤解されるのだと述べていた。しかし、実際は、サンタ・アナは「火の玉から逃げるかのように権力の掌握を拒絶した」という可能性が高い。イトゥルビデやミエール・イ・テランがそれぞれ悲劇的な手段ではあったが、権力の重圧から解放され、とくに、後者は死ぬ数カ月前にモラに宛てた手紙に、クリオーヨ軍人なら誰でも納得する内容が書かれている。「私は政治家ではない。頭痛の種と敵意しかもたらさないこの職業は嫌いだ。私は軍人なのだ。私はこの仕事を大切にしている。名誉ある職業だと信じているからだ」。副王領時代そして、独立戦争に幼年期、そして青年期を過ごした者にとって、政治は奇妙で、割りに合わない職業に思われた。政治はサロンの話題であり、同盟締結や裏工作の話し合いをすることだと思っていた。兵士が求める栄誉と無関係なものである。軍人は誰一人として国家建設など考えていないし、統一国家を形成する必要性も理解していない。権力欲、富の獲得ではなく、栄誉を手にするという意志だけを胸に秘めて行動していると考えていた。

クリオーヨのメンタリティーを支配していた潜在的な権力の概念はすでに色あせていた。つまり伝統的な権力、階級上の権力、特権集団の権力、世襲制の権力、スペイン国王の権力といったものであった。もう一つの権力の概念は、憲法から起因する共和制及び代議制による近代的な権力を指すが、これはまだ確立しきっておらず、まやかしの議会や選挙に身売りするか、執拗な武力的威嚇に安易に屈伏される始末であった。ミエール・イ・テランのような感性を持ったクリオーヨ軍人だけが、理解力より忠誠心から憲法の重要さを認識していた。「私は、国が別の憲法を制定しない限り、現行憲法が遵守されるように力の限り戦う」。そうしなければ、「これまで保ってきた正当性の糸が革命騒ぎのうちに失われてしまう」と彼は付け加えた。合法性、これがキーワードであった。しかしクリオーヨ軍人の中ではミエール・イ・テランだけがこの言葉を使っていた。ほかの者たちは、とりわけサンタ・アナは、暴動の度に、クーデターの度に、何年もの間この言葉を無視し、その後何年も無視し続けたのである。

もともとメキシコにおいては君主制は伝統的な正当性を欠いていた。また、国家も形成段階にあって、しかも脆弱で、適法性をも欠いていた。ならば、どこに権力の根源を求めればよかったのだろうか。カウディーヨ個人の人格のみに求められたのである。問題は、サンタ・アナが努力家でもなく、忍耐力もなく、権力欲はおろか復讐心さえ持ち合わせていなかった点である。彼の資質については、一八二五年にロレンソ・デ・サバラが書き記した素養（無鉄砲、野心家、激しい感情の持ち主、軽率、無知）に集約される。これについてこのユカタン出身の歴史家は、数年後、別の言葉で定義し直している。

「彼は、自身の内に行動原理があり、それに駆り立てられているのだ。しかし、それが確たる原理でも、公的態度を規定する基準でもない。教養不足のために極端な行動に走ってしまい、常に自分自身との矛盾のなかで分裂を起こしてしまうのである。熟慮して行動せず、結果も公算に入れていない」。

この時代において、サンタ・アナだけが知識人の助言者を必要としなかった唯一の軍人そして大統領であったことは注目に値する。サバラはゲレロよりむしろイトゥルビデと親密な関係を保っていた。アラマンはブスタマンテの右腕で、モラは――ミエール・イ・テランに助言する気持ちがあった――ゴメス・ファリアスの頭脳として仕えた。もし、これらの軍人の一人が政権を維持していたならば、この国の行方は現在より堅実で、大きな揺れ動きは避けられたかもしれない。植民地時代の規範の維持論（アラマン）とか、自由主義体制の秩序の定着論（サバラとモラ）などの選択肢もあった。しかし、実際は「火山のように激しい気性」のサンタ・アナは万事を一人で支配していたのである。首都から離れたマンガ・デ・ク・ラボ荘園からどんな役柄を演じていたのだろうか？　一国の大統領として通常の執務はせず、ボリバールのように立法者としての任務にも専念せず、自己の行動原理（彼は元々持ち合わせていない）を強調する事もせず、彼は、独立して間もない国の政治機関の機能を超越し、一人でそれを威圧していたのであった。「常に私の目標であり、最も高潔な人格の持ち主」として米国初代大統領ワシントンを真似て、ワシントンがバーノン山にひきこもったように、サンタ・アナも自分の荘園に戻ったが、彼の場合は一時的であった。現職で、しかも終身大統領というこのもう一人の「ワシントン」は、「自分に付与された最高権威を、対立している政治家に誇示し、彼らの不満に耳を傾けてその対立解消のため平和の仲裁者になる」ことに専念した。[4]

＊

こうした政治家間の対立はゴメス・ファリアスが断行した一連の改革を皮切りに新たな方向に向かった。サンタ・アナは声明書の中で、政府の改革案に対して聖職者が攻撃してくる危険性についてこう指摘した。改革の動向は「平和で穏健な宗教を本質から変えてしまう」結果になり、それは「信仰心の篤い国メキシコ」にとっては深刻な問題で、あらゆる戦争のなかで最も危険な宗教戦争へと、国全体を駆り立てる」ことになる。サンタ・アナは宗教を擁護する陰謀者らを打ち負かした後、マンガ・デ・クラボへ戻り、その審判席から新たに国の情勢を把握しなおして、結局のところ、陰謀者側に道理があったと決断を下した。しかし、その判断基準は単純だった。国中を席捲していた発布されたばかりの改革法への非難の的を、民衆は不信心なゴメス・ファリアス（蔑称、冷血漢ゴメス）に、向けたからである。大統領サンタ・アナは人々の不満に耳を傾けゴメス・ファリアスを辞任させ、国会を解散させて政府の方針を変更した。その当時――一八三四年五月から七月にかけて――反体制側の人物でサンタ・アナを権力の座から引きずり落とせた数少ない有力者の一人、サカテカスの辣腕家州知事、フランシスコ・ガルシアは、徹底した連邦主義者でゴメスの後見人のような立場をとっていた人物であった。彼に現下の政情を正当化する一連の書簡を送った。まず、サンタ・アナの弁解から始まった。すべてが彼独特の虚偽の内容ではなかったが、自分が政界からの引退した理由を述べ州知事から親愛に満ちた理解ある反応を期待していた。

「貴殿はご記憶のことと思いますが、昨年末から、私は健康をひどくそこなっており、その後は国政から引退せざるを得ませんでした。そのため、政治の案件には関与しない立場を貫いている事は広く知られているとおりです。恐らく、永久に政界から遠ざかるかもしれません。それは権力を掌握することは私の野望ではなく、私の望みは、人から敬愛され人々に貢献することであるからです。政界引退を選択したのは、その任にない間の情勢に関知しない立場を徹底的に貫きたいと考えています。しかし、このたび強引に制定された諸法案が、不可侵で、合理的で、抑制された自由を侵害しないように切望しています」。

彼の望みはくじかれた。一つの起こるべき武力対立が終了すると、別の新たな更に深刻で危険な闘争が起こった。「危険な意見の差異」である。サンタ・アナは両者の極端な立場に対して、暗黙の道理を次のように見出していた。

「不幸にも二義的な諸問題は大衆がほとんど関心を抱かなかったので、論議されなかった。表面にでる問題は、旧来の慣習、習慣の取り扱いに関心が集中していたことである、換言すれば、スペイン人が残した不吉な遺産［教会］

に対する処遇であった。世界の文明国家は、いずれも長い時間をかけてやっと一つの完全な国家の水準に達するが、それまでには社会の中の然るべき抵抗勢力と立ち向かってきたはずである。同じ状況を希求するわが国もその時期が到来するはずだ。しかし、その過程で生じる分岐や危険な分裂は、大きな危機に繋がることがある。実はその悲劇的前兆がすでに始まっているのである」。

この状況下で、「あらゆる党派の政治家は、漂流中の状態から国を救助する役柄」を演じることを任じていた。サンタ・アナは、状況判断をしたあと、「賢明な仲介者」として名のりをあげた。事態打開への彼の調整手段は、「改革実行は大いに困難が伴い、単に論理的より現実面が深刻だと承知していた」。そのため、彼が示した政治姿勢は、あたかも自由主義者が目指す改革を阻止しているかのように曲解され、刷新気風に逆行しているかのような印象を与えてしまった。「ガルシア将軍よ、安心されるがよい。国家というものは、自由を希求する改革の道程では、あせらずとも進歩していくものだと、私は確信しています」。

しかし、サンタ・アナの用意した第二の書簡は、流暢かつ明瞭な文体で綴られていたが、「国家を二分している大陣営が唱える過激な主張と意見」の仲介者としての役割を、はるかに逸脱した姿勢をとった。つまり、「改革の信奉者」で強大な勢力を誇ったカシケに、翻意を促す役目をしたのである。

「貴殿のご賢察通り、革命へと導く変遷の過程で両陣営はそれぞれ憲法を引き合いに出して、競って自説を優位に主張しています。一方は、恐らく憲法を嫌悪し、他方は、自国民が半世紀先にやっと達する水準にすでに到達していると思い込んで、憲法を適用しようと企んでいるようです。両陣営に対して私は可及的速やかに、穏便な状況打開策を示して対処してきましたが、即効的な成果はこれまで期待できなかったようです。その上、私自身まで、これまで闘争してきた人々と共謀してきたのだと誤解されたり、私が祖国を専制的に圧政する意図があるとさえ言われて、非難される始末でした。しかも、後者の見方が両陣営の指導者にもっとも受け入れられた恣意的な解釈でした。しかし、両者の見解を調整しなければ、限りない様々な体制が続出して誕生し、国家は最悪の無政府状態に陥ります。どの政権も革命政府になるべきではありません。というのは、私が国の実権を握り実務運営を他の者に委譲していた三期を振り返ると、第一期は、革命を勃発させようと特定の勢力が躍起になっていた時期と言えます。第二期は、それを実現可能な段階へと進行し、第三期には、いよいよその可能性が芽生えてきたとも考えられます。第三期目の政権を掌握した時期は、私に対する中傷が最悪ではなかったが、国民にとって不幸がその極みに達する時でありました。不幸がこれ以上に拡大されないためにも、この国難に私は直接打開策を講じなければならないと覚悟をきめています」。

かくして、実行された議会の解散はかえって、国民の生活や治安、財産の保証などを危機にさらした。そのため、「なんたる共和国か」と嘆きの声をガルシア将軍はあげる。サンタ・アナが決めた国会機能の停止は、イトゥルビデが国難を乗り切るために用いた同じ政治的手段であった。しかし、サンタ・アナはそれを全面的に次のように否定する。

「イトゥルビデは、絶対君主制を実現するために国会を解散したが、私は貴殿に誓って言明したい。彼を嫌悪しており、そのような思惑は決して抱いてはいない。私の信義は次の通りである。私が国会を停止したと言われているが、法律が規定した議会開廷期日を越えているのを、閉会するのが問題だと言われるのでしょうか。一時的にせよ、現下の国難を解決する手段だと理解しています。この手段の実施は、政府の提案を頑なに拒絶する勢力に有効に作用するものと信じています。議会は憲法の規定する権限を逸脱するようになれば、何がその流れを阻止できるでしょうか。三権分立は自由の確立のために不可欠であり、三権のどの権能も単独では全能ではないというのが私の確信です。国会が三権の内で、誤謬を犯さない唯一の権能であるというのは、詭弁です」。

ついにサンタ・アナは、「イトゥルビデは絶対主義体制を定着させたが、私は無政府状態に向かって混乱していた国内政治の潮流を停止した」と考えた。しかし、絶対主義体制と無政府状態との境界は何によって定められたのであろうか。サンタ・アナが目指した「漂流中の状態から国を救助する役柄」の実践は、その後に起こった様々な事件から推測できるかもしれない。

フランシスコ・ガルシアが故郷で五千の兵を挙げた時、サンタ・アナはそれを直ちに制圧し、花と祈りが捧げられる中、中央部の都市アグアスカリエンテス、グアダラハラ、モレリアに凱旋した。「共和国万歳！　英雄サンタ・アナ万歳！」これが勝利の叫びであった。さて、今度は政治の指揮を執る決心がついたのだろうか。逆に「私の欲するものは権力ではなく同胞の愛」である、と豪語したのである。フスト・シエラが「大衆の扇動者」と呼んだこの人物は、「恥知らずな敵」が国を脅かすようなことがあれば、自分を求め呼び戻してくれと言い残して、再び自分の荘園に戻ったのである。

一八三六年、敵は大胆にも攻めてきた。[5]その年、国の両端の二州が新しい中央集権的な憲法を否認し分離した。ユカタンとテキサスである。サンタ・アナは驚くべき力を発揮して六千の兵を挙げ、分離主義者を制圧するため北へ進軍した。もしアメリカ合衆国が彼らをあえて支持するならば、ホワイト・ハウスまで攻めると脅した。「私が銃を構えたところがメキシコとアメリカ合衆国の境界線と定めることになろう」。サンタ・アナは兵を集め、志気を高めることにかけては天下一であった。「私は常に誰よりも先に自分の剣で大胆不敵な敵の首に一撃を加えてやると誓っていた」。一八三六年三月末、理知的で実利主義者のルーカス・アラマンでさえも、自尊心の強い理想主義者が考える図式に楽観していた。「サンタ・アナ閣下はテキサスでアングロアメリカの反逆者に対して優位に立ったので、この問題は決着が着いた」と述べた。しかし、その三カ月後、彼の語調は別のものとなっていた。

「短期間に、この国の政治問題は恐ろしい展開を見せた。サンタ・アナ将軍は決定的な一撃を加え、自分一人で戦争を終わらせることができるとすっかり油断していた。彼は、下級将校らの活躍を妬んだのか、小さな部隊を従え満足に対策も練らず、向こう見ずに進軍し、負けを喫して四月二一日に捕虜となった。国内ではそれまでの有利な戦況が否定された。混乱へ逆戻りするのではないかと懸念していたところへ、サンタ・アナ将軍が捕虜になり、自らの釈放を条件にして停戦を結びベラクルスに帰国したのである」。

サンタ・アナは、それほど短い間ではなかったがテキサスで七カ月の間捕虜として暮らし、あざけり、愚弄、陽動作戦の的となった。アメリカ合衆国大統領に会見し、テキサス独立の引き金となる不明瞭な条約を締結した。今回ばかりはこれまでほどの喝采を受けることなくベラクルスに上陸し、再びマンガ・デ・クラボの隠れ家にひきこもった。そこで弁解ともとれる「宣言」を発表し、テキサスでの戦いぶりを語った。経験不足で憔悴し切って腹を空かせた兵士が戦ったこと、地理条件も厳しく、部隊と彼自身はナポレオンごときの責任を負わされたことなど。それだけでなく、彼をはじめ参謀たちも兵士の多くもメキシコならではの午睡《シエスタ》をとったために、サン・ハシントでの戦いがサム・ヒューストン率いる軍にやすやすと敗北してしまったことも語った。「休息の一時が、それは必要な休息であったのだが、こんなにも忌まわしい結果になるとは決して思わなかった」[6]。

イトゥルビデやミエール・イ・テランが恐れすでに予見していたように、メキシコは広大なテキサスを失った。一方、サンタ・アナが失ったものは、彼自身に対する評価であった。同胞の信頼を失ったのである。それを取り戻すには、新たな賭けに、すべてを賭ける必要があった。そして翌年、神託が下り、ベラクルスを占拠したフランスとの干渉戦争に分隊として戦うという新たなチャンスが巡ってきた[7]。

サンタ・アナはめざましい活躍を見せた。あふれんばかりの勇気とエネルギーで、一兵卒のように戦いながら、敵を銃剣の先に追いやった。この戦いで彼は片足に負傷。死を目前にして、或いはその振りをしてこう記した。

「私は、死に際して、メキシコ人どうしが和解し始めたことを見届けたという満足感を明らかにせずにはいられない。私は祖国の政府に望む。この砂地に私の亡骸を埋めてくれ。私の戦友が皆、これは私が彼らに残した前線だとわかるように。メキシコ人にとって最も不当な敵がその汚らわしい足で、今後一切、我々の領土を踏み脅かすことがないように。そして来るべき世代の国民は、私の唯一の願望は良きメキシコ人になることであったと理解してくれることである」。

賭は安くついた。サンタ・アナは左足を失っただけであった。国民は感動し、再び彼を称賛するようになった。五

○年後、フスト・シエラが彼について次のように書いている。「英雄行為、ロマンティックな口説き、武装蜂起のドン・フアン、神への感謝頌を唱えたドン・フアン、強制徴集のドン・フアン」と。サンタ・アナは「共和国存立こそ第一義と信じる者には偉大な大衆の扇動者」であった。

フスト・シエラは自問する。「この男の魅力は何か。民衆はまるでメシアでも拝むかのように彼を見ようと必死になるとは……」フスト・シエラは自答する。「その魅力は「おとぼけ、変わり身の早さ、抜け目なさ、洞察力、そして、そのすべてが虚栄心と野望を満足させるためであった」と。しかし、それだけではなかった。イタリア・オペラから抜け出してきた立役者であるかのような彼の振る舞いも魅力であった。彼は確固たる信念や忠誠心、あるいは拠り所となる信条というものを持ち合わせていなかったが、何よりも「偉大な喜劇俳優」で、しかも常に誠実であるかのようにその役柄を演じた。一八三九年一二月のある日、在墨スペイン大使アンヘル・カルデロン・デ・ラ・バルカの夫人で、後に古典的作品となる短いメキシコ滞在記を書いた、フランチェス・アースカイン・イングリスの目には少なくともそう映った。また、次のようにも記述している。[8]

「堂々として見栄えがする。身なりは質素。表情には悲しげな陰がある。片足なので、なにか身障者独特の雰囲気を持つ。私たちにとって、メキシコの政治家のなかでは最も興味をそそられる人物である。肌は青ざめている。目は黒く美しく、その眼差しはやわらかいが鋭い。表情はとても豊かである。彼の過去を知らなければ、相応の隠遁生活を送っている哲学者か、世界中を放浪した後、自分の内にあるものは虚栄心、そして破廉恥な心だと悟ったと思う。もし、いつか隠遁生活をやめるように納得できる時は、古代ローマの将軍キンキナトゥスと同様、それは祖国を救うためであろう。時折、彼の視線に苦しみが現れる。とりわけ膝から下を切断した足について語る時は、私が思っていたよりもはるかに上品な英雄であった」。

もし、その時サンタ・アナがはまり役のキンキナトゥス将軍を演じていたなら、難なく天職に復帰していただろう。つまり、陰謀を企てること、「筆舌しがたい素晴らしい」言葉で民衆を感動させたり、大統領を任命したり国会に軍人を送ったりすることであった。再び巡ってきた革命は過去の革命を想起させ、また今後起こる革命の前兆も示していた。カルデロン夫人は「キング、ルーク、ナイト、ビショップがばらばらに動き、ポーンはゲームに参加せずに傍観しているというチェスのようだ」と指摘した。すべてが、「サンタ・アナが国の発展のためと望んだこと」を実行するように展開していった。そして、「国王のように、豪華な馬車と素晴らしい馬を従えた」凱旋を挙行したのであった。芸術のパトロンとなり、自分の名を付けることになる劇場の礎石を置き、オペラに通った。カルデロン夫人によれば、「サンタ・アナは美学に無頓着ではなく、その反対」であった。また、騎馬像や立像のためにポーズをとった。贅沢に着飾った選り抜きの歩兵から成る親衛隊も結成し、「祖国の功績者」という輝かしい肩書を欲しいままにした。貿易関税や税金、押収や徴税を自らの裁量で課した。この課税はこれまで誰も手が出せず、様々な権限を要求してきた聖職者にまで及んだ。行列、祭り、感謝頌にも顔を出した。涙して妻を埋葬し、四一日後、一五歳の美女と結婚した。それから、彼にとってはさらに大切なものを埋葬してしまう。

「ベラクルスでフランス軍の散弾に切り取られた片足は、マンガ・デ・クラボから掘り起こされた。国中の大臣、参謀、軍隊、学校の子どもたち、砲兵隊、士官学校の兵士たち、音楽隊、様々な階級出身の野次馬から成る一団が、古びたスネ骨とほかの骨の断片を聖パウラ寺院の墓地へうやうやしく運んだ。彼らを待っていたのは、豪華な慰霊碑であった。演説をしたひとりはミルトンに着想を得て、陰鬱な喪にふさわしく語った。もう一人の弁士も話した。マラトンの戦いやプラタイアの戦いでの勝利やマネスのタルシブロ、ハルモディオス、ティモレオンといった勝者を列挙し、サンタナ・アナを称えた。サンタ・アナの名は太陽が消滅するその日まで、星や惑星が以前眠っていたカオスに戻るその日まで残るだろう[9]」。

一方、街では、無名の大衆吟遊詩人が次のような謎解きをした。

女性でない聖女

杖を持たない王様

人間だが、完璧ではない
見かけはスルタンの如く
生きている、
片足は墓に突っ込み
もう片方の足で世間を騒がせ、
それはこの世の者か
はてさて一体何者か？

サンタ・アナは、何があってもいつものように退屈してしまい、結局のところ大統領官邸の出先事務所と化したメキシコ市の南のラス・クエバスのサン・アグスティンの闘鶏場へ逃げてしまうのであった。若き作家ギジェルモ・プリエトは、「サンタ・アナを夢中にさせる」闘鶏の場で何度か彼を見かけてその姿を描いている。

「サンタ・アナは喧噪と放埒の坩堝の中心であった。そこでの彼は一見の価値があった。有力相場師に囲まれ、他人の金で賭けた。労働者や下級将校に混じって闘鶏に興じていた。金を借りても、返済しなかった。その仕返しとして、皆、彼に卑劣な罠を仕掛けた。闘鶏に活気がなくなると美しい女性が彼に微笑みかけ、彼はどんちゃん騒ぎについて行った。そこでサンタ・アナは仕切っていた。彼はトラコタルコの鶏とサン・アントニオ・エル・ペロンもしくはテキスキアパンの鶏に詳しく、嘴での闘鶏ルールを決め、闘鶏の刃を調べた。鶏の声、音楽、拍手、破廉恥行為でごった返す中、時折、鶏を脇に抱えた酔っぱらいが彼に近寄って行くと、笑うだけであった。このような人々のなかで本当に最高の気分を味わっているかのようであった」。

柔和で、悲しげで、慎み深い哲学者、キンキナトゥス将軍はどこへ行ったのだろうか。再びマンガ・デ・クラボの彼方へ行ってしまった。しかし、新たな賭は闘鶏場ではなく、国の政治において続くことになる。数々の宣言、陰謀、そして亡命。闘鶏場で彼を取り囲んでいた首都の人々はサンタ・アナが落ちぶれていくのを見ると、祝いのときと同じように気分を高揚させ、彼に対して憤慨した。「怒った大衆は劇場へなだれ込み、一瞬のうちにサンタ・アナをかたどった石膏の像をあとかたもなく破壊した。激怒して聖パウラ寺院の墓地へ走り、凶暴極まる残忍さでサンタ・アナの片足を掘り出し、それをもて遊んだ上、愚弄したのである」とプリエトは回想している。

*

サンタ・アナは、疑いなく、独立後数十年にわたって国に動揺を与え、混乱を引き起こし、メキシコに不安と混迷を生み出した張本人であった。しかし、それと同時に、彼の行動はこうした時代背景の結果でもあった。メキシコの情勢がサンタ・アナによって擬人化されたのである。「本人の意思に矛盾した行動」や「明確な計画や確固たる目的がないままに行動を起こす熱しやすい性格」は、アラマンが彼に負わせたクリオーヨの欠点であり、また、国の指導的立場にあったエリートの間にも似通った集団心理でもあった。数多い彼の伝記作家の一人が、「サンタ・アナはその日の騒動を追う」だけで、彼は「国家騒乱のバロメーター」であり、「社会の脅威、そしてロマンティシズムと誇大妄想の妖怪」であったと書いている。[10]

彼は政治の分野においてのみならず、普段の生活でもそうであった。例えば、彼の賭博に対する熱中ぶりは、村の連中と一緒に楽しむほどであった。カルデロン夫人によれば、「宮殿の代わりに野外に出ることこそ頻繁になり」、「立派な紳士らが閣僚会議さながらの重々しい独特の雰囲気のなかで芝生に座っていた。ここでは皆が賭博に熱中している」。同夫人は、「ご命令の通りに」、「私は貴下の下僕です」、「貴下に仕えるためです」というようなメキシコ流スペイン語表現の、大袈裟で丁重な表現が日常的に使われていることや、ヨーロッパ式馬車には似つかわしくない奇抜な馬具が使われていることは、誕生したばかりの共和国に宮廷作法が定着していなかったことを示していると記している。メキシコはそれまで君主国でなかったこと、そして未だに君主国でないことにやり切れない思いを抱いていたようであった。

サンタ・アナの国王のような権力は、彼の個人的な魅力からくるものでもあったが（プリエトによれば、「サンタ・アナは慧眼の士」であった）。その鋭い視線が人を射る。それが人心を捕らえるのである。上品な雰囲気や態度、神託に対する信頼、見かけ倒しで賭博好きといったとりわけ少数派クリオーヨから成る社会を忠実に反映した人柄、役柄によるものでもあった。サンタ・アナは、アルゼンチンのパンパからブラボー河までのスペイン帝国の秩序が崩壊後に残った権力の空白を埋めた、あの「強い男たち」のメキシコ版であり、一九世紀ラテンアメリカのカウディーヨの政治体制の、メキシコに於ける典型であった。メキシコはスペイン国王に起因する伝統的な正当性を失い、完全なる共和制、代議制、民主主義政権の出現をみたが、新たな適法性もいまだ存在せず、サンタ・アナは双方の正当性が入り交じったグロテスクな仮面を被っていた。アラマンはこうした状況を筆をふるってサンタ・アナに説明したが、彼はそれを理解する必要がなかったに違いない。彼はそうした状況を生き、楽しみ、時には哀れみを覚えていたからである。

「この国は、社会がまず形成されるために必要な権力をすべて貴殿に委ねた。これは合意の上で様々な選挙方法によって与えられる権力に勝っている。なぜなら、これは民意の直接的な表明であり、この民意こそが公的権威すべての源となった」。

アラマンによれば、サンタ・アナは「自分の目的に都合が良ければ、自分の意見と正反対の考えであっても支持する」ことがあった。一体、サンタ・アナは政治理念を持っていたのだろうか。彼がフランシスコ・ガルシアに宛てた書簡では、そうしたものが欠落していることがわかる。彼は政治理念というものは堅固持すべき具体的な指針ではなく、調整していくべきものと理解していた。初代在メキシコ米国大使ジョエル・R・ポインセットによれば、テキサスで囚われの身にあったサンタ・アナを訪ね、その古臭い自由主義的な考えを捨てるように求めた際、サンタ・アナは彼の信念を吐露した。

サンタ・アナはポインセットに言った。「自由を獲得するために、情熱をむき出しにして、心底から賭けに出たが、すぐに私の思慮のなさを露呈してしまったことは事実だ。しかし、百年たってもメキシコ国民は自由を享受する能力を備えることはないだろう。知識が不足しているために、自由が何を意味するかを知らないのである。カトリック教会の影響のゆえに推奨できる唯一の統治形態は専制政治であるが、専制主義であるからといって邪悪でなく、悪い制度だと決めつけるのは何の根拠もない」。

サンタ・アナは少なくともひとつの考えを持っていた。「ひとりの人物が統治する政府」を信奉していた。議会に提出される気の遠くなる数の法案に対して彼が賛成と反対を交互に宣言したのは、日和見主義であったというだけでなく、やはり、彼自身が方向性を見失い、信念が欠如していたり思慮不足であった。彼は、正反対の内容がぶつかり合う国で台本に設定された役を演じる役者であった。サンタ・アナは賭博に憑かれたこの国で闘鶏に興じた。賭には金、土地、軍隊をもつぎ込むこの国は、ほぼ全面的に神託に頼り、そしてこの神託によって遣わされた男にすべてを賭けた。サンタ・アナは、国の大計を立案模索中の国で、舞台稽古をしていたのである。国そのものが建設中であった国で。

カルデロン・デ・ラ・バルカ侯爵夫人の描写が、多くの紙幅を費やした分析よりもサンタ・アナ時代のメキシコ人の生活描写を的確に記している。一八四〇年代、米墨戦争の少し前のことである。

「皆、メキシコの独立を祝っている。大聖堂から始まって、すべての教会の鐘が鳴り響く。軍は祝砲をうち、爆竹が空に打ち上げられる。サンタ・アナはアラメダ公園で演説している。ギャロップで連隊が通り過ぎ、街には子どもたちがあふれている。感謝頌《デ・デウム》が歌われ、無数の男女が寄り集まっては離れていく。通りは馬車で、バルコニーは野次馬で一杯になる。大通りは立錐の隙間もない」。

サンタ・アナのような人物が、メキシコのような社会で国の歴史と列伝を結びつけ、カーライルが夢見た権力の系譜を作り上げたことは何ら不思議ではない。

註

1　Anastacio Bustamante（1770-1853）は、生誕地はミチョアカン。メキシコ市参事会が一八〇八年に独立を企てた事変には加担したが、一〇年以降は独立軍との協力を中止した。その後、スペイン王党軍に入隊し独立を迎えた。二九年サンタ・アナ率いるタンピコでの戦いに参加し、アメリカ合衆国の軍隊を撃退したことはよく知られている。しかし、三〇年には「ハラパ事変」を企てゲレーロを打倒して大統領に就く。その後失脚するが三七年に国会は彼を大統領に任命した。しかし、イギリスやフランスのメキシコへの武力介入が続いた時期にサンタ・アナ将軍との確執があったので、四一年には、「タクバヤ事変」で大統領を追放されヨーロッパに亡命し、四五年に帰国すると翌年からアメリカ合衆国との戦いに参戦した。

2　Gómez Pedraza（1789-1851）は、メキシコ独立戦争期間中に反乱軍を撃退して、モレーロスを逮捕し大きな役割を果した。グアダルーペ・ビクトリア大統領は彼を陸軍大臣に任命した。二九年にはビセンテ・ゲレーロと大統領選を戦い、策略のため敗退した。三二年十二月にに国会は大統領にゴメス・ペドラサを任命したが、三三年四月一日に、国会は大統領にサンタ・アナ、副大統領にゴメス・ファリアスを任命してしまった。四一年、サンタ・アナは彼を外務大臣に任命する。その後、上院議員になったとき、四八年二月の「グアダルーペ・イダルゴ条約」は批准され米墨戦争は終結した。一八五〇年に大統領候補になったが、アリスタ将軍に敗れた。

3　Valentín Gómez Farías（1781-1858）は、メキシコ自由主義思想の先駆者の一人でメキシコ大統領に五回就任している。大学の教授職を経験し、医者としても活躍した。一八一二年スペインのカディスで憲法制定議会が召集されると、メキシコから代議員の一人として出席している。ゴメス・ペドラサ大統領は三三年、彼を大蔵大臣に任命した。サンタ・アナが大統領に長期間就任している時期に臨時大統領を含めて、大統領職に度々就いた。彼は教会勢力を抑圧するために、数々の政策を実施する。そのうちメキシコ大学を法王庁立から分離して国立機関に移管した。その他、教会と司祭の特権を剥奪したこともよく知られている。

4　典拠は、*Manifiesto del presidente de los Estados Mexicanos a sus condiudadanos*, Mexico, 1833 AGN と思われる。

5　一八三六年テキサス州がメキシコより分離宣言したことを指す。サンタ・アナは六〇〇〇人の兵を率い、アラモ砦で勝利をしたが、ヒューストンによりサン・ハシントで捕虜になった。これが、のちにメキシコの領土割譲（一八四八年のグアダルーペ・イダルゴ条約）につながる。

6　典拠は、Fernando Díaz Díaz の前掲書一三八頁と思われる。

7　一八三八年フランス軍のベラクルス港占領を指す。サンタ・アナはフランス軍を撃退し、「大衆の扇動者」役を確立する。

8　典拠は、Madame Calderón de la Barca : *La vida en México durante una residencia de dos años en ese país*, Porrúa, México, 1959 である。著者は、スコットランド出身の女性で一八四三年にボストンとロンドンで英語版初版が出版された。夫の姓が、スペインの文豪と同一であるため、スペイン語圏での出版は、一九二〇年にメキシコで刊行されるまで待たなければならなかった。なお、次の拙稿も参照されたし。「マダム・カルデロン・デ・ラ・バルカ」『ラテンアメリカの女性群像—その生の軌跡—』所収（行路社）二〇〇三年。

9　典拠は、Guillermo Prieto : *Memorias de mis tiempos*, México 1976　三六九頁である。

10　典拠は、Fernando Díaz Díaz : 前掲書一四八頁である。

4　自由主義派と保守派

　頻発する革命、混乱、無数の反乱、影の独裁政府、駆け引き、媚、浪費、数々の祭り、そしてテ・デウム［神への礼賛唱］が栄かんな時代に、もう一つの独特な列伝も忘れてはならない。それは、無力感を味わったが学識者の列伝である。これを代表する人が一九世紀前半の代表的な思想家であり、メキシコの「歴史的政党」の創立者と言われた自由主義派のホセ・マリア・ルイス・モラと保守派の祖、ルーカス・アラマンである。

　両者ともクリオーヨで、同じ頃にグアナフアト州で生まれ（モラは一七九四年、アラマンは一七九二年）、家族はいずれもイダルゴの反乱による暴力にひどく傷心した。モラはサン・イルデフォンソにある古いイエズス会の神学校で学び、一八一九年に叙階している。アラマンは非常に裕福な家に生まれ、メキシコ王立鉱山学院に学び、科学や技術を学ぶためヨーロッパへ頻繁に出向いた。モラは学者肌で、神学の分野で優れた才能を発揮したが、神学校や教会体制の中で最初の頃に味わった挫折が理由でこうしたものから遠ざかり、次第に聖職者至上主義の政治、経済、知的慣習へ批判を向けるようになっていった。アラマンはとにかく行動する男であった。祖国の富とその潜在力を正確に把握していた鉱山実業家であり、またメキシコの精神的な豊かさもよく理解していた信仰心のあつい人物であった。こうした側面から、新しい国が伝統からますます離れていくことに対し、アラマンは失望感を覚えていた。モラは将来自由を獲得していくための改革を思い描いていた。アラマンは保守をめざしていた。両者ともメキシコが独立したまさに一八二一年以降の国政にたずさわるべく生まれたのであった。

　アラマンはかって、スペインの議会でメキシコ独立を訴えたヌエバ・エスパーニャ代表議員の一人であった。メキシコに戻ると、一八二三年に彼を運命づける出来事に直面する。独立戦争で命を失ったカウディーヨの遺体を大聖堂の地下納骨場に移すために発掘作業が行われた九月のある日、人々は「ヘスス病院にあるコルテスの墓を掘り起し、遺骨を燃やし、灰を捨てよ」と煽動されていた。そこでアラマンは墓を一晩のうちに壊すように命じ、征服者の遺骨を安全な場所に隠していたのであった。植民地時代の圧政の象徴として壊されることになっていたカルロス四世の騎馬像をも消滅から救ったことがある。

その後、アラマンは実業家と政治家としての仕事を断続的に交互にこなした。彼は国政にあたってはなによりもメキシコ経済の振興、国家領土防衛に関する外交、メキシコ文化遺産の保存を目指した。実業家として鉱山会社のほかにメキシコ初の鉄工所や紡績・織物、板ガラス・瓶、陶磁器用の陶土、毛織物などの工場も多く立ち上げたが、全てが成功したとは言えなかった。さらに、彼は行動主義の土地所有者でもあった。多くの短命の政府で閣僚となったが、とくにアナスタシオ・ブスタマンテ大統領（一八三〇年～一八三二年）のもとで外国からの借款組替に尽力し、合衆国との国境協定を締結した。増大しつつあるアメリカ人の勢力に歯止めをかけるため「強奪される土地」を予知して、テキサスへメキシコ人の入植を促進した。また、応急処置とはいえ国庫を整え、アビオ銀行を創設している。

文化遺産の擁護者としては共和国総地理総図を作成することを提案し、自然博物館と国立文書館を設立した。一八二六年からはイタリアに住むエルナン・コルテスの子孫であり相続人であるテラノーバ・イ・モンテレオーネ公爵のメキシコにおける代理人となった。アラマンは公爵の財産やアシエンダを管理し、国の最初の慈善施設であり、征服者コルテスの歴史的所有物であるヘスス病院を再開した。時代と政治の流れとともに彼は理論的指導者に、ジャーナリストに、そして、最後の一〇年間は歴史家となった。ちょうどモラもこうした活動をこの順序で展開している。

モラは独立が宣言された数日後、『週刊政治文芸』の記者として働いていた。彼の最初の記事は次の書き出しで始まっている。

「自由になった。メキシコは三〇〇年にわたって虐げられ長い束縛からようやく自由になった。メキシコを解放に導いた卓越したカウディーヨたちの功績に報いるため、そして賢明で公正な政府を築くため、全力を尽くさねばならない」。

他にも新聞や雑誌、記事やエッセー、法案草稿、演説、歴史著述もあれば、一八三四年から没年の一八五〇年まで亡命先パリやロンドンで発表した著作もある。モラは、まず第一に、「賢明で公正な政府」を樹立するためメキシコに何よりも個人の自由と安全を尊重することを提言し、その後、著作を通して（最も重要なものは一八三六年にパリにて未完のまま出版された『メキシコと革命』である）メキシコの政治が不運に見舞われた原因を解説した。一方、アラマンは幾度も政治的迫害を受け、また公職追放されたこともあったが、死ぬまでメキシコで過ごした。アラマンの知的活動の熱意は、一八五三年に死ぬその日まで、その一つひとつがモラとまったく同じであった。

＊

モンテスキューの言葉は、一八二二年から一八三〇年にかけて自由主義神学者モラの著作に指針を与えた。それは、「悪に苦しんだ人々の過去から学んだ教訓は、来るべき混乱を回避する」というものであった。モラによれば、メキシコのような大規模な革命を経験したばかりの国にとって、まさに教訓的な過去とはフランス革命のことであった。「ある面においては過ちと不幸の源となったが、他方では世界の国々にとって輝かしい聖火であり、幸福の始まりであった」。モラは国政の観察者として（事実、彼が発行した雑誌の中に『観察者』という名の雑誌がある）フランスの絶対自由主義の栄光を称えることより、その過ちに関心を示した。すべての革命には必然的な「道程」があるが、フランス革命はその模範例であった。精神を昇華させた運動、様々なの意見の推移、広がる不満、現行体制の極度の疲弊といったものがフランスの出発点となった。その後、一八世紀の思弁的哲学者たち（ルソー、ディドロ）の「抽象理論」が社会の完全なる改革を約束するという理想の種を蒔くことになる。この約束を即座に果たそうとして彼らは「大火災」を起こし続け、この火災とともに「生来の狂暴性をむき出した人間」の出現も続いたのである。「さわやかな覚醒」が訪れる前に、フランス国民は理想主義が内包する「一連のあらゆる不幸」を経験しなければならなかったのだ。

「完全なる改革は、人々をおじけさせるどころか喜ばせた。皆、将来の展望を楽観し、期待通りの幸せな結果が待っていると思った。やがて完全崩壊が到来し、いかなるものも破壊の熱から逃れることができなくなる。国の法律や慣習を改正することは、既成のあらゆる壁を崩すことで抑圧に抵抗する全ての障壁を奪うことであった。誰も自由について何ら正確な考えを持たずに途方もない大声で自由を求めた。ついに人々は専制主義へ陥ること以外に何もできなかったのである[1]」。

モラはベンジャミン・コンスタンの思想に従って、フランス革命の過激な時期と独裁に陥った末期のあいだに必然的な継続性があると仮定していた。漠然たる自由を求める祭壇で、マラー、ロベスピエールやほかの「有名な食人種」たちがフランス国民の具体的な自由を犠牲にし、ナポレオンの登場をお膳立てしたというのであった。全てが記されているこの歴史からメキシコが学ばなければならない教訓とは、フランス革命末期にあった。「メキシコ連邦を形成する人々よ、州よ、フランスの過ちから学べ！」であった。

「専制支配を脱して武力で自由を勝ち取った直後に共和制を採択した国にとって、巨大な権威と権力が一人の手に蓄積されることを可能にする現実的な動機を減少させることは重要なことである。権力に対する憧れは人間生来のものであり、政府内では常に増大していくものであるが、それは君主国より共和国においてはるかに恐るべきものなのである」。

メキシコにとっての歴史的危機は、出現しかけていた。メキシコ版ボナパルトとも言えるイトゥルビデのはかない登場のあとに引続いて、国民の代表の仮面をかぶった代議員は裏では、自由主義的な体裁と形式のもと徐々に勢力を増し、陰謀を工作し、約束と媚で民意を自分の奴隷と化すまで高揚させた。しかし、「真の危機とは――モラの考えによれば――自由主義精神自体に存在するのでもなく。権力の受託者にあるのでもない。権力そのものに宿っている」ことになる。モラは一八二七年に述べている。「イスパノアメリカの国々はボリーバルが言及しているとおり独立のために戦ってきたのではなく、自由のためである。主人を替えたのではなく、従属を一掃するためであった。無縁な国外の権力者を追放するために、一時的に国内の指導者に服従することで妥協したにすぎない」。

モラの判断によれば、メキシコ版ボナパルトの出現を予防するには——一八二七年にはまだ、サンタ・アナは初動的な動向しか表われていなかった時期だけに——立憲自由主義の規範を実直に適用するのが最善であった。そうしていれば、メキシコは、実際には憲法を遵守する国家に成長しているはずであった。連邦制の共和国になっていたはずである。しかし、メキシコ共和国とそのモデルであるアメリカ合衆国の類似点は形式だけであった、とモラは独立後、最初の十年が過ぎる頃に考えていた。それまで行政府の強権を警戒していたが、立法府の強権は容認されていた。連邦レベルにおいても州レベルにおいても行政府の権限も、司法機関の機能も、疑わしい方法で選出された議員によって常に踏みつけられ、逸脱を強いられた。選挙においても「堂々と不正が行われていた」と、モラは指摘している。また反動的で暴動を引き起こすような宣伝文書を取り締まることは何度も実施された。しかし、実際には、自由、言論の自由を無効にしてしまった。アングロサクソンの伝統よりスペインの伝統にのっとり、モラは自治体（市町村）の自由を大いに尊重した。「自治体は民衆の繁栄への初動機関となるはずだ」。しかし、この理想はメキシコの全ての代議制に見られたように、「不安定で実体のない」ものであった。

その理由。「我々は自由な立憲政府として組織と外観は備えているが、この制度の原則や保障が現実に存在していない。欠落している。我々はまだ、連邦制度も代議制も何も整備していない。実践していない段階で我々にとって、どの制度がふさわしいかなど、確信できるはずはないだろう」。

＊

ルーカス・アラマンはモラのライバルとして、典型的な保守主義者として、メキシコ思想史に名をとどめることになる。事実、一八八三年以前はモラの影響を受け、自由主義政府副大統領バレンティン・ゴメス・ファリアスが初めて教会と軍隊の組織としての特権を非難した頃、両者の歴史見解は驚くほどの一致を見せていた。アラマンにとってもフランスは歴史教訓の宝庫であり、過ちを教えるみならず、文字通り「戦慄を覚える」生きた教科書でもあった。モラの思想の源泉はベンジャミン・コンスタンであり、アラマンの方はコンスタンに影響を与えた「我々の時代の趨勢と傾向を洞察していた人物」エドムンド・バークであった。バークの『フランス革命に関する考察』(一七九二年)に従って、アラマンはバーク独自の保守的自由主義をメキシコの地に移したのであった。

バークやコンスタン、モラと同様、アラマンも一八世紀の思想家たちの形而上学的誤謬を解明した。また、一八二四年憲法が立法府に与えた「強大な権限の集中」は、モラと同じように非難した。権限集中に伴い、「一人による暴政からはるかに耐えがたい多数による暴政へ」と移行したためであった。そして、やはりモラ同様、選挙の不正と選挙人リストも、その大部分が虚偽であることを嘆いた。アラマンは国民が貧しく、識字率も低い国における普通選挙というものを信用していなかった。彼の忠告はモラのものと同じで、バークがその著書『フランス革命に関する考察』に書いているように、常識ある土地所有者に投票権を限定するというものであった。結局アラマンもモラと共に、メキシコが採択した連邦制共和国制度の内容と現実の落差を嘆いていたのである。

しかし、アラマンは諸悪の原因がまさに採択された法律制定にあると考えていた。それはこの国の習俗に反していたためである。解決策は「政治機構を諸般に適応させることで、諸般が機構に順応することを期待しないこと」であった。アラマンの考えの根底にはフランス革命に敵対するバークの指摘した重要な論拠があった。

「市民の社会秩序は、すべてが自然界の秩序より段階的である。なぜなら社会秩序というものは自然界の秩序に手を加えただけのものであるからだ。宗教、道徳、啓発など、効果の現れがとかく遅いからである。自然が突発的な運動をするのを一度も見たことがない。自然のなかで唯一瞬間的であるのは地震であるが、これは創造ではなく崩壊の手段である」[2]。

アラマンの見解によれば、メキシコは自らの歴史に無理を強要したということになる。ニューイングランドの習俗に適応する道を選んだアメリカ合衆国と異なり、メキシコは「以前に存在したものをすべて破壊したのであった」。アラマンの解決策は、モラとは逆で、連邦制共和国制度を実行不可能として却下し、行政権を強化することから始めることであった。

「もし、いつかメキシコ人が無秩序から生じる諸悪にうんざりし、真剣にそれを解決しようと考えるのなら、まず第一に踏みださなければならない一歩は政府を強くすること、憔悴し、衰弱しきっている政府にエネルギーを注ぎ、強くすることである」。

モラは先駆的無政府主義者ではなかったが、アラマンも独裁政治支持者でも、ましてや君主制支持者でもなかった。両者とも「時代の先端」をいくもの、つまり、自由と秩序を信奉していたが、それぞれ異なった見解を有していた。この相違は歴史的に明白である。つまり、生涯を通じて両者を真っ向から対決させ、数年後、つまりモラとアラマンの死後、それぞれの思想を受け継いだ信奉者の自由主義派と保守派が主役を交互に演じる激しい内乱の種となるのであった。[3]

*

フランス史の知識が両者を明らかに結びつけるものであったならば、メキシコ史の理解は両者を大きく隔てることはなかった。ふたりは独立戦争のカウディーヨや一八一〇年の革命の意義について共通した見解を抱いていた。植民地史については食い違いがあったが、それは公に映ったほどに決定的なものではなかった。『征服から独立に至るメキシコ共和国史論考』（一八四四年）の執筆にあたり、アラマンが目指したことは、「征服とスペインの支配および、独立を実現した方法に関して論じられてきた多くの見解を徹底的に多様化する」ことであった。彼は後にこの考えを発展させるためには、ヌエバ・エスパーニャだけでなくスペインそのものを研究する必要があると考えるようになる。

モラは無論アラマンのこの懐古的な考えをまったく持ち合わせていなかった。そのうえ、過去の植民地時代が財産と教訓の宝庫であるなどとは考えていなかった。彼はスペインを、少なくともハプスブルグ王朝においては、率直に「神権政治」であったと考えていた。しかし、彼が『メキシコとその数々の革命』でメキシコの特質としたスペイン精神と言うべき骨格の擁護はアラマンとさほど違っていないし、それはエルナン・コルテスをめぐる意見についてさえも言えることである。モラは、「メキシコという名はエルナン・コルテスと密接に関係している。彼が忘れられない限り、メキシコは消滅することない」と言っている。モラとアラマンが共に過去の植民地時代を評価することで意見が一致しているのは、ブルボン王朝時代の経済政策についてである。

「自由主義者と保守主義者」という言葉は、経済思想に照らし合わせてアラマンとモラについて語るとき、ほぼその意味を失う。アラマンは現実的歴史観の視点からアダム・スミスを引用し、場合によっては自由貿易主義の論理に訴え、外国からの投資について植民地時代の古い規制を批判した。しかし、これに矛盾することなく、工業分野の保護と促進が必要だと判断し、そのように提言した。アラマンの考えは自由主義的重商主義であった。その意味で、彼の考えはカルロス三世や啓蒙主義者である王の顧問らが、とりわけスペイン国内で実行に移したものとかなり似ていた。一方、モラはアラマンが教条主義的な立場で、政府を製造業の総監査役にしたという理由でアビオ銀行創設を批判した。しかしながら、彼は啓蒙主義的経済思想を称賛し、その著作全集の一端として、ミチョアカンの司教で「教会の財政統計学に精通し、その研究の指導的役割を果たしていた傑出した人物」のマヌエル・アバッド・イ・ケイポの著書から入念に選定した著述集を出版するほどであった。

＊

ところが、サンタ・アナとの関係において両者は根本的な違いをみせている。モラは亡命先で出版した『政治雑誌』で、一八三三年の改革に対する反対運動を率いたサンタ・アナを責め、彼を「メキシコ文明のアッチラ」と呼んでいる。[4]

「サンタ・アナは社会を統治していくには能力不足であると（彼自身を含めて）誰もが認識している状況にあって、彼の大胆さ、妄想、頑固さが改革を阻止した。専制的な権力は望んでいたが、改革実行するにあたって、種々の厄介な手続を履行することを避けたかったのである」。

一方、アラマンはサンタ・アナについてモラと異なった考えをもっていた。彼は一連の良い面と悪い面を合せ持った矛盾した人間だと観察していた。アラマンは自己の現実主義の行動表明として、幾度か彼に、とくに晩年には協力した。それはサンタ・アナには即戦力があり、議論の余地のないその権限を行使して「活力溢れる強い」政府を具現化したからである。

一八三七年二月メキシコ軍がテキサスで敗退した後、合衆国でのサンタ・アナ死亡説を打ち消しに本人が帰国した時、自分のような保守的な考えとモラの抱く考えが激しく対立すると予想して、アラマンは一通の手紙をサンタ・アナに書き送った。

「もし貴殿を攻撃する「憂国の士」の言うことに耳を貸せば、この国は数々の新たな混乱にさらされるでしょう。もし貴殿が彼らを意に介せず、そして貴殿を裏切ることも見捨てることもしない人々を信頼したら、この国は正しい方向へ着実に進み続け、我々はついに祖国を死守することが叶い、メキシコ人であることに誇りを感じるでしょう。もはや諸派が掲げる綱領を信用することはできません。連邦化構想や自由の確立は、誰も信じない単なる口実と化しています。というのも、財産を所有し、社会的に信用ある人達や軍隊、国民が存在する一方、国を犠牲にして前進を望む少数の者も存在するからです」。

サンタ・アナはアラマンのこの手紙を受け取り、その忠告に従うことにする。しかし、十年後、合衆国との戦争の真っ只中、奇しくもモラの思想面における最大の同志であるバレンティン・ゴメス・ファリアスと同盟を再度結ぶことに躊躇しなかった。しかし、アラマンとモラは実は一九世紀前半になっても、「歴史的政党」を結成するに至っていなかったし、それに見合う十分な政治力も両者は有していなかった。両者の境界線は明確ではなかった。昔からの連邦主義者が保守派に変節する者もいたし、もともと中央集権主義者で自由主義派に変わるものもいた。さらには、モラの考えを赤とし、アラマンの考えを白とすれば、その間にとりわけ宗教の面においては様々な色彩が存在してその主流は薄ピンク色であった。つまり「穏健派」が登場した。

時とともに両者の唱えた「歴史的政党」は形を整えていくことになる。モラが言えば「進歩派グループ」でアラマンから言わせれば「煽動家グループ」に、すでに各州から中産階級の弁護士やほかの有識者が加勢していた。地方の有力カシーケとして各地に出現した多くの〝疑似サンタ・アナ〟は、とりわけ北にいた者たちは遊牧民インディオとの絶え間ない戦いに釘付けされて、連邦主義擁護派に傾いていった。そして、彼らは将来、自由主義陣営に加担する軍人を徐々に自己陣営に取り組んでいった。一方、土地所有者の大多数や、軍人や聖職者といった植民地時代から触れられていないフエロ［特別優遇特権］およびそれを保持しようと願う、モラが言えば「反動派グループ」でアラマンから言わせれば「社会的地位のある人のグループ」があった。しかし、一八三〇年代あるいは四〇年代でさえ依然として「歴史的政党」は形成の途中であった。多くの者が一方から他方へと揺れていたし、両陣営に参加する者もいた。また、自らの立場を急進化させる者もあった。超自由主義派のロレンソ・デ・サバラ（ジェレミー・ベンサムの翻訳家であり、モラやアラマンのように政治家、ジャーナリスト、思想家、歴史家であった）もいた。彼は合衆国に多大な称賛の念を抱き、スペインに統治された過去に対しては懐疑的（青年時代、神学校コンシリアール・デ・メリダにて聖トーマスの権威を否定したことで騒ぎを起こしたことがある）であった。彼は首都から遠く離れたユカタン出身者で独断的な首都からの命令を嫌い（副王領時代もユカタン総督領は自治色が濃かった）、ついにはテキサス共和国の建国者、そして副大統領となり、メキシコ国籍を剝奪され、歴史には裏切り者としてその名をとどめている。一方、カンペチェに生まれた外交官ホセ・マリア・グティエレス・エストラーダは二〇年代の古参連邦主義者であったがその後、合衆国に対してひどく懐疑的になり、極端にスペインが残した遺産を称賛し（彼の妻はメキシコで稀な貴族の称号の一つをもっていた）、一八四〇年、「共和国は諸悪の源」だと、イグアラ計画以後あえてだれも口にしなかったことを提唱した。

「王家の血筋を引く国王を戴いた君主制が、建国以来の国民の伝統、必然性、国益に最もふさわしいかどうかを、この国が検討しなければならない。もし我々が選択を誤れば、おそらく二十年もしないうちに我々はメキシコ国立宮殿にアメリカの星条旗がはためくのを見ることになるだろう」と予言した。[5]

この選択をサンタ・アナが様々な方法で実践したので国は動揺した。サンタ・アナは今日、ある一つの方針を打ち出したかと思えば、明日は反対派に媚を売る。一方を抑圧し、破滅するためにある他方の陣営を称賛し、その後、対立する両陣営を抱き込み、皆をあたかも「秤の錘」としたのであった。

*

何がモラの自由主義の心理的原点であったのだろうか。それは多くの「憂国の士」たちと同じものであった。神学者モラは植民地時代に神学校で教育を受け、様々な抑圧と支配の形態に対してとりわけ敏感に反応した。だからこそ自由を擁護したのであった。彼にとって最も重要な改革は文化的かつ政治的なものでもあった。つまり、メキシコ人を抑圧している精神面に刻まれた植民地主義から解放しなければならないというものであった。モラは植民地時代の神学校における知識人の習性をよく知っていたので、その形態は、国民に自由を約束する政権や「賢明で公正」な国を、樹立するためにはかけ離れたものだと分かっていた。「証拠がいくら明白であっても、事実や理屈だけで決して屈してはいけない、という指導を当初から少年たちは教え込まれてきたので、我々の神学校では一度口に出したことを、決して撤回しないことが名誉だと考えられていた」。こうした状況を修正する唯一の道は、教育に根本的な変革をもたらし、言論の自由を擁護することだと考えていた。意見が対立して世間に論争が起こることを懸念する必要はなかった。というのも、「単なる過ちというものは罪ではないということをこの国は承知しているため、極端に対立した意見にも耳を傾け、それを認め、評価し、理性の秤にかければよい」。モラによれば、メキシコにとって望ましい計画は自由主義を定着させることで、それが根づくのは困難だとしながらも、強化することにあった。「メキシコ国民は自由をかたくなに愛し、望んでいる。しかし、一方では国民性として体制に追随したり、自由と根本的に共存できない特性がある」。

保守派アラマンは自分の政策が「型どおりで、古臭い考え」だと評価されることを不服としていた。彼は特定の反動を望んでいたわけでも、代弁していたわけでもなかった。一八四六年、「納得のうえ、また自分の性格からして保守派である」と宣言し、保守的思想を明確に打ち出した。もはや国の歴史をことさらに脅かす必要はなかった。メキシコは過去から解放される必要はなく、過去を境に建設していけばよいのであった。「メキシコにとって都合がよいのは、スペイン式形態に戻ることであるが、それはスペインへの依存という形ではなく、しかし、スペインと訣別することなく、必要に応じて、ゆっくりと離別していけばよいのだ」。強欲な煽動家による「うわべだけの、奇抜な理論」を廃し、共和制の無意味なユートピアもばかげた妄想も捨てることだ。「共和国は何も創造せずすべてを破壊したのだ」ということを認めなければならない。アラマンにとって過去への忠誠は伝統的なメキシコの慣習と行政機構、つまり、「我々の文明と知性の発展段階」にふさわしい政治秩序の建設を意味していた。強力な政府が必要で、これには、行政改革担当顧問の助言を受けること（理想的にはヨーロッパの君主を、軍隊を駐屯させない条件で迎えること）、徹底した政治の中央集権化を推進し、何が起ころうとも、所属する陣営が如何なるものであろうとも議会は中立の立場をとること（「政党の支配的風潮とは、党の権力と影響力を拡大させることにある」）、そして裁判所は独立して活動し、強い軍隊を備えること、などが肝要であった。アラマンはこの点についてはモラとそれほど隔たることなく、征服期以前のスペイン史にルーツをもつ行政機関である市参事会の自治権を弁護した。国際関係においては、過去との継続性を保ち、アメリカ合衆国から離れ、次の二つの関係を熱烈に求めることとした。それはカトリック系ヨーロッパとラテンアメリカとの連帯であった。最終的には、経済部門においてのみ枝は幹から離れることになったのである。この点においては、アラマンは自由主義経済の考えと工業化に対する脆弱な国家支援に独創性豊かな補強を組み合わせた。「国は生きながらえるため、その国に最低限必要なものを他国に決して依存してはならない」と記している。こうした考えから、アラマンは二〇世紀の典型的な国家主導体制を一世紀も早く先取りし、政府を最初の工業推進役に仕立てたのであった。また、彼のヌエバ・エスパーニャの伝統に対する執着は、宗教面にあったのだろうと考えられる。

「我々は先祖から受け継いだカトリック信仰にふさわしい精神的支柱が必要だ。混乱を引き起こすような無秩序な社会に陥りたくない。我々は教会を敬愛するので、聖堂が宗教争いの場になっていくのを見たくないのだ。また国旗に代わって、教会の塔に憎むべき星条旗を見たくはないのだ」[6]。

＊

「教会に突き当たってしまったぞ、サンチョ」と言ったのはドン・キホーテである。これがメキシコの「歴史的政党」の創設者であるモラとアラマンの最終的な不和の林檎であった。伝統に対してモラは自由を説き、アラマンは忠誠を訴えた。こうして二人はメキシコ最大の伝統である教会をめぐって論争を競うことになる。

カトリックの階級制度はそのほとんどが旧来の制度体系を保持していた。もちろんアバッド・イ・ケイポやモレロスの頃のように人生の精神面、人間関係そのもの、人間と神との関係で重要な出来事とその日付、つまり、誕生、結婚、死、秘跡というものを司っていた。子供や青年の教育もほぼ独占的に委託されており、それは公共の場で行う喜びや苦痛を和らげる儀式についても同様であった。一方で聖人の祝日に信者を集めたり、他方で彼らが日常の食料に困ったり、孤児になったり、伴侶を失ったり、地震、伝染病、病気、極貧などの不幸にあった場合、保護、配慮、援助、慰めを与えた。修道院、信徒会、基金、慈善、その他多くの活動や組織が教会に依存していたのである。

教会はもう一つの別の世界においてもその責務を果していた。それは現世にしっかりと足を踏まえて行われていた。

教会は国家財産の五分の一を所有していたのである。教区所属司祭は主要な不動産管理者であった。教会は銀行としての機能も果たし、十分の一税として「租税」を集め、独自の評議会を有す複雑な経済機構や政治機構を備えていた。自由主義派にとって教会は国家のなかにあるもう一つの国家であった。教会という国家は何百年も存続し、家長父制をしいていた。まったく非生産的であったが、民衆と深く関わり、聖なる正当性にもとづいて強固に組織されていた。もう一つの国家は世俗国家で、これはまだ形成段階にあった。そのため脆く、支持者も少数で、彼らは国のわずかな中産階級に散在していた。この国家は世俗の正当性にもとづいて、困難の末、建設された。この二つの組織が互いに攻撃しあうようになることは避けられないことであった。

十九世紀のメキシコ自由主義者の圧倒的多数がカトリックを熱烈に信奉していた。モラ同様、彼らの多くがカトリック系の神学校や教育機関で学んだ。彼らの想像力はカトリックの象徴性に満ちたものであったが、その道徳的観念が彼らを教会から遠ざけていた。「教会は神秘的な組織であり、現世の財産を所有あるいは要求する権利はもたない」とモラは記している。彼の考え方はベンジャミン・コンスタンや、ましてや彼が嫌ったフランスの百科全書派に根ざすものではなく、聖書と教父学に根ざすものであった。一八三三年メキシコ社会における聖職者の歴史的地位に対する、独立後はじめて実行した改革計画が、ゴメス・ファリアスのもとで進められるにあたり、モラは召命としての司祭職を支援し、教区教会の数を増やす必要性も説いた。このつかの間のメキシコにおける自由主義精神に基づいたカトリック教会の改革の内側には、ロッテルダム生まれのエラスムスによる人文主義が遥かにこだまし、精神面での目的に至るまでの浄化と寛容の旋律が響きわたっていたのである。しかし、不幸にも教会と保守派がこうした新しい考えに鈍感であったため、メキシコのエラスムス主義者はルター派に傾倒していくのである。

三〇年代以降、モラはメキシコの立憲自由主義思想を放棄した。それは、アラマンから批判されていたような改革が、実行不可能であるという理由からではなく、その展開に二つの巨大な障害があったからであった。それは聖職者と軍隊であった。副大統領ゴメス・ファリアスのこの脆弱な政府は、教会と軍の特権を廃止することを提案していた。

満足に国を守ることもままならず、かなりの予算を吸い上げ経費のかさんだ軍隊から特権と出費を減らし、教会をその本来の領域である魂と神を司る使命に限るというものであった。この計画はそのほとんどがモラの考えに拠るものであった。彼が十年前から主張していた理想的な立憲主義は、進歩を目指すメキシコの選択とは法律による個人の自由の保障でなく、社会をその根本から改革し、個人の自由が尊重されるようにすることだ、と確信していたからだ。モラにとっての不幸は、この計画がほとんど実施されなかったことにある。モラは敗北し、国外に亡命するが、この渡航は永久的なものとなった。メキシコを後にする際、彼が実業家としての始めたばかりの仕事までも捨ててしまったことは残念であった。実はイギリスの某聖書出版社の総代理人であったからである。一八三六年頃、教会関係者のあいだでは決して確かめようのない噂が流布した。パリで、モラがプロテスタントになったという風評が流れた。

教会をめぐる論争はもちろん、メキシコにおいても、とどまることを知らなかった。これはカトリック系ヨーロッパの近代史の特徴である。事実、スペインと、当然のことながらヌエバ・エスパーニャはブルボン王朝の時代からこの論争をしてきた。教会擁護は独立戦争の主要な動機でもあった。独立後の最初の数十年間は、宗教問題が重要であったし、さらに、年を重ねるとこの問題は国民の注目を引いた。「メキシコのような神権政治の国において、宗教は非常に扱いがむつかしい問題である」と、歴史家で年代記作家でもあり、モレロスの同僚であったカルロス・マリア・デ・ブスタマンテは指摘している。教会の現世の役割に対する批判は次第に頻繁になってきた。しかしながらメキシコにおける宗教問題が、モラとアラマンの思想的後継者である自由主義派と保守派の間にもたらすことになる。おおむね神学的な憎悪を、そして最終的には一八五八年に誘発した対立を、誰一人として想像できる者はいなかった。「レフォルマ」戦争開始のこの時期は、ジャコバン党と教会の間における大きな緊張の時期と比較することが可能で、そして、これこそがアラマンとモラが必死に防ごうとしたフランス革命の不幸な時期であった。

モラとアラマンはこの革命を見るまで生きることはなかった。しかし、二人はそれに至るまでの苦々しい一章を見ることになる。メキシコとアメリカ合衆国との戦争で、両者が生涯を通じてその建設にたずさわった母国が倒壊寸前に瀕する場面であった。

註

1 José María Luis Mora の思想は、つぎの著作から引用されていると思われる。*Obras sueltas*, México, 1963; *Obras completas*, México, 1987; *México y sus revoluciones*, México, 1977（初版は一九四六年である）。

2 Lucas Alaman の思想は、つぎの著作から引用されている。*Historia de Méjico*, México 1852; Disertaciones, México 1969; *Documentos Diversos*（*inéditos y muy raros*）, México 1946–47。

3 レフォルマ戦争での両派の対立構図を予想している。

4 サンタ・アナが任命したゴメス・ファリアス副大統領が、一度発布した教会の特権剥奪、教育、軍隊、財政に関する一連の改革法令をその後廃止した姿勢を批判してこのように痛烈に述べた。

5 一八四七年二月、スコット率いるアメリカ合衆国の軍隊が、ベラクルスを侵略した時、ゴメス・ファリアスはサンタ・アナと共に国軍を指揮して対抗した。その後、二月末にはサンタ・アナは、米軍のテーラーにアンゴストゥーラでの戦いで破れ、メキシコは軍事的敗北色が強くなる。翌年にはグアダルペ・イダルゴ条約の調印に至った。

6 実際、一八四七年九月一四日にはアメリカ合衆国軍隊がメキシコ市に入城して、メキシコ国立宮殿に星条旗を掲揚した。

5 戦え、メキシコ人

「サンタ・アナは共和国救済に貢献したいという強い希望をもっている」と一八四六年八月バレンティン・ゴメス・ファリアスは記している。メキシコにおける政治上の数々の偶然がこの二人の男の運命を再び引き合わせた。一八三三年同様、彼らは権力の二人三脚をすることになった。つまり大統領と副大統領に就任したのである。米墨戦争はすでに四月から始まっており、アメリカ軍は北の国境から進軍し、メキシコ湾の港を戦艦で封鎖した。当時、サンタ・アナが亡命先のハバナで、メキシコの恒久平和と引換えに、領土の一部を安価で売却することをポーク大統領の代理人に約束したと噂されていた。それは、すでにベラクルスに通じる航路を封じていたアメリカ軍艦の狸寝入りを釈明する理由がほかに見あたらなかったからである。しかし、サンタ・アナがどんな人物かを少しでも知っていれば、誰が彼の言うことなど信じただろうか。戦争を扇動するためなら何でも約束しかねない彼は、まず、祖国へ帰還を果たすことが先決だと考えたと判断すれば、説明がつくかもしれない。ともあれ彼は自分が熱烈な連邦主義者であることを宣言し、侵略者を迎え撃つ軍を自らの意思で指揮しようと戻ってきた。こうした彼の数々のポーズと嘘の裏に存在する唯一の真実は、いつもながらあった。つまり、今回ばかりは勝利はほぼ無理だと知っていながらも、栄誉心を切望するというものであった。

独立戦争中そして独立後に生まれた新しい世代の思想家や政治家は、注意深く事の推移を見守り、深く介入してくるようになった。ある者たちはゴメス・ファリアスの急進的な改革歩調に賛同し、一八三三年の教会改革政策の存続を信じ、偉大なる亡命者モラとの文通を続けていた。かれらは「生粋派」と呼ばれた。ほかに、生粋派より数は少なかったが、エル・ティエンポ紙上でルーカス・アラマンの思想、つまり植民時代の体制にすみやかに戻る必要性を主張する一派もいた。彼らは「保守派」と呼ばれ始めていた。そして、さらに数は少なかったが、メキシコの存続はヨーロッパの王室の皇太子に帝位を授与することによってのみ保証されると考える者もいた。つまり「イグアラ計画」への逆戻りである。彼らは当然「君主派」と呼ばれ、メキシコは「沈みゆく船であり、打つ手はない」と考えていた。フランスやスペインの外交官の率直な同意をとりつけていた。こうした極端な三派の間で、自由貿易、連邦共和国と連邦制度そして自由を支持し、自らを「穏健派」と名乗る多くの弁護士、公務員と専門技術職の人たちが揺れ動いていた。しかし、ギジェルモ・プリエトの言葉を借りれば、彼らはキリスト教を擁護することには不承不承であった。彼らのうち最も注目を引いたのは恐らくマリアノ・オテロ（一八一七－一八五〇）であろう。[1] 彼は弁護士で、優れた弁論家でもあった。経済学者あるいは国会議員の立場として著した書物の中で、聖職者、軍人、公務員といった特権階級を批判し、彼らの愛国心の欠如を嘆いた。しかし同時に、オテロはコレラで死ぬ直前に、矛盾を感じることなく教皇ピオ九世からピアナ十字勲章を受章している。

様々な政治グループの代表者らは、四〇年代に制定された先見性の乏しい法案に関わり始めていた。一八四七年の時点では、一八三六年に廃止され、その後何度も修正された一八二四年連邦制憲法を再発布しようと試みた国会議員もいた。思想面での主導権の均衡は再び崩れ、今度は生粋派と穏健派との間に微妙な融合が生じてきた。そのほかに、一見取るに足らぬような保守派や君主派から区別していた、彼らの立場が浮き彫りになった。それは彼らは総じて若く、メスティソで、地方出身者であったことである。

アメリカ合衆国による侵略を見据えて、君主派と保守派は、あらゆる恐怖と予言が現実化するのを感じていた。一八四六年二月ルーカス・アラマンは、近年の出来事に基づいた啓示的な意見書を発表した。「現在、我々の社会の道徳は乱れ、破滅や混乱に向かっている。国家の完全なる崩壊に加え、我々の領土、国名、さらには主権をも失おうとしている」。君主派及び保守派は戦争に反対し、合衆国によるテキサス併合を受諾するほうが、戦争による取り返しのつかない損失を被るよりましだと考えていた。戦争が始まると、彼らはかつてない熱意をもってヨーロッパに援助を求め、交渉を行った。アラマンは、「もしヨーロッパが早く援助しないのであれば、我々はなす術もなく敗北するのだ」とグティエレス・エストラダに宛てた。[2] この戦争は、アラマンの言葉を借りれば、「歴史が呈示しうる最も不当な戦争の例であり、しかも専制君主ではなく、一九世紀の文明の先頭に立とうとする共和国の野心から始めたのである」。

生粋派のなかには、ミチョアカン州知事メルチョール・オカンポのように覚悟を決めた者もあった。[3] 彼は条約や停戦締結の前にゲリラ戦を提言した。ベラクルス出身のミゲル・レルド・デ・テハダのように、それほど悲壮感を示さず戦争の結末を見届けた者もいた。それは次の理由による。メキシコは階級に分断され、精神的な一体感に欠けていたからである。農村の富は国家の運命など気にも留めない教会の手中にあった。これでは大きな勢力に立ち向かう意気込みを期待するのはとうてい無理である。レルド・デ・テハダはそう考えていた。外国勢力によるメキシコ介入は避けがたいものであったにせよ、それが合衆国であったことは不幸中の幸いであった。何といっても合衆国は、メキシコの自由主義派が夢見ていた社会のモデル国家であったからである。

先のレルド・デ・テハダの結論は、アメリカに侵略されていた間、メキシコ市参事会に席を連ねることになる多くの生粋派の賛同を得たものの、確かに物議をかもした。しかし、彼が描いてみせたメキシコ社会は間違ってはいなかった。この国の不和と無関心の最たる例は、対米戦争の最中、国家警備隊に徴兵された新米の兵士に見ることができる。修道院に寝泊まりし、侵略に対し肩をすくめるばかりであった聖職者の支援を受けて「上層階級」出身の彼らは武器を手にしたが、それは国の北部の重要な一地域を占領したグリンゴ［米国人への蔑称］と戦うためではなく、副大統領ゴメス・ファリアスが再開した、反教会改革に対する報復として謀叛を企てるためであった。国民は当時流行していた踊りの名をとってこの兵士らを「ポルコ［ポルカを踊る者］」と呼んだ。彼らが武器の扱いよりもポルカの練習に熱心だったからである。ポルコの一人であった穏健派自由主義者ギジェルモ・プリエトは当時の戦闘を次のように回想している。[4]

「ポルコの活動は、国難の時期に祖国の歴史に恥辱を塗ったと、軽蔑されるかもしれない。我々は若輩、経験不足、そして我々が崇拝する強力な組織から影響を受けていたからだとも言われている。いずれにせよ、あの敗北の汚点は、考えれば考えるほど、ことさらに恐ろしいものとして眼前に蘇ってくる」。

思想体系は異なってはいたが、ほぼ全ての政治グループは同じ結論に達した。それは政策の不和、経済危機、イトゥルビデ戴冠以来二五年に及ぶ国内の混乱、軍事訓練の低下と軍備不足などが破壊的な状況を予測していた。決して的外れなことは歌わない流行詩人も彼らに同調している。

戦争には？ 向いていない。

政治には？ 向いていない。

では、我々は何に向いているのだろう？

メルチョール・オカンポは、ナポレオンのスペイン領土侵略に少数のスペイン人愛国者は立ち向かったので、メキシコでも人民は抵抗するものと考えていた。しかしながら、予想は裏切られたので、残された切り札は一枚だった。神の使者アントニオ・ロペス・デ・サンタ・アナである。オカンポは「メキシコの運命は、これまで何度もそうであったように、貴殿にかかっている」と彼に書簡を認めた。

＊

サンタ・アナは片足を失い、五二歳を迎えていたが、相変わらずであった。アラマンによれば、サン・ルイス・ポトシから驚異的な迅速さで一万八千の軍を組織して、兵士を鼓舞し食糧不足にもかかわらず数日間で四五〇キロを踏破してきた。一八四七年二月二三日、コアウイラのアンゴストゥーラにおいてザチャリー・テイラー将軍率いる軍勢を相手に最初の一戦を交えたのである。

「サンタ・アナは片足の不自由さに悩まされながらも、周囲の手榴弾をものともせず、あちらこちらへと身をかわして早駆けしていく。馬が死んで彼が地面に投げ出されると、すぐに起き上がり、また別の馬に乗って、サーベルを鞘から抜いたまま短い鞭だけを振りかざして戦場を駆け続けた。彼の後には命令を伝達するために副官が続いた。兵士らは彼の勇ましさを眼のあたりにして勇気づけられた。こうした感動に包まれた彼は、恐らく人生で最も栄えある人物のように輝いていると思ったに違いない」。

明白な勝利者も敗北者もなかったその戦いの後、アラマン曰く、サンタ・アナは、ベラクルス州山系の峡谷を守りに向かうために信じがたい速さで進軍させた。ゴルド丘でウィンフィールド・スコット将軍に敗北を喫するが、なおかつ首都防衛のため別の軍を率いた。その間、一八四七年五月末、アラマンはモンテレオーネ侯爵に「一つの国が壊滅することなく、このように存続していることは驚異的だ」と書き送っている。一ヵ月後、彼は戦況の結果と戦争継続への限界を感じ、その原因を挙げている。

「メキシコの街はすでに多くの補強工事を済まして、一万六千の兵も集合した。スコット将軍が僅かな兵力(二万二千人)で、人口一八万に加え、彼の軍勢を優に越す大規模の駐屯軍を配置する都市に対し、沿岸部とも連絡を確保しないまま進軍するとは向こう見ずに思えた。しかし、それにもかかわらずスコット将軍が市を占拠すると私は思う。なぜなら、メキシコ側の部隊はほとんどが司令部から強制徴兵され、派兵されてきているため、その離散の速さたるやお墨付きである。民衆はまったく動かず、まるで他人事のように、一部始終を傍観しているだけである。このように全ては徒労と混乱に化したがいずれ事態は収拾するだろう」。

八月一九日、アラマンは自宅の屋上から望遠鏡でパディエルナ丘の戦いをつぶさに見ていた。そしてサンタ・アナ将軍が援軍を送れず、バレンシア将軍がいかに持ちこたえたかを見た。その数日前、アラマンの家にギジェルモ・プリエトが家族とともに避難してきた。その日プリエトは、バレンシア将軍とサンタ・アナの間に生じた抗争を知ることになる。

戦いはチュルブスコ戦、モリーノ・デル・レイ戦、九月一三日戦、チャプルテペック戦へと続いた。「私の森、好きだった場所、幼少を過ごした家が押し潰されていく、まるで父の体が踏みつけられるのを見るようだ」とプリエトは書き記した。軍の総指揮は無傷で勇敢な上に無防備に銃口に向かっていくサンタ・アナであった。

「私にはパナマ帽子を被り、鞭を手にして、ソラマメ色の短めのポンチョと真っ白の綿のズボンに身を包んだ彼が見えるようだ。彼の行動は支離滅裂であったが、危険をものともしなかった。彼を裏切り者と呼ぶことができないが、優れた将軍とも良き政治家とも現状にふさわしい人物ともみなすことはできない」。

アラマンは、モンテレオーネ侯爵に宛てた手紙の中でプリエトの考えに同意している。「我が軍のサンタ・アナと司令官の力では勝利は不可能だ」。サンタ・アナも自身ほかの司令官も最後までもたないだろうと認めていた。ついに一八四七年九月一六日アラマンの不安は的中し、「憎き星条旗」が国立宮殿に翻るようになる。[5]

*

ギジェルモ・プリエトにとってアラマン家での滞在は「心から不愉快な」ものに感じられた。彼は自分に「あらゆる種類の悪口雑言」を書いた人物であるアラマンに対して「深い政治的な防波堤」を張った。その「静かで、素晴らしい」家の空気は重苦しかった。全てが美徳に包まれ、規則正しく、つつしまやかで、秩序立っていた。午後になると、大きな縁のパナマ帽をかぶり、太い杖をつき、リンネル製のフロックコートを着たアラマンは、プリエトの部屋の前を通り、彼を庭の散歩によく誘った。プリエトは「アラマンの旅の話やラテンアメリカ文学やスペイン文学についての話に夢中になった」が、自分からは誘わなかった。二人は政治の話はしなかった。譲らない雄弁家を相手にしている、と互いに思っていたのである。しかし、プリエトはアラマンを尊敬していた。

「アラマン氏は中肉中背で、髪は美しい銀髪である。額は広く、鼻はローマ人のようである。口元は引き締まり、歯は真っ白だ。肌はきめ細かく、頬は紅色である。日の出とともに起床し、体を清め、しゃんとしていた。

居間で執筆し本を何冊か手元においていた。机は高く、立って書かねばならないほどだ。原稿は箱のような厚さの本にまとめてあった。原稿には染みも、消去線も、行間のメモもなかった。彼は煙草を吸わなかったので灰も落ちていなかった。執筆中、姿勢を崩すことはなかった」。

アラマンが一八四六年一〇月から書き始めた本は『メキシコ史論考』の続編で『独立に導いた一八〇八年の最初の闘争から現在までのメキシコ史』という著作であった。アラマンは米墨戦争が終わり、メキシコ市が占領されると、モンテレオーネ侯爵に次のように報告した。

「心の苦悩は尽きません。共和国の領土は侵され、首都はアメリカ軍に占拠されました。国家の繁栄と発展に思いを馳せた数々の夢は消え、私たちは偽りの愛国心を抱かされました。残酷な現実が全てを消し去ったのです。私たちの先人がとりわけ重要だと見なした出来事についての書物を読むことで、私は幾度となく現在の不幸な状況を忘れることができたのです」。

全ては奇妙な日常に戻った。「メキシコ市を占拠している敵の軍隊は誰にも干渉しません。私たちはこのような形で彼らと過ごすことに慣れていくのでしょう」とアラマンはつけ加えている。アメリカ合衆国の将校や士官たちはヘスス病院をしきりに訪ね、崇拝しているコルテスの肖像画を見せてほしいと頼んだ。エルナン・コルテスの死からちょうど三世紀経った命日の一二月二日、アラマンだけが彼を偲んでいた。

「偉大な征服者の死後三世紀後に、この都市が築かれた時は、建国の第一歩さえも踏み出していなかったアメリカ合衆国の軍隊によって、ここが占拠されるなど誰が考え及んだろうか」。

悲劇は去ったかのように見えた。サンタ・アナは「面倒で不快な」だけの権力の座を辞職した後、亡命先へと向かった。彼の願いは「我が愛する祖国に尽くす」ことであった。今回の行き先は遠かった。コロンビアのとある町であった。彼はそこに邸宅を購入し、トゥルバコ宮殿と命名した。翌年初め、アメリカ軍撤退。一八四八年二月に締結されたグアダルーペ・イダルゴ[6]条約により、サンタ・アナ同様メキシコは身を割かれるような思いを味わった。領土の半分、しかも豊かな方を取られたのである。こうして「歴史上最も不当な戦争」は終結した。歴史は、とりわけ正史は、サンタ・アナの行動は歴史上最も重大な裏切り行為に相当すると記した。当時サンタ・アナを誹謗していた者たちは、彼が大統領の座にどっかりと座っていられる時に、彼自身が戦場で軍隊を率いることを願い出た事実を見落としていた。亡命に先立ち祖国へ発した声明文の中で、サンタ・アナは州知事、商人、聖職者をその無関心な態度ゆえに非難した。最初から最後までまるで「知らない国で起こっている」戦争かのように傍観していたからだ。他の様々な集団や社会階層の人々も同じであった。サンタ・アナは「共和国の救済に絶望することは決してなかった」とアラマンは語っていた。ギジェルモ・プリエトだけがルーカス・アラマンの本心を密かに知っていた。

＊

「メキシコのような国とその政府を、ほかの国に誇りをもって紹介するほど難しいことはない」。一八四七年半ば、穏健派思想の持ち主で、洗練されたクリオーヨ作家であり、ホラティウスの『詩の芸術』の翻訳を手がけた芸術評論家ホセ・ベルナルド・コウトは、旧友で、ロンドン駐在の新しいメキシコ公使ホセ・マリア・ルイス・モラにこう書き送った。

モラはこのロンドンにおける任務に文字通り最後の気力を注いだ。彼はフランス自由主義を信奉しており、特に合衆国を称賛していたわけではなかったが、アラマンと同じ調子で近代の模範である共和国が弱い隣国に対して帝国主義的戦争を誘発したことを嘆いた。その数カ月前、モラはフランスに介入を持ち掛けたが、無駄に終わった。メキシコの未来について、フランス政府当局は「合衆国に併合されるだろう」と推察していた。イギリスでモラはパルマーストン大臣と会い、何通かの書簡も交わした。その中の一通で、「スペイン民族の独特の性格」を受け継ぐメキシコは暴力に屈することはなく、合衆国が提案した和平協定を拒否する」と述べている。彼は外交上の論拠にも事欠かなかった。イギリスやほかの中立国はメキシコの豊かな鉱山資源や戦略拠点であるテキサスへの接近の機会を失うことになる、と外交上の介入を説得した。そして、介入の見返りとしてカリフォルニアの売却を暗に示した。しかし、これも無駄に終わった。パルマーストンはテキサスを承認しないメキシコの「愚直」を批判し、自国イギリスを戦争に巻き込むことを拒んだ。メキシコの敗北がヨーロッパの勢力均衡に影響することはなかったからである。パルマーストンはモラに「メキシコ人は強固で不滅の国家を建設する作業にとりかかるべきだ」と一喝した。一方、モラは、「メキシコと合衆国の間のいかなる和平条約締結も、合衆国にとっては次の新たな侵略を行なうまでの休戦にすぎない」と失望しながらあるメキシコ人に洩らしていた。

モラは別の件でもパルマーストンと対立した。この問題はモラの目にさらに深刻に映った。アメリカ軍がメキシコ中央部に接近している間に、ユカタンでカスタ戦争が勃発したのである。[7] イギリス軍は、白人の町を壊滅に追いやっていたマヤ人のインディオにベリーズの国境から武器を売っていた。パルマーストンはモラから肖像画を贈られた時、その礼を述べる前に、機会を逸せず、メキシコは移住者に対してその財産保証を行うべきであると言って、高圧的な態度に出た。彼は、これまでのいかなる移住者も「メキシコ社会が生み出す民衆の無秩序のために、移住地運営は成功しなかった」と語った。この不愉快きわまりない大臣は、眼前の男が知性豊かで、数々の名著を出版し、人格者であることに少しも気づかなかったことは悲しむべきことであった。一八四八年、モラが亡くなる二年前、彼はヨーロッパを駆け抜けた社会革命の亡霊の恐怖を目にしながら、カスタ戦争にメキシコ独立戦争の新たな局面を見たのだった。しかもそれは輪をかけてむごいものであった。イダルゴの追随者はモラの家族をも破滅に追いやり、アラマンはグアナファアトで略奪と殺戮を目撃したが、ユカタンの場合はその比ではなかった。何世紀にも及ぶ白人支配のもとに溜まった怒りが、復讐の機会を得たかのごとく爆発した。民衆は白人の皮を剝ぎ、火あぶりに処し、混乱の中で暴行や集団殺戮に走った。「人種差別戦争はメキシコが苦しんだ問題の中でも最たるものである。これは抗争するどちらか一方の抹殺をもって終わるもので、当然、少数派が抹殺されることになる」とモラは記している。ユカタン州政府は領土の主権回復には「人種差別戦争」の恐怖に終止符を打つ軍隊を派遣するを躊躇しなかった。モラは白人抹殺を阻止するために断固として何千というヤンキーの傭兵を雇うように、と友人の外相マリアノ・オテロに助言した。そして、さらに付言した。

「ユカタン半島から非白人人種を追い出し、そこに白人の定住者を急増させ、そこにはスペイン人だけを住まわせるように最大の配慮を払ってほしい」。

最終的には領土割譲の必要はなくなった。アメリカ軍からの援助も多少はあったが、自力でメキシコ連邦政府は誇り高きユカタン領の救出に向かい、数ヵ月後に情け容赦なく「人種差別戦争」を鎮圧した。この後ユカタンは完全にメキシコ連邦に併合され、モラが提案したインディオの集団追放は、実行されることもなかった。モラは絶望の淵にあった晩年、アラマンと同じようにクリオーヨとして、スペインにアイデンティティを求めて辿り着いていったのである。こうして彼の「非白人人種」に対する拒絶は強まり、スペインによるヌエバ・エスパーニャの社会的、そして文化的な再征服の道を提唱するようになった。しかし、この助言も効を奏しなかった。スペインから大挙して移民の大波がやってくることはなかった。無償の土地が提供されていても魅力がなかった。メキシコは世界の果てであり、永遠に革命が続く国だったからである。フランス革命は暴力と専制に終わったが、こうした結末を避けようとこの革命を詳細に研究した、メキシコでの自由主義の先駆者モラの人生最後の皮肉は、一八五〇年のバスティーユ城砦陥落記念日にパリで没したことである。

＊

モラは亡命先のヨーロッパで、ユカタンの白色人種が抹殺される夢を見た。公職追放に遭ったアラマンも、アメリカ軍が撤退した時、同じ不吉な予感を感じていた。一八四八年に世界中で起こった革命の嵐が、突如、予測もしない反乱となってメキシコを襲った。民衆（メスティソだが、先住民と深い絆のある人々）とアシエンダの間に、土地所有をめぐる争いが起ったのだ。

土地問題はメキシコの歴史と同じほど古い。一六世紀にスペイン人が先住民共同体に侵入して以来、一方で共同体を特徴づけていた人間と土地の密接な関係、かつ根本的な一体性はさらに強まった。しかし、その一方で、いわゆる「村落」ごとの政治単位によって排他主義や独占主義が増長された。植民地時代、先住民と共同体はスペイン人の運営するアシエンダから様々な合法的、非合法的、そして暴力による執拗な圧力に対し生き残りをかけて戦った。「土地分配が原因の訴訟手続で、ヌエバ・エスパーニャが埋め尽くされていたと言ってもよい」と、フスト・シエラが記したほどであった。彼は正しかった。三世紀間に及ぶこうした訴訟の存在そのものは、ヌエバ・エスパーニャの司法体制がある程度の重みを持ち続けていたという証拠でもある。一八一〇年、メキシコの中央部に限れば、四千の先住民の共同体があった。

一八二一年にスペインという国家後見人がいなくなると、メスティーソの共同体や先住民共同体は庇護を失い、あるいはその可能性すらさえも失い、直接的な打撃を受けた。新国家が脆弱で経済難を抱えて誕生したので、州政府をはじめとした地域権力は共同体に対して無法に振る舞う領主に化していた。共同体は独立当初から散発的に暴力に訴えて対抗したが、こうした現象は四〇年代以降急増し、合衆国との戦争後顕著になった。土地所有をめぐる百年以上の戦いを、崩壊寸前の一国家が解決できるはずもなかったが、権力の空白を前にして残された唯一の道は武力蜂起であった。

スペイン国王がエルナン・コルテスに与えたかつてのデル・バジェ侯爵領には、アラマンがモンテレオーネ侯の代理として管理経営していたアトラコムルコのアシエンダだけが残っていた。この地方でも共同体とアシエンダの武力闘争が急増し始め、古い侯爵領内でも、一八四八年にクエルナバカの南に位置するシコンテペック村の農民が、アシエンダ・チコンクアックの中庭に自分たちの所有地であることを示す境界線を引いた。そして、隣のアシエンダ、サン・ビセンテを占領し、そこに共同体所有地の回復を示す、新しい「モホネラ」と呼ばれる境界石を打ちこんだ。一八五〇年一〇月、モレロスが攻略したクアウトゥラ市の先住民は、アシエンダ領主が築いた石塀を破壊。クエルナバカに野営していた軍は先住民を弾圧する指令を受けたが、「民衆は住む土地がなくて苛立ち、該当地域の土地一帯は、かつてスペインから下賜されたものでアシエンダ領主が奪った土地で、先住民が政庁に申し立てをした苦情は、正当だが無視されてきたと認定」して兵士らは先住民を追放する指令に従わなかった。中央政府はこうした動向に、パリで起こった社会革命の影響がメキシコへ伝播したのではないかと推測した。さらに、一八五〇年の報告書によると、クエルナバカの長官は、この問題はメキシコ固有の問題だと判断していた。「土地は、メキシコでは騒動の象徴であり、混乱への引き金である。大衆を煽動する容易な手段である」。二年後、クエルナバカの軍司令官はもう一つ重要な要素を指摘した。「人種と人種偏見は対立の火種」だと。「人々は、スペイン人のような立場の人間に抵抗して、彼らを暗殺しようとするため革命を誘発したいのだ」。

アラマンは、ユカタンにおける先住民の状況、そして国全体における先住民共同体の状況を解決するため、ほかの多くの問題に関してもそうであったが、植民地時代の体制に戻ることを提案した。先住民のための司法を復活させるというものであった。しかし、これは先住民をあたかも未成年者のように別の共和国の中で扱う擁護体制であり、慈善的なインディアス法によって治めるというものであった。一六世紀さながらに再び宣教師が先住民を教化した活動を支援するようであった。そのため、共同体とアシエンダの闘争について、アラマンはあまり意見を述べなかった。それは彼がアシエンダ領主として、モンテレオーネ侯爵の代理者として経営責任を負っていたからであったが、ほかにも、しかも深刻な事情を抱えていたためであった。

「内乱は、メキシコ人の人種階層間の戦争の様相を帯びてくるであろう。白色人種は少数派であるがゆえに、これまで有してきた全ての財産とともに滅びることになるだろう」。

アラマンは、ユカタンのカスタ戦争ではなく、メキシコ中央部の共同体とアシエンダとの対立について言及していた。驚いたことに、これはモラが抱いていた考えと同じであった。しかも同じ言葉で書かれている。単なる偶然の一致ではないことに注目すべきである。「人種差別戦争」はそれがユカタンであろうとメキシコ中央部であろうと、この二人にとっては、先住民とクリオーヨが真っ向から対立した独立戦争を想起させ、クリオーヨの悲惨なそして傷つき易すい弱点が糾弾されたと自覚した。この対立構図が一八四八年に再燃し、安定した国家を目指して何年も努力してきたことが水の泡となってしまった。そして、様々な政治グループに分裂しながら、モラとアラマンに代表されるクリオーヨが、生きるか死ぬか、自分たちかそれとも彼らが生き残るのかという選択の瀬戸際に立たされたのであった。植民地時代に生まれ育ったクリオーヨは、先住民からの暴力的な拒絶を恐れ、彼らと比べてより密接な権威であったスペインにすがったのも当然のことであった。しかし、先住民に対するクリオーヨの厳しい判断は、自身の階級に及んだ歴史的絶望を十分反映させたものではなかった。すでに国はクリオーヨの手から離れつつあった。そして、国の権威は二度と自分達に戻ってくることはないだろうと、彼らは薄々と気づいていた。

「死ね、ガチュピンども!」。アラマンが青年期に何度となく聞いたこの「ぞっとするような死と悲嘆の叫び」は、四〇年後も彼の耳に響いてきた。全てはまた振り出しに戻ったか、或いはまだ何も始まっていないのか、もしくは完了したのか。メキシコの黙示録のようだ。しかし、クリオーヨにとっての黙示録となってしまった。

＊

実際、メキシコの黙示録ではなかったが、あたかもそのように映った。合衆国との戦争。ユカタンでのカスタ戦争と中央部での農民反乱。辺境地ではアパッチ、コマンチなどの遊牧先住民との恒常的な戦争状態。遊牧先住民はテキサス併合を機に、植民地時代同様、(ソノーラ、チワワ、コアウイラ、タマウリパスの)北部各州を荒らし、国境から離れた鉱山都市(ドゥランゴ、サン・ルイス・ポトシ、サカテカス)にまで出没し略奪した。この戦争地図にまだ不足と言わんばかりに火の手があがり、共和国が植民地から受け継いだ銀輸送ルート「カミノ・レアル」を襲撃して壊滅に追い込む盗賊の一群との戦いは日常化し、ソノーラ州を自分の所有地にしようと企んだルセ・ド・ブルボンと名乗る命知らずのフランス人との攻防も展開された。

一八五〇年に向け、メキシコは一八二一年のあの馬鹿げた楽観主義の対角線上にあった。合衆国との戦争後に残された二〇〇万平方キロメートルを利用するためには、八〇〇万の人口では到底足りなかった。しかも、移民は四〇年代に渡ってきたフランス商人のバルスロネット家の数家族を除いては皆無に近かった。また、異常な乳児死亡率が追い打ちをかけた。農村の基本的な経済単位は、植民地時代同様、自足自給のアシエンダであった。借金の肩代わりに隷従する慣習も昔のままであった。一八五〇年、六千のアシエンダがあった。繊維工場はプエブラ州に集中し、相変わらず鉱山の作業が近代化の中心であったほかには、工業活動には明らかな欠陥があった。輸送網も同様であった。合衆国が全速力で鉄道を西へ拡張し、ミシシッピ＝オハイオ・スティーム・ボート社がアメリカの国土を横断していた頃、メキシコでは生命と財産の危険を冒し、ロバと馬を乗り継いで移動していたのである。主要二大都市、メキシコとグアダラハラを結ぶ馬車は七日間かかった。一八五七年にようやく首都で最初の鉄道が開通したが、それは必ずしも商業目的ではなかった。メキシコ市中心部と聖母グアダルーペの聖地を結ぶものであった。挙げ句の果てに、貧困に加え、国庫の財政難が問題になっていた。各州政府は大勢の官僚と軍人の言いなりで、新規の歳入源を創出する能力に欠けていた上に五二〇〇万ペソの対外債務がのしかかった。フスト・シエラによれば、政府は「軍隊という名の武器を携帯した従業員が勤める銀行」であった。

少なくとも二世紀にわたって衰退を続け、一八一〇年を境に新大陸植民地の崩壊を招いたスペインという幹から遺伝した病気は、僅か二五年後にメキシコという枝で発病した。その症状は、軍事力と外交力が無いこと、新たな歳入源を創出したり、経済活力の基礎的情報を活用する能力が欠如していること、軍隊や聖職者などの旧来からの組織は過剰な影響力を持つが、政府の経済負担も大きく、非生産的であること、そして嘆願したり、宿命論を論じるだけに終始するエリート階級の政治家と知識人の考え方が相も変わらないことであった。生まれたばかりにしてメキシコは衰退の道を歩み始めていたのである。

しかし、アラマンは幹と枝の運命を結びつけなかった。彼はそれまで以上に強く、枝の失敗は幹から暴力的に分離し、その関係やルーツを否定したことであると考えた。彼の大作『メキシコ史』には彼が「状況の比較」と題した機知に富んだ地図が収められ、読者は図と数字によって独立したメキシコの不幸な存在について、総括と共和国政府が受けた報いを目の前に突きつけられた。そこには一八二一年当時の国境線が青の線で、一八五二年が赤の線で示されている。タマウリパス、チワワ、コアウイラ、テキサスの一部領土喪失に加え、ヌエボ・メヒコと北部カリフォルニアの完全な領土損失が一目瞭然である。政治経済の発展を年度ごとにおおまかに把握するために重要だとして、地図の横に指標を用いて様々な表も挿入してある。彼は時代を三つに区切っている。まず一八二一年と自ら入閣したブスタマンテ内閣が辞任した一八三二年、そして執筆中の一八五二年である。こうした比較は見る者には実に堪えがたいものであった。二〇年代の芳しくない傾向は一八三二年に安定したが、それ以後の低下が顕著であった。対外債務の右上がりの増加（三四〇〇万から五二〇〇万ペソ）、歳入の減少（一四〇〇万から一〇〇〇万ペソへ、アメリカへの賠償金合計一五〇〇万のうち第一回支払いの六〇〇万ペソも引当金として計上）、兵力の不足、領土の喪失、一八三二年を目処に引かれた国境線の最北端に事実上封じ込められていた、遊牧先住民による襲撃数の増加と侵入範囲の拡張。実業家であり、歴史家でもあるアラマンの結論は実に明快であった。

「僅か数年間で、広大な領土の喪失、巨額の債務を残した国庫の荒廃ぶりを目の当たりにしてきた。華麗で勇敢だった軍は、国を守る術をを何一つ残さずの解体。そして何よりも、この国を特徴づける国民の意欲が失われてしまった。メキシコにはメキシコ人がいなくなり、国は青年期のみずみずしさを失い、幼年期から老年期へ進んでいった。こうしてみるとスペイン領アメリカが享受した全ての富を売り払って独立を購入した、という偉大なるボリバールの言葉に納得がいく。ラス・カサス司教の『インディアスの破壊に関する報告』と題された、スペイン領アメリカの歴史はインディアス通史とタイトルもつけることもできそうである。メキシコで起こったことは、一時的な例外を除けば、かつてのスペイン領全土でも繰り返された。しかし、メキシコはこうした混乱の発生に一役買い、それに乗じる強力な隣国が存在していたため、その影響がことのほか痛々しかった」。

しかし、アラマンはメキシコの惨憺たる状況になす術がないわけでも、これが致命的であるとも考えていなかった。彼は情勢も変化すると考えた。それを証明するため、論文を発表。この論文にはメキシコが有している資源のリスト、諸悪の診断、解決策、この解決策を採らない場合の危険性について述べられている。

アラマンによる資源のリストでは天然資源よりも人的資源が重要であった。天然資源はすでに有しているものと見なしていたからである。メキシコに恵まれた富が存在するというのが誇張であれば、その逆もやはり誇張であったが、一九世紀半ばメキシコは豊かであるとまだ信じられていた。

「メキシコ共和国には、有り余るほどの富と権力があると思われていたが、それは全く根拠のない話であり、人々はすっかり意気消沈している。以前は多くを望み過ぎていたが、今では最低限のものを確保すべきだ」。

メキシコの真の富とは、由緒ある教育、市民の私的な活動、「禁欲的な」国民であった。メキシコ国民は素直で、従順で、誠実で、信仰心が厚かった。「全てのものが壊された後に残る団結の絆」であった。社会の中心は、混乱の中で「唯一動じなかった組織」である教会であった。教会はその影響力を教育面で堅持し、「メキシコの若者は、カトリック精神に則って教育され、プロテスタントの国々においてもカトリック信者になる」という特異な現象を復活させなければならない。また、もはや今世紀の技術や科学の進歩を無視してはいられなかったのである。アラマンも様々な政府の要職に在任中は、そうした進歩をメキシコに深く根付かせようと努力した。宗教の支えなしで教育されて、一九世紀特有の無信仰で浅薄な弁護士、医者、自然科学者らが国内へ流入することに歯止めをかけることが肝要だと考えていた。

アラマンの見解によれば、メキシコの豊かさを示す指標は余りあるほどあった。それも特に政府の手を離れたところにあった。文化会館や美術館の装飾、個人や民間所有の優美な建築、豊かな鉱脈と農作物の収穫、一部の関税収入の増加、個人所有の馬車台数（人口比による所有台数はヨーロッパや合衆国のいずれの都市よりも多かった）にまでに見ることができた。石畳の通りを「美しい馬が引く壮麗な馬車がやっとのことで通って行く。多くの通りはゴミ捨て場と化し、通りに並んだ美しい館とのコントラストが目障りで嘆かわしい。こうした館や通りに共和国の状況が凝縮されている。自然と個人の努力によって作られたものは全て進歩するが、政府の手によるものは落ちぶれてしまうのである。この国には繁栄の要素は存在するが、社会組織は悲惨である」。

メキシコが病んでいる背景には道徳の問題があった。「一八世紀の非宗教的で反社会的哲学」によって移植されたエゴイズムのため、人々が持ち得るあらゆる望みは金銭を得るという一つの望みに絞られてしまったのである。「エゴイズムが近代社会の基本原則であるならば、残念なことに、それが政治体制の基盤には成り得ないことに気づいていない」。国の主導権を握る中心が欠けていた。人々を離反させるのではなく、まとめていく政治哲学が欠けていた。「なぜこの国の存在はこんなにも不安定なのか」とついにアラマンも自問している。これまでの見解を振り返ってみても、彼の答えには数学的に証明する正確さがあった。そして、その答は、「この国の政治体制はメキシコを繁栄させるには不適合で、改革が不可欠であるというものであった」。

メキシコはこれ以上、金融破綻、政治不信、国力の弱体化、領土割譲によって追い詰められる状況に甘んじるという危険を冒すわけにはいかなかった。隣国はあまりにも強大であった。そう昔の話ではないが、もし奴隷を使用する南部の州が北部から分離した場合、その新国家は新しい土地を併合し、自分たちの奴隷を連れて来て、「占領した国の先住民や隷民階層も同様に厳しい隷従の対象にする」とアラマンは正確に予測していた。こうした場合、実際には、メキシコだけが敗北の憂き目を見るわけではない。スペインもキューバとプエルトリコを、イギリスもジャマイカとアンティール諸島を失うことになる。合衆国の拡張政策の勢いはパナマまで伸び、太平洋における貿易をも牛耳ることが可能であった。

アラマンが一八五二年に提案した改革は基本的には一八四六年に発表された政治綱領とは変わりがなかった。注目すべき改革は、行政権の強化、経済効果を重視した新たな州境界線の確定、国庫の中央集中管理、国会の議員定数と機能の縮小（アラマンは「国会不要論者で少数の国策決定顧問の任命を唱えていた」）、スペインの旧司法制度の一部復活、つまり、弾劾裁判権の復活、政策を実施完了した直後の公務員を職務監査する権限とその制度の確立であった。要するに政府は旧来の確固たる「家父長的機能」に戻れというのである。

「こうすれば今、沈滞している国民に活力が蘇り、意気消沈している国民性に活気が戻るだろう。メキシコ人は再び未来に引き継ぐ国名、守るべき領土、敬意を払うべき政府を持つことになる。政府に敬意を払うのは、追従姿勢からではなく、政府が国民に利益をもたらし、国家として威厳を備え、国民の敬意に値する政府だからである。こうした評価を得るためには、必ずしも権力が類稀な資質を備えた人物の手に掌握されなければならないとは限らない。威厳と誠実さこそが必要なのだ」。

むろん、憲法を改正するために、三〜五人から成る委員会に政府の新しい法案作成を委託する必要があった。メキシコでは今まで存在していた全てが破壊されたため、全てがこれから建て直しされるのであって、躊躇している猶予はなかった。何よりも堅牢で家父長的政府を築くことが緊急課題であり、その意味において、「独裁政治といった案は憲法改正の時期にあたって政治手段の選択肢から明確に除外されている」ことは自明であった。多くを失ったが、領土喪失を除けば「他は解決策がある」。政治機構の改革に伴い、新しい時代の幕開けはすぐそこまで来ていたかに見えた。

国が崩壊の危機にさらされていた間に、アラマンが著した大作の最終巻である第五巻は、晴れやかな祝賀ムードや楽観主義に陥らず警告を発して完結していた。アラマンは、世紀半ばのメキシコそして世界を鑑み、自分の展望に多少の明るい見通しが見えてきた訳ではなかったが、かつてのユートピア的な側面を追憶している傾向は完全に払拭できていないことに気づいていた。高揚し、強烈な感情が込められた何行かに、最近の事態に対する彼の批判が凝縮されていた。その際、過去の過ちを繰り返すことは決定的に国を荒廃させることになると警告した。アラマンの歴史批判は次のようなものであった。

「神がこの国に与えようとしている多くの幸福の種を無駄にし続けるがいい。独立から得た偉大な収穫を建国の礎として顧みず乱用し続けるがいい。遠方にあって防衛が困難な州は、武装した冒険家を呼んで、そこの占有者にしてしまえばいい。豊かな州はそこに溢れる資力を不必要な事業に投資して、惜しみなく浪費すればいい。中央政府は限りある資産を余計なことに乱費すればよい。こうして国家防衛に不可欠な備蓄が枯渇するだろう。作家は欺瞞に満ちた空想でこの国を眠らせ、国の起源を抹消してしまえばいい。歴史小説[8]を介して悪行を弁解し、或いは見て見ぬふりをし、挙げ句の果てに善行として褒め称えることによって同じ過ちを繰り返させ、独立達成の立役者（イトゥルビデ）、そして彼に協力した者たちに捧げられる栄誉を剝奪し、この栄誉を、いかなる動機があったにせよ、独立達成に寄与しなかった反乱者の成果とするがいい。この不条理な剝奪を、この忘恩の行為を、国家の祝祭日（九月一六日）の日に神聖視し続けるがいい。真実を述べる者は悪い国民だと思い込むがいい」。

真実を歪曲する習慣が続く限り、この国を描いた絵には「ちょっとした絵筆のタッチ」が足りなかった。当時歴史家であり真実を述べた一市民、アラマンは、聖書の預言者アラマンになっていた。

「メキシコという国は、遠い昔この国に根づいた様々な集団が、その存在の記憶をほとんど残さず消えるように運命づけられていた。ユカタン半島にあるパレンケをはじめとした数々の素晴らしい建造物は、何故どのようにして消滅したかわからない国。北方から来た蛮族の手にかかって滅び、チョルーラとテオティワカンに、ピラミッドだけをその痕跡として残したトルテカ人。そして、ついに古代メキシコ人はスペイン人の権力下に置かれた。こうしてこの国の支配者が交代したことによって得たものは数知れなかった。しかし、かつての支配者たちはすっかり力を失った。現在のメキシコ人もやはり、相応の同情すら受けることなく破滅に追い込まれるのだ。ある高名な古代ローマの詩人が、ローマ史の最も有名な人物について語ったことが現在のメキシコについてもあてはまる。「かの偉人の影だけ残る」

アラマンが描いた政府は家父長主義的で、秩序を重んじた。議会や審議を重視せず、数人の諮問官の意見を仰ぎ、実利に徹する政府である。これ自体は何らユートピアではなかった。しかし、この時点においては、しかもクリオーヨにとってはユートピアであった。とはいえ、このような政府を実現するための段階にはすでに到達していた。実際には一八四九年、アラマンは彼の歴史書の最終巻を書き終える三年前、家父長主義的で、秩序を重んじる統治機関を統轄していたのである。それはエルナン・コルテスが征服後に設置したスペイン色の濃い政治機関のメキシコ市参事会であった。参事会の最高職の座に就き、アラマンは設置当時に戻ったような錯覚に陥った。

「当初から参事会は市民の自由を保障する原則と基本であった。市町村に与えられたフエロ、特別優遇措置は国家体制の中枢機能の一部であった。つまり長期にわたり、フエロの遵守によって人々の安全や財産が保証されてきたのであった。市参事会の権能は大きく、保護された権益は計り知れなかった」。

約五ヵ月にわたるアラマンの市政で手にした利益は大きかった。彼は財政を安定させ、税制を整備した。衛生向上のために「アルキメデスのらせん揚水機」として知られる下水処理機を導入し、水道橋を廃し、伝染病を防ぐために地下水道の導入を計画した。古い街灯を新しいテルペンチンの灯火に代えた市街地も整備した。裁判所を再編成し、劣悪な刑務所を改修し、新しい社会復帰施設を刑務所内で完備した。病院の改善とともに市場の新設や道路の整備も行った。細心の注意を払って市政綱領を改正した。市の公文書館を創設し、国立劇場を改装した。しかし、これほどまでの美化と秩序はそう長くは続かなかった。メキシコは依然として革命の国であった。当時、彼の歴史解釈が引き起こした苦々しい論争により、彼は市参事会を後にすることを余儀なくされる。「生粋派」の新聞はメキシコ独立の敵であり反乱軍の敵でもある人物が公職に就くことに反対し、罷免を問う市民投票を実施すべきだと主張した。

アラマンが官職に心を動かされることはなかった。『メキシコ史』の第四巻と第五巻のエピローグで彼は独立に関する自分の解釈を力説している（それは、参考のために記しておくと、イダルゴに比重をかけ過ぎ、モレロスの建設的な役割を軽視したものになっている）。

「独立戦争はこれまで、意図的に映し出されてきたような国対国の戦争ではなかった。圧政権力の重圧をはねつけるために自由を求めて戦った、民衆の英雄的な努力でもなかった。それはプロレタリア階級の土地奪還と文明に対する蜂起であった。だからこそ独立派の指導者の多くが放蕩者で、悪癖があったり、刑務所から出てきたばかりで、彼らを秩序ある規律に従わせることは無駄に終わったのである。この蜂起に身を投じた者の中には聡明な人物もいたが、美辞麗句に飾られただけの理想に失望し、混乱と困惑を痛感した後、自分たちの目標の実現は不可能だと思い知った。そして、メキシコ社会の上層階級は財産と家族を守るために立ち上がり、政府に兵と資金を提供した。こうして反乱軍が望んだ独立は鎮圧され、多くの男たちがスペインの国旗のために戦った。彼らは独立を望んでいたが、犯罪や混乱を招いてまで独立を迎えることには反対であった。もし反乱軍が勝利していたら、この国は未曾有の不幸を味わっていただろう」。

アラマンは自説を数々の文書を引用して立証してみせた。彼は生涯、一八一〇年の革命がメキシコを誕生させた「最大の栄誉」としてメキシコ人の意識に定着することを阻止し続けた。しかし、こうした努力は明瞭仔細かつ、情熱溢れる彼の説をもってしても、皮肉にも彼が意図していない方向へ向かった。逆に「事実を歪曲する」説を強め、ついにそれが定着したのである。

＊

メキシコ市参事会はアラマンの政治生命の終着駅ではなかった。神はもう一つの職を用意しており、アラマンもそれを受けて立った。それはメキシコには欠くことの出来ない存在アントニオ・ロペス・デ・サンタ・アナの内閣での外務大臣であった。サンタ・アナは様々な政治グループから呼ばれ、最初はいつものように不承不承その申し出を受けた。それは、自ら命を投げ出し、さらには自分の財産をも費やして戦うことを誓ったにもかかわらず、同胞が米墨戦争の敗北を彼の責任に帰する忘恩行為に不満を持っていたからであった。しかし、サンタ・アナはいつもながら最終的には大統領の座に返り咲いた。「将軍閣下、祖国に繁栄をもたらす仕事は貴殿の手中にある。貴殿は栄誉と祝福に包まれている」とアラマンはサンタ・アナに自分の改革計画を提案した後に書き送っている。これがメキシコに不可欠なカウディーヨと保守派知識人という二人のクリオーヨの最後の同盟となった。

一八二一年、新たな歴史の周期が始まるにあたり、クリオーヨに支配されたメキシコはイトゥルビデへの称賛で沸いた。一八五三年、この歴史の周期が幕を閉じるにあたり、彼らは再びサンタ・アナを救世主《メシア》さながらに迎えた。「皆、サンタ・アナ将軍が解決してくれることを願っている」と首都の新聞エル・ウニベルサル紙の論説委員は指摘した。「さぁ、神がお告げになった。神が彼をお呼びになった、メキシコをその荒廃から救うという高貴な使命のために」。

一八五三年四月二〇日、歓呼と喝采と鐘の音に包まれる中、サンタ・アナは聖母グアダルーペの丘へ通じる道からメキシコ市に入った。「希望に胸を膨らまさないメキシコ人は一人もいなかったにちがいない」とエル・ウニベルサル紙は報じていた。一方、将軍は「私は経験豊富だ。この国には右へ左へと杖を振る人物が統治する政府が必要だ」。確かなことは、この時サンタ・アナは一人の人物が統治する政府ではなく、二人が統治する政府を思い描いていたのであった。彼とアラマンである。

新大臣アラマンは、共和国統治に際し、直ちに自身の信念に基づく基本政策を実行した。国会の休会を宣言し、「この国の不幸の原因」である連邦主義を放棄して、各州に対し州境界線を原状に復帰するように命じた。アラマンの見解によれば、ついにメキシコの歴史はしかるべき方向に戻った。保守派の構想を再び持ち出すには、絶好の機会に思われた。アラマンは、メキシコ市だけでなく国家レベルで『メキシコ史』の最終巻に示した憂鬱な予感を自ら払拭した。

しかし、もはや手遅れであった。アラマンは五九歳。疲労困憊の上、病気であった。サンタ・アナの一生がそうであったように、彼の生涯もメキシコの運命、メキシコの革命と改革、メキシコの悪夢と夢、メキシコの富と貧困に結びついていた。しかしこの国で起こった様々な事件とアラマンの関係は、サンタ・アナより痛々しいものであった。サンタ・アナ将軍が切断された片足を祖国への誓いの証として誇示していたならば、アラマンは別の意味で身を引き裂かれるように苦しんだ。それはこの国の道徳倫理の欠如の問題においてであった。ほかの全ての問題はそれほど重要ではなかった。彼はメキシコの歴史を尊び、この国に大きな愛情を注いだ。この愛国心が、政治、企業活動、演説、著書活動において彼を導びいた。しかしながら、国が繁栄することによって、この愛国心が報われるという希望は打ち砕かれ、失意は彼の身体を渇枯するまでに蝕んだ。彼が逝ったのは外務大臣就任から一ヵ月足らずの一八五三年六月二日であった。

＊

アラマンという象徴的な知的、倫理的な存在が無くなってサンタ・アナは指針を失った。倒す相手も蜂起する相手もなく、自分の知っている、そして自分ならできる、しかもそう願っていた唯一の方法で大統領の座を務める以外ほかに方法がなくなった。それは王さながらに君臨することであった。もはや、彼は賭博場でも気晴らしができなかった。賭博師はイカサマをして彼に勝たせるばかりで、サンタ・アナもそれに気づいていた。もう一切の大袈裟な行状をやめることにした。しかし、例外が一つあった。それは皇帝気どりをすることだった。スイス兵の軍服に身を包んだ近衛騎兵隊を結成し、肖像画や胸像を精力的に作らせ、イトゥルビデが創設したグアダルーペ騎士団を復活させた。グアダラハラでのイダルゴ神父のように自らを「閣下」と名乗った。教会との関係は密接になり、彼は内務省諮問官の職に大司教を任命するほどであった。リパルダ神父の公教要理を再び義務化し、イエズス会のメキシコ復帰を命じた。

また、家ごとに飼っている犬の数に応じた税など突飛な税金を強要した。政敵に対しては容赦なかった。暗殺は命じなかったが、反逆罪取り締まり法を施行し、証拠文書だけでなく噂や中傷に至るまで追跡した。彼はとりわけ残忍ではなく、あちこちに松葉杖を振りかざして王のごとく振る舞っていた。危険人物と睨むとその人物を国外追放刑に処した。サンタ・アナの手段と目的に同調しなかった二人の州知事はニューオリンズへ追いやった。ミチョアカン州のメルチョール・オカンポとオアハカ州のベニート・フアレスである。

外交政策では、サンタ・アナの第一一回目の大統領任期中、最後の任期は合衆国との戦争で屈辱的な終幕を迎えた。それは帯状のラ・メシーヤ一帯の領土の追加譲渡であった。[9]後にサンタ・アナは勤勉な年代記編者であり地図製作者であるアントニオ・ガルシア・クバスの訪問を受けた。終身大統領の目の前に、彼は注意深く制作した戦争の前と後の国土地図を広げた。サンタ・アナは何も言わずに泣き崩れた。初めてこの国が失ったものの大きさを知ったのである。

〝サンタ・アナ帝国〟のもとではサイネテ［庶民生活に題材をとったスペインの風俗喜劇］は流行しなかったが、オペラは時代を反映し、大いに流行した。サンタ・アナ大劇場は、上流階級のかつてないほどのオペラ好きが好む社交場と化した。多くのイタリアの歌劇団がシーズン契約を結んで何ヵ月もメキシコに滞在し、観衆の喝采を浴びた。新聞には称賛記事が溢れ、政府は援助を惜しまなかった。歌姫エンリケタ・ソンタグの艶やかな声はメキシコ市のめかし込んだ伊達男たちを虜にした。メキシコ人作家の作品の数々も初演され、一時こうした作品は不朽の名作かと思われた。『イトゥルビデ礼賛』はその一つであった。上演に際しては必ず次のような口上が述べられた。

「この作品は、師団付き将軍にして共和国大統領であり、祖国の功労者、そして栄えあるカルロス三世スペイン国王大十字騎士団の騎士、国の栄えあるグアダルーペ騎士団長であるドン・アントニオ・ロペス・デ・サンタ・アナに捧げられるものであります」。

一八五四年にオペラ・ブームは、一八二一年に始まった馬鹿げた楽観主義の時代を茶化して幕を下ろした。希望は消え、オペラは風刺的な笑劇になった。一時だけでも自分たちの市民としての行動を叙事詩さながらに、喜劇的に或いは悲劇的に映し出した少数派クリオーヨにはふさわしかった。これは、地獄を眼前にしての無責任な祭騒ぎであった。現実から逃避する最も楽な方法は、大袈裟な身振りやファンファーレだったのである。

当時サルスエラ［スペイン風オペラ］や演劇なども流行った。スペインの高名な劇作家ホセ・ソリーヤのメキシコ来訪は特に女性客の歓喜の的となったが、その結末は悲しいものに終わった。大統領命令でメキシコを訪れたソリーヤは、やはり大統領命令でこの地を去らねばならなかった。メキシコには大統領以外のテノリオは必要なかったである。すでにエンリケタ・ソンタグもいなかったが。彼女はイタリアへ戻ったのではなく天に召されていた。皆がサンタ・アナと祭りにうつつを抜かしていた頃、コレラが忌まわしい猛威をふるったのである。

サンタ・アナの宮廷で初演された作品で時代を生き延びたものが一つだけある。それは国歌である。三世紀以上を経て独立を勝ち取った後、この国にその精神と歴史を映し出すような国歌が熱望された。当時、唯一命令を発することができた人物の発意により、公募が行われ、最終的にフランシスコ・ゴンサレス・ボカネグラの作品が選ばれた。彼はサン・ルイス・ポトシ生まれで、青年期をスペインで過ごしたクリオーヨであった。彼は一八二九年に家族とともに追放された王党軍将校の息子であった。作曲は軍楽隊や軍歌の指揮者としてサンタ・アナがキューバから連れて来たスペイン人の、ハイメ・ヌノが担当した。

この国歌はメキシコ版「ラ・マルセイエーズ」だが、フランスのラ・マルセイエーズに比べて、歴史の重みに欠けていた。それは、この歌が単にオペラの舞台上で象徴的に勝利を歌ったものであり、現実の政治的そして軍事的敗北を隠すものであったからにほかならない。テーマは戦争であった。歌詞には戦争という言葉がはっきりと七回、ほかには同意語や戦闘場面を通して何度も繰り返されている。詩人が戦士と祖国に向かって話しかける手法をとっている。全十連から成り、一連ごとにコーラスが言葉の砲撃を繰り返す。

メキシコ人よ、戦争の雄叫びだ

剣をとり、馬を出せ
そして大地を底から揺らせ
大砲の轟く音とともに

メキシコ社会の奥底に埋もれていた先の戦争の悲しい終結への絶望は、歯切れのいい軍歌の響きで癒された。この国歌は砲弾の連射かのようにrrの音が多く登場する。Guerra（戦争）、guerrero（戦士）、horrísono（爆音の）、rugido（轟く）、hórrido（恐ろしい）、rayo（閃光）、derrumba（崩壊）、torrente（血流）である。神の指先が祖国にもたらす運命は平和である。メキシコ人は二度と「兄弟との小競り合いに」武器を取ることはないだろう。「しかし、もし見知らぬ敵があえて／おまえの大地をその足で汚そうとしたら（サンタ・アナの声明からの引用）／こう思えばよい、あぁ、愛する祖国よ！　神は／おまえには息子一人につき兵隊一人を与えたと」。

この国歌には墓地、墓穴、剣、紋章、血の池に染まった旗、進軍ラッパ、墓と十字架などが出てくるが、人物は二人しか登場しない。一人は「聖なる国旗」と歌われたイトゥルビデ。もう一人はサンタ・アナである。彼は恐らく謙遜して自分についての記述は暗に暈されることを望んだようだ。

センポアラの不滅の戦士
その鋭い刃がお前を救う
彼の無敵の腕は支えている
おまえの聖なる三色旗を

彼は幸福なメキシコ人の末裔だ
平和のそして戦争のカウディーヨ
彼は武器の輝きを

栄誉の戦場に放たせる術をもっていた

しかし、死がこのオペラに描かれた偽りの勝利を密かに圧倒した。妻や娘のもとへ帰ることができた戦士もいたが、落命した者もいたのである。

おまえのためにオリーブの冠を
彼らに栄光の思い出を！
勝利の月桂樹をおまえに
栄誉の墓を彼らに！

国歌は一八五四年九月一五日に初演奏された。数カ月後、新たな革命、アユトラ事変[10]によりサンタ・アナは失脚。そして、いつものように亡命。しかし、今回はいつものように象徴的にマンガ・デ・クラボへこもるのではなく、ハバナかトゥルバコへの亡命であった。今回は二一年に及ぶ追放となった。彼が戻って来るのは、もはや「センポアラの不滅の戦士」のくだりが公共の場で歌われなくなってからのことであった。この部分は最終的には抹消されたのである。すでに彼の名すら過ぎ去りし時代の痕跡と化していたかのようであった。彼の妻はすぐさま夫の悲壮な死を予感し、人々を雇って彼を訪ねさせ、彼の前にひれ伏し、彼の武勲を話してくれるようにとせがませた。まさに他人を愚弄した者が愚弄される瞬間であった。彼がテペヤックの坂を登りながら聖母グアダルーペを訪ねた時、聖母にいったい何と囁いたのか知る由もない。彼が死んだ時、その栄誉を称える弔いの言葉も墓碑もなかったことは周知の通りである。

栄誉が与えられなかったことは納得できるが、墓碑がない点については理解に苦しむ。もしサンタ・アナが勝利を収めた一八二九年や一八三八年に死んでいれば英雄として、あるいは敗北した一八三六年や一八四七年であれば殉教者して歴史に残っただろう。一八四七年までは、皆、彼を祖国の救世主だと信じていたのだ。彼には短所も長所もあり、それが彼らしさであったのだが、メキシコ社会は全てを自らに同化し、彼を慕い、歓迎し、喝采を送り、そして蔑んだ。しかし、総てのメキシコ人が一度以上はサンタ・アナ支持者となったことに間違いない。

サンタ・アナの生涯における最大の皮肉は、自分自身の伝説を踏みにじるほど長生きしたということだろう。オペラもどきのこのフィナーレにはメキシコ社会が見事に反映され、真に複雑なサンタ・アナの伝記にグロテスクな影を落とした。彼に課された裏切り者の烙印については議論の余地があるだろう。サンタ・アナは進歩主義者や反動的な人々を数えきれないほど何度も裏切りはしたが、祖国を裏切ったことはない。善しにつけ悪しきにつけ、人口七〇〇万の国で僅か数千人の兵士を従えて祖国のために戦った。彼に悪の烙印を押した者の多くは、アメリカ軍侵攻の間、ついには腕組みをしたままであった。国家の敗北をたった一人の男の、たった一つの「裏切り」行為に凝縮することは、一八四七年の自分たちの消極的な態度に対する責任を安易に回避していると言えるだろう。

サンタ・アナの敗北と一九世紀前半の偉大な思想家たちの死去の裏には重大な事実が横たわっていた。クリオーヨの敗北である。三十数年で彼らは歴史的な好機を逃してしまったのである。その後、メキシコは、大地により近い、先住民のルーツにより近い者たちの手に渡っていく。彼らは独立戦争の最中あるいはその後に生まれ、植民地の記憶も、スペインとの致命的な絆も持たないメスティソの若者たちであった。メキシコ独立達成後に育った新しい世代であった。国の担い手の交代は、ある人物を介して行われることになる。その人物は逆の意味でサンタ・アナのように自己の重要な一五年間をメキシコと運命を共にする。彼は人種的、文化的にはメキシコ国誕生以前、スペイン人により征服以前にメキシコに住んでいたサポテカ人のインディオであった。ベニート・フアレスである。

註

1 Mariano Otero（1817-1850）は、グアダラハラに生まれ一八歳のとき弁護士の資格をとる。一八四二年に国会議員として首都に出てから、政治活動を活発に始めた。代表的な政治学の著作として次のものがよく知られている。*Ensayo sobre el verdadero*

estado de la cuestión social y política que se agita en la República Mexicana. 彼の論法はするどく、時には論争を引き起こした。メキシコの社会構造、特に特権階級については厳しく分析した。被差別階級の擁護と富の平等な分配を力説した。社会において自由と正義の確立を強く求め、そのため Gómez Pedraza, Lafragua, Riva Palacio などと共に、たびたび当局から拘束を受けた。彼の主張のなかで最も注目すべきことは、憲法の庇護権（juicio de amparo）の基礎を打ち立てたことだ。三三歳で亡くなるまで、内務大臣、外務大臣を歴任した。

2　Gutierrez Estrada（1800-1867）は、四章四節訳注一一を参照。

3　Melchor Ocampo（出自について不詳　一八六一年没）。一八三三年に大学で法学を学び、弁護士として活躍する。自由主義思想への傾注は、Morelia で El Filógrafo 紙に寄稿する頃より顕著になり、教会権威に対する批判を強めてきた。四〇年頃より一カ年半程ヨーロッパに滞在する。サンタ・アナ政権時に帰国してから、四二年の制憲議会のミチョアカン選出議員となる。四五年の Clemente de Jesús Munguía との論争はよく知られている。四八年には上院議員となり、五〇年には大蔵大臣になる。その後、アユトラ事変にファン・アルバレスやイグナシオ・コモンフォルトと共に参画した。ベニート・フアレスと共にレフォルマ改革を推進し、その後フアレスが大統領になると外務大臣に就任。米国とマックレーン・オカンポ条約を締結した。レフォルマ改革が終結する頃、保守派スロアガ将軍に逮捕され、銃殺刑となる。Agustín Cué Cánovas: *El Tratado Mc Lane-Ocampo ; Juárez, los Estados Unidos y Europa*, 1956 ; Melchor Ocampo : *Obras completas*, selección de Ángel Pola, 1900 などを参照。José Bravo Ugarte : Raúl Aurreola Cortés, *Ocampo*, México, 1992 の著作がある。

4　一八四五-四八年の米墨戦争とその敗北をさす。

5　典拠は、Lucas Alaman : *Nuestra profesión de fe* と思われる。

6　Guadalupe Hidalgo 条約。メキシコ領土の半分を米国に割譲し、現在、地域は米国西海岸と西部の各州となっている。一八四一年二月二日、グアダルーペ寺院で調印されたので、この名前が付けられている。メキシコ側は、B. Couto, M. Atristán, G. L. Cuevas が、米国代表としては、Nicholas P. Trist が条約に署名した。

7　カスタ戦争については次の文献を参考にされたし。Jean Mayor, La Cristiada, vols 3., Siglo XXI, 1973.　白人社会と先住民社会との対立については、この時期のユカタン州知事が米国国務長官ブキャナンに宛てた書簡（一八四一年三月二五日）、この時期の資料の一つといえよう。この一カ月前に、グアダルーペ・イダルゴ条約が締結されている。

8　Manuel Payno : *Los Bandidos de Río Frío*, México, 1945 などの時代小説を参考にされたし。

9　一八五三年一二月一三日締結したメシーヤ協定により、メキシコは LA Mesilla 地帯を米国に七百万ペソで売却した。

10　Ayutula 事変。ゲレロ州、アユトラ市で一八五四年三月一日勃発した事変である。五五年七月に首都は制圧された。一一回大統領に就任したサンタ・アナを退陣させ、自由主義派が実権を握る。その後、保守派の反撃は、レフォルマ戦争へと連結していく。

第四章　インディオの勇ましさ

1 大地の申し子

クリオーヨからメスティソへの権力の委譲は、単に平和裏に騎馬特使により交代が伝達されて完了したのではなく、まさにモラとアラマンがそれぞれフランス革命研究の中で、自国では避けようとしていた長期間の流血と内戦が伴った。この内戦に比べれば、独立達成後メキシコで勃発した数々の革命などは鉛でできた兵隊を使ったゲームのようであった。サンタ・アナの時代にプロヌンシアミエント［武装蜂起宣言］が発せられ、その度に暴動や軍の反乱は発生したが、それは一人の将軍から別の将軍へと権力を移すためであった。イデオロギーは二次的なもので、時に建前として利用されただけであった。しかし、一九世紀半ばに向けて状況は変わりつつあった。モラのイデオロギーを受け継いだ弟子たちが、明らかに自由主義的かつ闘争的な新しい世代を築いていた。彼らは中流階級の出身で、クリオーヨの流れを汲んではいたものの、特筆すべきは彼らがメスティソであったことだ。この若者たちは州の優秀な自然科学研究所や人文科学研究所で学び、植民地時代の枠にはまった人生と異なった道を模索していた。彼らはもはや聖職者や軍人ではなく、弁護士や医者や技術者であった。バイロン、ユーゴー、ラマルティーヌを愛読し、メキシコの完全なる独立の達成とあらゆる副王領秩序からの解放を夢見ていた。

彼らの行動にはロマン主義的要素が見られた。鋭敏な感受性と、全てを変革し、ルーツに戻ろうという熱烈な願望を持っていた。しかし、そのルーツは一体どこにあるのか。「父親」という言葉や起源の探索というテーマは、この自由主義思想の若い世代の文学において頻繁に取り上げられることになった。彼らが生み出す詩、小説、エッセイ、演説、歴史書は自らを形成してきたドラマ、つまり、精神文化面の孤児のあり様を表現し始めていた。ほぼ恒常的に姿を見せないスペイン人の父親と、多くの場合「強姦された（メキシコでよく使われるスペイン語ではchingada）」インディオの母親との子供であるメスティソが、何世紀も遅れてメキシコ史にその第一歩を踏み出した。彼らは五〇年代に権力掌握への呼びかけを聞き、自らの存在を正当に確立する緊急性を自覚した。しかし、これは容易なことではなかった。庶子で、偶発的で、疑わしい結婚から生まれた者が、どんな血統を請求できようか。インディオとしての過去は、敗者世界の生々しい記憶として母親に象徴され、スペイン人としての過去は、拒絶され閉鎖された世界の生々しい記憶として父親に象徴されていた。住む場所を持たない孤児はとり残され、父親を緊急にでっちあげる必要があった。この点について当時最も急進的なメスティソで、詩人でありエッセイストであったイグナシオ・ラミーレス（通称「交霊術師」）は、「メキシコ人はインディオの子孫でもスペイン人の子孫でもない。我々はイダルゴの子孫である」と記している。[1] メキシコ人の人格を形成するこの人種区分に見られるような断絶の必要性は、宗教的側面においても出現した。ラミーレスはこの必要性を極端化した。一八三六年以降、植民地の束縛から解放されたメキシコ文化を創造するために結成したロマン主義派の作家や芸術家の集団、「レトラン・アカデミー」の友人を前に、ある日、同世代や次世代を騒然とさせる言葉を放った。「神は存在しない」と。

自由主義派メスティソ世代の誕生である。彼らは合衆国との戦争による精神的外傷の産物であった。同時に崩壊寸前の国を救うという緊急課題もその起因であった。また、クリオーヨの敗北による権力の空白、人種的に自己確認するという自らの必要性、植民地時代から最大かつ不動の伝統の権化であった教会の拒絶、モラの知的財産の相続とゴメス・ファリアスの政治をしつこく模範として生まれた世代であった。しかし、とりわけ西洋の自由主義改革に賛同した時代の、遅々とした、しかし堅実な活動の産物であった。この活動は文人と軍人によって、時には文武両道の人たちによって進められた。一八五五年にサンタ・アナが致命的な失脚をすると、メスティソが国の舞台に登場し、ある意味ではその後、舞台から退場することはなかった。しかし、その前に彼らは、アラマンの弟子で、兵舎や教会の香部屋に身を潜めていた筋金入りの保守派世代を打倒しなければならなかった。一九世紀も半ば過ぎる頃、戦争で疲弊したこの国は、国歌では二度と繰り返されることはないと歌われたあの戦争、兄弟同士の骨肉の争いに直面しなければならなかった。

＊

当時を代表する自由主義者は急進派のメスティソで、孤児としても最もつらい境遇を送ったメルチョール・オカンポであった。彼と同時代のイグナシオ・ラミーレスは「我々は皆イダルゴの子供だ」と、はばかりもなく言ってのけたが、それは彼の言う孤児は出自を問うものではなく文化論であったからだ。実際は彼には両親がいたのだ。少なくとも自分の両親が誰であるか知っていた。一方、オカンポはこの最小限の幸せすらさえを味わうことがなかった。恐らく生涯を通じて自分の両親が誰であるかを知ることはなかった。彼は植民地時代にもそして一九世紀に至ってさえ「捨て子」と呼ばれた人であった。母親に病院や修道院や民家の戸口に捨てられた子供、一人の大地の申し子であった。

彼の出自については様々な説があるが、どれも信憑性に欠けるものばかりである。自叙伝を綴ったメモから、彼の人生を決定づけた出生についての彼自身の推断が示されていたかもしれない第一頁が抜けている。彼の人生を物語るこの頁を破棄したのは恐らく本人自身だったのだろう。彼は聖職者の子だったのだろうか。彼は慈悲深い独身女性ドニャ・フランシスカ・ハビエラ・タピアがミチョアカンに所有する豊かなアシエンダ＝パテオで拾った私生児だったのだろうか。一八一二年にメキシコ市で出生届けを出し、ミチョアカンで彼を捨てたオカンポという人物の子供だったのだろうか。彼の霊名が示す聖人の祝日通り本当に一八一四年一月六日に生まれたのだろうか。正確なことは何もわかっていない。オカンポは一九世紀のメキシコで最も独創的で観察眼の鋭い科学の知識に富んだ人物の一人となるが、自身の出自については、たとえ何かわかっていたとしても、はっきりと公表することはなかった。謎めいていたが、彼はわら置き場で一本の針を探すような厄介なことよりはるかに創造的な仕事をしたのであった。知的活動そして政治活動に身を投じたのである。

メルチョールは一七歳まで、自分を励ますフランシスカ・ハビエラに母親の姿を重ねていた。彼自身、母は「男まさり」の女性だと語っているように、彼女は力強く、活力と慈悲の塊のような人だった。オカンポだけがアシエンダ＝パテオでの唯一の捨て子ではなかった。ほかにも孤児がいた。その一人、年上のアナ・マリア・エスコバールは後に若くして彼との間に三人の娘をもうけることになる。ドニャ・フランシスカ・ハビエラは古い植民地時代のアシエンダを相続し、彼女が養育していた中で最も賢かったオカンポを、当時にしては素晴らしい教育機関であったセミナリオ・トリデンティーノ・デ・バヤドリードに送った。歴代の校長は、教会学のほかに実験物理学など経験主義的な学科目や方法論を導入したばかりであった。教会法と民法を修め（論文の巻頭言として理性を称揚したポリニャックの言葉を記していた）、大学を卒業した後、若きオカンポは首都に移り、国立大学で法律を学んだ。養母は彼が卒業して弁護士になったことを見届けることはなかった。一八三一年、彼女は死ぬ間際に最後の思いやりとして、時価一二万五千ペソタのアシエンダ＝パテオを含む全財産の相続人に彼を指名した。

卒業後、オカンポは法律事務所を開設しなかった。パテオで農業に従事すべく帰郷した。そこで、独学ではあったが科学に没頭し、自分の天賦の才能に目覚めたのであった。自然を愛する者として、所有地の動植物の神秘を解き明かすことに夢中になった。サボテンを研究する一方、レルマ川を航行可能の河川かどうかについての流域調査を論文にまとめた。彼は所帯を持つ時間の余裕もなく、またそのつもりもなかった。というより、奇妙な方法で所帯を持った。三〇年代にアナ・マリア・エスコバールとの間に三人の娘ホセファ、ペトラ、フリアをもうけたが、子供たちには母親の名を教えただけで、その素性も明かさず、思想家ルソーがそうしたように、パテオから離し、当時バヤドリードと呼ばれたモレリアで教育を受けさせた。そして、なぜか、彼は三人の娘を自分と同じ境遇においた。両親や家族と共に暮らすことなく、孤児院で育てたのである。

三〇年代末、オカンポはパテオの運営でトラブルに巻き込まれ、しばらくのあいだ仕事から離れることにした。仕事を休む経済的余裕もあった。フンボルトをはじめとした一八世紀末の著名な旅行好きの科学者たちのように、彼もベラクルス州、プエブラ州、そしてメキシコ南部へ長期の調査旅行に出た。メモをとり、石をはじめあらゆる種類の生命体のサンプルを採集した。メキシコ盆地にそびえる火山にも登攀した。また、先々で訪れたインディオの集落における宗教と経済の関係についても多くの意見をまとめた。

「一つの教会の聖体顕示台を維持することがやっとの村に、教会が数多くあったところで何の意味があろうか。どんな礼拝堂にもささやかな祝祭日があるために祭の数は倍増する。そのため、怠惰な生活や酒などの悪い習慣を助長するばかりである。司祭たちは何も有益なことをしないままに余剰収入を受けている始末だ。不幸なインディオたち、彼らの財産は大ロウソクや提げ香炉や花火の煙にやみくもに浪費しているだけなのだ[2]」。

まもなく、オカンポはヨーロッパへ科学調査旅行に出かけることにした。一年半かけてフランス、イタリア、スイスを回った。パリではモラ博士を訪ねたが、その対面は決して心踊るものではなかった。

「モラ神父はあたかもタキトゥスのごとく格言調で話し、改革主義者よろしく偏った考えを持ち、スコラ哲学者のごとく高慢である。しかし、雄弁で、しかも格調高い話し方をする。博識で、驚くべき正確さをもって自分の考えを類別し組み立てるのである。私を歓待してくれるのは大変嬉しいが、彼と頻繁に会うつもりはない。彼はキリスト教の教義に無関心であるとはとても思えないほど、激しいまでに情熱的な伝道者である。あまりに排他的な意見の持ち主であるため、普段はどんな話題についても人との折り合いは良くないだろう」。

モラの自由主義は、ミチョアカン出身の若い実業家の自由主義的で、開放的で、いくぶん無政府的な考えと衝突した。神学者モラの知的論法は基本的に演繹法であった。経験主義のオカンポは帰納法であった。モラは確信に基づいた様々な考えの結合から出発し、世界を見つめ判断した。オカンポは孤児であったため、そうした結合を拒否あるいは無視した。ある時、彼に対する「真実とは何か」という問いに対し、「周知の事実である」と記している。モラが思想面で寛容な人物でないとすれば、オカンポも自身の思想が認められないことに我慢ならないといった人物であった。そのため、オカンポは一人になりたいという願いもあって、高名な亡命者の進歩的な考えよりも、彼を取り囲む具体的な進歩の様相に興味を示したのだ。それは例えば乗合バスであった。

「バスというのはブリキの分厚い板でできた馬車をつなげたようなもので、一車両につき一六人乗せることができる。各車両には鉄の連結部があり、それは箱のようになものだが、ちっとも重くない。朝八時から夜八時までパリ中を走り回っている。乗客の行き先は様々だが、そのほとんどが目的地と接続している。例えば、「星の門」停留所にいて、少なくとも九千メートル離れた「冠の広場」停留所にいかなければならないとしよう。そこまで労せずに着きたいと思わないだろうか。実は一〇分おきに目の前をバスが通り、何の手続きもする必要なくそれに乗り込んで、車掌に止まれと言えばいいのだ。六スエルド（〇・五レアルより少なめ）支払い、行き先を告げると、切符をくれて目的地に接続している最寄りの停留所で下ろしてくれる。そこから別のバスが目的地まで数分で到着する。こんなに便利なものは見たことがないし、快適さの点でこれに勝るものがあるとは思えない」。

パリでオカンポは科学者として、そして技術者としての才能を発揮した。農地測量の授業を受け、自然科学者の学会に入会した。自分のアシエンダのために新しい農業の可能性を模索し、パテオのために専門家を雇い、植物園をくまなく散策した。あらゆるものが貪欲な好奇心をそそった。コメディー・フランセーズ、芝居、オペラ「馬鹿げたフリーメーソン」、ホテルの部屋、街角の広告、フランス料理の過剰な美食ぶり、濃いチョコレートの欠点、美味しいピューレや野菜スープなどについて注意深く、往々にして辛辣な批評を添えた。この時の印象を初めて綴ったのが、一八四〇年に出版された『あるメキシコ人のヨーロッパ紀行』であった。そこには彼の文才と機知がいかんなく発揮されているばかりでなく、彼のメキシコに対する郷愁をも掻き立てていた。この郷愁は科学的創作活動に没頭するうちに癒やされていった。パリで、オカンポは『カスティーリャ語辞典のメキシコ語彙の増補版』の作成を開始していた。

帰国後の四〇年代は、政治家としての活動と科学者としての活動を交互にこなした。自然科学の分野における頻繁で多彩な仕事をしつつも、次第に政治舞台に登場する回数が増えていくようになる。最も成果があったのは植物学の分野であった。かなり充実した図書館を整え、そこの蔵書の中心は碩学のリンネ牧師の業績集であった。また、あるサボテンの種類について、樫の新種について、ある植物の突発変異についての観察を完結させ出版した。『衛生学と治療学への果実分類学の応用について』の優れた論文も著した。実験を成功させ、狂犬病の治療を発表した。メキシコの植物学についての書物に訂正を加えた。彗星や地震を観測し、光学機器も設計した。名が知られるようになると、まずは国立農業学校の校長に推薦されるほどになった。この学校はルーカス・アラマンが提唱して構想され、四〇年代半ばには創立のはずであったが、度重なるメキシコの内乱のために実現していなかった。

彼を魅了したのは周囲の物理学的あるいは植物学的な対象だけではなかった。聴覚に訴えるもの、つまり言語学にも関心があった。ヨーロッパで編纂し始めたメキシコ語辞典は、九二〇語を収録した語彙集となった。ある時メキシコにはインディオの言語の基本的な音素は幾つあり、それはどんなものかということに疑問を抱いた。そこで、この疑問を追求するため数カ月研究に打ち込んだこともある。彼のもう一つの関心は書誌学であった。充実した個人図書館を整備し、そこには植物の本もあれば経済、農業あるいは神学の本もあった。また、パテオ周辺で話されていたオトミ人やタラスコ人の言語で書かれた説教集や写本について記述し、十六世紀の文献学に重要な貢献をした。彼の観察の才気は詩に対してはうまく順応しなかったが、文学批評はそうでもなく、独特の冷笑した口調で評論した。サイネテ「ドン・プリモローソ」を書いた時も同様であった。「ドン・プリモローソ」とは、当時としては想像を絶する同性愛がテーマであった。

プリモローソ「あっ、私の大事な縮れ毛は、バサバサになってしまったよ。とにかく、毛をなでつけるが、こんな姿は人前には晒せないな」

ポンシアーナ「向こうに行って！　フストさんと二人の息子さんが、こちらに来ますよ。そんな優男ぶりは、まっぴらよ。ちゃんと男らしくしなさいな。頼むから」

オカンポのアシエンダは経営不振に陥ったこともあったが、四〇年代半ばには「主人が目を光らせた」おかげで盛り返した。彼は普通のアシエンダ領主ではなかった。デビット・リカードを愛読する変わり者で、科学的な見地からアシエンダ経営に付随する二つの問題――つまりアシエンダの経済的立ち遅れと、そこで働く労働者の労働意欲喪失――の原因を解明しようとした。一八四四年四月の『メキシコ学芸協会』誌に「農業と、労働者の道義性に悪影響を及ぼす一つの過ちについて」というタイトルで、自分の目で見たことを発表した。彼が言う過ちとは借金の肩代わりに奉公するという古い習慣のことで、アシエンダ領主が小作人に対して実際には返済不可能な金額を貸し付けることによって、両者とも依存と非生産的悪循環に陥ってしまうというものであった。小作人は希望も自由もなく、薬物（この言葉はメキシコの農村で借金の同義語であるというのがいかにも意味深長である）づけにされるのである。そして、この薬物が子供たちに残してやれる唯一の遺産となることは彼らも承知の上であった。こうして領主は小作人を手元に確保するのだが、その経済的代償は――精神面についても言うに及ばず――実に大きい。実のところ奴隷は自由小作人よりも生産性が低かった。「小作人曰く、急ぐことはない。一日で死んでしまってはいけない。俺に我慢するか、俺を苦しめるか、旦那様次第だ。俺を追い出しても借金が返ってくるわけではないのだから」とオカンポは記している。「領主曰く、お前たちは何も感じないか、自分のすべき事を理解していないのだ。だから腹を空かし、野ざらしで暮らしているのだ。必要性にかられるか棒で叩かれないと働かないのだ」とも付け加えている。こうした無気力で、励みのない、厳しい状況では健全な経済効果を生み出せない。改善されれば、責任感があり、新しい思想を持った主人と、「薬物中毒にかからず過去に縛られることもなく、現在に満足感を、未来に喜びを感じる小作人」との間に開放的で自由な関係が展開する。この場合、領主は小作人に対して、四六時中、見回りを行う必要はない。新しいことをやるように伝えれば、彼らはすぐに試み、誰が一番優れているかを競争するようになる。

「小作人よ、自由を維持し、おまえたちの環境を改善し、薬物に溺れるな……アシエンダ領主よ、仕事の監督者よ、小作人に手付け金を渡さず、彼らが貯金することを知らないならば、暮らしていけるだけの必要最小限の金額を綿密に、公正に計算して渡したまえ。そうでもしなければ、彼らは永遠に恥ずべき身分であるということを教えてやりたまえ。仕事に対する愛情、自立する気高い誇り、道徳道義心が持たらす恒久的な喜びを確信できるような信念を植えつけたまえ」。

ここまで見てきた限りオカンポの考えは生粋の自由主義だが、結びの部分ではそれを愛徳で和らげている。「過去ばかり熟考しすぎたり、模範的人物であるリカードが唱えた経済学の真意を歪曲したりして、苦痛と窮乏に心を閉ざしてはいけない。彼曰く、こうした場合にはあらゆる徳性を養うことは有効だが、善行は何よりも有効だ」。オカンポの記述には少なからず説教調子があったが、彼は弁士ではなかった。何よりも肉体的そして人間的な環境の実際観察者として、戒律を説く天界の人としての立場からではなく、人間の具体的な経験に基づいて話をする農学者であり社会学者であった。小作人たちはそのことをよく知っていた。パテオにある私有地の自室で、オカンポは植民地時代の習慣と物質的進歩を批判しようと試みた。個人の自由とは何か、ということを理解させることが何よりも重要だと考えたからであった。

科学的研究と見事なアシエンダ＝パテオの経営ぶりによって彼の名声はミチョアカンの外にまで広がった。一八四二年からオカンポは出身地を代表する議員になった（しかし、ミチョアカンが本当に出生地であったのだろうか）。一八四二年、独立以来二十年間国を支えてきた中央集権制と連邦制という政治体制の長所だけを取り出してメキシコという国を構築するため、サンタ・アナは議会を招集した。この試みは当然のことながら失敗し、議員らが逮捕されるという幕切れを迎えたが、有益なこともあった。自由主義思想が洗練され、定着し、十年後には彼等は主勢力となったからである。議席を埋めた若い自由主義者の中でもミチョアカン選出の皮肉屋のアシエンダ領主は、その知性と独創的な考えで頭角を現した。サンタ・アナ王の時代に次のようなことを進言するには、やはり際立った存在であったはずだ。

「力は必要だが、我々の間にはびこっている力の在り方は恐ろしいものだ。軍人になることが唯一の目的となってしまっている。軍人が国家の最重要ポストを占め、軍隊が公的権力になっている。自由な国と常備軍は対立と争いの源である。最大の問題は両者の間の均衡を保つことだ」。

この「博学者」がミチョアカン州知事に就任するのも当然のことであった。連邦主義者で疲れを知らないカウディーヨ、バレンティン・ゴメス・ファリアスの復帰により、オカンポは選挙で州知事に選ばれた。彼は時間をかけて教育面での基本方針を固めた。モレリアの高校に医学と法学を導入。学校で体罰用器具の使用を禁止し、これに反した場合の厳重な処罰を定めた。聖ニコラス学院を再開し、主任として、かつての香部屋係で、自由主義者で、その名は殉教者を連想させるサントス・デゴヤード[3]を推薦。彼には独立運動の闘士であった父親がいたが、やはりオカンポのように幼くして孤児となっていた。

しかし、学校を建てるには時期が悪かった。米墨戦争中、オカンポは州に大隊を組織し、停戦宣言に対しては安堵するどころか憤慨した。銃剣を突きつけられ、領土割譲の犠牲を払って強制された和平は不名誉なものと映った。死んだほうがましだった。

「もはや国が消滅することなどあり得ず、人間の歴史にはトロイやバビロニア、カルタゴのような例にたとえられる国はもうないと言われている。しかし、実はそうではない。現在ポーランドが国として存在しないように、ミチョアカンもいつか州でなくなるのだ。合衆国と和解する前に、その美しく、多彩で、豊かな土地を人間の足で踏みにじられることを阻止せよ。この和平は、我々の現在と過去、国益と歴史に刻まれた我々の尊厳を無視するものだ」。

解決策は、「聖なる首都を炎上させたロシア人の、乱暴かつ暴力的でありながら英雄的で気高い勇気」を真似ることであった。あるいは、独立運動の敗因でもあったのだが、我々の独立の父たちを真似ることだった。つまりゲリラ戦を戦うことだった。停戦だけは絶対に避けるべきであった。

米墨戦争終結後、彼はミチョアカン州に戻らなかった。国外へ脱出することも口にはしていたが、それもしなかった。州知事を辞任して、アシエンダ経営と科学という二つの分野に再び情熱を注いだ。しかし引退は不可能だった。連邦議会は開会中で、オカンポは上院議員として出席しなければならなかった。しかもサンタ・アナ失脚後の政府の執拗な誘いに、短期間だけ大蔵大臣を務めた。しかし常に辞表を手にしていた。「猛り狂った独立心のようなもの」が彼を駆り立てていたのである。

*

一八五一年、メルチョール・オカンポは一九世紀メキシコにおいて最も忘れ難い論争の一つを引き起こした。というのは、彼の生涯で遭遇した重要な人物の主体性を余儀なく否定しかねなかったからである。今度の論客は彼のアシエンダの近くののどかな村マラバティオの「司祭」であったからだ。この匿名の司祭は聖職者たちの秘密組織の一員であったかもしれないが、恐らくオカンポとセミナリオ・トリデンティーノで同期生であったモレリアの司教クレメンテ・デ・ヘスス・ムンギーア[4]を指すのであろう。当初ムンギーアは開放的な考えを持った聖職者で、神学やキリスト教文化について博識で、活動熱心であったが、後に偏狭な人物に変わった。ただし、二人の間には奇妙に符号するところがあった。オカンポ同様、ムンギーアも生い立ちが曖昧なのであった。この二人の孤児、大地の申し子と教会の子が引き起こした議論はその年の三月から九月まで続き、国全体に反響を呼んだ。これほど広く、深く議論され、緊張を高めた事件はメキシコ史始まって以来のことであった。匿名の「司祭」から怒りに満ちた返答をさせた問題の文書は、オカンポがミチョアカン州議会に提出した「陳情書」であった。その中で、彼は教区の臨時手当に対する課税とその法制化を求めている。基本的には、貧しい階層の人々が秘跡を受けたりその他の日常的な信仰の教導を受けるために司祭に払う謝礼額を変更し、減額するというものであった。司祭が陳情書に異議を唱えると、オカンポは冷静に三回にわたって抗弁した。しかも一回ごとに新しい解釈を用いて返答している。引っ込みがつかなくなった司祭は時間をかけて、病気を理由にしばらくしてから第二の反論を書いた。これは長いが、筋が明確で、実によく書けていた。オカンポもそれほど入念ではなかったがこれに答え、司祭からも返答を受け取った。最終的にオカンポ自身、五回目の関与でこの議論にカタをつけた。

オカンポは何年も前から「霊的指導をせずに布施をとる悪しき慣例」について熟考を重ねてきていたが、ある事件をきっかけに行動を起こしたのであった。彼のアシエンダの労働者でカンポスという者が、息子の亡骸を無料で墓に入れてほしいと司祭に頼んだことがあった。司祭は「私は布施が生活費だから」と言って断った。途方にくれた男は言った。「死んだ息子をどうしたらいいのでしょう、司祭様」。すると司祭が答えた。「塩漬けにして食べてしまいなさい」。

オカンポの見解は、もはや先の陳情書の次元をはるかに超えて、教会と国家の関係については微妙な点に触れていた。まず、良心からの解放と信教の自由を説き、「各人の意思が命ずるままに神を敬うという全ての人間が持つ生まれながらの権利」を暗に提唱した。彼のこうした考えはカントに立脚しているばかりではなく、自分自身の経験にも基づいていた。ヨーロッパを旅したことで彼には寛容という自然の感性が備わり、世界はパテオのアシエンダやマラバティオ周辺よりも広く、多彩であるという世界観を理解していたのである。

「教会で踊ったり叫んだりしている人を見たらどうしたらよいのか。プロテスタント信者が聖書を読もうと家族と引きこもってしまったらどうしたらよいのか。ローマへ行ってユダヤ教会に入らざるを得なくなり、ラビがシナゴーグの扉を開けたら、カトリック教会でアルメニア人やコプト人が彼らのしきたりに則ってミサを挙げるのを見たら、どうすべきなのか。熱心なイスラム教信者が洗浄式をしているのを見たらどうしたらよいのだろうか」。

「神がまだ主の恵みを与えていない人類のこの嘆かわしい人々をどうしたらよいのだろうか」とオカンポはうやう

やしくも遠回しに皮肉を込めて自問するのであった。彼の答えは単純であったが、キリスト教の教義から外れるものではなかった。それはパウロの『コリント人への書簡』に示されていた。「ユダヤ人を、異教徒を、神の家を忌み嫌らってはならない」。つまり、相手を、他者を最大限に受け止めることであった。

「そこまで、オカンポさん！」と、オカンポの自問自答に対して、司祭は「直観」には異議があると声を張り上げた。神を外からそして内から敬う唯一の方法は教会が定めた方法に従うもので、「直観」に頼るのはありとあらゆる異端の無尽蔵の温床を作ることであると述べた。「ルターは激しい情熱のままに己の直観を信じてしまったのだ。その直観は何と悪しきものであったことか。生命あるもののなかで最も聡明で、幸福で、恵まれた者と言われる人は、自らの直観から生じた沈殿物を心から排出できる人であると……」。オカンポ流の「有害な教義」はある一つの目的を目指し、司祭はその目的に恐れおののいていた。[6]

「さぁ、オカンポさん、ミチョアカンを見てみなさい。このまま放っておいていいのですか。信教の自由、良心からの解放。現在、ヨーロッパで社会主義が席捲し不敬虔で忌まわしい考えが蔓延しているなかで、この二つの考え方が神の与えた罰として我々の中に拡散していくとすれば、行き着く所は堕落の世界でしょう」。

オカンポは、一八一七年の教皇令で教会から破門されたカントに代わってバルメス、ボシュエに学び、そして教会博士たちの理論に立脚していった。もしオカンポが「教条主義への無関心」を寛容だと考えたならば、この司祭はそれを「災い」と判断した。

その理由は、司祭によれば「信仰そのものの壊滅に至り、唯一神であり、全知全能の神であり、真の神という考えに対立する。我々の宗教は、これに矛盾を抱く全ての者を排除する。宗教が教えてくれないことは真実ではなく、この教えの対極にあるものは過ち、異端、悪であり禁じなければならない」というのである。

この論争『寛容についての考察』の中で、オカンポは人間社会には身分階級があること、つまり聖職者が存在するということを指摘し、彼らが神の意思を密かに独占しているとして抗議した。彼らにとって寛容は「理解」に関する問題であったが、オカンポにとっては「心」に関わる問題であった。「愛せよ、汝は慰められる、の聖書の言葉は偽りになってしまう」と言う。人間の感情についてのこの教条主義への反証はまさに福音書の核となる言葉への疑義であった。聖書では隣人だけでなく敵を愛せよとはっきり言っている。愛についてのこの論理は「反主流派」に対しても寛容の精神を適用しなければならないはずである。

「なぜ、神を冒瀆しない過ちに対しても全て免償を乞い願わなければならないのか。我々が善であると信じている神をさまざまな形で敬うためだけのものだ。教義で善とされたものをなぜ人に対する憎しみにすり替えるのか。誰が真実を独占しているのか。間違っている者は誰か」とオカンポは言う。

しかし、司祭は「感情をひどく支配する」情熱について激しく反論する必要はなかった。この議論は戦争であり、事実と論点を提示しなければならなかった。オカンポは国民は自覚して聖職者を支えることは結構だとしたが、メキシコ国民の貧弱な知識ゆえにこの理想を根づかせることは難しいと考えた。そのため、国家が聖職者の生計を安定させ、相応の生活を保証することを提案した。彼の改革案は、自らの司教座教区で献金額の減額を提案した有名な一八世紀のミチョアカン司教の改革案と一致する。[7] もしその改革は人口が少なく、商品もずっと少なく高値であった一七三一年に実施されていたので、一世紀経た今、同額の教会維持費を支払い続けるのはどういうことだろうか。当然のことながら減額すべきであった。

これに反論して司祭は、オカンポが危険な人物で、異端者であることを示す三段論法を構築し、ルソーを引用した。ルソー曰く、「宗教を基盤としていない国家は一つもない。宗教を恐れ、忌む国家は野蛮な怪物である」。教会は宗教心の象徴であり、オカンポはその教会に制限を加えようとしている。宗教を乱す者と呼ばれても仕方がない。オカンポの改革を実施すれば、信仰、聖職者、慈悲、信仰心は壊滅してしまう。教会が国家に依存することは無理なことだ。教会は世界的規模を持つ一つの共同体であり、独立している。とりわけ重要なことは、教会には主権がある。それゆえ教会の経常費をほかの機関、ましてやこれまで浪費を重ね、債務を抱え、官僚腐敗を招いている国家が賄うなどあり得ない。それより、政府には「国民が宗教的・道徳的義務を果たすよう導く義務」がある、と司祭は説明した。そもそも議論の争点は教会の教区活動である。オカンポにしてみれば活動は腐敗しており、不十分で、経費がかかり過ぎた。司祭たちは定期的に説教するわけでなく、説教する場合には対象を制限する傾向にあり、貧しい者や使用人や子供を蔑んでいた。〃病人は癒やされ、ハンセン氏病患者は清められる〃と福音書にはっきりと示されているにもかかわらず、病人の世話をすることはなかった。司祭が貧しい者の葬式には出席しないため、この人たちは動物のように葬られた。婚姻の秘蹟を授けない怠慢さにオカンポは激怒した。彼の怒りは爆発寸前であった。これは最も深刻な問題であった。教会が高額な謝礼を課すため、「我々が属する西洋文明」の契約の一つである結婚の意味が損なわれてきたからである。オカンポの改革は、私生児、娼婦、姦通などを防ぐものであった。彼がこうしたことを強く主張したのは、自分がそうだったからなのだろうか。教会への妥当な謝礼金を支払うべきであり、男女二人から生まれた子供を扶助する司祭は賢明で慈悲深くあるべきだと考えていたからであろう。それにしても、オカンポは文明社会の基盤は家族だと信じていると自ら公言してはばからなかったにもかかわらず、なぜ世帯を持たなかったのだろうか。なぜ自分の娘たちに母親の名前しか教えなかったのだろうか。一方、マラバティオの司祭は別の考えを持っていた。悪の原因は謝礼金の額ではなく、司祭でもなく、「人間を官能の世界へ駆り立てる肉体の強欲」であり、問題の原因は有害な本や小説のほかボルテール、スー、デュマの不誠実な演劇にあるとの主張であった。

オカンポが見るところ、教会への多額の謝礼金の捻出にはすでに言及したように、アシエンダ内で借金をした者はその肩代わりとしての奉公を余儀なくされる、薬物づけで締めつけられた。謝礼金額が上がれば小作人は地主に対して借金せざるをえなくなる。こうして地主と聖職者が共謀して小作人を犠牲にしていくという図式ができあがる、と反論する。

「アブラハムの生きていた時代にアシエンダに生まれた小作人や労働者のように、彼らはアシエンダの一部とされ、家畜や農具や土地と同じように値がつけられ、取引され、売られ、相続された」。

司祭はオカンポが指摘した問題の存在そのものを否定した。司祭と話をした多くのアシエンダ領主は、オカンポは戯言を言っていると考えた。小作人は全ての人間がそうであるように「自由で、譲渡の対象にならない」。彼らがアシエンダに残ったとすれば、それは借金があったからで、アシエンダの財産の一部とみなされたからではないと反論した。

当初から司祭は、オカンポの考えには社会的反響を呼び込もうとする意図が見え隠れしていることに恐れを抱いていた。司祭の判断によれば、教会の使命とキリスト教に関する論議は、国の議会に提出される前に、教会の上層部に提出されるべきであった、と叱責した。

この匿名の司祭の考えによれば、オカンポが望んでいたものは「我々を飲み込む火の手を焚きつける」こと以外の何物でもなく、「我々を奈落の底に葬る恐ろしい変革」であり、荒廃と動乱を引き起こすものであった。オカンポの考えは社会主義、怪物のような異端の創始者たち、ローマ教皇や教皇庁を狙ったイタリアの革命に関係があることになる。彼の考えは実のところルターがもたらした脅威と変わらないし、ついにメキシコにも、無神論を掲げる者が登場し、大臣の国外追放令が制定され、聖職者の財産没収が実施されるなどフランス革命の熱が波及した、と司祭は嘆いたのである。

さらに、「聖なる宗教に対して三世紀ものあいだ敬虔であった我が国民をそのかすような者が、重大な責務を負う見解など持ち合わせているわけがない。不幸にも我々は民事においては大変遅れているが、宗教についてはこうした有害な最新流行にへつらうことなく我々の生き方をすればよい。神の使者たちだけが教義と信仰を唱える時に神の声を告げ、彼らはそのために教会に遣わされたのである」、と主張した。

司祭は最終回答にオカンポの破門とその「手続き」を始める可能性を匂わせた。オカンポはこれに屈することはなかったが、論議を終わらせるべきだと考えた。

あのあまりにも「情熱的で使徒のような」神学者モラは、自由主義思想の立場で以前からこの問題に取り組んでいた。実業家のオカンポは自分の日常生活を通してこの問題に取り組み、確かなデータをもって、奈落に落ちた教会と信徒との深い隔たりを明らかにした。彼の見解は経済的そして宗教的な理由に裏打ちされたものであった。リカードの考えに立脚し、聖職者自らが要求した「精神世界への料金」がもたらした経済的な結果として、彼ら自身にツケを回したのである。使徒や教父の教えと司教区会議の様々な書物を読み、彼らの現世の富に対する過剰なまでの執着と、本来彼らが行うべき死後の世界に積む富に対する過剰なまでの蔑みのツケも回した。

「メキシコのバルメス」と言われたムンギーアと自由主義派アシエンダ領主オカンポの二人のミチョアカン生まれの私生児論争は、数年後にはメキシコ全体を覆い尽くす最初の議論となった。嵐の前兆であった。自由主義者はこうしたタイプの聖職者と対話はできなかった。両者の対立はアラマンとモラの対立よりも深い様相を呈した。それはもはや解決策を模索できる状態ではなく、対立の打開は具体的な事柄に向けられていたからであった。オカンポが隣人を愛せよと声を投げかけると、司祭たちは欺瞞だと言う。絶望と憤怒のなかで司祭たちが「実力行使」に訴えたのは最悪な事態であった。意図的ではなかったが、オカンポとムンギーア、大地の申し子と教会の子はすでにレフォルマ戦争の第一章の場面を綴っていたのであった。

*

恐らくオカンポは予想していたのだろう。この論争の果てに暴力の影を見て、挑発に乗らなかった。一年後の一八五二年九月一六日、陰鬱な演説をした。結論はアラマンと同じであったが、彼の希望は過去への回帰ではなく、国民が因習から脱却し新しい秩序に帰着することであった。自らの経験から、進歩を遂げるための条件は個人でも、家族でも、部族でも、国家でも同じであることを理解していた。知るということが自立の源であり、「人間は能力を得ると、ほかの人に助言を求めず導きも必要としなくなる」というものであった。一八四七年の敗北後メキシコはこの教訓を得て、節度をもって秩序ある進歩と自立へと向かうかのように思われた。しかし、諸事実によってそれがうわべだけのものだということが示された。「呪われた共和国」は「メキシコの最後の愚行」を覚悟し、「考える頭の数ほどに意見が分かれているという知の細分化」は再び共和国を「我々が抱える軋轢が作り出す最悪の道」へと導いていくことになった。

「痛ましいメキシコ、一体どうしたらいいんだ。おまえの権威や独立を支えている本領が狂ってしまったら。情熱の嵐に翻弄されて目眩を覚えている中で、愛する国民が対立したら。ある者は自由を、ある者は秩序を掲げる（まるでこの二つの考えが相容れないものかのように）。野心に満ちた、優勢な隣国の足元にみすみす屈伏させられるように力は尽き果ててしまうだろう」。

オカンポは四七年を振り返り、セミナリオ学院長、ペラヒオ・アントニオ・デ・ラバスティィーダ・イ・ダバロス神父を前にして、切迫した革命の鼓動を世論が察知した事を知って珍しいことにも神の加護を願ったが、それは助けを求めるというより、逆に破壊を嘆願するものであった。メキシコの民族が消滅し、アングロサクソン民族が土地を支配し、「我々の信仰、我々の自由、我々の言語、我々の歴史を奪うなら、主よ、我々を破壊してください」。士気を鼓舞する演説が多かった当時でさえ、皮肉屋のパテオの自然科学者がこれほどまでの調子で話すこともまれだった。彼の言葉には弱気は感じられなかった。そこには真の絶望感だけがあった。「祖国は危機に瀕している」と三度繰り返し、「殺し合っている場合ではなく、対話で理解し合わなければならない」と言った。キーワードは団結であった。「皆、団結するのだ！」。

将来を予言するようなこの呼びかけは、アラマンの意見とは接点がなく、むしろ逆行するものであり、相手にされないことはオカンポにも分かっていた。サンタ・アナは一八五三年に権力の座に着くと、オカンポをニュー・オリンズに追放した。すでにアラマンはこの事態を予測していた。

「この革命を推進したのはミチョアカン州知事メルチョール・オカンポである。彼は神を冒瀆して人々の心を汚し、教会の改悪をもくろみ、地主を脅かす政策を発表した。そのためにミチョアカン州の聖職者と地主が反乱を起こしたのである」。

オカンポはニュー・オリンズで財産を担保に、サンタ・アナに対するアユトラ事変の資金を調達した。政府が自分のアシエンダに手をつけたことを知って、「裏切りでなければ不器用さゆえに我々を漏れなく合衆国に差し出したサイネテに登場するような英雄」に対する革命に構想を練って参画した。しかし、それだけではなかった。彼の口から明らかにされることは滅多になかったが、結果的にはすでに軋轢の入った一国の運命を決定づけることになった。その事は、オアハカ州知事をオカンポに説得する必要はなかった。このオアハカ州知事もサンタ・アナに追放されていた。温厚で不思議な魅力をオカンポに感じさせたこのインディオは、ベニート・ファアレスであった。レフォルマ時代のメキシコはファアレスの列伝なくして理解することはできない。

註

1　Ignacio Ramírez（1817-1879）。彼の父リノ・ラミーレスは一八二四年憲法草案者の一人であった。法学を学び自由主義的な思想を貫いて新聞を創刊しながら活動を続けた。五三年には、サンタ・アナの独裁制を批判し、弾圧を受けた。コモンフォルト大統領の時代に国務大臣に就任し、五七年憲法の草案作りにも尽力。その後、各種の新聞を創刊して言論活動を続けた。ベニート・ファレスは六一年に彼を法務大臣、文部大臣に任命した。六七年には彼の弟子イグナシオ・アルタミラノとともに、El Correo de México紙を創刊し、七一年のファレス大統領再選を阻止する批判的な意見を述べた。七六年に国会は最高裁判所長官に任命した。また、ポルフィリオ・デイアスが大統領になると法務大臣、文部大臣に就任。著作として八九年に *Obras de Ignacio Ramíres*（二巻本）が出版されている。

2　典拠は、Melchor Ocampo: *Viaje a Veracruz, Puebla y sur de México*, México, 1900.

3　Santos Degollado（1811-1861）は、一八三五年にはメルチョール・オカンポの影響を受けて政界に進出し、保守主義や中央集権主義に対立した考えを明らかにした。五四年にアユトラ事変にも参画した。その後、五八年には、ハリスコ州の知事に任命された。ベニート・ファアレスは彼を陸軍大臣に任命。軍人としての活躍は格別で大きな功績を残している。レフォルマ改革では、ファアレスの右腕として協力したが、六一年にオカンポの戦死を知り、その後は保守勢力との戦闘で勇敢な戦死をしたことで英雄視されている。

4　Clemente de Jesús Munguía。出自に関しての詳しい記録はないが、ミチョワカンで生まれている。一八六八年に死亡。四三年にはモレリア州の司祭に、五〇年にはミチョワカン州の司教に任命された。アユトラ事変の後、サンタ・アナは失脚したが、ムンギアは教会と教会財産の保護を強く推し進めた。五七年憲法が発布されると、その憲法の自由主義思想を強く批判した。六三年、パリに渡り、マキシミリアン大公とも会っている。人生の後半を常にレフォルマ改革に反対する意思を貫いた人物である。著書としてManifestación del clero（1859）がある。

5　一連のオカンポの言説は、つぎの典拠による。Angel Polo: Ocampo; または、José Bravo Ugarte: *Munguía, Obispo y Arzovispo de Michoacán 1818-1868*, México, 1967 も参照されたし。

6　典拠は、Robert J. Knowlton: La Iglesia mexicana y la Reforma: Respuesta y resutados, Mexico, 1969

7　Manuel Abad y Queipo（1751-1825）を指す。詳しくは、二章一節訳注4を参照。

2 法への執着

自由主義者らが数年後に広め、流布させる先スペイン期および植民地期の歴史解釈は、不正確で、歪曲され、省略され、改竄されたものであったが、彼らが主張する基本的な前提は無視できない。いずれの支配体制のもとでも人々は虐げられて暮らし、そして人々にはそれがよく分っていたということである。インディアスの年代記にざっと目を通せば、「トラトアニ」と呼ばれたアステカ帝国の神格化された皇帝が、ごく当たり前のように一日に何千という捕虜を自分の臣下のほかに人身供養していたことがわかる。捕虜も対象となったのである。恐ろしいことに、こうした血の狂乱は病気、憔悴、死という別の狂乱を招くことになった。しかし、こうした災難が実際に起きたのは征服時ではなく、一六世紀後半であった。征服者は土着民に免疫のない種々の病気をインディアスに持ち込んだのである。最も高い確率で土着民を死に至らしめたのは、インディオが「ココリツリ」と呼んでいた水疱瘡であった。水疱瘡の威力は恐ろしく、残虐な神ウィツィロポチトリの祭壇で行われた殺戮の犠牲者数の合計を上回る死者が出たはずだ。一五四八年には二千万を数えたヌエバ・エスパーニャのインディオが、百年後には五〇万にも満たなくなっていたのである。

インディオの、つまりメキシコ人の気質のどこか片隅に、この悲劇が、征服期のしこりが、永久に刻まれることになった。教会の神父にはこの悲劇を和らげることしかできなかった。信仰だけでは十分ではなかった。インディオは与えられた境遇から逃れなければならなかった。インディオの町からオブラヘ［就労を強いられた織物工場］へ、銀山へ、アシエンダへ、スペイン人の住む白人の町へと逃れなければならなかった。何もそうした所で暮らせば幸せになれるというわけでなかったが、そこにはより自由な環境があった。インディオとカシーケの統治者から解放された。彼らは副王の官吏と手を結んで、フンボルトがこの地に滞在した時期に至ってさえ、自分と同じ人種を虐げていたのであった。インディオを守ってはくれたが、永久に子供扱いする修道士からも解放された。インディアス法や役人たちからも解放された。フンボルトは「人間に潜む悪はどんなことでもする。インディオ擁護に使われるべき楯は、この哀れな人たちに攻撃を加える武器と化しているのではないか」と記した。メスティサへ［混血化］は逃亡のからくりであった。インディオの女性ほどこのことに詳しい者はいない。彼女たちは「愛」ゆえでなく、生命だけは救いたいという生殖本能ゆえにスペイン人との間に子供をもうけようとしたのであった。

メキシコ独立の黎明期に生まれたベニート・フアレスは、自らこの社会的、歴史的逃亡のからくりを身をもって体験したのである。

*

フアレスの生誕地オアハカは、メキシコにおけるインディオの聖地であった。オアハカには征服者の野心を誘惑する鉱山もなく、メキシコ・シティーから救いようのないほどの距離によって切り離され、閉鎖的な世界が形成されていた。そこには白人、つまりスペイン人が居住する町が一つあり、ドミニコ会の布教のおかげで、知的水準は際立って高かった。周辺には数知れないインディオの集落がモザイクの如く存在していた。二〇の様々な言語が、つまり二〇の異なった国が、唯一それぞれに取り込んだキリスト教だけでつながり、文明から離れた別世界の山間部や盆地に散在していた。その一つがサポテカ人であった。気質は穏やかで、誇り高く、感情を内に秘めたサポテカ人は、征服以前は社交的であり商人であったが、頑固で、戦闘好きなミステカ人の前に屈することになった。幾世紀も経つうちに、両者は輝かしい時代の記憶を失ってしまった。しかし、彼らが失ったのは過ぎ去った時代であり、習慣ではなかった。持って生まれた禁欲主義的な性格、倹約的な生活、勤勉さ、苦しみに対する抵抗力に加え、泥酔、貧困と劣悪な衛生環境のなかでの暮らし、フェティシズムなどの特徴も現われはじめ、それらが和らげられるのは、音楽と信仰という二つの慰めによってであった。

この聖地の中心部で一八〇六年に生を受けたのがベニート・ファレスであった。彼の同語族、つまり合計二〇世帯のサポテカ人の村ゲラタオの人々は、恐らく当人たちは十分に気づいていなかったかもしれないが、ほかの同語源の人々より秀でていた。それは、彼らが古代メキシコの貴族であり、「指令を下す」者の血筋であったからである。古い勅令によれば、スペイン国王はオアハカのインディオの行政長官だけに羊の所有を許していた。ベニートは大変幼くして両親を失った後、叔父の羊番になった。幼少の頃をこの仕事に従事して過ごしたのである。一二歳になる少し前、オアハカで女中働きをしていた姉に刺激されたのか、カスティーリャ語を正しく話すこと、そして白人の町へ逃れようという焦燥に駆られていた。寒く、独特の雰囲気を持つイストラン山脈にあるゲラタオと州政府所在地オアハカの間には、六〇キロと少しの距離があった。その「少し」とは、幾世紀にもわたる文明の遅れであった。ベニートは「先住民の確固不動の土地に閉じ込もり、カスティーリャ語が話せず、自分たちの言葉の世界に鉈をかざすように閉じこもっていた」と、フスト・シエラは後に記しているが、彼はスペイン語に、混血化に、文明社会に、未来に向かって逃れたいという非常に強い衝動に突き動かされていたのである。

当初、オアハカではスペイン人アントニオ・マサの家に住んだ。そこでは姉が料理人として働いていた。その後、フランシスコ会の第三品級［副助祭に相当］の修道僧で辛抱強い保護者、若者たちの指導者アントニオ・サラヌエバのかたわらで過ごした。サラヌエバはファレスの精神面における父親となり、堅信式で代父ともなり、すぐに州都唯一の「教育機関」であったセミナリオ・コンシリアールに彼を入学させた。一八二一年以降ベニートはラテン語文法を、一八二四年にはスコラ哲学を、その後、神学を学んだ。二二歳で聖職者になると決心し、「興味が生じて神学の勉強を始めたが、勉強していると嫌気がさし、聖職者以外の道を歩みたいという自然な気持ち」が湧き、新設の科学芸術学院で法学を学ぶことにした。

この学院は聖職者が創立したものであったが、セミナリオを辞めることは、時流に閉鎖的な社会では危険な一歩を踏み出したも同然であった。地方の多くの町がそうであったように、オアハカの場合はその孤立した環境ゆえに一層顕著であったが、ヌエバ・エスパーニャがメキシコと呼ばれるようになっても植民地時代の過去がそっくりそのまま残っていた。日々の時を刻むのは、ミサを告げ、祈禱の時間を早朝から夜明けまで正しく知らせる鐘の音であった。オアハカの人々の主な楽しみは各教区の聖体行列とその祭に出かけることであった。山岳部に住むインディオは守護聖人、聖遺物、松明を担ごうと町に下りてきた。この行進に太鼓や笛の賑やかな音が花を添えた。その後ろをドミニコ会、アグスティヌス会、フランシスコ会、カルメル会の僧服に身を包んだ修道僧、教区司祭が続いた。鞭打ち苦行者は背中から血が出るまで我が身を鞭打ちながら歩き、その後には政府の役人、軍人、そしてたいがい調子外れの楽曲を演奏する楽隊が行進した。物乞い、町の有力者、司祭に兵士、白人にインディオもいた。つまり、教会は全ての人々を一つの民主主義的宗教集団として結び付けていた。

「オアハカは修道院の保護のもとに存在していた町であった。そこでは皆が修道士であり、皆そうなりたいと思っていた」とフスト・シエラは記している。ファレスも例外ではなかった。神の厳格さに、悪魔の偏在におののき、心の奥に深い慈悲の心を持っていたファレスは、聖体行列に参加し、教会の鐘の音に従って生活していた。五〇年前であれば修道士になっていただろう。しかし、オアハカはもともと保守的であったにもかかわらずゆっくりと新しい時代に目覚めていく。一八二七年以降、科学芸術学院とセミナリオ・コンシリアールは若者たちの進むべき道をめぐってしのぎを削った。科学芸術学院では、より開かれた考えを持つ聖職者、法律家、医者が授業をしていた。中には、中央広場に面する家で「集会」を開いて疎まれるような怪しげなフリーメーソンもいたが、教官のほとんどは敬虔なカトリック信者で、本棚にスコラ派学説の書物を置いておく必然性を心得ており、知的解放や新しい職業や科学のために新風を送り込むことも忘れなかった。彼らは必ずしも「自由主義者」ではなかったし、ましてや反宗教的立場もとらなかった。せめて学院には神学校と異なる世俗の知的集団を結成したかっただけであった。ベニート・ファレスは彼らの弟子となった。彼にとり、セミナリオ［神学校］から学院への転校は自己解放の第一歩にすぎないとして、雑念を払って静かに過ごした。

三〇年代初頭、フアレスは市参事会参事に選出された。法律問題の専門家としての名声を築きつつあったが、事務長としても務めていた学院で担当していた授業は、法律とかけはなれた分野を扱っていた。物理を講義していたのである。一八三三年、何人もの母親が「有害な」学院に対してデモを行い、論争を挑んだ。ファレスは主だった教員から成る委員会の長を務め、そこで各々が学院の改革や意義について意見を述べた。委員会の目的は、学院が若者たちに不正や無慈悲な心をひどく助長している、という流言蜚語を否定することであった。フアレスは、「公の場で文芸鑑賞するときには、教員と学生はキリスト教および教会組織と「特定の聖人」に対して敬意を払い、学院が反道徳・反宗教的な場所でないこと」を明らかにした。教育の発展のための和解声明は、フアレスの最初の戦いであった。この自信に満ちた、厳粛で、しかも控えめな調子で語り、嘘や中傷で「侮辱された名誉」を回復するために、オアハカの新聞に対して数々の論戦を挑んだのであった。彼は二度と視線を落とさない、誰にも屈することがないインディオとなっていった。

一八三三年、フアレスは初めて地方議会議員になった。そこでは法律家として、あるオアハカ選出知事の選挙戦の無効、新たなスペイン人排斥運動、連邦共和国制に反対する公務員の解雇など法的解決が難しい問題や、（議論の余地がある）訴訟を担当した。彼はそうした案件を審理する論法を知っていたのである。議場の議席から「栄えあるサンタ・アナ将軍」は、「常に政府機関に活力を与えよう」と努めたと弁護した。しかし、サンタ・アナは一八二八年に「特権階級」を打倒したが、国内に「非合法性の汚点」を残していた。フアレスがかつてビセンテ・ゲレーロが起こしたクーデターを非難したのは、ゲレーロにより、国民が自由に「主権を行使できる厳粛な意思表示」が妨害されたからであった。しかし、これは決してゲレーロの責任によるものではなく、ゲレーロは、「政治工作や陰謀を企んだ政党と特権階級」により、「その後は苦難を味うだけ」の地位に陥れられたことも明らかである。フアレスがゲレーロに対して称賛の念を抱いたのは、このカウディーヨが一八三一年にオアハカから数キロ離れたクイラパンの礼拝堂に葬られた直後のことであった。それには理由があった。ゲレーロが特権階級とは対極の出身であったこと、つまりインディオでなかったかもしれないが、確かにインディオの味方であったからであり、彼も人種差別の犠牲となったからである。一八三三年二月、ファレス議員の提唱により「クイラパンの栄光に包まれた犠牲者」の遺体はオアハカ州に委ねられた時、彼が銃殺された村の名称を「ゲレロティトラン」に変えたことが全てを物語っている。数日後、ファレスの発議により、民意にもとづいてゲレーロの顕彰を盛大に執り行うことを州議会は決議した。人々は聖人や聖遺骸や聖骨に対して抱く思いと同じものをゲレーロに抱いたのである。ファレスはキリスト教精神を世俗の宗教性の受け皿に取り入れようとしていた。

「州議会議長はゲレーロ将軍の遺骨を納めた骨壺の鍵を胸に提げ、その鍵は議長職を後任者に渡す時以外には外してはならない」。

「栄えあるサンタ・アナ将軍」が連邦主義の終焉を宣言した時期［一八四〇年、サンタ・アナがブスタマンテ政権を打倒したプロヌンシアミエントを指す］、ファレスは法律の分野の仕事で、訴訟、寄付行為、賠償問題などに忙殺されていた。しかし、彼自身が描いていた解放の計画はサンタ・アナとは別のものであった。それは社会に奉仕することであった。一八四〇年九月一六日、祖国の英雄に捧げる演説を要請された。若きファレスが自分の抱くメキシコのイメージと自分自身の資質について率直に、ようやく聞き取れるような声で述べるのを聞くことのできた数少ない場となった。

スペインについては慎重に言及した。侮辱して非難したり、「ふさがるべき傷口をさらに広げる」ことはしなかった。しかし、スペインがメキシコに「最たる反社会的」政治機構を残したことは明確にした。このシステムはまず何よりもメキシコ人の教育を「おろそかにした」と。メキシコ人に盲目的な服従を強要した。階層社会を形成した。メキシコ人を孤立させ、腐敗させ、怯えさせ、分裂させた。その結果が「三百年にわたる我々の貧しさ、我々の教育レベルの低さ、我々の堕落した社会、我々の奴隷化した状態」であった、と。ファレスは「我々の」という言葉で誰を指していたのだろうか。メキシコ人ではない。インディオのことであった。

「しかし、まだある。我々の兄弟であるインディオたちが置かれている嘆かわしい貧困。いまだに課せられている重税。就学率が低いことからも分かるように、初等教育が普及していないことは残念だ」[1]。

これが「植民地統治の遺品」であり、依然として根強く存在し、独立のための「団結」を妨げていたのであった。この遺品を処分するためには、かつて人々が用いた方法で、イダルゴに石と鎌と棒しか持たない僅か数人のインディオの先頭に立たせるように奮い立たせた「社会的道義心」を再現する必要があった。クリオーヨのメッセージは絶望的であったが、ファレスのメッセージは未来を見つめていた。真の独立を勝ち取ること、敵から恐れられ、尊敬されること、平和をもたらすこと。メキシコが「名誉と節度と正義を重んじる規範的な国」となる瞬間が訪れようとしていた。「自由の聖なる木」が「もっと深い根」を生やすには、誰かが木を植えなければならなかった。それが彼の使命であった。

四〇年代に入るとメキシコは「プロヌンシアミエント［武装蜂起宣言］」と「イエス・キリストへの祈り［平和希求］」の狭間で翻弄された。ファレスは自由主義や連邦主義にそれほど関心を示さず、サンタ・アナが事実上の権力を掌握したことを支持して、当時の政治情勢を巧みに乗り切った。一時、行政から遠ざかり、民間の判事や大蔵省の法律顧問を務めたこともあった。しかし、一八四二年にはこうした仕事を辞め、サンタ・アナ支持者で中央集権制支持派のアントニオ・デ・レオン将軍の州政府に官房長として就任。ファレスについて書かれたおびただしい数の列伝には、片足だけが埋葬されている「センポアラの英雄」をファレスが公共の場で称えたり、彼自身も闘鶏に明け暮れたことが書かれている。それが本当であったことには間違いない。ファレスは理想主義を追うには能力が欠如していたが、強い人物に憧れを抱き、メキシコ国民と同じ理由からやはりサンタ・アナ支持者だった。

一八四三年、ファレスが州政府の要職に就いた年、彼はすでに三七歳で、もう若いとは言い難かったが、彼自身、自己変革を一層進めた。こともあろうに白人の血が優る女性と結婚したのである。彼女はマルガリータ・マサと言い、アントニオ・マサの私生児であった。マルガリータとの間にもうけた子供たちは——彼にはこの結婚以外から生まれた子供たちもいた——彼のようにインディオではなくメスティーソであったが、一つだけ特異な要素を有していた。それは絶対多数の場合に反して、父親がインディオで、母親がスペイン系という例外的な組み合わせだったという点である。スペイン人がインディオ女性を我が物にしたのではなく、インディオが白人女性を我が物にしたというのは異例のことであった。

一八四五年、フアレスは昇進を重ね、高等裁判所の判事になっていた。一八四六年にはオアハカ州臨時政府の三頭政治の一角を成した。一八四七年、連邦議会の一員として初めてメキシコの首都へ向かった。同年、九度目の大統領就任を阻む者たちの中でサンタ・アナを公に弁護し、フアレスは自己変革の第一段階を終了する。一八四七年一〇月二九日、オアハカ州知事代行に任命されたのである。

一八一八年に計り知れない禁欲的な忍耐でゲラタオから白人の町へと辿り着いてから、州の全ての要職を経験して、自分の専門の仕事もこなし、時には教師として講義を行い、ついに州知事に登りつめたのである。兄弟と同じように嘆かわしい貧困生活を経験したが、メキシコ共和国初の、インディオで州知事に就任するまで歩みを進めたのであった。

*

合衆国の侵攻がオアハカ州にまで迫るという危機的な状況を前に、知事フアレスは素晴らしい同盟者を得た。彼らとは州の敬うべき教区聖職者と修道会の聖職者であった。一八四八年、知事は教会関係者に対し、失われつつある宗教心と愛国心という二つの聖なる目的を守るため、州民を奮い立たせる説教を公に行うように依頼した。オアハカの司教は出来る限り人々を勇気づけることをフアレスに約束した。

恐れていた合衆国の侵攻はなかったが、政府と教会の協力関係はファレスが州知事を辞めるまで続いた。その年の四月、テワンテペックに学校を建設するにあたり政府は聖職者の協力を得た。「祖国に役立つ人材を養成し、キリスト教の教養不足から生じる諸悪を根絶」しようとしている政府を彼らが支持しないわけがなかった。ワワトゥルコ港の建設でも協力した。この事業には軍への徴兵を回避しようとしていた者が投入された。開港にあたっては聖職者が祝いに駆けつけ、「知事の類まれな実力」を称える屋外ミサを行った。

ウワトゥルコまでの道路がそうであったように、ファレスと聖職者の関係も両面通行であった。つまり、知事が教会に便宜を図り、教会も知事に便宜を図るという具合であった。七月、ファレスは科学芸術院で「教会史」の講座を再開するよう定めた。州政府の誰一人も、この学院が異端者や不信心者や未成年を誘惑する巣窟だと言う者は最早いなかった。しばらくして、ファレスは州の軍司令官に複数の命令を発した。それは軍務指令ではなく、宗教に関する指令であった。一二月一二日（聖母グアダルーペの祝祭日）の祝賀を荘厳なものにするため、礼砲を撃ち、護衛をつけ、守護聖母ソレダーを祝う行列にも付き添う護衛の隊列を編成せよというものであった。また、ファレスは各省庁長官に通達を出し、まさにオカンポが非難した聖職者のさまざまな利害に関しては聖職者の立場を擁護した。政府は聖職者の活動を規制するような法律を制定することをせず、説得力ある介入によって「我々が信奉する宗教を司る聖職者の扶助」を強化した。

「聖職者は、精神界の下僕で、滞りなく秘蹟を授ける。そのため、特別手当と献金を受ける正当な権利がある。また、葡萄の栽培者のように果実から糧を得るべきである。彼らは精神界を司る者なのだから、世俗世界で維持費を得てしかるべきだ」。

オアハカに限らず、当時の公式文書には全て文尾に「神と自由」と言う標語が記載されていた。このように公式の場において神に祈りを捧げたり、聖書の文句から演説のレトリックを引用するなどの様々な要素を取り入れるようになった背景には、カトリック文化が明らかに世俗の領域に移されていったことを示している。しかし、オアハカにおいて注目すべきは、それが移されたというよりは、見事に合致していた。州民の階層が同一であったため、知事の使う公用文言は司教の使う言葉のような効果を与えた。「私たちの過去の過ちを悟らさせてくださった全知全能なる神に感謝いたします。神の摂理が私たちの労働を守ってくださいますように、神の摂理によって平和が築かれますように」。ある時点で二つの役割が融合してしまったのである。そうとも気づかずに、ファレスはオアハカの州立議会に対して救世主から託されたかのような意見書の伝達者となることを表明したが、その必要はなかった。それはサンタ・アナと違って、ファレスが救世主であるかのように気取らなかったし、またそれにふさわしい体形でもなかったからであった。彼はサポテカ人の何にも動じない石のような神のような風貌で、常に色の濃い助祭服のような服を着ていた。運命を自覚して、言葉に表した。「人々を幸福にするために、人々にふりかかる諸悪を避けるために、神は、社会は、我々をこの地上に配剤したのである」。堅実で、勤勉で、厳格で、厳めしく、哀愁を誘う羊飼いの顔をした救世主。コルテス到着以前の古い年代記には、インディオたちは表情が最も厳めしく悲しげな人物を指導者に選んだとあるが、それは単なる偶然ではない。この表情の人間には統治する能力が備わっていたのである。

神の摂理がすぐにそれを証明した。一九世紀後半に入り、一八三三年に流行したようなコレラがオアハカを襲った。二年間で千人以上の死者が出た。この不幸を目の当たりにして、知事ファレスは、病院の建築を急ぐなどの衛生対策のほかに不可欠な対策を幾つか実施した。その一つとして、聖歌隊の先唱者は死の恐怖に襲われた人々への霊的指導を率先垂範することを加えた。一八五〇年七月三日、州政府発行の新聞ラ・クロニカ紙は、教会参事会の招聘で州政府は「我々を病魔コレラから救ってくださるように慈悲深い神に祈る」ため、二日後に控えた公開祈願祭の黙想会に参加すると報じた。二日後、本当にファレスが行列に加わった。「彼はところどころで聖なる救世主を真似て胸の前で手を十字に合わせて歩き、小声で祈りを捧げ、聖櫃の前で膝まづいた。司祭たちは、「主よ、われらを哀れみ給え」を歌った」[2]。

この二つの最高機関である政府と教会は、時が経つにつれて緊密になっていった。ある時には、さるドミニコ会士数人が、修道会の選挙の仲裁役を引き受けるように知事に依頼したこともあった。彼はそのつもりではあったが、あくまでも法が許す範囲においてであった。また、司教座はキリスト教倫理を堕落させるような考えを広める不道徳な本を禁じるように求め、彼はそれに応じた。ファアレスは州知事時代に「教会のミサを欠かすことはなく、足台には絨毯が敷かれ、祈禱台と膝当てがついた聖職者席の下の席で祈り、司祭は懺悔と信仰宣言を聞くと彼に安寧を与えた」と、ファアレスの列伝記録者の一人が記している。彼は「古風なカトリック信者」であった。

＊

知事は司教が語るように話し、公式行事では威厳があり、聖職者のような崇高な理想を述べた。神に祈り神の摂理を引き合いに出し、熱心にミサに通った。こうした行為には下心など微塵もなく、自らの統治に威厳と強さを授かるための自然の行為であった。

宗教をよりどころに、ファアレスの政府は法に基づいた新たな正当性を打ち立てていった。彼の政府は新しい様式を導入した。予算は守られ、公務員には期日に遅れることなく給料が支払われた。訴訟や利害の仲裁にはできるだけ歩み合い、市町村の選挙を尊重した。州の主権擁護には熱意を燃やした（米墨戦争が終わるとサンタ・アナがオアハカ州に足を踏み入れることを禁じた）。州立議会での演説は体裁の整った文書になった。手つかずだった鉱山業の振興に力を入れた。様々な行政機関にも気配りが払われ、判事の任命も慎重に行われた。「秩序を乱す者たち」に対し「広範囲にわたる強力な権限」を慎重かつ自由に、そして精力的に行使できるように議会に要求した。時には、テワンテペックの学校設立の時のように、ファアレスが現れただけで群衆は満足した。彼は常に法的処置を講じながら、不満に耳を傾け、正義を実践した。法令を定め、行政と軍を組織し、副知事を任命し、軍事力を削減した。全てを法令化し、全てを即座に決定し、全ての権力を一つに集中させたが、法的なアンパロ［保護請求権］を無視しなかった。この新しい政治形態は些細なことにも及んだ。

ファアレスは後に『子供たちへの覚書』にこう記している。「悪習慣とは、知事の虚栄と贅沢を満たすだけにしか役に立たない慣例である。また、知事公邸に軍の護衛を置くことや公式行事に帽子やそのかぶり方を工夫することなどである。私が知事になってからこんな習慣を廃止し、帽子と服は市民と同じものにし、自宅には護衛は置かずに暮らしている。知事への尊敬は法律を守り正しい行いによって得られるもので、舞台の役者の王が身につけるような服や軍隊は必要ないと私は思う」[3]。

「フチタン事件」は、彼が二期連続で州知事をしていたときに直面した恐らく一番深刻な問題であった。これには二重の法的闘争が絡んでいた。第一の争点は首都周辺部の村とアシエンダにもよく発生する問題でもあったが、土地所有者にフチタンの塩田所有を公認していたローマ法と、独立戦争前までは村の住民に塩田の用益権を与えた植民地時代の法律のどちらを優先するかであった。第二の争点は、連邦政府と州政府の司法権の問題であった。ファアレスは両方の問題に敏速に対処した。首謀者のメレンデスと連邦政府からの圧力に、オアハカ州はテワンテペック地峡の地域を不法に奪取しようと試みるフチタンの住民に、州政府は敢然と立ち向かった。知事にしてみれば、騒動の責任は「倫理感に欠ける」フチタン住民にあった。彼らが塩を盗み、家畜を殺し、人頭税の支払いを拒み、密輸していたからである。ファアレスはこの問題を軍事力と説得で解決しようとした。軍はゲリラを指導するメレンデスと戦う一方、その地方に学校を設立して宥和政策を図った。また共和国大統領がフチタンの主たるアシエンダ所有者を説得して、「既得権の一部を村民に譲るよう」に試みた。争いの最中、幾つかの小屋が燃やされると、連邦政府は介入に乗り出すかに見えたが、ファアレスは州境界線の侵攻は阻止した。ファアレスの政府は「残虐で、粗野で、残忍」とする向きがあったが、彼の断固たる政府は「法を犯す干渉」は決してなかった。

メレンデスは最終的にチアパスで逮捕されたが、連邦政府は彼に恩赦を提案した。ファアレスはこれをきっぱりと拒否した。州議会に提出した文書には、メレンデスやその一味の罪に対して連邦政府が懲罰したり無罪にしたりする権限はなく、憲法あるいは法律に従えば、彼は恩赦の対象にならない、と反論した。「正義のため、平和のため、彼らの罪状は法律に照らして罰せられなければならなかったのである」。

共和国辺境の州では、知らないうちに、新しい政治手法が生まれつつあった。それは新しい統治の論理であった。ファレスは法に執着した。農村地区に五〇の学校を建て、科学芸術学院の分校を作り、女性が教育を受けられるように助成金を出すなど熱心に教育活動を行った。彼が掌握した権力とその行使は、平静時にはサンタ・アナとは全く正反対のものであった。イタリア歌劇から抜け出てきたような「センポアラの英雄」ことサンタ・アナは軽薄で、先見性がなく、無鉄砲で、無分別であった。感情的で、即興的であった。極端で、波があり、虚栄心旺盛で、よく泣き、よく笑った。ゲラタオのインディオことファレスは年を重ねた褐色の濃い肌をして、石でできた神のような風貌の持ち主であった。彼は古代史のドラマから生まれてきたのであった。重々しく、冷ややかで、慎重かつ柔軟であった。几帳面で、堅実で、厳格だったが、優しく、仲裁役も務めた。しかし、彼は得体のしれない人物であった。サンタ・アナの場合、何千人もの魂を揺さぶる演説のどこに本音が隠されているのかを探し当てたり、彼が演じた以上の真実が少しでもあるかどうかを見極めることが難しかった。ファレスの場合は、演説のレトリックを差し引いたとしても、本質的に誠実な人物で、その言葉は突如として重みを持った。

「私は諸君の代表だ。私はそれを忘れない。諸君の権利を守り、諸君が輝き、成長し、未来を切り開くように見守ろう。混乱を招き、悪癖に溺れ、貧困を助長させるようなことはやめなければならない。口では友である、解放者であると言う者は、実は国の不幸を我々に代償させ、残忍な独裁者の手で我々を操っている」[4]。

サンタ・アナは、一八四八年に自分がオアハカに行くことを禁じられた法令を制定したファレスを許さなかった。そして、それを理由にファレスに国外追放を命じた。二人の孤児オカンポとファレスは、ニューオリンズで初めて出会った。彼らは全く正反対であったが、それでも固い同盟を結んだ。オカンポはファレスに緩やかな反聖職者的態度の原則を手ほどきした。一方、ファレスはオカンポに不思議な影響力を及ぼした。ファレスはオカンポを説得し、なだめ、穏やかな気持ちにさせた。オカンポは宗教を捨てたが、ファレスは宗教そのものであった。オカンポはレフォルマ［改革］の精神を、ファレスはレフォルマ［改革］の精神を打ち立てるのに必要なインディオ独特の宗教性を象徴していた。オカンポはファレスから自分にない魅力を感じていた。それは触れることができて、冷静で、顔が見えない母なる自然の魅力ではなく、人間の顔を持った、インディオの顔をした母なる大地の魅力であった。一方、オカンポの説得によって、ファレスは法に内在する宗教的意識を深め、法を崇拝するために執着心を燃やしていった。宗教自体への心酔から脱皮するまでなり、密かに教会と国家の分離を考えるようになっていった。恐らく二人の気心が知れたのは、ファレスがオカンポに葉巻を差し出した時に、オカンポが「いいえ、結構です。葉巻を吸うインディオは泥棒に違いないと言われていますからね」と冗談を言って断わった日であったのだろう。これに対してファレスは短くぶっきらぼうに、「インディオだという点は否定できませんが、二つ目については同意しかねますよ」と答えたのである。オカンポは平謝りするしかなかった。このインディオは何か新しい、定義しえないものを象徴していた。それは天性の強さではなかった。大地と歴史の力であった。ファレスもまた、イダルゴからサンタ・アナまで続いたクリオーヨ王朝のように権力指向を拒まなかった。ファレスも権力を握るのである。

註

1　一連の引用箇所は、Discurso patriótico pronunciado por el Lic. Benito Juárez en la ciudad de Oaxaca, 16 de septiembre de 1840 である。ファレスについての引用は、主に次の典拠による：Benito Juárez : Documentos discursos y correspondencia México, 1964

2　典拠は、Francisco Blunes : *Juárez y las revoluciones de Ayutla y Reforma México*, 1967, 一七七頁。

3　典拠は、Benito Juárez : *Discursos y manifiestos, México*, 1987

4　一八四八年八月一二日ファレスが州知事に再選された時の演説文で、サンタ・アナの特異な行状、「大衆の扇動者」に痛烈な批判を浴びせている。典拠は、Benito Juárez : 前掲書 Documentos... である。

3 改革の時代

歴史を一つのあるいは複数の演劇の種類に譬える、つまり叙事詩、悲劇、叙情詩、喜劇に譬えるということはよくある。ただし、ある特定の演劇の種類に正確に類別される歴史や時代や国が存在し、それがあたかも神かデミウルゴスが演出したかのような場合があるとしたら、「レフォルマ戦争」として知られる、メキシコの一八五八年から一八六一年がそれに該当すると言えよう。

第一幕には長い序幕がある。早くもファレスとオカンポが主役として登場する。二人はすでにニュー・オリンズから戻っており、ファン・アルバレス大統領の大臣を務めていた。ファン・アルバレスは老齢で、一目置かれた「南部の荒野」のカシケであった。[1] サンタ・アナに対する反乱を率いたが、自らの意に全く反して大統領の地位にあった。サンタ・アナの地位への固執を軽蔑していたので彼の動機は、かつての上官で畏敬の念を抱いていたビセンテ・ゲレーロの意図と同じであった。だからこそ、彼の在任期間は短く、首都からではなく常春のクエルナバカから、できるだけ自分の勢力下に近い場所から、常に辞任を意識しつつ指揮していたのであった。

事実上政府の指揮を執っていたのはアルバレスの旧友で、軍人であり企業家であったプエブラ出身のイグナシオ・コモンフォルトである。[2] 彼はクリオーヨで、裕福であった。アグスティン・デ・イトゥルビデのもとで騎兵隊の旗手をつとめ、イエズス会の学校に学んだ。オアハカとプエブラの間に位置するイスーカルにあるアシエンダの跡継ぎで、また、その地の軍司令官であり、州政府の財務官も務めていた。コモンフォルトは、トラパでの局地戦で優秀な司令官として功績をあげた。その際にアルバレスは彼に会い、その建設的な考えと妥協にも応じる柔軟性を高く評価するようになった。コモンフォルトはトラパ＝オメテペック間の道路開通に人々を動員し、地主と村人の土地をめぐる長年のしこりを見事に解決。一八四六年には首都の北に位置するトラネパントラの新しいアシエンダ所有者として、またその地の軍司令官として時間を半々に割くようになっていた。その頃、彼と知り合いになったギジェルモ・プリエトによれば、アルバレスはコモンフォルトをわが子のように可愛がっていたという。コモンフォルトは美徳を備えた模範的な人物だったからである。

「生来、優しく、穏和で、洗練された繊細な教養を身につけていた。無垢で極上の家庭的な喜びを作り出すために生まれてきたような人物であった。妻を「お母さん」と呼んで、深い情熱を傾け、敬愛し、いつも彼女に付添っていた。そのため年配の女性への接し方が上手く、また子供も可愛がり、話を聞いてやっていた。家族が親密な関係を保つ上で欠かせない宝のような男であった」。

アメリカ軍侵攻中、コモンフォルトは独立戦争軍司令官の最後の生き残りであるニコラス・ブラボの指揮下で戦った。上院議員の任期（一八四七年～一八五一年）が終わると、自分の本業と役人の仕事に戻った。本業はゲレロ州のアルバレスが統括する地域で土地を管理し、公務はメキシコ太平洋側の主要港であるアカプルコの税関長となった。一八五四年、このカシケと役人という組み合わせがアユトラ事変成功の鍵となり、続く革命でサンタ・アナを永久に葬り去った。翌年、アルバレスは故郷に戻ろうと躍起になったが、その間コモンフォルトは完璧な内閣、和平のための内閣作りに没頭した。一八五五年末、アルバレスは望みを叶えた。大統領を辞任し、その地位を信頼寄せる男コモンフォルトに任せたのである。こうしてドラマの序幕が始まった。イグナシオ・コモンフォルトのモノローグで幕が開く。

メルチョール・オカンポはこの和平の内閣で大臣職を一五日間務めた。この一五日は一五分間のように短い期間であったにちがいない。当時法務大臣であったファレスからの、協力を求める感動的な言葉が、オカンポに辞表提出をためらわせた。コモンフォルトが積極性よりも調和を求めていたことは次の言葉からも明らかであった。「行政府は常に活動的で、活力にあふれているべきだ。自滅行為に走ったり、国益を追求する機会を逃したくなければ」。オカンポに言わせれば、コモンフォルトの決断は常に「半分イエスで、半分ノー」であった。例えば、政府の諮問委員会に聖職者を二人加えるという提案には何の意味があったのか。これでは共和国の政府は連立内閣であり、二つの政府が存在しているかのような印象を与えることになる。自由主義であり同時に保守である政権などありえない。オカンポはメキシコの状況には「キネット式の革命」が必要だと考えたが、それはまさにコモンフォルトが承知しそうもないものであった。コモンフォルトの閣僚としての二週間を振り返り、オカンポは一八五五年一〇月に娘婿ホセ・マリア・マタに宛て、手紙を書いている。

「とうとうコモンフォルトは私に、革命は妥協の道筋をたどるものだと説明した。私はといえば無一文になっても妥協しない人間だから大臣職を辞めた。コモンフォルトは手綱を締めてメキシコを鎮圧し、自ら統治を続けると私に言ったが、無理だろう。必要なのは手綱を締めることではなく首根っこを掴むことだと私は思う。時がたてば二人の唱えるどちらの方法が正しいか、判るだろう」。

自由主義者の大半は「生粋派」でもなく、オカンポのように意志堅く独立して行動していたわけでもなかった。彼らは自らを「穏健派」と呼んだが、実際にその通りであった。この穏健派は教会との平和的そして調和的共存を望んでいた。一八五六年初頭、オカンポが予想した事態がコモンフォルトにふりかかった。アユトラ事変の基本理念を達成するために招集された新しい憲法制定議会の大多数は、強硬派の赤い色にもメキシカン・ピンクにも染まらず、薄いピンク色に終わってしまったのである。行政府と立法府は、メキシコ政界を伝統と進歩、秩序と自由という二重の信条基盤の上に和解させることを決定したのであった。穏便に平和的に周囲の困惑を収拾しなければならなかった。一九世紀の経験を踏まえれば、「永代財産は没収せよ」、財貨は市場に委ねよ、そし聖務は本来の場所で、つまり、意識の奥底に、教会内部にだけ留まれということであった。教会は文句なく霊的指導権を保持することになるが、もう一つの点についてはそうはいかなかった。

その年の半ば、政府はミゲル・レルド・デ・テハダが起草した「収益性の乏しい資産の没収」に関する重要な法律を制定した。民間および教会所有の全資産、つまり学校、修道院、信徒会、僧院、インディオ共同体の資産を市場に解放する（今でいう民営化）というものであった。農村や都市におけるこうした不動産（土地、建物、アシエンダ、あらゆる種類の大農園）の借地人や土地落札者はこれを私有地として購入することになった。その際、教会にその価値を気遣って、売値に年間六％の利子を支払うことを義務づけた。その政府の特例措置は教会をまたたくまに巨大な勧業銀行に仕立てあげ、同時に、多くの中流地主層も誕生させる道を開いた。

プエブラで聖職者による最初の反乱が起こった時、新憲法を起草すべき議員たちはまだ議席にも就いていなかった。政府の報復は穏当で、財産の一部を没収しただけであったが、カトリックの高僧は全てを没収されたと錯覚した。このように緊張感がとりわけ高まっていた時期だけに、議会は信教の自由を認める法律制定を拒んだが、暗黙のうちに良心の自由を容認していた。僅かな改革さえも一部の議員たちにとっては無謀に映り、直ちに、憲法本文に「公正かつ賢明な法律をもって」特に教会を「尊重し、擁護する」と約束した。しかし、いかなる交渉も教会を静めることはできなかった。議会における再三の努力も効果がなかった。自由主義派宗教会議とも言える議会の妥協案にも、教会は都合のよいものだけを認めた。即ち、一種のフランス式協約を提示した。永代所有財産解放令に対する教会側の解釈は同様に法自体が罪であるとの見解を示した。教会側は何も受け入れず、話し合おうともしなかった。彼らの姿勢は全てを獲得するか、全てを失うかのどちらかであった。相変わらず祭壇では陰謀が企てられ、金庫は軍隊のために開かれ、聖職者は戦士と化した。当時の穏健派の歴史家は、教会が関係修復の対話の機会を逸したことを嘆いたのも偶然ではない。

「教会は休むことなく活発に活動している。巷で出回っていたビラは全くひどい内容だ。勝利者側（自由主義穏健派）は、暴力や絞首刑で金持ちや聖職者を抹殺しようとしていると声明文を出し扇動した。不敬虔者の大地を清め、宗教を守るために闘えと国民を扇動するものもある。大統領に宛てた罵詈雑言ばかりの手紙もある。街角や寺院の入口には落書きのように破門に関する法令を書いて回る始末。要するに、教会は現政権に対する国民の憎悪をあおり、人々の意識を刺激し情熱を焚きつけるためなら何でもしているのだ」[3]。

メキシコ史上初の本格的な自由主義憲法は、一八五七年二月五日、メキシコの最初の聖人、フェリペ・デ・ヘススが日本で殉教した日、キリスト磔形像の前で宣誓された[4]。憲法序文の第一行目は神について言及している。この憲法制定を推進した本人バレンティン・ゴメス・ファリアスは病気のため担架に乗せられて会場にいたが、キリスト像に接吻した。それはあたかも「祖国にとっての秘跡を祝別しているようであった」。フスト・シエラによれば、「憲法制定者たちの出席は言うに及ばず、その式の性格上、また荘厳さのためか、会場は得体の知れない謎めいた宗教的な雰囲気に包まれていた」と述べている。レルド法と、コモンフォルト政権の大臣たちによって制定されたほかの二つの法律（聖職者の諸特権およびフエロ廃止のファレス法と、教会法に定められていた政府による教区教会税強制徴収税の廃止法）は、憲法に採り込まれているが、新憲法における宗教尊重の精神は一八二四年憲法精神から離れたものではなかった。キリスト教を国教として法制化しなかった点では異なっていた。司教たちや法王ピオ九世は不満を表し、これは教会の権限、権威、教義、自由に反するものであると公言した。「何人たりとも、この憲法を遵守することを誓うのは、正当ではない」というのである。教会は大臣らを異端排斥として破門した。すでに州知事に再就任を果たしていたファレスだけが、遠く離れたオアハカ州で司教が「テ・デウム」を歌ってこの法律を暫定的に地元の大聖堂にて認めさせることに成功していたが、これは例外であった。

一八五七年一二月一日、コモンフォルトは新憲法を擁護することを誓ってメキシコ大統領に就任した。二週間後、再び過去の歴史が繰り返された。保守派の政治家と軍人がフェリックス・スロアガに率いられ、「タクバヤ事変」を企てて、教会から祝福を受けた武器で自由主義憲法に刃を向けた[5]。しかし、それだけではなかった。こともあろうにクリオーリョのコモンフォルト自身が錯乱を生じる、前代未聞の事件が起こったのである（すべてはサンタ・アナがお膳立てしたことであった）。彼は後になって、「この憲法は国が望み必要としていた憲法ではなかった。憲法遵守は不可能であった。その不評ぶりからも明らかである。この憲法に運命を託すような政府は路頭に迷った政府である」と記したからである。[6] 秩序と自由を調和させるべく新たな調整を模索する必要があった。

憲法を存在させるべきか、廃止すべきか、とプエブラ出身のハムレット［大統領コモンフォルト将軍］は考えた。自由主義派は正しかった。「聖職者の政治介入が必要だったのは以前のことだ。永代所有財産の解放も、何百万というメキシコの人々が苦しんでいる貧困追放の対策になったかもしれない。教区教会特別手当法によって、聖職者は神父として、或いは不幸な者たちの慰め人としてその存在価値を取り戻したかもしれない。しかし、メキシコの聖職者がこの国を教化したのは、彼らが権限や特権を有していたからではない」。しかし、一方、保守派も正しかった。いかにして「暴力的に過激化する革命」のような嵐と妥協するかと考えた。自由主義派の活動はハリケーンであり、短剣と化したデマゴーグであり、古い秩序を瓦礫の山に化すほどの破城槌であった。この両極派の間にあっては、「正当なら自由主義革命の要求に応じ、また保守派の良き原則は尊重して、人々の習慣や信仰と真っ向から衝突しない賢明な改革の断行」をもって統治することが必要であった。メキシコの欠点は「極端に走ること」だとコモンフォルトは考えていた。賢明な政府であれば両者の「有用な点」を取り入れるべきであった。国は専制ではなく秩序を求めていた。放縦ではなく自由を求めていた。憲法を実施することは困難であったが、その代わりにタクバヤ事変は「コモンフォルトの政治思想に対する一つの援護」であるかのようであった。少なくとも打開策は開かれた。

しかし、それは対立に向かって突っ走っていく。数日して、紳士的で、この寡黙なメキシコのハムレットは再びためらった。当然のことながら反乱者たちは蜂起し、自由主義の考えを拒否した。コモンフォルトは憤慨した。「彼らは私が主義主張を強く否定し、同志を裏切ったと思っている」。しかし、この時点で、コモンフォルトは自分の主義主張が何か、同志とは誰を指すのかをわかっていたのだろうか？ 彼は宙づり状態にあった。主義主張も持たず、同志もなく、煉獄に残されていた。もはや専制主義と狂信的行為の盛り上がりを再び許すわけにはいかなかった。抗戦すべきであり、憲法に立ち戻って、「法が定める人物――最高裁判所の長官、つまりファレス――に最高権力を返還しなければならなかった。新たなプロヌンシアミエントをはじめとした反動的な動きがすでに顕著になっている中、出発点に戻れることは不幸中の幸いであった」。この憲法は施行不可能ではあったが、正当であり、専制主義に陥るより賢明な措置だったからである。

数日後、プエブラのハムレットは自らの意志でニューヨークに向けて出発し、そこで自分が目指す「穏健な自由」、「賢明な改革」、「政治的寛容」を正当化する短い文章を準備した。コモンフォルトは、メキシコの選択肢は対になるべき二つの考え――自由と秩序、伝統と改革、過去と未来――の和解、同胞愛、協調であると考えていた。

「蒔いた種はそこに残る。そして、いつの日にか、神が私の祖国に私の政府より祝福された政府を誕生させたいと思われた時、果実をつけるだろう。その政府が私と同じ道を歩んで、私が夢見た最終目的に到達する幸運に恵まれることを望む」。

一八五八年六月、コモンフォルトがメキシコ国民に向けて自己弁護を執筆していた時、その二対の構想は、すでにメキシコ内においてそれぞれ大統領を擁し、軍隊を持ち、真っ向から対立する血なまぐさい関係にあった。共和国の首都にはフェリックス・スロアガ、西にはベニト・フアレスがいた。歴史はオカンポが正しかったことを証明した。力でねじ伏せてメキシコを統治することは不可能であることを。コモンフォルト演じるドラマの序章はもう終わった。いよいよ第一幕が始まる。この幕の登場人物は誰だろうか？

＊

ついに、モラとアラマンの子孫が、かつての進歩支持派と旧体制支持派として対決した。この二つの対立する構想、二つの社会的そして人種的ルーツ、二つの相対する体制。自由主義派と保守派である。

これまでにも言われてきたように、両者にはそれぞれはっきりとした特徴があった。総じて言えば、これは世代間の争いであった。自由主義派の代表は文民と四〇歳未満の軍人であった。彼らはクリオーヨというよりはメスティソで、とりわけ国の中央および北部出身者が多かった。保守派を代表したのは政治家、聖職者、自由主義派より一〇歳年長の軍人であった。彼らは都会の富裕層で、自由主義派よりもクリオーヨ階級が多数派であった。自由主義派には正真正銘の連邦主義者である州知事も多く、カシケも少なくなかった。彼らは政治信条というよりは中央集権主義指向の軍人に対する憎しみが故に連邦主義者であった。自由主義派に共感したのが、各地の中流階級と急増中の永代財産解放令の新たな恩恵者（とりわけ都市居住者層）であった。保守派には給料を払わなければならない首都の役人、「社会的に地位のある人」、そしてもちろん聖職者がいた。レフォルマ戦争中、自由主義派と保守派のいずれも総兵力が二万五千を越えることはなく、おそらくそれ以下であった。その上、軍はたいてい「募集」という名の下に強制召集された兵士から成っていた。理由は単純である。自由主義派と保守派の対立は独立戦争と異なり、民衆の戦争ではなかったからである。民衆・戦争という二つの言葉の持つ意味のいずれにも当てはまらなかった。この戦争は民衆の賛同を得ていなかったし、積極的な支持もとりつけてもいなかった。戦争の原因は宗教に根ざしてはいたが、少数指導者のあいだでの人種的、社会的、経済的な対立でもあった。

　両派には卓越した人物がいた。彼らの活動を見ていると、アラマンとモラが軍人と手を組まなかったことにあることがよく判る。軍人は、今では弁護士、工学士、詩人、聖職者、ジャーナリスト、企業家、カシケなど、サンタ・アナの時代には存在しなかった新しい世代の人々と、権力や主導権を分かち合わなければならなかった。また、両グループに顕著であった点は、最初からドラマの主要人物が誰か、初期に活躍する役者が何者か一目瞭然であった点にある。

　保守派は、初期の戦いでクリオーヨの将軍ルイス・オソヨ（フスト・シエラによれば、コモンフォルトが「特別な親近感」と「偏愛」を抱いていた人物）が死に、その主役の座が二五歳に満たない若い首都出身の将軍のものとなった。彼はもともと四七年の米墨戦争で「英雄士官学徒」の物語として知られている士官学校の士官候補生であった。アラマンの時代の保守派に属し、「家族と祖国」を信じていた。士官学校では砲兵隊戦略を教えた。アユトラ事変でサンタ・アナ政権を守り、一八五七年初頭にプエブラでコモンフォルトに対し陰謀を画策した。彼の名はミゲル・ミラモン。[7] 友人も敵も彼のことを「マカベア」［英雄（ユダス・マカバイオ）Ioudas Makkabais にちなんだ勇者の名前」と呼んだ。ソロモンの神殿の神を汚す侵略者ギリシア人からイスラエル人を解放した、聖書に登場する伝説的な兵士マカベアのイメージそのものだったからである。ほかの軍人も優秀だったが、ミラモンほどではなかった。レオナルド・マルケスはすぐに血なまぐさい行為で本性をさらけ出し、タクバヤ事変の先導者であるスロアガも早々に姿を消した。軍人としての高い資質を具えたインディオのカシケ二人がミラモンに加勢した。東はシエラ・ゴルダの主、トマス・メヒア、西は謎の「アリカの虎」マヌエル・ロサダであった。ロサダはその地域にインディオの帝国を再建することを目指していた。メヒアとロサダの両者は、歴史に深く根ざした考え方を実行していた。それは、その背景には、レルド法によって永代財産が解体され、それまで所有してきたインディオの多くの共有地（エヒード）が売却されたので、その反動は自由主義政治に対するインディオの抵抗だと理解していたからである。

戦争中、若きマカベアは保守派の大統領となった。軍事や民事の権力が一人のカウディーヨに完全に集中するというこの現象は、時代に警鐘を鳴らしていたはずである。様々な疲弊による影響が表われていたのである。サンタ・アナにみる軍事および民事のあたかも神託政治の時代、四七年の落胆と屈辱、一八二一年から国を「意のままに」してきた軍人階級の高齢化あるいは死。そして今、この軍人階級は自らの誤りの代償を払うことになった。しかし、民間人に関しても保守派の主導性は相対的に顕著な陰りを見せていた。おそらく、以前からのアラマンへの知的権力集中が原因であった。ドラマの登場人物は旧アラマン派で占められた。軍人ファン・N・アルモンテ（モレロスの非嫡出子であった熱狂的な反米派）、ヨーロッパ在住の君主派貴族グティエレス・デ・エストラダ、保守派で旧サンタ・アナ派のアロ・タマリス・イ・ラレス。唯一強硬な態度を見せていたのは聖職者で、オカンポがバヤドリードのセミナリオで一緒だった二人、イグナシオ・アギラール・イ・マローチョとあのマラバティオの「司祭」クレメンテ・デ・ヘスス・ムンギーアであった。

自由主義派とのこれ以上の対照はありえなかった。自由主義派の若き軍人たちは職業としてではなく、その天分と信念がために軍人となった。彼らは幼年期と青年期を革命に明け暮れるこの国で過ごしてきた。今こそがチャンス到来であった。この典型的な人物がオアハカ出身で、一八三〇年生まれのポルフィリオ・ディアスであった。[8] 彼はオアハカ科学芸術学院でフアレスに師事している。フアレスのようにポルフィリオも以前は聖職者希望だったが、アユトラ事変で武力闘争の道に身を投じ、以後その道を投げ出すことはなかった。山岳部イストラン一帯の政治リーダーとして、ほぼ生粋のミステカ人である彼は、百戦錬磨で、先祖に対して敬意を表した。テワンテペック鉄道の建設を監視すべく獰猛なフチテコ人から成る私設軍を指揮し、保守派に対して武力で挑んだ。ディアスはカシケであり同時にカウディーヨであった。自由主義派の軍隊には軍人、農民、教師、弁護士、鉱山主、公証人事務所の書記、新聞記者もいた。最も重要な分遣隊は「国境隊」と呼ばれ、小農場主、商人、密売人、北部のカシケ、遊牧インディオと戦った熟練兵士、保守派の理想とは全くかけ離れた者、根っからの反教権主義者、地理的そして歴史的理由から、或いは天性ゆえに、自由主義派であり個人主義者である者から成っていた。しかし、その中でもひときわ異彩を放つ人物は、武装した修道士の新たな生まれ変わりとも言えるサントス・デゴヤードであった。[9]

デゴヤードは、一八一一年、イダルゴの軍勢がグアナファトに入った数カ月後、その町に生まれた。彼は副王政府による財産没収の対象となった独立運動派指揮官の息子で、非常に幼くして孤児となった。その後、士官学校の寄宿生となり、二〇年間モレリアの大聖堂の会計係を務め、自由時間にはモレロスのように語学を勉強した。そして、もう一人の孤児である言語学者と出会った。知事メルチョール・オカンポである。デゴヤードはほかの誰よりもオカンポを崇拝するようになっていった。オカンポが彼に任せた仕事は職業振興委員会と、かつてイダルゴが校長を務め、独立運動以来、閉鎖され、オカンポの指導のもとサン・ニコラス・デ・イダルゴ学院という新しい名で再開した伝説的なサン・ニコラス学院の事務長であった。一八五四年、デゴヤードはサンタ・アナに対して武装蜂起。その二年後には憲法制定議会の議員となり、最高裁判所の裁判官そしてミチョアカン州知事に選出された。しかし、彼の特異な点は、教会に対するアンパロ［保護請求権］を頑に擁護してきた経歴でも公的地位ではなく、宗教心にあった。偶然当たった宝くじの配当金全額をその大義につぎ込むほどであった。戦争が始まった頃、彼は自らの「軍事経験の不足」を素直に認めてはいたが、戦争の大半は自由主義派軍の司令官であった。実際には、無敵のマカベアと違って、「ドン・サントス」――そう皆がデゴヤードのことを呼んだ――は勝利よりも敗北の方がはるかに多かった。それでもなぜ彼は前線に残ったのだろうか？　それは単純な理由だ。デゴヤードが自分の後に続いて戦う志願兵を募っていたためであった。「将軍としては敗戦ばかり経験していたが、人間としては不屈であった」とフスト・シエラは記している。デゴヤードは「民主主義という聖なる大義」について説諭して兵を挙げ、負けてはまた兵を挙げた。彼は天啓を受けた人物であり、内に秘めたカトリシズムと政治面での自由主義とが明らかに融合した例であった。

デゴヤードは、「教会の庇護の下に教育され、誠実で、革命家と言うより、教会法学者であり、神学者であった。レフォルマの戦いには全霊をなげうって臨んだ。深い信仰心を抱き、宗教心の微塵も失うことはなかった。教会権力剝奪にあたっては、教会が道を曲げ、方針を誤り、キリストの教えに背いた結果であるとした。カトリック教徒とは彼自身であり、彼こそが模範的な教会法学者であり、神学者であった。司教たちこそ敬虔さが欠如していた。民主主義とはキリスト教民主主義であり、宗教の自由とは教会の、聖ユスティヌスの、テルトゥリアヌスの、殉教者の時代の偉大なるキリスト教擁護者の教えを信じることであった。自由に対立するものは、教会の抑圧と暴政であり、異端審問であり、ハプスブルグ家の黒衣をまとう不吉な王たちの庇護を受けたその教会であった。無慈悲とは新しい考えが発展することを阻止し、白熱した雰囲気の中で民衆が立ち上がることを妨げることである」とシエラは記している。

デゴヤード支持者たちの忠誠がどのようなものかを言い得て妙な自由主義派陣営の標語として、「我々はドン・サントスのためなら喜んで死にたい。我々が彼のために死んだことをドン・サントスにただ知って欲しいがために！」などがあった。これは精神的に「兵員召集」に応じる証左であった。

それ以上に、自由主義派の民間人グループには驚かされる。第一線で活躍する作家や新聞記者が何人も揃っていた。

プリエトは今や「ドン・ギジェルモ」と呼ばれて尊敬されアラマンと一緒に散策していた頃よりもずっと自分自身に確信を抱いていた。フランシスコ・サルコは憲法制定議会の報道記者で、一九世紀の最も熟達した新聞記者であった。[10]怒れる「交霊術師」イグナシオ・ラミーレスは自由思想家で、トルーカ州立科学芸術学院の創立者であり、その地でティスカ出身のビセンテ・ゲレロのような生粋のインディオで、のちに一九世紀の最も卓越した文化的そして文芸活動家と呼ばれたイグナシオ・マヌエル・アルタミラノを育てた。[11]バヤルタ、デ・ラ・フエンテ、イグレシアス、サマコナといった法律家のほか、社会主義者でアシエンダ領主のアリアガもいた。そして、オカンポ、レルド、ファレスもいた。ファレスを除けば、ほぼ全員が憲法制定議会議員を経験していた。彼らは最も広範にわたる自由（公的および私的の場における言論の自由、教育の自由、人の移動の自由、集会の自由、信教の自由）を保証する憲法を編んだ。権利の保証（特権および特別法廷の廃止、借財による拘留の廃止、全ての民事および刑事裁判における弁護の自由、そして、とりわけ職権乱用に対するアンパロ［保護請求権］の確立）も拡大された。立法権を行政権より優位に位置づけた。裁判官を選出する国民投票も準備した。なぜなら、彼らは、（冷酷で、高慢で、傲慢で、思慮深くなく、無分別で、束縛を嫌う者たちで）サンタ・アナの時代に育っていたからである。そこで彼らはサンタ・アナの存在の有無に拘らず、あらゆるサンタナ主義から国を守り、メキシコで初めて民事面および政治面で自由を全面的に獲得しようと、社会が無秩序に陥る危険を代償にしても必死になったのも当然であった。彼らの使命をオカンポほど上手く定義した者はいない。オカンポはこの使命にたじろんでいるような振りをみせながらも、敵の行動と比較して大いに安堵していた。両者間に横たわる争いの全ては、アシエンダ・パテオ経営者オカンポの自然科学者としての意見に集約されている。

「不幸にも自由主義派は本質的にアナーキーである。これからもこの特質は変化しない。真実を判断する我々の基準は相互理解が原則で、或いは経験に従い、厳格な論理に基づいた帰納法に依拠している。我々が敵とみなす陣営の基準は権威である。従って、保守派は国王や法王から命じられると盲目的に服従する。一方、我々は命令されても、それに従う意思がない。ましてや蜂起を考えていれば、我々は服従せず不服を言うだけである。なぜなら自由主義者は一人ひとりが自由になりたいと願い、或いは自由になるまで闘うからである。我々の敵は盲目的な追随者であり、一様に後見人付きの孤児のようである。自由になるには犠牲が要求され、何事においても高邁な人間性が必要だからである」[12]。

自由主義派内の奇妙な矛盾は、主役である最も年長で経験豊かな人物が、このオカンポの定義に必ずしもあてはまっていなかったことにある。この人物は独自の、その不屈で心酔する方法で、宗教心をもって憲法を信奉し、自らの大統領就任はその重大さを認識し、憲法と大統領職がもたらす服従と権威を信じていた。指揮権を行使する時にはクリオーヨ流儀の独裁者ではなかった。ファレスは「憎き軍国主義的権威」が大嫌いであった。ましてや自由を説く無分別な使徒でも、デゴヤードのような一九世紀にカタコンベの中で迷う原始キリスト教徒でもなかった。祖先サポテカ人のやり方で指揮を執った。オアハカ知事時代から自らの歴史的使命を強く意識し、しかもその役割を見据えていた。この「大地の申し子」は果てしない自己解放の道を歩み続けなければならなかった。それは自分のための道であり、彼の同胞のための道であった。羊の群には羊飼いが必要だと予感し、その後一五年間、一日たりとも休まず自ら羊飼いに徹したのであった。

*

レフォルマ戦争第一幕の大半は戦闘シーンで、共和国中央部及び西部、とりわけハリスコ、サン・ルイス・ポトシ、サカテカス、コリマ、グアナフアトで繰り広げられた。保守派の首都はメキシコ・シティーで、自由主義派の首都は一八五八年五月以降ベラクルス港となった。そこなら「神が我々をお守り続けてくださる」と信じて、ファレスは自分の内閣の構成員である法律家たち——オカンポ、プリエト、レルド、ルイス——と共に避難していた。

この戦争はきっかり三年間続いた。一八五八年一月に始まり、一八六一年一月に終わった。最初の数カ月は保守派が圧倒的な勢いで進軍。長く果てしないその後の二年間は一進一退で、痛ましくも均衡を保った。一八六〇年後半六カ月に自由主義派の勝利が見えたかに思われた。両派の総兵力の数は同じほどで、一八五八年だけでも正攻法で一一回戦を交えた。そのうち五戦を自由主義派が、三戦を保守派が勝利し、残りの三戦は決着がつかなかった。ベラクルスの税関は、首都の官僚機構を抱えていた保守派よりも自由主義派に融通を図った。とはいえ、財政問題は両者にとってのアキレス腱であった。意欲の欠如というより資金不足から、教会は「マカベア」を強力に支援することができなかった。一方、自由主義派は、企業家、高利貸し、投機家から教会財産を処分する前提で、資金を調達した。戦争に勝利すれば、この資金は大きな見返りを生むはずであった。ミラモンはヨーロッパの銀行家にひどい条件で借金をとりつけ、一五〇〇万ペソ分の約束手形に署名したが、二〇〇万ペソと少ししか受け取ることが出来なかった。自由主義派もアメリカ合衆国の支援を取り付ける以外に策がなかった。その際の唯一の保証は、国有化されるはずの教会財産が債権であった。

一八五九年初頭、「マカベア」がベラクスルスに視線を向けた時期があった。それまで彼は二つの前線で戦っていた。北部一の勢力を誇るカシケ、モンテレイの主であり領主であるサンティアゴ・ビダウリとドン・サントスに対してであった。レオナルド・マルケスが共和国の首都をしっかり掌握している限り、ベラクルス港を素早く攻めれば勝負は見えていた。これに対し、フアレスは何としてもベラクルス攻撃を防ぐようにとデゴヤードに命じた。つまりメキシコ・シティーに進軍して敵のベラクルス進攻を阻止しろというのである。歴史家フランシスコ・ブルネスの説明によれば、このフアレスの決断はデゴヤードを殺戮の場に送り、自分自身は助かる魂胆であった。首都における戦力の不均衡と味方のベラクルスの堅い守りを考えれば、ベラクルスでミラモン「マカベアをさす」を待って倒す方が理にかなっていた。結局、ミラモンは進軍を断念してメキシコ・シティーに戻り、デゴヤードはメキシコ・シティーに進軍して負けを喫した。今回は惨憺たる敗北であった。一八五八年四月一一日、首都近郊のタクバヤの村で前代未聞の事件が発生した。レオナルド・マルケス——この事件以降「タクバヤの虎」と呼ばれる——率いる保守派の軍が、敵の士官や幹部そして負傷者の手当にあたっていた幾人もの衛生兵を含め、捕虜全員を殺したのである。サン・ルイス・ポトシでは「交霊術師」［イグナシオ・ラミーレスをさす］がこの虐殺を知って、心に残るソネットを書いた。

停戦も休憩もない戦争
敵に仕掛ける戦争
彼らの忌まわしく冷酷な血が
この怒れる大地に墓場を掘らない日まで。

彼らに向かって発砲せよ、霧に包まれた山々よ、
猛獣たちと流れる血。おまえの安らぎを
彼らに与えるな、陽の当たらない密林の鳥よ、
そして、おまえの光が彼らの目から太陽を奪う。

そして、もし平然とした盲目の自然が
同じベールを全ての上にかぶせたなら
そして、我々皆にその美しさを惜しみなく与えてくれたなら、

花と実が大地に育っても、
彼らに清い湧き水すらも残さないでやろう、
もしできるなら天の星すらも。

メキシコ・シティーの上流階級、教会の高僧、軍の幹部たちは勝利を祝うために盛大なパーティーを催した。シテ

ィーはまばゆいばかりに輝いていた。この祝宴を前にして、ラミーレスの弟子である若きアルタミラノは自ら詩を書いた。

もっと輝け、このシティーよ！
扉と窓を照らせ！
もっと輝け！　司祭のいない一派は
明かりが必要なのさ

デゴヤードはベラクルスへ出向き、自由主義派が絶望的な財政状況に陥っていることを陣営に説明した。ドラマは緊張感を増す。合衆国で新たな戦費を調達し、タクバヤの屈辱に歴史的な法律をもって対処しなければならなかった。次の幕は非常に重要となる。オカンポはすでにこうなることを一八五八年九月一六日の熱の込もった演説の中で見通していた。この演説はわずか六年前にミチョアカンで発表したものとは反対の内容であった。もはや彼は両陣営が和合する可能性を信じてはいなかった。改革の中でも最も急進的な改革を断行するようになっていた。メキシコの歴史を決定的に転換させなければならなかった。副王領時代の慣習から完全に解放されなければならなかった。だから、「皆、我々は悪い訓育を受けていたのだ」と言ったのだろう。労働意欲の向上や知的向上を望むには、まずはメキシコに文民国家としての主権を完全に確立しなければならなかった。ドラマの第二幕へ進まなければならなかった。これがいわゆるレフォルマである。メキシコの社会、宗教、経済の構造を、歴史の構造を修正する法律の発布であった。

*

ファレスはこうした法律を公布したくないと思っていたことは、あらゆる記録から分かる。「政府はこれらの法律の発表を先送りしていた」とプリエトは回想している。一連の法律はファレスの考え方に合致していなかった。ファレスもコモンフォルトのように——ファレスは彼をわざわざ親しく tú「君」と呼んでいた——秩序と自由は、分別のある、厳正な、家父長的な権力の庇護のもとで両立するものと信じていた。フアレスなら何ヵ月も或いは何年もじっと待っただろう。メキシコ国民は、各駐屯地から、説教台から保守派が声高に反対してきたこと——これが宗教戦争であるということ——をこの一連の法律の中に確認することができた。自由主義派の幹部から発布の要請が強く、また幾人もの知事がすでに法律施行を宣言していたことが事態に拍車をかけた。フアレスは選択の余地もなく、ルビコン河を渡った。

影響力を持つベラクルス出身のミゲル・レルド・デ・テハダ(歴史家、ロレンソ・サバラと同じタイプの経営者そして経済学の学者、一八五六年のレルド法起草者、イデオロギーを説くというよりもプラグマティズムに長けた人物で、アメリカ合衆国南部政府大統領ジェームス・ブキャナンを最もアメリカ大陸出身の人としてふさわしい人物と考えていた)が、一八五九年七月一二日公布の教会財産国有化法の起草を担当した。メキシコ人の未来の生活に関する社会的な問題と民事的な面についてはメルチョール・オカンポに任された。

オカンポの改革は五つの法律に示されている。最初の四項目は一八五九年七月と八月に公布され、最後の項目はレフォルマ戦争の終戦間近の一八六〇年一二月に公布された。

一．修道女および修道士の還俗および教会組織の廃止に関する法
二．婚姻民事化法
三．戸籍および墓地民事化法
四．宗教祝祭日の削減および公務員による宗教祭礼への公式出席禁止に関する法
五．信教の自由に関する法

二番目の法律は、オカンポの出自についての弱点をついたものだった。ワシントン駐在メキシコ大使ホセ・マリア・マタの夫人となった娘ホセフィーナに「この法律集の第一五条をよく読むように」と添書して手紙を送っている。その条項には、新郎新婦が互いを受け入れて式を挙げた後、判事が結婚の「厳粛性」について言葉を述べることが定

められていた。この文章はのちにメルチョール・オカンポ「言行録」として知られるようになり、二〇世紀の八〇年代まで全ての民事結婚の場で読まれていた。この「言行録」は結婚自体についてはそれほど触れず、相互補完的な男女の「性的な」――つまり自然の――和合について語り、その後で家族について述べられていた。判事は両人に「自分たちの欠点を見つめ、友愛をもって互いに敬愛し合い、家庭では父母として最高の師となるために準備しなくてはならない」と語る。オカンポの生い立ちを思えば、彼の痛切な思いは当然であり、神ではなく社会と自然の属性についての考えもしかりである。彼はメキシコの未来のために、自分が手にすることのなかったルーツ、育ち、家族というものを法令化しようとしたのであった。

＊

ドラマの第三幕は絶望の星の下に展開する。レフォルマの法律が新たな秩序を基礎づけたにしても、時の要請に応えることは出来なかった。一八五九年が過ぎていくにつれ、自由主義派に関する情報はさらに陰鬱なものになっていった。六月、カシケのロサダの手によりカルデロン将軍の敗退。九月、もう一人のカシケが背信。彼とはインディオではなくメスティソで、サンティアゴ・ビダウリであった。戦争終結の最中、ヌエボ・レオンとチワワの分離を画策。同月、アルモンテがスペインの大臣モンと一時的に軍事協力を結んだ。一〇月、デゴヤードは彼が喫した敗北の中でも最も高い代償をエスタンシア・デ・バカスにて払わされた。自由主義派内部は分裂。多くの者がファアレスの指導者としての能力を疑い、ある者たちはファアレスの厳命に背いた。レルドは露骨にファアレスを軽蔑し、侮辱さえした。若きアルタミラノのようにさらに批判的な者たちもいた。

「我々は各州の主権以外を認めない。この主権は行動力のある人物に委ねられるべきである。ドン・ベニート・ファアレスは苦しむことなく待つ術を知っているが、自己犠牲を払って行動することはない。彼は革命児ではなく、反革命児である[13]」。

オカンポとファレスの間に結ばれた神聖同盟が揺らぐことはなかったが、この苦境を打開しなければならないことは明らかであった。双方は打開に踏み切った。そのためにはアメリカ合衆国の支援がこれまで以上に必要となり、この件についてブキャナン政権の新大使ロバート・マックレーンと話し合いを持った。オカンポとマックレーンは一二月末に話をまとめるに至り、上院議会で承認されるべき条約に調印した。

これは一九世紀において最も波紋を呼んだ歴史の一頁である。オカンポは一八四七年には懸命にゲリラ戦を提唱し、国がアングロサクソン系アメリカ人に統治される前に滅びることを神に願ったが、今度はファレスの承認を得て、保守派に対する経済及び軍事支援中止と引き替えに、メキシコの主権の一部を差し出すことを申し入れた。マックレーン・オカンポ条約の一一箇条には必須かつ致命的な二箇条が盛り込まれた。

――メキシコはテワンテペック地峡永久通行権を合衆国に委譲。

――メキシコ政府の要請があれば、合衆国がテワンテペック地峡通行防衛のためメキシコ領土内で軍事力を行使できることを承諾。しかし、合衆国の国民の生命や財産が不測、あるいは切迫した危機にさらされた場合は、合衆国軍は事前の承諾なしに防衛に当たることができ、軍事力行使の必要性がなくなれば退去する。

ロンドンの「タイムズ」紙は短くコメントした。「メキシコは実質的にアメリカの統治下に入った」。また、「デイリー・ピカユーン」紙は条約の利益面を考えれば援助額四〇〇万ペソは安く、「領土を購入しない限りは手に入れることができないような完全な統治である」と評した。一八四六年の米墨戦争に介入した南部の拡張論主義者たちは、今度は沈黙した。アメリカ信奉者のメキシコ人も口をはさまなかった。しかし、一八四七年とは違って合衆国上院議会の過半数は共和党であったので、一八四六年のアブラハム・リンカーンのように、あからさまな或いはカムフラージュされた領土拡張に反対した。ニューヨークの「タイムズ」紙は「奴隷制支持派におどらされたメキシコ自由主義派グループは、マックレーン・オカンポ条で南部の奴隷州に大胆な権限の委譲をした」と断言するほどであった。

「一八六〇年、神はファレス支持者であった」と二〇世紀の歴史家が言っている。メキシコをアメリカの永久保護領にして国の主権を危機にさらすこの条約は、合衆国上院議会で批准されなかった。条約項目の実行性が乏しかったこと、自由貿易の条項の問題点、南北戦争が目前に迫っていたために、オカンポとフアレスは「裏切り者」、「売国奴」、テキサスの建国者でロレンソ・サバラの後継者と言われるような汚名を歴史に残すことを免れた。彼らの幸運はこれだけに留まらなかった。条約が上院で議論されている間、この条約が実際に発効したかのような効果が自由主義派にとって有利な形で訪れたのである。

ミラモンは自暴自棄で、ベラクルスを包囲しつつあった。包囲を完全にするためには港を封鎖することだと考え、ハバナでスペイン蒸気軍艦を二隻運用する契約を結んだ。ところが、ワシントンのリベラル派の外交戦略は合衆国の船やコルベット艦と同じくらいのスピードで素早く展開したため、蒸気軍艦を、海賊船という口実と嫌疑をかけて拿捕した。ミラモンは知らぬ間にレフォルマ戦争に敗北したのである。自由主義派さえもそれに気づいていなかった。だからこそ、彼等も完全に失望し、志気を失っていった。ドラマの第四幕は両陣営の勢力が消耗し始めるのである。というより、自分たちが請求した権力——フアレス大統領——によって破壊され始めるのである。

*

戦艦を拿捕された後、ミラモンはフアレスにベラクルス州の外から休戦案を申し入れた。フアレスは米国により条約が承認されるとまだ信じて休戦を受け入れたが、フアレスの使者たち——その中にはデゴヤードもいた——は、ミラモンに五七年憲法に基づく新政府召集を容認させることができなかった。ミラモンは西へ身を引いた。指揮官を失った彼の軍は、サン・ルイス・ポトシからデゴヤードの指令を受けた将軍たちの手によって度重なる敗北を味わう。八月、保守派はグアナフアトのシラオにて総崩れを喫した。誰も自由主義派の勝利を疑わなかったが、デゴヤードだけは別だった。一体、この勝利はどういった性格のものなのか？　決定的な勝利なのであろうか？

デゴヤードは予見していた。「この三年間戦ってきた戦争が私に教えてくれたことは、武力だけでは平和に到達できないということだ」。自由主義の原則を守って未来を確保し、敗者に対しては全面停戦を遵守し、「名誉の退陣ができる出口」を開けておく方法を思案しなければならなかった。あれこれと考えた結果、一八六九年、デゴヤードは駐墨英国外交官マシュー氏にレフォルマ法を尊重しつつも憲法を修正するような可能性を残した、新しい時代を切り開く和平案の提案をした。この提案の奇妙な点は、ファアレスの代わりとなる暫定大統領の選出法であった。「アメリカ合衆国の公使と、各国政府を代表する一名の外交官から構成された会議」で、暫定大統領を選ぶというものであった。各国政府にこの計画を通知する書簡を送った一週間後、デゴヤードは無謀にもシラオの戦いの敗者ミラモンと、サカテカスの将軍ヘスス・ゴンサレス・オルテガ――彼はデゴヤードの意見に賛成した――そして、当然ベラクルスの政府にこの計画を明かした。

ファアレスの返答は激しいものであった。デゴヤードを罷免し、彼の手紙を「許しがたき背信」、「錯乱」として、裁判にかけた。オカンポはベラクルスにいたが、昔からの友人に向って自己弁護しようと口を開くことはなかった。大統領ファアレスとの神聖同盟の方が大事だったのだ。疑う余地もなくデゴヤードはレフォルマ軍の編成責任者であり、三年間の間、兵士の前に立って多くの戦端を開いた司令官であった。新聞記者のサルコの言葉を借りれば、「最も揺るぎない意志を持つカウディーヨ」であった。しかし、こうしたことは今となっては何の価値もなかった。

デゴヤードに対する弾劾は、勝利した自由主義の自縄自縛の一章であった。一八六〇年のクリスマスにゴンサレス・オルテガの軍隊がマカベア軍に攻撃の照準を定めている一方、デゴヤードはメキシコで監禁されていた。彼の胸中には困惑と痛みが入り交じっていたが、復讐心や恨みは微塵もなかった。

「一体なぜ、大統領は、最も忠実な部下で大統領を擁護していた人物に、非難の目が向けられている時に、どうして傍観者の立場でいられるのだろうか。彼は国民に大統領を尊敬させるように奮闘したではないか。軍の最高指令官ではなかったにせよ全軍を鼓舞し、ウルア要塞の安全な陣地に立てこもることを拒んだではないか。ベラクルスが爆撃を受けた六日の間、一瞬たりとも砲弾から身を隠したことがなかったではないか」。

一八六一年一月一日、ゴンサレス・オルテガは首都に入り、レフォルマ戦争の終結を知らせた。護衛をデゴヤードの部屋の前で止めて、彼に降りてくるように伝え、彼を称賛し褒めちぎった。デゴヤードは大統領の手厳しさを理解できないままであった。「不幸な人間は誰からも敬意を表明してもらえないのか。不運な者は無視されるのか。寄る辺なき者には庇護が与えられないのか」。彼は自宅軟禁の日々を送っていた。すでにミチョアカン州知事の職を非合法に解任されていた。総じてみれば、「政府は和平案を提案した私を是が非でも罰したかったのだ。将来の難問が、そして、共和国にふりかかりつつある不幸な事件が、それを見事に証明している。ファレス大統領は、私の考えも聞かずに、罷免という不名誉な罰を私に適用した」。

彼の「嘆きは誰かの優しい胸に響く」のだろうか？ 「偉大なる功績に対して予想外の忘恩、妬み」。しかし、彼にも「判事の誤った判決とは無関係に、平和に生きる」権利があった。

ファレスの政府はすでに首都の国立宮殿に移っていたが、最初の危機に直面していた。ゴンサレス・オルテガが国防大臣を辞任し、武力蜂起の気配を見せていた。ファレスは秘書官をデゴヤードの元に派遣して、国防大臣職を提供した。彼は断った。彼は、自分は好機に乗じた名誉挽回ではなく、正義によってもたらされる別の挽回の場がふさわしいと考えたからであった。

＊

デゴヤードが下野する一方で、レフォルマ世代は第五幕を綴っていた。復讐の幕である。彼らの勝利の瞬間はすでに到来した。自由主義派の勝利とともに保守派の宿命を風刺した、『蟹ども』[14]が歌われた。この歌は以前にギジェルモ・プリエトが保守派のために書いたものであった。

軍人と司祭が
至る所にいる

ずきんを被った賢者たちは
我々を幸せにするだろう
「蟹どもよ、調子を合わせて
退却しよう。
ガン。ガン。ゴン！
退却しよう」

連邦主義者の奴らめ！
何という屈辱を我々にもたらしたことか！
今日、村々は
自分たちが行進するのを見ている
「蟹どもよ、調子を合わせて
退却しよう」

もし荒々しいコマンチ族が
我々の国境を襲ったら、
メキシコのロヨラ分隊も
こう言うだろう
「蟹どもよ、調子を合わせて
退却しよう」

忌々しい密売がはびこる
訴えてやる
でも、その間に教皇大使が
休みなく繰り返している
「蟹どもよ、調子を合わせて
退却しよう」

暇になれば、職人は
徴兵を逃れて身を隠す
インディオも背負いかごを
もう市場に運ばない
「蟹どもよ、調子を合わせて
退却しよう」

ほかにも復讐は行われたかもしれないが、この歌に比べれば他愛ないものであった。教会の抵抗は執拗であった。一八六一年以降自由主義派の反応もそうであった。自由主義派というよりはジャコバン党のような行動をするようになった。歴史はこの時代を表す完璧な言葉を産んだ。「改革のピッケル」である。[15] あの卓越した弁護士たちは文字通りピッケルを手にし、祭壇、ファサード、説教壇、懺悔室を破壊した。メキシコで初めてフランス革命さながらの場面が展開されたのである。聖人像は首を斬られ、銃弾を撃ち込まれ、火あぶりにされた。宝石、財宝は略奪され、文書館、美術館は荒らされた。いくつもの教会付属図書館が失われ、朽ち果て、火薬の灰と化した。石打ちの刑に処された司教もいた。教会財産は競売に出された。何十年も修道生活を送り、怯えきった修道女たちが国中の修道院から出てきた。オカンポの命令で、政府は全国の司教を追放した。例外は二人。バハ・カリフォルニア（砂漠地帯）の年老いた司教代理とユカタン（メキシコの歴史的そして地理的に重要な半島）の司教であった。しかし、若きアルタミラノは例外措置に同意せず、抗議した。「彼らを縛り首にすべきだ」と指弾した。[16]

ジャコバン党さながらの復讐劇は長く続かなかった。国庫はいよいよ底を突いた。自由主義派は分裂してしまい、保守派は軍が敗北したため、敵陣の特定の人物の暗殺を図った。最終幕は殉教である。

＊

メルチョール・オカンポは大臣を辞任し、アシエンダに戻っていた。パテオ内のポモカで娘たちと暮らしていた。一八五九年、レフォルマ戦争の最中、フアレスにアレキサンダー・フンボルトを祖国の功労者として宣言するように説得し、このドイツの賢人が訪ねた鉱業学院に置く銅像を大蔵省の支払いでイタリアに注文した。メキシコはフンボルトに負う所が大であったが、オカンポはもっと恩恵を感じてた。フンボルトはオカンポの知的面で父親役を果していたからだ。

オカンポはフランス思想の流れを受け継いでいるとは言えなかった。憲法中心主義（コンスタン、トックビル）の流れを汲んでもいなかった。百科全書派でも反宗教主義（ディデロット、ボルテール）でもなかった。彼の書いた寛容についての短い文章からアングロサクソン系自由主義派により近いことがわかるが、引用も少ないことから、影響は少ない。全体的にみて、オカンポは特定の思想の流れを汲んでいるわけではない。経済に関してはリカードを、社会に関してはプルードンを称賛した。オカンポの人柄と思想にはアナーキーな面があり、その「野蛮な独立性」こそが彼をいかなる主義主張の「宗教的」追随から離していたのであった。オカンポはモラが恐らくしたように宗教から離れたりせず、ラミーレスのように激しい熱狂主義を嫌っていたわけでもなく、デゴヤードのように自分の宗教心を民事の分野にまで出して称揚したりはしなかった。彼は宗教を持たない男だった。オカンポは一八世紀の人文主義者で、ミチョアカン生まれのフンボルトの弟子であった。

オカンポは自然と社会についての知識をフンボルトと同じ方法で学んだ。それは観察と「経験に基づいた厳格に論理的な帰納法」であった。この二つから確信を得た。知るということは探検することであった。オカンポはフンボルトのように本を読み、植物採集の遠出やヨーロッパ旅行をし、図書館やパテオの庭にこもって、一人で知識の科学的追求を志したのであった。

だから彼は権威を拒絶した。そして、この拒絶こそが彼の自由主義を確固たるものにしていた。おそらくもっと深い理由があったにちがいない。権威を知らずに育ったその人生にどんな権威が存在したというのか? オカンポは自然界の孤児であり、彼自身は自分が行ったこと、考えたこと、計画したこと、改革したことの結果であった。五七歳で、満足していた。それにしても、パテオで彼は何をしていたのだろうか?

死を探していた。一八六一年五月末、馬に乗った男たちの一団がアシエンダにやって来て、彼を逮捕した。男たちは、レオナルド・マルケスとフェリックス・スロアガの前にオカンポを差し出すようにという二人からの命令を携えていた。旅は三日を要した。テペヒ・デル・リオという寒村で遺書を書くことを許された。ここでオカンポは自分の本来のドラマに戻った。孤児という境遇である。彼は自分と血のつながりのある者たちに思いを馳せ、次のように記した。「もうすぐ銃殺刑に処せられると知らされた。ホセファ、ペトラ、フリアそしてルシアを我が娘としてここに認知する。クララ・カンポスも我が娘として引き取る。私は自国に奉仕したと信じて死ぬ。処刑場、トラテンゴのアシエンダにて」と署名してから、アナ・マリア・エスコバール夫人への遺書はノートに英語で書かれていた。「居間の扉と私の寝室の窓のあいだに置いてある」と書き添えた。[17] この遺書は娘たちへの贈り物だった。彼女たちにそれまで隠していた母親が誰であるかを明かし、教えたのである。このアナ・マリア・エスコバールも彼と同様、ドニャ・フランシスカ・ハビエラ・タピアに何十年も前に拾われた身の上だった。一撃が放たれ、オカンポの遺体はピルーの木の枝にゆらゆらとぶらさがっていた。

翌日、六月四日、メキシコにオカンポ暗殺のニュースが伝わると、議会の真っ最中にサントス・デゴヤードが現れた。事件を知らなかった自分の責任の所在を国会審議で決めるように要求しに来たのではなかった。ほかに理由があった。軍人としてオカンポの暗殺者を成敗する許可を要求したのである。「議会はその同意を与えた」。デゴヤードは急いでいた。かつてイダルゴがメキシコ・シティーを占拠することを拒否した場所、モンテ・デ・ラス・クルセスで彼も敗北した。ファアレスの権力に挑戦することを拒否したこの男は死んだ。ブルネスによれば、「デコヤードの頭は穴だらけにされ、肺は槍で一突きにされ、見事なまでに銃剣で突つかれていた」。こうして死後に彼は全ての嫌疑から放免され、祖国の功労者であると宣言された。アルタミラノ、ラミーレス、大統領に近い作家サルコたちからも称えられた。デゴヤードは無垢な愛国者であり、民主主義そして改革精神は最も強く、それを、純粋に体現した人物であった。だれよりも揺るぎない道義心と、慎ましさを備え、高潔で、柔和で、尊敬に価する人物であった、と。

「デゴヤードよ、君は幼子の泣き声に心を乱し、貧者の一灯を無駄にしないようにと修道士のごとく清貧を己に課した。君は革命の誉れだった」と、もう一人の根っからのファアレス信奉者ギジェルモ・プリエトは語っている。

当時のロマンティシズムを別にしても、これは心からの哀悼であった。自由主義派は功労者たちを悼み、特にデゴヤードを悼んだ。ファアレスだけが黙っていた。オカンポもデゴヤードも死に、その後しばらくしてレルド［ミゲル・レルド・デ・テハダ］も病死した。レフォルマのドラマに残った者は一人、国立宮殿にいた。最終幕は誰も耳を傾けない静かで不可思議なモノローグ。当時の自由主義派そしてその後の自由主義派がこのモノローグを解釈しようと試みている。

＊

解釈には二つの流れがある。ファレスに対する批判はフスト・シエラと同年代の作家フラフランシスコ・G・コスメスの洞察に見ることができる。

「ファレスのこの行動は、彼の人生のなかでも数少ない汚点の一つである。彼の中にはインディオのカシケとしての精神が支配的で、指揮権に挑戦することは最大の罪だと考えていた。この最高権力への執着のため、彼は挑戦されると全てにおいて極端へと走った。たとえそれが極端に不当であったとしても、彼が抱えているより重要で緊急を要する義務よりもこの感情を優先させていたのであった」。

それゆえ、つまり自分の権力が脅かされたと感じると、昔からの同志に敵対する態度をとったと、コスメスは結論づけた。

これに対する弁護はフスト・シエラ自身が行っている。シエラの意見によれば、ファレスは政治的野望のためではなく法的一貫性を求めて行動していた。議会がデゴヤードを死後に赦免したことに関してファレスが意見を控え、沈黙を守った理由は二つあった。論理面と心理面からの理由である。第一の理由は、憲法に違反した理由でデゴヤードを指揮権から法的に引き離し、その後にそれは誤りであったと矛盾した見解を示す訳にはいかなかったというのである。

心理面では、「ファレスは涙もろくも感傷的でもなく、無表情だった。冷酷ではなく、時には優しかったが、その優しさが自分の精神の中で正義の尺度に優先されることを許さなかった。その尺度が多くの人と、或いは全ての人と正反対であっても。時折、自由主義派に有利なようにと譲歩することはあっても、それは信条を曲げたからではなかった。こうした場合、心の底で、自分の責務を果たせなかったと歯がゆく思っていた。ファレスにとって憲法の敵とレフォルマの敵に妥協するということは許されない汚点であり、償うべき罪であった。そうした状況に陥らないために、国の存在を重大な危険にさらすことさえも厭わなかった。互いに権力者として敵対するミラモンに会う前まで、また、ミラモンが何らかの権利を得ることができる有能な権力者であることを認識する前まで、合衆国がマックレーン条約をまだ保留にしていた時でさえも、ファレスは合衆国との同盟締結に応じた方がいいと考えていた。ミラモンを反乱者たちの強力なカウディーョとみなせば、当時は彼と和平締結ではなく降伏条項を取りつけることが可能だったからである。デゴヤードの死体を前に深く動揺していた自由主義派は、こうしたファレスの態度を冷たく、非情だと思った。おそらく実際にはファレスは悲しく、沈痛な気持ちであった。こうして、ファレスに対する反感の動きがにわかに高まったのである」。

フスト・シエラの綿密な分析では、ファレスは彼自身にとって聖なるもの、換言すれば憲法とレフォルマ、つまり法律を宗教的に崇拝する者として登場する。サントス・デゴヤードが自分の原始キリスト教の宗教性を自由の大義に昇華させたように、シエラの意見によれば、ファレスもサポテカ人の自分の不屈の宗教性を大統領の座に吹き込むことができたのかもしれない。

「ファレスは常に篤信家であった。自己を解放し、正義と理性を打ち立てる責務を果たそうとする闘いが、彼の精神の内で、より上の権力を目指すものとなった。服従から最高権力の法律へと、新しい考えは、彼の魂という世俗の鋳型に入り込み、神の真理のように、彼の宗教信仰の不変の鋼が錆び付くことはなかった」。

しかし、このような信条の最終目的は何であったのだろうか？　幸運、逆境、危険を超越した自らの地位に石のように硬直し、インディオのルーツを形成する全ての要素——機敏さ、不信感、頑固さ、沈着な判断、確固たるを意見を持つ姿勢、厳格さ、地味さ、表面的な無関心、辛抱強さ——を手離さなかったファレスは、誰を救おうとしていたのだろうか？　それを正確に知ることは不可能である。フスト・シエラはその知識と同じくらい広い寛容さで、「ファレスは、憲法とレフォルマを通じてインディオの共和国の救出を想像した」と推測しているが、これは、ほぼ的を射ている。「我々の兄弟」のインディオ、聖職者のインディオ、無知のインディオ、奴隷のインディオ、嘆かわしい貧困に喘ぐインディオを救うことがおそらく彼の「秘められた宗教的な切なる願い」だったのだ。

デゴヤードを前にしたフアレスの無感覚、ベラクルスでの受け身の態度、そしておそらくマックレーン条約への同意もこのようにして説明される。結局のところ、インディオ、「我々の兄弟」とはメキシコ成立以前の人々のことを指した。しかし、もしかしたら、もう一つの仮説が成り立つかもしれない。それは正義の論理――フスト・シエラの論理――から生じるものでもなく、道徳の論理――フランシスコ・コスメスの論理――から生じるものでもない。シエラの心理的および宗教的分析を正当なものとして捉えると、レフォルマのドラマの最終幕に新しい意味合いを持たらす仮説が生まれてくる。

フアレスは権力の野望や法の不変性への宗教的執着だけで行動していたわけではない。権力の神秘主義に基づいて行動していたのである。彼は自分がこの土地の歴史的権利を代表していると信じていた。同時代の人がそのような権利を持たず、また持てるのかどうかも疑っていなかった時に。彼はクリオーヨのように過去をでっちあげたり、メスティソのように亡霊のような父親を捜すこともなかった。彼はこの大地の、この歴史の、この地がメキシコである以前の、ヌエバ・エスパーニャである以前の、申し子だった。一八二一年以前、一五二一年以前の。だからこそ敵にだけでなく友人にも自分にも、犠牲を払ってその権力を確立させなければならなかったのである。フアレスは、サンタ・アナの対極にあって、大統領の座に失なわれていた神聖性を吹き込んだ。この神聖性とは、合法的で、憲法を有し、共和政体であるインディオの君主国のことである。だからこそ、彼は権力を決して手放すことはなかった。彼は権力の内に死んだ。権力は彼自身だった。

註

1　ファン・アルバレス大統領については三章二節訳注3を参考にされたし。

2　Ignacio Comonforto（1812-63）は、一八三二年に Anastacio Bustamante 大統領に反旗をひるがえしたサンタ・アナに協力した軍人として注目をうけた。四七年の米墨戦争でも活躍した Juan Alvarez とともに、アユトラ事変を主謀して、サンタ・アナを倒す。アルバレスは五五年に短期間、大統領になった後、五七年まではコモンフォルトが大統領に就任。その間、五六年にはレルド法が、五七年二月には憲法が発布された。同年一二月保守派のフェリックス・スロアガ将軍が「タクバヤ事変」を画策し、五七年憲法は廃止された。その後、レファルマ戦争が始まる。

3　典拠は Anselmo de la Portilla : México en 1856-1857 Gobierno del General Comonfort, México, 1987, 六五四頁

4　Daniel Cosío Villegas : *La Constitución de 1857 y sus críticos*, México, 1980 はこの憲法に関する必読書の一冊である。

5　この事件がレフォルマ戦争（三年戦争）の開始となる。

6　前掲書 Anselmo de la Portilla が典拠。

7　Miguel Miramón（1832-1867）は、フランス軍を撃退した将軍で、後に、大統領に就任。しかし、ベニート・ファレス派の勢力に打ち破れ、大統領就任期間は一八五九―六〇年と非常に短かった。

8　Porfirio Díaz Mory（1830-1915）については、本書の著者が彼の独裁制については否定的な面だけ強調されている点に疑問を投げかけている。

9　Santos Degollado については四章一訳注三を参考。

10　Francisco Zarco（1829-69）は、一八歳の頃に外務省官房長に任命され、その直後メキシコは米国と「グアダルーペ・イダルゴ条約」で国土の半分を割譲した。その頃から El Demócrata 紙の発刊をはじめ、反政府運動をはじめる。Fortún のペンネームで論陣をはる。サンタ・アナ時代には言論統制が厳しかったが、El siglo Diez y Nueve 紙の主幹をつとめる。「アユトラ事変」後には国会議員に選出されたが、保守派との対立は厳しさを増した。ベニート・ファレスの時代には、外務大臣と内務大臣を歴任したが辞職して、言論界に戻り、生涯健筆をふるう。一八六四年マキシミリアン大公がメキシコ皇帝になると、共和派の新聞 La Independencia Mexicana y La Acción 紙を発刊した。

11　Ignacio Manuel Altamirano（1834-1893）は、アユトラ革命でサンタ・アナ将軍を敗北させ、その後ファレスと協力してメキシコに侵入したフランス軍を撃退する。彼は文学分野で頭角をあらわし、文筆活動を通じてメキシコの近代化に寄与した。著作としては *La Navidad en las montañas*, *Clemencia* など。

12　オカンポの著述については、Melchor Ocampo : Obras completas, F. Vázquez editor, México, 1900 を参照できる。

13 アルタミラノに関する引用箇所の典拠は以下のとおりである：Ignacio Manuel Altamirano : Obras completas, México, 1986 vol. 6, 一四二頁：Moises Ochoa Campos : Igancio Manuel Altamirano : Discursos cívicos, México, 1984

14 「蟹ども」と言う表現の由来は、蟹は横歩きして移動するが、この風刺の歌詞は、メキシコの保守勢力グループが一向に国の改革に当たらず、旧態依然として現状維持か、むしろ蟹のように横ばいしながら後退してゆく有様を描写して「蟹」と批判している。

15 典拠は、Luis González y González : *La Ronda de las Generaciones*, México, 1984 一七頁

16 典拠は、José Fuentese Mares : Juárez, *Los Estados Unidos*, México, 1991 一九四頁

17 典拠は、Testamento de M. Ocampo 3 de enero de 1861 で、前掲書 Ocampo : *Obras completas*, vol. 2 に所収されている。

4 世界で最も美しい帝国

メキシコがレフォルマをめぐって国を二分して戦っている間、遠くイタリア北部に位置するロンバルディア＝ベネト領邦でも、メキシコの自由主義者たちが抱いていた主権についての概念や、民主化への道を確立しようと試みていた。まだイタリア統一の時期は熟していなかったが、その青写真はおぼろげにできあがっていた。ロンバルドの総督はイトゥルビデと同じ運命を辿ったオーストリア人であった。この大公は自由主義者であり、ロマンティストであった。臣民を幸福にしたいという彼の崇高な願いは、己の運命は自分自身の手で決定しようとする臣民の最も基本的な意思に反していた。

フェルナンド・マキシミリアーノ・デ・ハプスブルグ大公は、オーストリア＝ハンガリー帝国の皇帝、兄フランツ・ヨーゼフより二年遅く生まれるという不幸を背負っていた。[1] このことが常に彼の歩む方向を決定した。長男が確実に皇位継承の準備を進める一方で、オーストリア皇帝の第二皇子は現実から逃れ、航海に出たり、想像の世界に浸ったり、空に思いを馳せたりして過ごしていた。マキシミリアーノは兄が皇帝としてこれから数十年間にわたって君臨すると直感していたようである。実際、その在位は長かった。マキシミリアーノは機会を見つけてはギリシャ、イタリア、スペイン、ポルトガル、マデラ島、タンジェール、アルジェリアを訪れた。アルジェリアではアトラス山にも登っている。グラナダにあるカトリック両王の王室礼拝堂では、「尊大で、熱望したように、しかし悲しげな様子で」その手を「金の指環とかつて両王が権力を誇った当時の剣」に伸ばし、「スペイン・ハプスブルグ朝の甥が、この剣をかざしてこの金の指環をはめることは美しくも素晴らしい夢」[2] であると実感していた。一八五四年のことであった。

翌年、オーストリア＝ハンガリー帝国艦隊の海軍提督兼司令官としてパレスチナを訪問。一八五六年にはフランス、ベルギー、オランダを、一八五七年には彼のいとこビクトリア女王を訪ねた。

当時、彼は二五歳で、エキゾチックな風景のある世界を記憶に刻み、想像を膨らませていた。その年、ベルギー国王レオポルドの娘カルロッタ・アマリアと結婚。二人はマキシミリアーノが二年前に建設を始めたミラマール城に移り住んだ。この城は州都トリエステに隣接し、アドリア海を臨む大きな岩盤の上に建てられた白雪石がまばゆい宮殿であった。執務室は彼が所有する快速帆船ノバラ号の内部がそっくり再現されていた。そこから海を眺めながら『回顧録』を綴り、物思いに耽ったのである。「もしまだ架空の話でしかない気球に乗ることができるようになったら、私は飛ぼう。きっと人生最大の喜びを見出せるに違いない」[3]。

しかし、地上では、この金髪で、青白く、何かを訴えるような青い目をして、手入れの行き届いた巻き髭でしゃくれた顎を隠した青年に対して、運命は相変わらず逆行していた。絶対主義や敬虔なカトリシズムほどマキシミリアーノの考えから遠いものはなかった。時代がそうだったように彼も自由主義者であった。ミラノの人々は個人的にはマキシミリアーノに尊敬の眼差しを向けていたが、公的な面では不信感を募らせていた。そこでは彼が外国の皇子であり、よそ者だったからである。マキシミリアーノの計画や業績は何の役にも立たなかった。「怠惰で、無為無策の政権をむなしくも理性をもって擁護してはいたが、その政権の長にあるという屈辱を常に感じながら生きていた」[4]。彼に誇りを持って辛抱するように助言した母ソフィア大公女には不安を打ち明けている。

「貴女が私におっしゃることは、宗教の観点から言えば私の信条そのものです。宗教的義務がなければ、とうの昔にこの殉教の地から離れていたでしょう。嘲笑や誹謗を浴びるのでしょうが、私は静かに自分の地位に留まり、危険に巻き込まれることはありません」[5]。

一八五九年、ヨーロッパの緊張の高まりを目前に、兄フランシスコ・ホセは部隊を［ミラノに］送って軍事力の補強を図ったが、これが事実上、マキシミリアーノ総督の解任を促した。解任にあたって威厳や大公の家柄を踏みにじられた、とマキシミリアーノは記している。この世界のどこに、つまり世界中の君主国のどこに、繊細なマナーを身につけたこの皇子と、彼以上に「全ての栄光を蘇らせる」ことを運命づけられた、しっかり者で野心家の夫人は居るのだろうか。二人は誤った世紀に、誤った場所に生まれてきたようだ。「以前はあれほどまでにも権力を誇っていた美しい我らの帝国が、無能さゆえに、誤ちゆえに、そして不条理に凋落の一途を辿るのを見るのは悲しいことだ[6]」と、述懐している。

一八五九年一二月、ひどく厳しい寒さの中、マキシミリアーノは妻をベルギーに残し、彼のいとこが君臨する遠いブラジルへ旅立った。彼は冒険をこよなく愛していたのである。

「人間は遠くにあるもの、未知のものに関心を持つものだ」とアメリカ大陸の海岸線を見て記している。「どこか遠い場所での暮らしを想像する時、その地へと引きつけられるのだ。人類の様々な運命にとってとてつもない偉大な事業が始まる新大陸に、足を踏み入れることは人類の使命である、と考えていたフェルナンドとイサベルの後継者に、この私がなるのかもしれないと想像することは夢物語のようだ[7]」。

航海中、ひょっとしたら、マキシミリアーノは二年前にモンサで会ったメキシコ人のグループが、意外にも彼にメキシコ皇帝即位の可能性をほのめかしたことを思い出したのかもしれない。それは魅力的な地位ではないかと岳父であるレオポルド王は彼に言ったのであった。マキシミリアーノは一人のブラジル女性の魅力に身を任せた。性病をうつされたが、時間が経って治った。しかし、南国の情緒を満喫しながらも、「ルイ一四世」ともいえる実兄が治める勢いを失ったオーストリア王国のことや、ミラマールの甘美な隠れ家をはじめ、所有する富や財産を危険にさらす、ヨーロッパ列強間の不安定な均衡のことを忘れたことはなかった。彼は王国を探し求める皇子であった。

*

パリでは、名うての亡命者であり、完璧なまでに「フランスかぶれ」のアシエンダ領主ホセ・マヌエル・イダルゴがメキシコ人のグループを率いていた。[8] グラナダ生まれの皇后エウヘニア・デ・モンティホの友人であった。何年も前から、理由こそ違え、両者は一つの同じ夢を見ていた。それはメキシコに君主国を建設することであった。一八六一年、この可能性に実現性を持たせるかのように様々な出来事があわただしく起こった。その年六月のファアレス政権による債務返済停止宣言が、一連の出来事の皮切りとなった。一〇月には、イギリス、フランス、スペインがメキシコに対して力ずくで未返済債務の支払いを請求する協定をロンドンにおいて締結していた。イギリスとスペインの請求は全てが不当というわけではなかったが、ほかにも別の請求を行った。一八六二年、この三カ国の艦隊がベラクルス港に上陸。スペインとイギリスは外交ルートで要求を満たし、まもなく撤退。唯一ナポレオン治世下のフランスが真の目的を達成するために残った。大袈裟な負債額の支払いを請求するためではなく、領土侵攻と数多くの征服計画を断行するためであった。これは皇后エウヘニアにとってはスペインの復権を、ナポレオンにとっては南北戦争に乗じてアメリカ大陸におけるフランスの勢力を新たに誇示することを意味していた。

さらには、エウヘニアとメキシコの君主派が、ロンバルディア＝ベネトとメキシコが崩壊する様を同時進行で見ていたことが、機会到来につながった。メキシコ帝国を建設する――彼等に言わせれば、再建する――ために全てが有利に働いていた。昔のクリオーヨ君主派が皇后に、皇后は夫であるナポレオン三世にそれとなく耳打ちした。ナポレオン三世はオーストリア皇帝に大急ぎで、しかし、それとなく知らせ、皇帝はパリの大使に、ヨーロッパの宮廷の敏感な耳に、とりわけ皇帝の弟である大公マキシミリアーノと若きカルロッタの耳に入れるように命じた。

マキシミリアーノとナポレオンが、新王国再建の資金、兵力、外交にわたる支援条件について長い協議に入っている間、フランス軍は順調にメキシコ占領を進めた。しかし、一八六二年五月五日、ロレンス将軍率いるフランス軍はイグナシオ・サラゴサ将軍に敗退。これがマキシミリアーノの気力も萎えさせた。そのほかに不利な兆候も彼を落胆させたかもしれなかった。イギリスはこの無謀な冒険への援助を拒否（ビクトリア女王は空位になっていたギリシャ王国の方がマキシミリアーノに相応しいと思っていた）。メッテルニッヒは断念するようにと執拗な説得にかかった。

兄フランツ・ヨーゼフは自由主義者で批判家の弟を追い払いたいと思ってはいたが、軍事力や資金の有効な援助は実際問題として無理だと言ってきた。ヨーロッパ貴族である叔父たちは全員、懐疑的な態度と危惧の念を隠さなかった。「きっと殺される」と、カルロッタの祖母で、ルイス・フェリペ・デ・オルレアンの妻マリア・カメリアはマキシミリアーノに言った。岳父レオポルド王はマキシミリアーノがメキシコの皇位を就くことに反対するようなことはなかったが、ナポレオンと「拘束力のある合意」をとりつけておくようにマキシミリアーノをせかした。[9]

このプロジェクトの全てはたった一本の糸にかかっていることがほどなく明らかになった。ナポレオンの援助に、である。マキシミリアーノは大胆にもナポレオンに条件を提示した。それは、ナポレオンが「自分の唯一の擁護者でない」こと、ナポレオンの「全面的な従属」を望んでいないことというものであった。しかし、メキシコ救世主の王冠を手に入れたという思いがあまりにも強く、この目的に自分を導くものしか聞き入れないと決め込み、これを思いとどまらせようとするあらゆる意図や状況分析データには一切耳を貸さなかった。なんとしてでもナポレオンとの関係を密接なものにし、あの遠く離れた国ではマキシミリアーノが救世主として登場することを切望していると信じ込ませなければならなかった。

一八六三年八月、マキシミリアーノはナポレオンに次のように宛てている。「皇帝閣下に初めておめにかかる光栄に包まれてからというもの、閣下が私にお示しになったお気持ちを決して忘れることはございません。閣下、もし、皇帝の兄と私にメキシコ再建への協力をお許しいただけるのであれば、お役に立ちたいと思います。この大事業の実現に立ちふさがる最も深刻な問題は、私の考えでは、アメリカ合衆国から生じてくると思われます。最近の情勢分析から推測できますように、恐らく北部諸州が再び勢力を盛り返すでしょう。この北部諸州は地球の裏側の我々に敵対心を抱くとともに、領土拡張にも野心的です。フランスからの軍事支援があれば、この敵に対する新帝国の最も強固な砦となり、この敵がその目と鼻の先に誕生した帝国に攻撃を加え、倒すだけの兵力を国内で立て直す余裕を与えないでしょう」。[10]

マキシミリアーノにとってはもはや自らが乗り出す危ない地理的環境に目を背けるわけにはいかなかった。メキシコは遠い国で、大洋を隔てた国であり、しかも、遅かれ早かれ内戦を脱し、強大で侵略の好機を伺っている隣国と接していた。たった一人の擁護者に頼ったところで、その人物の勢力が永遠であるとは思えず、不安定なヨーロッパ情勢におけるその地位を考慮すればなおのことであった。しかし、マキシミリアーノは運命が味方していると信じることにした。運命だけでなく、つつましいメキシコ人の願いとメキシコの有力者らの望みも味方している。サンタ・アナが亡命地カリブ海のサント・トーマス島からグティエレス・デ・エストラーダに書いた一通の手紙には、大公を「この上ない候補者」であると評価し、「この件が滞りなく実現するまで」もちろん尽力するとまで申し出ている。グティエレス・デ・エストラダの執拗な説得に、マキシミリアーノは「この計画は日増しにメキシコで賛同者を得ている」と確信するようになった。[11] ベラクルス市とメキシコ市だけに限られた「名士会」の怪しい「請願」が彼の下に届いた。自ら書いた自叙伝によれば、マキシミリアーノは気のない素振りを見せてはいたが、既に心を固めていた。一八六四年初頭、この決心は兄フランツ・ヨーゼフの頑固さゆえに多くの問題を引き起こした。メキシコ皇帝の地位を受けるのなら、マキシミリアーノが所有する全ての王位継承権を放棄せよと迫ったのである。何週間にもわたる緊張と心痛に満ちた書簡が行き交い、身内だけではなく、ほかの王家をも巻き込んだ。フランシスコ・ホセの催促には何か不吉なものを予感させた。ナポレオンはナポレオンで圧力をかけてきた。マキシミリアーノが望んでいた協定を検討してきたのである。この期に及んで後には引けなかった。

ナポレオンにしてみれば長い道のりだった。実際、次のような経過があった。フアレス政権は首都メキシコ市を捨て、北へ向かった。一カ月後、一八六二年五月プエブラ市での六一日間にわたる戦闘でフアレス軍の中枢は撃破され、多くの兵士は捕虜となった。その内訳は将軍二〇人（その中にはポルフィリオ・ディアスとヘスス・ゴンサレス・オルテガが含まれていた）、士官三〇〇人、兵士一一、〇〇〇人であった。フォレ将軍率いるフランス軍三〇、〇〇〇の兵は六月には首都を占領。サラス将軍、アルモンテ将軍、ラバスティダ大司教が暫定政府を構成した。七月、二一五人の名士による議会で君主制を施行することを決め、欠くことのできない存在であるグティエレス・デ・エストラダが委員会を組織した。これはアラマンの遺言を実現するためであった。「ヨーロッパが早く助けに来なければ我々はなす術もなく敗北する」。一〇月、優秀なアキレス・バゼネ将軍がフォレに代わってフランス軍の指揮を執った。フォレがパリに戻ると、ナポレオンはマキシミリアーノと話すことを禁じた。一方、驚いたことに、マキシミリアーノは、メキシコの最新の様子を伝えることができる唯一の人物に会うことに執着しなかった。一〇月、委員会代表はマキシミリアーノと会見。一一月から二月にかけて保守派がメキシコで皇帝支持者の人名簿を捏造している間、フランス軍は留まるところを知らずに進軍。モレリア、ケレタロ、グアナフアト、グアダラハラ、サカテカスと兵を進めた。三月が過ぎ、マキシミリアーノはいよいよ後には引けないことを悟った。彼は一見、心配性で不安がり屋ではあったが、今回の申し出を断る余地はなかった。メキシコへ赴くことはロンバルディア＝ベネトでの失意の経験は名誉の回復を意味し、そして、何よりも重要だったことは、運命がマキシミリアーノに与えるとはそれまで思えなかった君主としての天性を全うできるからであった。メキシコという名の国の存在は、地上を統治する神授の権利を有するフランシスコ・マキシミリアーノという名の人物と、この件を協議している間ずっと夫の決定を堅実に弁護した妻カルロッタが抱いていた苛立ちを解消したのであった。メキシコ皇帝の地位はギリシャ国王の地位のように「五、六人の王子たちが拒否した商品」ではなかった[12]。メキシコは広大な帝国として有望であった。マキシミリアーノは涙を浮かべてミラマールに兄を招き、要求された王位継承権を放棄すると涙ながらに署名し、涙して別れを告げた。一八六四年四月一〇日、ついにメキシコの委員会のメンバーが必要な署名を携えてミラマールに到着。グティエレス・デ・エストラダによれば、マキシミリアーノがメキシコにおける君主制やキリスト教の起源について熱のこもった演説を行った後、未来の皇帝は震える声でその肯定的な返事をスペイン語で読み上げ、「メキシコの名士たちの要請があれば、メキシコ国民に選ばれたも同然である」と述べた[13]。マキシミリアーノが自らの使命を果たすために必要だと常々思っていた数々の保証も、フランス皇帝の寛大な配慮によって揃っていた。そこで皇位を受諾し、メキシコの自由、秩序、偉大さ、独立のために尽力するつもりであった。メキシコ帝国の国旗がミラマールの広間にはためき、委員会のメンバーは皇帝と皇后にお決まりの万歳を叫んだ。マキシミリアーノのか弱い体には感激が強すぎた。神経がまいってしまい、祝いの席の接待役はカルロッタに任された。

ミラマール条約は数日間で締結された。条約には占領軍、負債、新政府が引き継ぐ権利請求や義務、宮廷に支払う歳費など様々な費用に関する一連の条項が盛り込まれていた。その合計額はメキシコ経済の実状とは全くかけ離れていた。こうした費用は、仮想の王国もしくは詩の世界に存在する王国のために、紙に書かれただけに過ぎなかった。洞察力のあるフアレス内閣のメンバーたちが、こうした状況を見過ごすわけがなかった。彼らは北のモンテレイ市からこの冒険の経緯をつぶさに追っていた。当時大臣で、第一線で活躍していた法律家ホセ・マリア・イグレシアスが『歴史学研究』に寄せた分析は、注意深くも痛烈であった。「忘れることのできないミラマール条約を検証してみた結果、当該条約の条項はいずれも実現不可能なものばかりであることが明らかになった。背信行為である[14]」。

＊

ロマンティックな夢は一八六四年五月二八日、帆船ノバラ号がベラクルス港に停泊した日から始まった。奇妙なことに、帝国再建を支持したはずのこの街に凱旋門も喝采もなかった。カルロッタの侍女によれば、歓迎式は「冷ややか」であったという。皇后は嘆き、マキシミリアーノはこの現実を否定する演説を行った。

「メキシコ国民よ、汝らが私を望んだのだ。その大多数が心から私を指名した。汝らの高貴な国の運命に私は喜んで身を捧げよう」。

首都までの道中、幾つかの都市はもっと熱い歓迎の意を表した。プエブラと古い都市チョルーラの間には、皇帝夫妻が通るようにと花や枝で飾った七七〇の凱旋門が建てられた。聖母グアダルーペ像の前で祈った後、ついにカルロッタとマキシミリアーノはメキシコ市を凱旋した。モンテレイ市にてイグレシアスは「メキシコ帝国は人工的に流産させて産み落とされた子供である。病弱で、虚弱で、貧弱だ。病的な生涯を送り、早死にすることになるだろう」と予測した。

到着八日後、マキシミリアーノとカルロッタはチャプルテペック城に居を構えた。この城にミラマールを彷彿させるべく新たに手を加えた。この城は今や彼らのものであり、ミラマール城を彷彿させた。木々の多い山の上に建つ城。足りないものは、湖（人造湖はその後に造られた）、まもなく到着する大理石や家具、そして海。しかし、メキシコ盆地の壮大な景色が「海」に取って代わった。水面の輝きや運河、植民地時代の旧市街から聞こえる無数の鐘の音、近隣の村々、とりわけ、二つの威厳に満ちた火山。「ここはメキシコのシェーンブルンだ」とマキシミリアーノは弟カルロス・ルイス大公に、二人が幼年時代を過ごした宮殿を思い出して自慢した。ここは、「モクテスマが所有していた、巨大でかの有名な木々に囲まれた玄武岩の上にある美しく気持ちの良い宮殿だ。ここからの眺めは世界で最も美しく、おそらくこのように美しい場所はソレントぐらいだ」。

この皇帝はすぐに普段の生活の中でメキシコ人の真似事を始めた。レフォルマ戦争時の人民軍兵士「チナコ」風の服を着用し始めた。これはメキシコ自由主義派のスタイルで、つばの広い帽子を被り、丈の短いジャケットに膝下からボタンがついたズボンを合わせる。メキシコ人と同じように馬に乗り、着飾りもしないで散歩に出た。マキシミリアーノは自分のメキシコ人たる姿と自由を愛する精神を見せたかった。保守派の皇帝としてではなく、メキシコ人のための皇帝としてやって来たからであった。自由主義派の信頼を勝ち取りたかった。なぜなら彼も自由主義者であったからである。それに、ベルギー国王の岳父レオポルド王が忠告したように、「カトリック教徒は好むと好まざるにかかわらず、おまえの支持者でなければならない」と言っていた。その頃、彼は友人や親戚をうっとりさせる手紙ばかり書いていた。こうした手紙はヨーロッパ中に、少なくとも兄フランツ・ヨーゼフには、メキシコが平和のオアシスであると信じ込ませることになった。

「チャプルテペック城では我々は二人きりです。街の中心からとても離れているため、ミラマールにいた頃よりもっと静かに質素に暮らしております。市中で食事会を開くことも少なく、たいていは二人で食事をしていますし、夜も人に会いません。ありがたいことに、これがメキシコ人の真面目な性格なのです。こうした性質は私にとっては好都合で、本当にしなくてはならない仕事をする時間を多く持てます。遠出や噂話に花を咲かせる夜会などのヨーロッパ風の楽しみは、残念ですがここでは全く行われません。こうした習慣を取り入れるように気を配っています。メキシコ人の唯一の楽しみはというと、見事な馬に乗って美しい田園を散歩したり、時折、芝居を見に行ったりするくらいなのです。私は当然の事ながら観劇はご免被りたいと思っておりますが、ここの大劇場は世界でも最も美しい劇場の一つであるだけでなく、今、イタリア・オペラの素晴らしい劇団が出演しております。また、まれに舞踏会も開かれます。それは大変美しく、盛り上がりを見せ、当地の華麗で裕福な階層の人たちが情熱を込めて国の踊りを披露するのですが、それがこの上なく魅力的なのです。メラニー・ジッチ伯爵夫人ご本人がウィーンでこの踊りを紹介したいと言っておりました。カルロッタには一四人の侍女を無給で従えさせております。毎週交代で仕えているはずですが、姿を見かけることはあまりありません」。

一八六四年八月初頭、占領軍が北へ、西へと進軍する間、マキシミリアーノは歴史的な地バヒオに初めての旅に出た。バヒオはメキシコの穀倉地帯で、独立戦争の舞台となった。ケレタロ、グアナフアト、レオン（メキシコのマンチェスター）そしてモレリア（極めて自由主義的な風土の地）を歴訪。ある昼食会では、随行の一同が困惑したことに、マキシミリアーノは『蟹ども』を歌えと所望した。途中、イダルゴの生誕地コラレホのアシエンダに寄り、まさしくその場所に「旅人よ、立ち止まれ。ここは……」と記したモニュメントを建てるように命じた。九月一六日にドローレス村に入り、夜一一時にイダルゴ神父がかつて立った同じ窓から演説を行った。マキシミリアーノは実弟カルロス・ルイスに「ぎっしり集まった静かな群衆を前に私がいかに当惑したかおまえに想像できるだろうか。幸い、全てうまくいった。この時の熱狂は筆舌に尽くしがたい」と書き送っている。後に、マキシミリアーノは宮殿の壁面に掛ける独立の英雄たちの肖像画を制作するように命じた。一方、その九月一六日、ファレスはチワワ州の牧場で独立を祝っていたが、チワワ以北へ退却しようと考えていた。イグレシアスは、「ファアレス大統領の痛々しい言葉はその場にいた者たちの心を締めつけた。演説の後、兵士たちは祖国の歌を歌い、それに合わせて踊った」と記している。彼らが歌った国歌には新たな意味が加えられた。その歌はオペラ舞台上の戦争ではなく、本物の戦争を歌ったものだと。

マキシミリアーノは自分がメキシコ人であるだけでなく、自由主義者でもあることを証明しなければならなかったが、それには方法が一つしかなかった。保守派とバチカンからの要請に距離を置くことであった。「私がこの国で見てきた中で最も悲惨なことは、国が三つの階層から成っていることである。それは司法機関の官吏、軍の幹部、聖職者である」。まず最初の階層に法令の編纂と、無能な官吏の解任を命じた。二番目の階層に対してはさらに思い切って対処した。ミラモンは砲術を勉強のためにベルリンへ、マルケスはフランシスコ会修道院の設立のためにエルサレムへと送られた。マキシミリアーノの内閣では、アルモンテに代わって穏健自由主義者のフェルナンド・ラミーレスが重要ポストである外務大臣に就任した。聖職者に対しては、それまで以上に思い切った対策を練る必要を感じていた。「聖職者とその霊的指導力についてこれまで伝えられてきたことは、事実ではありません。また、聖職者は悪人で弱い人間です。国の大多数は自由主義者で、文字通りの進歩を望んでいます」。マキシミリアーノはこのような断固とした姿勢から何を導き出せるのかを考えてもみなかった。もしメキシコ全体が自由主義者の国であるならば、その自由主義は合法的にファアレスに体現されているはずである。では、皇帝の役割とは何か。

夢を見続けることであった。レフォルマ法を確認する基盤についてバチカンと政教条約を結んだ。マキシミリアーノが首を長くして待っていたローマ教皇大使がやっと到着したが、この大使は期待していた「キリスト教徒の善き心も鉄のような意志」も持ち合わせていなかった。むしろ、「欺かれた」教会についてのピオ九世の心痛と、当惑している改革主義的な考えの皇帝を、全面的に拒絶することを伝えに来たのであった。教皇大使が到着して二週間経った一八六四年のクリスマス、マキシミリアーノは教皇大使と決裂。ベラクルスにてファアレスが命じた信教の自由と教会財産国有化を確認。ローマから送られてくる教皇教書をはじめとした文書は、法務大臣および外務大臣を経由することになった。この政策はファレス内閣に喜びと嘲笑を生んだ。これはレフォルマ改革が意図していた「至上最高の勝利」を意味していた。というのは、自分たちが採択した考えに揺るぎがないことを証明したし「彼をその地位にまで引き上げた立役者たち」によって「皇帝と呼ばれている」人物が「非難されるべき好ましからざる」立場に陥ったことを示していた。問題の外的および内的要因を理性的に分析してみれば、マキシミリアーノが屈服せざるを得なかったのは明らかだ、とイグレシアスは記している。「失望し、後悔し、帝位を退き、ミラマールへ引きこもるだろう。さもなければ数少ない味方とともに崩れ去り、政権は短命に終わるのだ」。マキシミリアーノの凋落を早めた理由は、恐らく次の五点であり、あるいはそれらの組み合わせである。フランスの介入必至の戦争が誘発する可能性を秘めているヨーロッパ紛争、メキシコ駐屯フランス軍を帝国財政が支えきれずに撤退、ナポレオン三世の死、アメリカ合衆国によるモンロー宣言の再主張、独立と共和国を愛するメキシコ人が戦い続けている戦乱の長期化である。

マキシミリアーノはこのような運命を予測していなかった。それどころか、イトゥルビデの第一帝国時代の領土を取り戻そうと、メキシコ帝国を南へ、中央アメリカへと拡張することを夢見ていた。ヌエボ・レオンやタマウリパスにおけるフランス軍の進軍に、彼はファレスの権威の終末を予感していた。逼迫した国庫の財政状態も安定すると思っていた。メキシコが外国の軍隊に侵略された国などと想像するには余りにもほど遠く、まさにマキシミリアーノが思い描いていた通りの国であると、考えていた。「私は自由の国で、自由な国民に囲まれて暮らしている」と実弟に書簡を送り、常に過去の退廃的な状況と比較して現状を強調した。

「メキシコは多くの点で遅れていて、生活の豊かさや物質面の発達は不十分だが、社会においては、私に言わせればこちらの方が更に重要なのだが、ヨーロッパよりも、とりわけオーストリアよりも進んでいる。ここには健全な民主主義が確立しており、ヨーロッパの病的な幻想など存在しない」。

カルロッタのことを「カルロティータ」と侍女たちは呼んでいたが、彼女は毎週月曜日に客を招いて、舞踏会を催していた。チャプルテペック城のテラスでの夜会はマキシミリアーノにとってというより、彼女にとっての楽しみであった。一度ならずとも宮殿の膝元に大砲が撃ち込まれ、パーティーが中断することもあったが、マキシミリアーノにとって、こうした爆音は何を意味するものでもなかった。一八六四年は吉兆の内に暮れていった。憲法で認められた政府が退却避難していたチワワで、イグレシアスはマキシミリアーノと同じ意見を持っていた。「一八六五年は幾千もの明るい兆しに満ちて始まった。我々の第二の独立戦争が幸福な結末を迎える、と希望ふくらむ未来を我々に予見させている」。

*

ナポレオン三世は、割に合わない話に巻き込まれたとすぐに気づいた。期待と結果がかみ合っていなかった。カルロッタ［マキシミリアーノの妻］がエウヘニア［ナポレオン三世の妻］に話していたように、フアレス主義とは「大衆の心をつかむ扇動以外何ものでもない」が、現に、敵は鎮圧されていなかった。確かに、二月、バゼーヌがオアハカでポルフィリオ・ディアスを降伏させ、兵士四千人を捕虜とし、大砲六〇門を接収したが、フランス軍の払った代償は計り知れなかった。一見、鎮圧されていたかに見えた地域でも、一八四七年当時にかつてオカンポが想定したゲリラ戦が再開。一月一日、フアレスは「マニフェスト［政権公約］」の中で、二万七千人のフランス軍とその同盟軍は派遣に手間どり費用の調達に苦渋し、混乱を引き起こしているため、我々の勝利の日は近づいていると語っていた。それを別にしても、フアレス派陣営（常に新聞報道やワシントンにおけるメキシコ代表を務めたオアハカ出身のマティアス・ロメロから充分に情報を得ていた）は何週間も前から大ニュースを待っていた。南軍率いるリー将軍がリッチモンドで決定的敗北。一八六五年四月初頭、北軍は勝利した。

イグレシアスが予測したように、最終的にこれがフランス軍が退却する重要な要因となった。帝国の財政報告を聞く度に落胆していたナポレオンは、この冒険では中立の立場をとることを考え始めていた。一方、マキシミリアーノは新局面をほとんど憂慮していなかった。説得を続け、誠意を持って対処すれば、帝国はリンカーンの後継者から歓心を買うことができるだろうと思っていた。それどころか、国内問題に最大級の緊急課題を抱えていた。新たな州区分の決定、古典文学と哲学を導入した教育カリキュラムの作成、入植プロジェクトの作成、そして、特に、皇帝の真の支持者への対応を考えなければならなかった。

「最も善良な者たちはこれまでもインディオであったし、これからもインディオであろう。今回、私は、彼らの要望、不満、必要性に対処し、援助の手を差し伸べるべき委員会を設置するように、新しい法律を彼らのために制定した」。

「至るところでインディオは皇帝を熱狂的に歓迎した」[15]と当時の旅行者は観察している。その通りであった。村や共同体は、オーストリア王家の皇帝たちが君臨した遙か昔の時代に、自らの言葉で自らの問題を提起するために国王の聴聞に訴えるという手段を初めて獲得したのであった。ここでいう問題とはローマ法における私有財産権をめぐるものではなく、インディオが神から授かった権利として自分たちにあると考えていた土地所有権のことである。クエルナバカやクアウトラといった町に近い砂糖製造アシエンダのある地域では、独立後は見られなかったアシエンダ領主や経営者が殺される事件が数年前から発生していた。マキシミリアーノはこうした緊張関係を知り、解決しようと試みた。アシエンダによって踏みにじられた境界線が正確に示された文書や地図のほかに、スペイン国王を代表してヌエバ・エスパーニャの初期の副王たちによって発行された、不動産権利証書を幾つかの村はいまだに所有していることをマキシミリアーノは知っていた。しばらくして、マキシミリアーノによって組織された委員会は注目に値する二つの律法を制定した。一つは、村の権益を守り、土地と水利権の返還を要請するための法的身分を個人に認めたこと。もう一つは、必要としている村には充当金を出した上に、正当な所有者に土地の返還を命じたことであった。マキシミリアーノがこのような政策を実行したのは、社会主義的な動機からではなく、むしろ、先祖代々受け継いできた恩情主義の精神からであった。

しかし、奇妙にも財政が軍事情勢と同じほど急速に悪化していることをマキシミリアーノが知っていたことである。ゲリラとファレス軍はミチョアカン、ハリスコ、シナロア、ヌエボ・レオンで息を吹き返した。どんなに鎮圧したところで長続きしなかった。マキシミリアーノの戦略は片手落ちだったのである。彼は手許に自分が置かれた状況について信頼できる具体的な情報があったにもかかわらず、それを横目でちらりと見るだけで、その情報から論理的な結論を引き出すことができなかったのである。彼は情報を見て、状況を元に戻す夢想的な解決法ばかり思案した。バゼーヌに代わって自分自身が国庫を管理しようかと考えた。しかし、何よりも台本通りに事を進めなければならなかった。例えば、世継ぎのことを考えなければならなかった。嫡子ができないために、彼は意表を突く決定を下した。アグスティン・デ・イトゥルビデの幼い孫を帝位継承者にすることを思いついたのである。アメリカ合衆国の国籍であったその少年の母親が息子を手放すことを拒否したことなどどうでもよかった。少年はパリへ送られた。未来のアグスティン二世は宮廷暮らすことになった。チワワにいたイグレシアスは「不幸なイグアラの英雄」との養子縁組を愚弄した。

「この事実自体は何ら重要ではない。王子でも公爵でも、伯爵でも侯爵でも、簒奪者の都合がいいようにつくるがいい。そんな大袈裟な肩書きは即席仕立ての貴族をこれまで以上の嘲笑にさらすだけで、ヨーロッパ貴族のあらゆる伝統を欠いて真の貴族階級を形成することなどできるはずがなく、この架空の帝国で馬鹿げた役割を演じるほかないという失望感がすぐにも襲ってきた」。

ホセ・マリア・イグレシアスが著書の中でいみじくも予測したように国の内外の現実がマキシミリアーノを裏切る一方で、マキシミリアーノはますます自分の事業にロマンティックで熱い想いを傾けていった。八月末、岳父レオポルド王に初めて自分の失政の可能性を予測する手紙を書いたものの、兄弟たちを羨ましがらせる栄光に包まれた文面でカモフラージュしてあった。

「私は厳しい仕事が好きだ。それに、成果を認められるのも好きだ。私は結果が見たいのだ。大西洋の向こうではそれがそっくり抜け落ちていた。しかし、当地では結果が徐々に良くなっていくのがわかる。最近の旅行や我々の建国記念日（九月一六日）に、私は励まされた。どんな夢にもうつつを抜かさない。私たちが建設しようとしている新しい国は嵐で崩れ落ちてしまうかも知れない。そして、私はその下敷きになるかも知れない。しかし、崇高な理念に誠意を持って対処したという自負は誰も私から奪うことはできない。何もせずにヨーロッパで朽ち果てるより、この方が私は慰められる[16]」。

九月一六日がやって来た。根本的には何も変わっていなかった。ナポレオンからの多くの苦言、批判、忠告、遠回しの注意にもかかわらず、彼とのつながりは続いていた。国民に幸福を与えたいがために、幼いアグスティンを養子に迎えることにも変更はなかった。マキシミリアーノは、彼に敵対するメキシコの愛国者たちと同じように、演説の中で愛国者メキシコ人として語った。

「私の心、私の魂、私の責務、私のすべての忠実な努力は汝らのためであり、私たちの祖国のためなのである。世界のいかなる権力もこの使命完遂から私を引き離すことはできまい。今や私の体中にはメキシコ人の血が流れている。もし神が私たちの愛する祖国を新たな危機にさらされるならば、汝らの独立と領土のために私が前線で戦うのを見ることになるであろう[17]」。

イグレシアスの意見によれば、マキシミリアーノはメキシコの独立を正当に理解していなかった。「独立を破棄するための道具になった人物が、独立の称賛者であるかのように振る舞うとは不相応だ」。グアルディオラ広場に新しく建てられたモレロス像の除幕式も批難した。マキシミリアーノのモレロス賛美は「論理的には、すでに矛盾している」と。

一ヶ月後、バゼーヌが提案した非常に厳しい法律が、フランス皇帝の真意を露顕させた。その法律とは、「武装グループに属している」者は全員、軍事法廷での審議の対象になるというものであった。つまり、バゼーヌに市民の生死を自由に裁量する権限が与えられたのであった。当時美しいメキシコ人の娘と結婚し、暇さえあれば新妻と過ごしていたバゼーヌではあったが、遠慮なく銃殺刑を行った。これでもファアレス派をあきらめさせることができなかったが、マキシミリアーノは寛大な処置をもってこの法律を取り繕おうとした。マキシミリアーノにとってファアレス派はもはや敗北者と言ってよかった。ファアレスはすでに国を脱出したのではないだろうか？　パソ・デル・ノルテで国境を越えたのではないだろうか？「ドン・ベニートがあれほどまでの気力で唱えていた大義が、民意だけでなく、カウディーヨ自らが標榜していた法律の前に屈してしまったのではないか」。そして、マキシミリアーノはまた新たな空想の世界で夢を描いた。「私に忠誠心をもって、心から恭順するように」とファアレスを呼び寄せたのである。フランス軍大尉ニョクスは次のように記している。

「皇帝マキシミリアーノ閣下が常に留意していたことは、少数の自由主義派を味方に引き入れることであった。もし可能ならば、ファアレス自身をと。夢ばかり追った。こうした結果にも、苛立ちもしなかった。メキシコでフランスが介入して戦った敵に対して日毎に傾倒してゆき、皇帝に最初から味方であったより忠実な者たちは彼から次第に離れて行ってしまった」。

マキシミリアーノの判断では、ファアレスは見捨てられたも同然であった。一八六五年一二月一日、大統領の任期再更新を前に、ファアレスは支持者や協力者の多くから離れた存在になっていた。彼はチワワに短期間しか滞在しなかった。再び、パソ・デル・ノルテ［現在のシウダ・ファアレス］に住み始めていた。もし仮に共和国が彼そのものだとしたら、その共和国は彼の手のひらほどしかない領土しか有していなかった。彼に救いの手を差し伸べるには、ファアレスには最高裁判所の長官職も与えねばならなかったほどであった。突然、ベルギーから悲報が届いた。岳父ベルギー国王レオポルドの死去。王の最後の手紙には「アメリカ大陸での勝利が不可欠だ。そうでなければ、我々の試みはまったくの絵空事で、軍事費の無駄遣いだ」とあった。

＊

一八六六年二月。マキシミリアーノはお気に入りの休息地クエルナバカで何週間も過ごしていた。セダノという名字の「美しいインディオ女性」に恋をしていた。しかし、今回はカルロッタを伴って訪れていた。カルロッタは幼いアグスティンを連れてマヤ文化のユカタン半島のウシュマルへ旅したばかりで、「魔法使いのピラミッド」に登った時のことを彼に話していた。彼らは緑の生い茂った庭園の中にある広い別荘に泊まり、「地上で見た」中でもこの上なく美しい景色の一つを目の前にしていた。

旧友であるビンゼー男爵夫人にクエルナバカを次のように説明している。「想像してご覧なさい。広大な盆地に美しい平原が金のマントの如く眼前に広がっているのです。周囲は何列もの山々が幾重にも重なって大胆な風景を形作り、この上なく美しい数々の色、一番シンプルな薔薇色や紫色やすみれ色から一番濃い空色で染めあげるのです。起伏が多く、入り組んだ山の線が岩から岩へと上っていき、まるでシチリアの海岸線のようなのです。スイスの緑豊かな山々のように森に覆われてそびえる山もありますが、こうした景色の奥に、空の濃い青が映え、頂上に雪をいただいた巨大な火山が二つそびえているのです。想像してご覧なさい。当地には四季の区別がないので、一年中、黄金色に染まった野に南国の植物がむせるような香りを放ってあふれ、甘い実をつけるのです。その上、ここはイタリアの五月のように心地よい気候に恵まれ、美しく、親切で、正直な人々が住んでいるのです」。

数え切れないほどの噴水や「古い大木のマンゴーの木々」の間を散歩し、「濃厚なオレンジ・ジュース」で喉を潤し、「快適なハンモック」で休む。「絵に描いたような鳥たちが歌うと、色々の夢を見ているようだった」。その中でも最大の夢は、二人がメキシコの大地に受け入れられたと実感することであった。「メキシコ帝国」という言葉から、カルロッタは「帝国」を、マキシミリアーノは「メキシコ」を思い描いた。「メキシコでの生活は生き甲斐があります。国も国民も評判以上にずっと良いのです。皇后と私はもうすっかりメキシコに馴染み、国民に交じってこんなにも楽しく暮らしているなど、貴殿は驚かれるでしょう」と、別の機会に友人の伯爵に書き送った。かつての銀王ボルダのコロニアル様式の古い邸宅で快適なハンモックに揺られながら、二人はそれぞれの夢を見ていた。カルロッタは権力を、マキシミリアーノは二人を受け入れてくれたこの地への愛の夢を。

＊

楽園に地獄からの知らせが届いた。一月一五日、ナポレオンがメキシコ駐留軍の引き揚げを決定してしまったのである。撤退は一年以内に完了しなければならなかった。国際情勢がそうさせたのであった。アメリカ合衆国の圧力、プロイセンの脅威、フランスの世論、帝国の浪費がこの決定を招いた。思わぬ事態にマキシミリアーノは当惑した。イギリスに支持を要請すべきか。退位すべきか。カルロッタが本領を発揮する時が来た。彼女はヨーロッパに渡り、あらためてエウヘニアやナポレオンを説得し、ローマ教皇にも謁見することにした。マキシミリアーノは引き続き帝国を治め、民法を発布することになる。出発前、カルロッタは自分の気性をはっきりと表す文章でマキシミリアーノに手紙を宛てている。その気性は夫とはまったく異なっていた。全ヨーロッパの王侯の経験と彼女自身がそらんじていた自分の家に代々伝えられた教えは、一つの教訓を示していた。決して退位してはならないと。彼女の祖父ルイ・フィリップ［一七七三―一八五〇、百科全書派の影響からフランス革命に同調し、恐怖政治の出現で亡命したフランス最後の国王］は「流血を避けることを望んでいたにもかかわらず、フランスで流れた血の責任を間接的に負っていた」。

「それでは、今度は私が言わせていただきます。皇帝陛下、捕虜になられてはいけません。ここに皇帝がいる限り、帝国が存在するのです。たとえ六歩分の領土しかなくても。帝国は皇帝以外の何ものでもないのです。資金がないことなど大した障害ではありません。借款を申し入れればよいのです。努力すれば借款は得られます。成功は獲得するものです。お苛立ちにならないことです。実現可能のはずで、一旦始めた事業が最終的には不可能だったなど、誰も信じやしないのです。それに、国を繁栄できるのであれば、退かれることはないのです。もし、それが無理だと思っていらっしゃるならば、それはご自身への裏切りでございます。その上、閣下が帝国の唯一の救済の錨だなどとは実際には偽りです。結論を申し上げます。帝国こそがメキシコを救う唯一の道なのです。神にそう誓ったではありませんか。全力を尽くしてこの国をお救い下さい。いかなる困難があろうとも閣下はその宣誓をお破りになってはいけません。この事業はまだ実現可能なのですから、帝国は存続すべきで、あらゆる攻撃から守ることが必要なのです。〝遅すぎた〟という表現はこの場合は当てはまりません。〝早すぎた〟とするべきなのです[18]」。

メキシコへの冒険の歴史的意義が、カルロッタのこうした言葉に初めて明らかにされた。マキシミリアーノとカルロッタが属する権力者の列伝は、メキシコの権力者ではなく、一九世紀半ばにゆっくりとではあるが、もはや後戻りできない下降線を辿っていったヨーロッパの王たちの列伝であった。王朝は一つ、また一つと消えていった。イタリアやドイツでは国民国家が、フランスやスペインでは共和国が誕生した。ハンガリー＝オーストリアとイギリスは貴族が残る離島となった。ハンガリー＝オーストリア帝国は内部崩壊の脅威にさらされていたが、イギリス帝国は古い議会体制に揺らぎがなかった。この退廃的な構図の中で、王冠を失った君主らが誰よりも歴史の勢いにせき立てられていた。民主主義そして共和制の時代に招かれ、そして背を向けられた彼らは、蠟人形館の蠟人形のような気分を味わった。だからこそ、カルロッタは怒りを込めて退位に反対したのであった。彼女は退位を敗北、そして王朝の恥だと受け止めていた。

しかし、このヨーロッパだけのドラマにメキシコは何の関係があったのだろうか？　メキシコが抱えていた問題は別のものであった。とりわけ、困難な政治統一、経済市場の統一、眠ったような植民地からの新しい国家の建設、近年の混乱、貧困、政治分裂であった。なぜメキシコがフランツ・ヨーゼフとマキシミリアーノの母であるソフィア大公女の二回目の出産費用をまかなわなければならなかったのだろうか？　カルロッタはこうした疑問を自分自身に問いかけてみることは決してしなかった。一八六五年末、彼女はファレスを終身制大統領の再選だと非難したが、自分たちの地位こそが正当でないことを理解していなかった。マキシミリアーノも解っていなかった。自らの使命の正当性を疑ってみなかったとは不思議な話である。一八六六年七月、ついにカルロッタはベラクルスへ向かい、ヨーロッパへ出発した。このニュースは、ビセンテ・リバ・パラシオが作った歌とともに自由主義派の駐屯地に瞬く間に広がった。[19]

陽気な水夫が
ゆっくりと歌う
不思議な輝きを見せる
もう錨を上げて
船は進む、海を
ボールが弾むように
さよなら、ママ、カルロッタ
さようなら、我が愛しの君よ

遠い岸から
悲しげに見ている
やけに信心深く、裏切り者の
愚かな貴族たち
彼らの胸の奥には
敗北が横たわっている

さよなら、ママ、カルロッタ
さようなら、我が愛しの君よ

宮殿でのお茶会、遊戯、舞踏会
もう、うんざり
僧侶は嘆きの激しさに
身を震わせる
船のオールが重なって
波が叫ぶように立ち騒ぐ
さよなら、ママ、カルロッタ
さようなら、我が愛しの君よ

優しくささやく
悲しそうな侍従たちが
司祭と侍女たちが
涙する
悲しげな美しい救世主
折れたユリを手に歌う
さよなら、ママ、カルロッタ
さようなら、我が愛しの君よ

この瞬間、チナコ達は
もう勝利の歌を歌ってる
恐れも恨みも
思い出しもせず叫び
風が
船に吹きつける
さようなら、ママ、カルロッタ
さようなら、我が愛しの君よ

ファレスはマキシミリアーノに忠実であった知事に皮肉を込めて書き送った。「『ママ・カルロッタ』がいなくなって、大変つらい思いをしているだろうと推察します。皇后と呼ばれる人物の早々の帰国は、マキシミリアーノの皇位喪失の明らかな兆候ですね[20]」。

*

カルロッタの船が大洋を進み、フランス軍が彼女に続いて退却の準備をしている間、ファレス軍はますます勢いをつけていた。マリアノ・エスコベドをはじめとした幾人もの自由主義派の指揮官たちが北から、ポルフィリオ・ディアスが南方のオアハカから、ラモン・コロナが西方で、レグレスとリバ・パラシオがミチョアカンから進軍。平均年齢三五歳。ほぼ全員がレフォルマ戦争の武将であった。そして今、勝利を目前にしていた。勝利を自分たちのものだと実感していた。この勝利は剣による勝利であり、ペンによる勝利ではなかった。

ヨーロッパでカルロッタはナポレオンと謁見し、イタリアに、ミラマールに戻った。彼女はナポレオンの中にメフィストフェレスを見た。彼は口実を並べ立て、「これ以上、兵士一人たりとも一銭たりとも送らない」と明言した。自らの約束を破り、フランスの面目も失い、二人を見捨てたのである。毎晩カルロッタは聖ヨハネの黙示録を読むようになった。九月九日に「最愛の人」に宛てて一通のひどく興奮し、忘れがたい手紙を書いた。メキシコ帝国の輝く未来についてのみ語った手紙ではあったが、実際にはヨーロッパの帝国の日が沈む歴史が綴られていたのである。その手紙に彼女は夫に最後の忠告をして、名誉ある姿勢がどういうものかを示した。

「(フランスの) 直接の後ろ盾がたいへんに心強かっただけに、これまでは物質的な不足や資金不足をしのぐことができたのだと私は思っていますが、もはやその後ろ盾もなくなりました。しかし、メキシコはフランスの同盟国なので (原文のまま) フランス国民は、政府が悪ければ、その圧政に対して立ち上がり、貿易に成功してより多くの利益をあげる国、メキシコにさらなる関心を深めるでしょう。私が確かな筋から得た情報によれば、あなたがメキシコの君主である、と納得すればアメリカ合衆国はあなたを承認するはずなのです。というのも、モンロー宣言は帝国というものに敵対しているわけではないからです。メキシコの自由主義派もあなたがメキシコに残るのを見れば、一斉にあなたの下にかしづくでしょう。そうなれば、これが民意に根ざした君主制だということに合衆国もヨーロッパも疑いを持たないでしょう。メキシコという国はあなたが見捨てた瞬間から存在しなくなり、独立国として統治されなくなるのです。フアレスはあなたが到着するまでは国を代表していましたが、その後はあなたがメキシコ独立の擁護者であり、全てのメキシコ人の自立の擁護者なのです。なぜなら、あなただけがこの国の三色旗を構成する人達をその手に集めることが可能だからなのです。カトリックの王として聖職者を表す白、保守派の緑、自由主義派の赤。あなたを除いてだれもこの三つの集団をまとめ、統治できる人はいないのです。そして、未だにこの三色旗が意味するところは、イグアラ計画が示すように、やはりメキシコの独立だけなのです。自由主義派はあなたのことをもう十分観察したのですから、あなたを選んだ民意に従って、あなたを承認すべきなのです。ましてや、以前から正当に選ばれた君主なのですから。新たな選挙などを実施しようと過去に疑問を抱いてはいけません。必要ないのです。保守派を介して全ての人達を配下にまとめるのです。それはあなたの権利であり、義務なのです。国とともに自由主義派を救うのです。彼らはあなたに感謝しているはずです。以前からあなたを個人的には敬愛しているのです。政治集団としては彼らは譲歩し消滅するのです。国旗はあなたのものです。あなたが国なのです。「陛下」とファレスは言ったではありませんか。ですから、皆にもはっきりと言わなければならないのです。私が皇帝である、と。誰も大統領など必要としていないのです。皇帝の息子を大統領とは呼びません。近代的な形でしかるべき畏怖の念をもって君主制を導入するのです。あなたの前に頭を垂れるのです。共和国はプロテスタンティズムの継母のようなものですが、君主国は人類の救済であり、国王は善良な牧童であり、大統領はメルセナリーなのです。これが申し上げたいことの全てです。国中のメキシコ人をまとめる仕事が終わり、反乱も収まれば、兵力もさして必要ありません。その時、あなたは自国民に支持され世界を前にするのです。「チナコ」の残党は、イタリアのガリバルディ軍のように、外敵の攻撃から国民を守る民兵や先兵として雇っておけば十分でしょう。彼等を悪党呼ぶばわりし外国人排斥を唱える者たちの考えと私は立場を異にしています。イタリアではこういう人たちを政府がある程度面倒を見て、イタリア人のために使うのです。彼らは国の軍事力となるのです。在るものを有効に使わない手はありません。そして、今は、フランス軍は早く撤退したほうがよいのです。もし全てがしかるべく成功すれば、アメリカやヨーロッパから移民が押し寄せてくるでしょう。あなたは世界で最も美しい帝国の皇帝となるのです。なぜなら、メキシコは最大限フランスの影響力を受け継ぎ、そして、受け継いでいくでしょう。しかし、そうなるのはメキシコ人の手で帝国を強化した後です。今後三年間ヨーロッパは激動の時期を迎えるからです。オーストリアは支配下の領邦を全て失うでしょう。プロイセンとポルトガルの王室は領土拡張を目論むでしょうが、あなたはこうした領土統合の交渉の筆頭にいてはいけません。もし最終的にそれらの国々に有利であったとしても、そうした交渉の脚本家の意図は、ふさわしくない結果になるに決まっているのです。あなたが自分の帝国のためだけに働けば、ドイツも、コンスタンティノーブルも、イタリアも、スペインも、メキシコが到達するほどの国にはならないでしょう[21]」。

数日後、カルロッタはバチカンで発狂。遺書を書いてマキシミリアーノに別れを告げた。死んだようで、死んでいなかった。この頃カルロッタがメキシコ駐屯ベルギー派遣軍の指揮官アルフレド・ハン・デル・スミッセンの子を産んだと確信を持った者もいる。この子どもは後のフランス軍将軍となったマキシモ・ウェンガンである。カルロッタはオーストリアの精神病院に収容された後、生まれ故郷ベルギーの城に幽閉された。彼女が逝去するのはずっと後の一九二七年。夫マキシミリアーノ、フアレス、ポルフィリオ・ディアス、フランシスコ・ホセ、ピオ九世、エウヘニア、ナポレオン、バゼーヌなど、彼女の悲劇の人生に関わった者たちよりも後にこの世を去っている。しかし、彼女がそれを知る由もなかった。マックス（マキシミリアーノの愛称）と呼んでいたぼろ切れの人形を相手に、肌身はなさず大切にしていたマックスの心臓に向かって、彼女はメキシコ帝国のことを話し続けたのであった。

＊

病に倒れ、悲嘆に暮れたマキシミリアーノは退位を決意。オリサバへ旅立った。妻が発狂したことはすでに知っていた。今や誰が彼に忠告するのだろうか？　皆が好き勝手に忠告してきた。マキシミリアーノは幼いイトゥルビデを母親の元に返すことに応じた。一〇月三日、「バゼーヌ将軍がフアレス勢力弾圧のために提案した、一八六五年に発布された武装集団検挙法」の法令も廃止した。彼に忠実な友人ヘルゼフェルドは、ハバナから、「皆んなぐすぐすするな、出国しろ、その国から。何週間もしたらむごたらしい流血の内戦の舞台になるぞ」と忠告した。[22] しかし、その時マキシミリアーノは再び迷い出した。この国に平和と秩序を取り戻すまでは去ることはできない。ミラモンやマルケスなど帰国したカウディーヨたちが彼を説得した。サン・ルイス・ポトシの獰猛なインディオのカシケであるトマス・メヒアも皇帝の味方だった。彼とともに皆で兵を挙げ、運命を逆戻りさせることにした。マキシミリアーノは首都に戻った。今や彼は、すでに終結したドラマであるレフォルマの最終アンコールに応える最後のカウディーヨとなった。

二月五日、一八五七年憲法制定十周年記念の日、フランス軍の最後の兵隊たちがメキシコを出発。プエブラからバゼーヌはマキシミリアーノに一緒に来るように懇願した。皇帝はそれを断った。マキシミリアーノのメキシコに残るという決心を、そのとおり容認してくれた母の手紙が、心に重くのしかかっていた。自分が残れば、表面的には追放されたことにはならなかったからである。

　バゼーヌは「私の目は涙でいっぱいでした、皇帝はそれに気づかれ、その理由もおわかりになられたのだと思います。けれども、今はできるだけ長く陛下がメキシコに残られますよう、しかも誇りを失うことなく残られますよう祈っております」と述べるだけだった。

　マキシミリアーノの最期はありとあらゆる悲劇の要素を備えていた。彼はいつもの通りにヨーロッパの友人に手紙を書いた。「私は今や現役の将軍で、兵営にいます。軍靴を履き、拍車をつけ、つばの広い帽子をかぶっています。海軍司令官の軍服こそ着用していませんが、遮眼帯の馬に乗っています。この馬は決して私を放りだしたりしないのです」。彼はまるで幼い子供のようにすぐに希望を抱いた。自由主義派の指揮官の勇気やたくましさを尊敬し、自らのドラマに名誉の幕引きを見出した。五人の頭文字M（ミラモン、メヒア、メンデス、マルケス、そしてマキシミリアーノ自身）から成る国家委員会の全員合意決定により、保守派軍は七〇日間の戦闘の末、ケレタロを退却。マルケスが約束したはずの援軍がプエブラでポルフィリオ・ディアス将軍に破れ、その上マルケスの身勝手な計算もあってあとの援軍はついに到着しなかった。彼は仲間が死んだ約五〇年後、一九一三年にベッドで死ぬのであった。マキシミリアーノはその時まではつかの間の喜びや一時的な勝利に浸ることはあったが、マルケスが動かなかったことで腰を砕かれた。マキシミリアーノはなりふり構わず「救いの弾丸」との出会いを模索した。彼の「コンパードレ」「カトリック教で代父同士の信頼関係にある人」であったロペスという大佐の背信が、自分の逮捕を早めることになった。遠く自由主義派陣営から聞こえる『さようなら、ママ・カルロッタ』の歌詞が背信よりも辛かった。マリアノ・エスコベドは、もう流血を見ないようにと自害して果てた。

サン・ルイス・ポトシからフアレスは、ミラモン、メヒア、マキシミリアーノ（メンデスはすでに死んでいた）に対して軍事裁判を命じた。罪人全員に第一線で活躍する弁護士、自由主義派の弁護士がついた。マキシミリアーノは裁判に出頭しなかった。彼は司法権を否定したのである。逃亡も考えた。ミラマールへ戻って、自らの統治の歴史を書きたいと思った。しかし、すぐにミラモンやメヒアのことを思い、名誉を侮辱することになると考え直した。それに、身を隠す可能性さえないことに気がついた。メキシコでこの金色の髭を知らない者などいないではないか。そこでフアレスに何通もの手紙を書き、電報も打つことにした。

「この上なく厳かに、そして余が置かれている状況のもとで、余の血が流血の最後の一滴となるように心から願う。そして、汝らの大義を称えん、人々を和解させ、強固で安定した基盤の上にこの不幸な国に平和と静けさをもたらそうと尽力し、その高貴な目的に導いた忍耐力を称えん[23]」。

惜しみない称賛は彼の正直な気持ちではあったが、やはりフアレスが寛大な態度に出ると踏んでいた。ヨーロッパの各国政府、アメリカ合衆国代表、イタリア自由主義者の代表、ガリバルディその人も寛大な処置を訴えた。フアレスの足下にひれ伏す魅惑的な王女もいた。ミラモンの妻の懇願でさえも無駄であった。「私は彼の心に父親に対するように、夫に接するように触れてみたが、あの石のような心を動かす術はなかった。あの冷酷で復讐に満ちた心を溶かすには至らなかった」。フアレスは常に言っていた。「私が罰するのではなく、法律が、国民が罰するのだ」と。マキシミリアーノは覚悟を決めた。もはやこの「不幸な国」の争いに責任を感じていなかった。無垢な動機が、歴史に甘やかされた王子の如くマキシミリアーノに責任以上のことをさせようとしたのであった。彼は別れの手紙を書いた。しかし、まだ細々としたことに注意を払った。主治医には、「私は喜んでいる。自由主義派政権は私が制定した幾つかの法律を無効にしていないとアルタミラノが教えてくれた」と話している。命令が妙なことに延期され、彼はわずかだが、三日間生き延びた。一八六七年六月一九日、ついにケレタロの街を見下ろすセロ・デ・カンパナス［鐘の鳴る丘」で、三五歳の皇帝は最もメキシコ人らしい死を全うした。銃殺刑であった。

ミラマールでカルロッタが「世界の君主」について休む間もなく話している頃、フアレスを乗せた黒い馬車がケレタロに到着した。フアレスは敵の死体が横たわるラス・クルセス修道院の地下室に降り、「彼の脚は、思ったほど長くなかった」と言ったという。

＊

カルロッタとマキシミリアーノの悲劇は幾世代にもわたってヨーロッパやアメリカの劇作家、小説家、詩人、映画、作家の文学的想像をかき立てることになった。同時代のフランツ・ウェーフェルは戯曲を書いた。ハリウッド映画もこの悲劇を作品化した。マルコム・ローリーは皇帝がハンモックに揺られて夢に思いを馳せたあの楽園クエルナバカで書かれた『火山のふもとで』という素晴らしい作品で、カルロッタとマキシミリアーノの亡霊を追い払った。逆説的に聞こえるが、二人は死ぬ間際に、この世の望み、つまりメキシコ人になることを叶えたのだ。メキシコほどこの不幸な皇帝夫妻を伝説化した国もない。夢のようなこの話は、西洋のはかない記憶の中で二人をメキシコ史と結びつけている。そして、この二人には、多くの同時代のヨーロッパの王子、公爵、大公、皇帝が経験しなかった地位と思い出が与えられたのである。

註

1 フェルナンド・マキシミリアーノ・デ・ハプスブルグ大公については次の小説などがある。Fernando del Paso, *Noticias del Imperio*, México, 1987

2 マキシミリアーノについての文献は、多くを挙げられるが、この引用箇所の出典は次のとおりである。Caesar Conte Corti:

Maximiliano y Carlota, México, 1971 三九頁。

3 José Luis Blasio : *Maximiliano íntimo : memorias de un secretario particular*, México, 1966, 三五頁。

4 マキシミリアーノ総督が赴任していたロンバルディア・ベネト王国での彼の心情である。出典は前掲書の六四頁。

5 出典は José Luis Blasio の前掲書

6 出典は、マキシミリアーノが兄に宛てた書簡で、José Luis Blasio 前掲書六七頁。ソフィア大公王妃宛の書簡の出典は同じく前掲書六四頁。

7 マキシミリアーノが岳父のベルギー国王に宛てた書簡で、出典は前掲書の六九頁。

8 José Manuel Hidalgo y Esnaurrizar に関する著作は、*Proyectos de Monarquía en México*, México, 1962 などがある。

9 Conte Corti 前掲書 二二二、二四五頁。

10 Conte Corti 前掲書 二一九―二二三頁。マキシミリアーノとナポレオンとの意思疎通は、A. F. Hanna and K. A. Hanna : *Napoleon III y México*, 1981 を参照できる。

11 Gutierrez de Estrada（1800-1867）は、第四次サンタ・アナ大統領政権の時期、一八三五年に外務大臣に就任した。その時は、ヨーロッパとの外交活動に専念し、スペインに対してメキシコ独立の承認に尽力を傾けた。アナスタシオ・ブスタマンテ大統領の時期、三八年に改めて外務大臣に就任した。終始、ミゲル・ミラモンらの保守派グループの主要メンバーとともにメキシコに君主制を導入する可能性を説いた。また、五七年の自由主義憲法を強く批判していた。六〇年にはナポレオン三世の援助を求めてマキシミリアン大公をメキシコへ招く画策を施したほどである。

12 Conte Corti 前掲書 一五二頁。

13 Conte Corti 前掲書 二六一頁。メキシコへのフランス干渉戦争については、つぎの文献も参照できる。E. Leferve : *Historia de la Intervención Francesa en México*, Documentos oficiales recogidos en la secretaria privada de Maximiliano, Brussels and London 1869。

14 José María Iglesias の考えは *Revistas históriacas sobre la Intervención Francesa en México*,（México, 1987）に採録されている。

15 出典は Francisco de Paula de Arrangoiz : *México desde 1808 hasta 1867*, México, 1958, 五八八頁。

16 J. M. Iglesias 前掲書に所収。マキシミリアーノからレオポルド王に宛てた一八六五年五月一二日付けの書簡。

17 Conte Corti 前掲書 三七一頁。

18 Conte Corti 前掲書 四五四頁。

19 典拠は Gabriel Zaid: *Omnibus de poesia Mexicana*, México 1973 一七二—三頁に所収の Vicente Riva Palacio 作曲の "Adiós, Mamá Carlota" また V. R. Palacio の代表的な編著書は次のとおりである。México a través de los siglos（五巻）, México, 1956。

20 Benito Juárez: *Epistolario FCE*, México, 1957, 三六七頁に所収の Andres S. Viesca 宛ての一八六六年八月七日付の書簡。

21 カルロータが夫に認めた一八六六年九月五日付書簡は Conte Corti 前掲書 四九九頁に所収されている。

22 同上 四九九頁。

23 出典は Samuel Basch: *Recuerdos de México*, México, 1953, 一二七頁。

5 民主的独裁者

一八六七年七月一五日、四年にわたって共和国という重荷を背負って各地を転転とした後、フアレスは首都に入った。首都は、数週間前、それまで三七戦を戦ってきた三七歳のオアハカ出身の優秀な将軍が率いる軍に制圧されていた。フアレスは彼を「我らの誉れ、ポルフィリオ」と呼んでいた。首都の住民はマキシミリアーノやサンタ・アナの時と同じようにフアレス大統領にも万歳を叫んだが、今度ばかりは真にこの国が新しい歴史的段階、つまり「第二の独立」に進んだという実感に酔いしれていた。モラとアラマンが始めた二つの国家プロジェクトを巡ってのイデオロギー的なあるいは軍事的闘争は、永久に終わりを告げたのであった。軍事的敗北の後、ヨーロッパから君主を迎えるという最後の歴史的選択も尽き、アラマンやミラモン、そしてマラバティオの「司祭」［モラとの論争の相手、モレリアの大司教ヘスス・ムンヒアをさす］（中央集権支持者、軍国主義者、教権主義者、ヨーロッパ支持者、偏狭な人間集団）などの保守派は、この国の舞台から消えていった。そして、表面的には二度と再び戻ってくることはなかった。こうして自由主義派だけが残り、一八五七年憲法とレフォルマ法に確立された基盤の上に国家を強固なものとすることになる。モラとゴメス・ファリアスの流れを汲む者たちが勝利したのである。

一八六一年に自由主義派が見せた復讐の執念深さは、帝国に協力した多くの者に対する恐ろしい暴挙を予告するかのようであった。内陸部の幾つかの都市では以前のリーダーたちを「処刑」、つまり銃殺刑に処した。しかし、新時代の意味は別のところにあった。フアレスがメキシコに到着した時の記念すべきマニフェストの中でそれを確認している。

「以前から、そして共和国が完全勝利を収めた今はもちろんのこと、政府はこれまで戦ってきた敵に対していかなる感情にも心情にも流されるような敵対行動を望まなかった。また、そのような行動はとるべきでなかった。……我々は力を合わせて、平和を享受し、確固たるものにしようではないか。……メキシコの国民と政府は、他国の主権を遵守するように、万人の権利を尊重しなければならない。他者の権利尊重は平和につながる」[1]。

皇帝夫妻のロマンティックな雰囲気とその悲劇的な末期に比べて、ファレスの勝利は印象が薄く、無味乾燥でやや正当性に欠けるかのように映った。しかし、双方の歴史をロマンティックな一組絵巻にすることの方がむしろ不当な扱いというものだろう。マキシミリアーノの純粋さを別にすれば、ロンバルディア＝ベネト領邦における治世と比べても、メキシコでの冒険を正当化する理由はなかった。メキシコは彼の一族の内情を解決するための単なる口実であった。だから、彼は自らの立場（自由主義者の国で新たに自由主義を唱える）が明らかに矛盾していることにも全く気づかず、メキシコの旧君主派の欺瞞行為にどう対決すればよいかもわからなかった。そのため、彼はその陰謀の第一共犯者になった。事実を直視していたならば、カルロッタのようにひどい錯乱状態に陥っていたであろう。自らを裏切り続け、明白な事実を否定し続け、ウィーンの家族や母親からの敬意を集め続ける方を選択した。死ぬ方がよかったのである。

ファレスの立場はその逆を、つまり、真実は何かということを象徴していた。彼にとっても、メキシコにとっても、生きていく方がよかった。この国が作品群の舞台となったり、何らかの役割を演じたり、この上なく惨めな敗北ばかり喫している中で戦争や勝利の歌を歌ったり、大多数が「嘆かわしい貧困」に喘いでいる一方で、虚飾の宮廷に金をつぎ込み、国はすっかり疲弊していたことをファレスは密かに気づいていた。気づいていたからこそ、いちいちそれを口に出さなかった。彼はよく自分を「大地の申し子」と言っていたが、オアハカでの約束を決して忘れてはいなかった。

「私は決してこの国のことを忘れない。それどころか、国の権利を尊重したい。将来が輝かしいものであるように、未来を創造できるように。そして、混乱を引き起こしたり、悪習に手を染め、貧困に喘いでいる混乱の轍から解放されるように見守っていきたい。友人だとか自由主義者だとか口では言っておきながら、実際にしたことは最も冷酷な暴君がしたように、この国を悲惨な状況に陥れた者もいる」。

フアレスは口数が少なく、多くを語る男ではなかった。ヨーロッパの宮廷に見られる帝国ナルシズムは、言葉の海でその衰退ぶりを埋め合わせようとした。マキシミリアーノ自身が、その数え切れない手紙、勅令、法律で実践した。これは帝王学文学である。亡命中、フアレスも外交官、知事、軍の指揮官たちに宛てて書いている。しかし、実務的な書類ばかりであった。彼は自分の地位を自負していなかったからである。自分のことをナポレオンのような人物だとも、サンタ・アナのように「西のナポレオン」だとも、マキシミリアーノのように慈悲深いもう一人のカール五世だとも思っていなかった。彼は自国を外国軍に占領された共和国の大統領にすぎなかった。

＊

フランシスコ・ブルネスは著書の中で、「フアレスは公文書用の言葉遣いしかできなかった」と言っている。厳しく、感情を抑え、非の打ち所がなかったというのである。ブルネスは間違っている。フアレスは私人としての深みと優しさを秘めた公人であった。一八六五年初頭、彼がチワワにいた間、妻マルガリータ、三人の娘マヌエラ、フェリシタス、マリア・デ・ヘスス、娘婿ペドロ・サンタシリア、三人の息子、ベニト、お気に入りのペペ、まだ会ったことがないアントニオらはニューヨーク郊外に住んでいた。苛立つほど長い間、フアレスは家族の様子がわからなかった。彼は皆が無事で元気だと知ると、日常生活の細々としたことにまでも忠告を与える手紙をしばしば書いた。例えば、暖房器具には注意しなければならないとか、新しく発明された器具を使いすぎないようになど。

「寒さは暑さと同じように気持ちのよいものではないが、人間や植物や動物を絶やさないように、強くするために、自然の法則が定めた必要なものだと私は思う。後で後悔したくなければ、こうした法則に逆らわないことが必要だ」と。

家族の健康や物質面についての話の後は（一家の大黒柱として彼は几帳面であった）、息子たちの教育を案じていた。「シナロアで、フランス軍と売国奴が撃退」され、「国民の士気が再び鼓舞された様子」を知ったあと（便りは一八六五年の一月に共和国が大きな跪坐に見舞われていた時に記していた）すぐ、「敬愛する娘婿サンタ」に激励と喜びの手紙を出した。そして、可愛い子供たちの人格形成について指示していた。

「ペペとベノ［息子ベニトのこと］は学校に通っているのだろうが、二人をイエズス会のようなミッション系の学校に決して通わせないでくれ。彼らには哲学的に思索することを学んでほしい。つまり、物事の道理を追求することを学んでほしいのだ。そして、この世界を歩む道程で、人間や国を不幸にし、惨めに陥れる過ちや不安に惑わされず、真理を道案内としてほしい」と。[2]

これはオカンポの説諭でもあった。レフォルマ改革に生きた人間に宿る堅固な信条であった。その頃、ファレスはメキシコの駐ワシントン代表部マティアス・ロメロから、[3]彼を苦悩させるニュースを受け取っていた。息子のペペが病気で重体だというのである。ファレスは現実から目を逸らすことなく、次のように書いた。

「我が親愛なるサンタ［娘婿］宛に、私の心を打ち砕く深い悲しみの気持ちを抱きながら、この手紙を認めている。というのもロメロから、昨晩受け取った先月一一月一四日付けの手紙で、息子のペペが重病だと言ってきたからだ。医師が生命の危険の恐れがあると診断したとも付け加えてあったが、それは、あの子が死んだなどという恐ろしいことを突然知らせることなどできないので、重体だとだけ言ってよこしたのだと思っている。でも、本当は、あの私のペペはもう逝ってしまったんだ。もうこの世に存在しないのだ。そうなんだろう？ 私の愛、私の誇り、私の希望だった息子の死を私がいかに苦しんでいるか察してほしい。不憫な妻マルガリータ！ なんとも慰めようがない。君が助言して、私たちの身に降りかかってきたこの不幸な深い悲しみに耐えられるように妻を励まし、私たちの家族を見守ってくれ。私が君たちと一緒にいられない今、君だけが妻の救いで、私の慰めなのだ。さようなら、私の息子。慰めようもないほどに悲嘆にくれている父、私の心を受けとめてくれ。取り乱しているゆえ、乱文乱筆を許してくれ」。

公的な任務はどれ一つとして手を抜くことなくこなし、ファレスは悲しみを胸の内にしまった。「私を苦しめるこんな悲しみにどうしたら耐えられるのかわからない」。彼の息子ペペの死、家族と音信不通であったこと、妻の近況が分らないことが、「私のように家族を愛する人間にとってはとても残酷な心の痛みなのだ」。九カ月後、エル・パソにいたファレスに突然もう一つの死の知らせが舞い込んできた。彼がまだ親子の対面すらしていなかった幼いアントニオの死であった。「家族の再度の不幸に私がこれまでどんなに苦しみ、そしておまえたちと一緒にいて慰みに耐えることさえ、また、互いに慰め合うことさえもできずに今はどんな気持ちでいるか、おまえならわかるだろう」。妻には、「心から溢れてくる感情の前に忠告など何も役に立たない。運命だと思うしかないだろう」と慰めの手紙を書いている。

「無表情な顔つき、そして冷静な魂、感受性が乏しい心」は見せかけだと主張したフスト・シエラは正しかった。ファレスはひどく傷ついていたが、マキシミリアーノのように自らのドラマを織り込んだ、一貫性のないドラマティックな役回りをこなす器量など持ち合わせていなかった。クアウテモックや祖先サポテカ人のイメージ、或いはほかのあらゆる禁欲的な苦しみのメタファーに自分自身を映してみることは、何の役にも立たないことだった。彼は苦しもうと思っていたわけでも、自分を敗者と思っていたわけでもなかった。彼は苦しむことに疲れ切っていた。何世紀にもわたる苦しみにうんざりしていた。自分と「同胞たち」が生きていくために、確固たる勝利が欲しかった。この救済の意志が彼を救ったのである。

*

友人たちも彼を救った。一八六五年三月二一日、ファレスの五九歳の誕生日、彼の傷ついた心に気晴らしなど無理な話だったが、友人レルド、イグレシアス、ウルキディ、ルイス、トゥリアス、そしてプリエトをはじめ、チワワの住民が祝いの場を設けて豪華な食事を用意した。「今日はこれから素晴らしい舞踏会がある。食事の時に、メキシコの独立のため、独立に貢献した人のため、抑圧されている人々のため、チワワ市のため、我々の家族のため、そして私のために乾杯してくれた」と、二三日付でファアレスは娘婿ペドロ・サンタシリアに宛てている。祝賀会では一人の名前を挙げていた。「友人ギジェルモ・プリエトの心のこもったスピーチは素晴らしかった。私の誕生日を祝うための企画で奮闘してくれた」と。

プリエトはファアレスを敬愛し、称賛していただけではなかった。彼を崇拝していた。レフォルマ戦争が始まったばかりの頃、グアダラハラの知事官邸内でプリエトはファアレスとファアレスに照準を合わせていた銃殺隊の間に身を挺して立ちはだかり、その時も「素晴らしい叙情」に満ちた言葉で保守派を説得した。「愛国者は暗殺などしない」と。そして、混乱と動揺の最中、大統領は一命を取り留めたのであった。プリエトはマンサニーヨからパナマ、そしてニュー・オリンズを経てベラクルスまでの長い間ファアレスと一緒だった。彼とともにメキシコに帰国し、チワワまで「巡礼」を続けてきたのであった。

同年九月、この友情に亀裂が生じた。ファアレスは、内閣の中で最も賢明で協力者であるイエズス会のサン・イデルフォンソ元学院長で、ミゲルの弟セバスチャン・レルド・デ・テハダと、亡命政府内の最も難しい決定を下すために話し合った。それは、この戦争状態が終わり、選挙を実施できるようになるまで、一方的に大統領在任期間を延長するというものであった。憲法条項によれば、一二月一日、大統領の四年の任期満了に伴い、ファアレスは最高裁判所長官ヘスス・ゴンサレス・オルテガ将軍に統率権を返還しなければならなかった。将軍はこれに従い、前もって大統領の地位を明け渡すよう要求したが、ファアレスとレルドはこの権力の委譲を頓挫させるべく、法的論拠を山のように用意し政治的に折り合いをつけていたのであった。実質的には、ファアレスはヨーロッパ列強介入直後、一八六一年末に議会から与えられた特別権限を基盤に行動していた。この権限は、「国家領土の完全独立、憲法に定められた統治形態、レフォルマの原則と法律を優先する以外に制約がない」ものであった。

以後、フアレスはこうした権限を図り知れないエネルギーをもって、大胆に、そして見事に行使した。一八五〇年にオアハカにいた時と同じように、法律をもって統治した。一八六二年一月二五日公布の法令がその一つである。それは、共和国当局の判断で、反体制を訴える者は死刑に処するというものであった。ディアス政権に関する政治アナリストの一人であるエミリオ・ラバサによれば、「危機的な状況に瀕している社会の指導者として、全ての権力を掌握し、全権限を我がものとし、ついには絶対的な権限をも手中にした。極端な手段を講じる前には、そのために必要な権限を彼に与える法令を公布するほどの用意周到さで、制約されずに権力行使できるように基盤を整えた」。ラバサの言葉を借りれば、それは「民主的独裁」であった。[4]

一八六五年九月、フアレスは国家の逼迫した状況はまだ解消されていないと考えていた。「私には果たさねばならない責務がある。私は自分の運命に従うまでだ。我が祖国の自由と独立を支えながら」と、その一年前に彼を見捨てようとしていた友人マヌエル・マリア・デ・サマコナに宛てて書いていた。一八六五年九月、国情は何一つ変わっていなかったが、フアレスは完全な勝利を得るまで任期を延長したいと考えていたのみならず、ゴンサレス・オルテガを任務放棄の責任で解任するための口実を見つけ出したのであった。

一〇月、フアレスは政治工作を準備している間、娘婿サンタシリアに手紙を書いた。「プリエトとルイシット叔父はまだ反対しているが、私は気にしていない」。ルイシット叔父とはマヌエル・ルイスを指すが、内閣の中ではフアレスと最も古いつきあいがあった。彼はオアハカ出身の弁護士で、常にフアレスを支持してきた人物であった。一方、プリエトはフアレスの大統領任期終了の期日が近づいてくると、その地位を譲るように懇願する丁重な手紙を送った。フアレスは彼に例の厳しい調子で返答した。

「君ほど頭が良く、それほどの充足感と自信に満たされた良心があるなら、中央郵便局の業務は終了しました、という命令など私が言い出すはずはないことくらい承知しているだろう。我が国の政権の評判を落とし、侵略者らに協力するほど私は愚かではない。君に干渉しないでくれなどとは言うつもりはない。そんなことを言われる理由は私にはない。政府に君を相手にしないようにとも、君が邪魔者だとも言うつもりもない」。

プリエトは最高裁長官のゴンザレス・オルテガを弁護したのではなく、この人物に委任されている権利を弁護した。ある友人にはファレスとの意見相違の理由を打ち明けている。こうした考えはマヌエル・ルイスも抱いており、最終的には、自由主義派の世代全員がファレスに対して異議を申し立てるようになった。

「ファレスはその善行ゆえに英雄であった。なぜなら彼は憲法遵守の精神を高揚させたからであり、彼の強さの根源は法律であった。我々の栄光は、たとえ、滅亡しようとも、社会的理由をともなって滅びるのだ。滅亡のあとは何が残るのか。我々は何を望んでいるのか。我々は誰を攻撃するのか。昨日まではサンタ・アナ、そしてコモンフォルトと名乗る人物であったが、今は、蛮勇のファレスが標的だというのか?。ファレスが必要な人物であり、卓越した人物であり、英雄であり、権力の座にあっても一点の曇りもない人物だと仮定しよう。それは本当に偉大な人物であるからなのか、それとも、これまでの経歴が輝いているからなのか?。肩書きを抜きにしたら、どんな価値があると言うのか?。私はファレスの奇術のような実験が成功裡に終了すると予測してもいい。しかし、彼を支持することは名誉なことなのか?。彼を権力の座に留まらせてよいのか?。寛容精神に徹せよと言うのなら、今後起こるかもしれない同じような事態を許すことになる。しかし、私としては、その考えはない。私は君にこれまで率直に話してきた。憲法違反に対する恐れも、私が先に話したとおりだ。我々に大義があるのだから、わが国に駐屯していたフランス軍を撃退したのは当然だ。それだけに、彼の犯している過ちに私が同意してしまい、陰謀の共犯者になってしまう誘惑に私は負けてしまうかもしれない。しかし、自分の信念に忠実になって、姿勢を正すことは少なくとも価値のあることだと思っている。国の歩みがゆえの名声である。私はそうしてきた。私はファレスが革命家であると認めても、無気力で、萎縮して、交渉に応じず、つまらない噂に躍起になったり、取るに足りない人への復讐行為を、国家の問題として扱ったりするその一面が恐ろしいのだ。ファレスを真の革命家としてみなしてよいのだろうか?。私が背負うこの苦しみは分かるだろう」と、プリエトは述べている。

一二月、フアレスはルイシット叔父［マヌエル・ルイスをさす］とプリエトとも決裂。パソ・デル・ノルテからこの件について冷ややかにサンタ［娘婿］に書き送っている。

「そうこうしているうちに敵が進軍し、私は、部下の内で捕虜になった者がどうなったのかもそれ以上わからないままにチワワから退却した。恐らく（ルイスは）私に異議を唱えた理由を吹聴するだろうし、今ごろメキシコ市にいるのだろう。こうして一人前の男に成長すると思っていた一人の人物の政治生命は終わったのだ。なぜなら、彼はそれを拒否しようと固執したからである。自業自得だ。。ギジェルモ・プリエトは、私がチワワから退却する少し前に、マヌエル・ルイスの要請に応じるようにと説得しに来た。彼は私に多大な親愛の情を抱いていると言った。私の敬愛者であり、伝記作家であり、私が望むことを今後も記録に書き留めてほしいかと言った。何たることか。私は彼の意志薄弱さに同情しながらも礼を言って、その偽善者ぶりはとりあわなかった。ついに、この哀れな男はマヌエル・ルイスと同様、蚊帳の外となった。彼らはそれなりに評価に値するが、それは政府が彼らを評価に値する人物にしたからであった。今後は彼等自身の力だけでどうするか、静観してみなければならない」。

その「哀れな男」プリエトはフアレスの命を救ったことがあったが、第三者の判断によれば、彼の態度は、フアレスが実行しようと思い、事実、実現させた国家統合という関心に反対の立場をとっていた。当時、異議を唱えるということは離脱すること、背信すること、敵に花を贈ることであった。だから、フアレスは容赦しなかった。プリエトは、恐らくサントス・デゴヤードがたどった運命を理解したであろう。[5]

＊

「ファレスにとって権力の源泉が尽きることはなかった」とラバサは書いた。当然のことながら、その権力を敵にはっきり誇示した。敵とは、フランス干渉戦争の間に活発に言動した保守派、君主派の政治家、兵士、指揮官、メキシコとの関係を絶って皇帝を承認したヨーロッパのフランス、イギリス、スペインの諸国家であった。無論、最大の敵であるマキシミリアーノ大公に対しても自分の権力を見せつけた。政治上のライバルではなかったが、道義上許せなかった友人（デゴヤード、ルイス、プリエト）に対してもそうだった。しかし、とりわけ共和国の権力者たち、カシーケ、軍司令官、州知事に対して権力を誇示した。彼らに対しては、敵に対するのと同じほど容赦はなかった。

ファレスのこうした姿勢をよく表す二つの例を挙げよう。モンテレイとコアウイラで強大な権力を誇る軍人カシケのサンティアゴ・ビダウリとの関係と、チワワ州で巨大な権力と資産を築きつつあった知事ルイス・テラサスとの関係である。一八六三年末、ファレスはビダウリが支配する地域へ向かって進軍していた。ファレスは彼に軍資金と兵の提供を要請したが、猜疑心の強いこのカシケはこれを州の主権を脅かすものだと考えた。「中央政府は私を自殺に追い込んでいる」と［最高裁長官の］ゴンサレス・オルテガに宛てて書いている。すでにレフォルマ戦争でビダウリは中立の立場を宣言し、メキシコ北部の一時的分離をちらつかせていた。ファレスは彼を許したが、それは政治的計算にもとづいたものであって、決して彼に好感を持っていたからではなかった。ビダウリはかつてない権力を掌握していた。中央政府の権威に挑むことができないことを除けば、州内では、想像しうる限りの権力の幅をきかせていた。モンテレイでビダウリと密かに会見した後、ファレスはサルティーヨに戻ると、自分には大きな政敵を抱えていることを悟った。つまり、ビダウリはファレスの権力に挑戦し、敵に回るだろうという予見であった。ファレスはヌエボ・レオンで戒厳令を布き、コアウイラから分離させた。フランス軍と戦っている最中、変節して皇帝側についたこのカシケ［ビダウリ］を、ファレスは自分の信頼する部隊に攻撃させた。

ヌエボ・レオンを支配下に入れたファレスは、テラサスも同じ道を辿るのではないかと即座に疑った。この州政府が中央政府支持に消極的であることは理解できた。フランス軍はプエブラとバヒオにいたが、チワワはインディオやテキサスから入ってくる独立支持者らによって壊滅的な状況に陥ったからである。地方の行政機関は管轄権の問題を提訴した。例えば、聖職者の財産国有化の運営管轄権の所在についての問題などである。[6] テラサスはファレスの「絶対的権力」が憲法の条項にある州の主権を犯していると考えた。しかし、考えてみれば、ファレスは超法規的権限を行使し、権利保障を停止しておいた。だからこそ、前もってチワワに戒厳令を発令していたのである。ファレスが州都を占拠すると、テラサスは去るが、ビダウリの愚鈍は繰り返さなかった。数カ月後、フランス軍がチワワへ到着し、ファレスが何度もパソ・デル・ノルテに逃れなければならなくなると、テラサスはマキシミリアーノの帝国軍隊に対する抵抗軍を指揮し、ついには勝利するのである。彼はファレスに体現された統一の意思に服従しなければならなかったのであった。

チワワ州と特にヌエボ・レオン州は、この時、将来への教訓を得た。メキシコ各州よりもメキシコの国が優先されるということを。地方カシーケ、カウディーヨ、軍人の誰一人として中央政府に反旗を翻すことができないということを。ファレスはもはや後戻りできない一つの時代、一つの歴史的潮流に乗った。それは中央集権主義を背景にした連邦制であったが、地方、地域、州を越えた一つのメキシコを、メキシコという一つの国を、創造する決定的な弾みをつけたのである。

*

一八六七年に共和国が復活すると、ファレスは大統領選挙を実施。彼の唯一の対立候補はフランス干渉戦争で勝利軍人となったカウディーヨのポルフィリオ・ディアスであった。ファレスは七二パーセントの支持を得て勝った。メキシコ市に到着して発表した選挙公約で、彼は憲法を改正する必要性をはっきりと論じた。亡命先からの帰途、フランス軍との戦闘で命を落とした彼の友人コモンフォルトのように、ファアレスも現行の憲法は尊重に値するが、実際には適用不可能だと考えていた。一〇年の長きにわたり、時には憲法をはためかし、時には憲法が定める範囲外で、つまり、広範にわたる特別権限を有し、権利保障を停止した政権で国を統治してきたのであった。しかし、象徴としての、大義としての憲法をこうして頑固に擁護しているとはいえ、それは憲法が不可侵であることではなかった。コモンフォルトはいみじくも憲法の欠陥を指摘したが、修正を実施できるほどの力と合理性を持ち合わせていなかった。その上、彼の批判は時期尚早であった。というのも、反対する保守派は当時は無傷だったからである。せめて憲法に追加条項を付することを夢見る前に、少なくとも彼の政敵を負かすことが先決であった。一八六七年、憲法の追加条項付記を実施する時が訪れた。

最大の問題は、無論、議会と政府の長年の対立であった。サンタ・アナ時代の経験から、五七年の憲法制定議会が行政と司法を犠牲にして立法府に絶対的権力を与えたのは当然であった。しかし、「パソ・デル・ノルテの三人組」と呼ばれ、正しい論理と幅広い経験の蓄えがあるファアレス、レルドそしてイグレシアスは、その過度の権限を恐れていた。つまり、議会が行政を排し、モレーロスやイトゥルビデを墓場に追いやったように絶対的権力を握ることであった。しかも、三権分立の不均衡は、モラとアラマンが「多数による独裁」と嘆いていた一八二〇年代にこの国にはびこった混乱に起因していた。ファアレス支持者の意見によれば、憲法によって召集された議会は単なる連続する会合に過ぎなかった。議会と政府との関係を修正しなければならなかった。議会は三分の二の賛成を以て拒否権が発動できたが、その他の権限は臨時国会を召集することのみに限定されていたので、アメリカ合衆国のように上院も創設しなければならなかった。

ファアレスは議会にこうした改革を認めさせることができなかったが、こうした改革が必要だと考えていたわけでもなかった。一八六七年以降、国の情勢は新たな特別権限と権利保障停止を必要とした。大統領もこれを請求し、その通りになった。ファアレスは憲法を表向きには擁護していたが、実際には憲法なしで統治を続けていたのである。ファアレスはすでに反動派や「蟹ども」に勝利したのである。[7] 第二の独立を勝ち得たのであった。しかし、この国では人々が最も望んでいた平和を手にすることはできなかった。

その理由は単純であった。自由主義派の内部が分裂していたからである。世代間の新たな闘いが彼らの結束を内側から引き裂いていった。ベラクルスでレフォルマに参画した知識人や弁護士の世代と、憲法、レフォルマ、第二の独立のために武器を手にして一〇年間も戦っている若い軍人たちとの間の争いであった。勝利するのはどちらであろうか。どちらにその権利があるのだろうか。フアレスの決断ほど自由主義派軍人にとって手痛い仕打ちはなかった。彼は何万という兵士を解雇したのである。乏しい予算を食いつぶすのではないかと脅威を与える八万の軍隊を国家が維持できないのは事実であった。「偽善の輩」の主導権は、不穏な軍指令官らを忍従させなかったようにみえた。フアレスの「独裁」に対して、まもなく自由主義時代の最初の革命が、最初のプロヌンシアミエントが、最初の「混乱」が起こることになる。大統領はいつもの打開策で対応した。フアレスには軍の大多数の支持があり、中央政府を支えている限り地方行政区域で放縦が許されていた知事らの忠誠があった。背信行為があった場合は、新たに「戒厳令」を布き、軍事政府を樹立した。

決して追い払うことができなかったもう一つの平和への脅威は、強盗、盗賊、誘拐犯である。国内の道路は内戦の混乱から生まれたこうした者たちで溢れていた。彼らに立ち向かうため、フアレスは鎮圧行動のための特別班を組織した。彼らは「ルラーレス［自警団］」と呼ばれていたが、大半がワクチンのように免疫性の高いかつての盗賊で構成されていた。国内における暴力地図を完成させたのは、先住民のカシーケやその部下であった。「アリカの虎」の異名を持つ手強いマヌエル・ロサダは、ナヤリ一帯をメキシコとは別の帝国であるかのように支配し続けていた。さらに北へ行くと、一八二五年にすでに蜂起したヤキ人やマヨ人が、新たに武装蜂起を起こしている。ソノーラの肥沃なヤキ渓谷では、自由主義改革の適用によって脅威にさらされていた「神が彼らに与えた渓谷」を守るための抗議行動であった。国の南端のユカタンでは、マヤ人が白人に対して容赦ない戦争を仕掛けていた。しかし、カスタ戦争はどの極端な規模には発展せず、「ダモクレスの剣」と化していた。ファレスはこうした芽を摘むには、余りにも貴重な時間、資力、努力を無駄に費やした。変革支持派の将軍全員が敗北したが、彼等を統率する新しいカウディーョが現れるまでの一時的なことであった。盗賊とインディオらは、卑俗なあるいは気高い眼差しで戦争を続けることになる。

ファレスは一八七一年の選挙で再び争った。国が完全に鎮圧されていたわけでもなく、もはや大統領職にあることを正当化することは難しかった。彼はレフォルマ戦争そしてフランス干渉戦争の間の炉床とも言われたが、それは当時この国の独立と領土が脅かされていたためである。新しい情勢は混沌とし、反目が続いていたが、危険度は明らかに低かった。新しい人物たちが、新しい世代が扉を叩き、六五歳の大統領は彼らを阻止しようと躍起になっていた。権力の座についてもう一五年、彼自身が潮時かと見極めるまでその政権を延長するように運命づけられているかのようであった。友人であり、相談相手で、最後まで忠誠を誓った一人のセバスティアン・レルド・デ・テハダは、選挙で彼と対抗するべくファレスから離れていった。彼には若い改革派の支持があった。もう一人の候補者は、若者の憧れで、先に出馬したポルフィリオ・ディアスであった。両者ともファレスに取って代わろうとし、力を合わせていれば実現できたのだろうが、ファレスが四七パーセントの支持を獲得して勝利した。

これまでで最も不透明な勝利であった。自分に有利になるように選挙制度を改正するため議会と策略し、一連の選挙操作が画策されたのである。当時統制を受けていなかった新聞の風刺漫画では、魔法使いの大統領がまずい選挙用スープを用意している様子を描いて人々を楽しませている一方、ファレスの辛辣な批判者の一人で、ポルフィリオ・ディアスの支持者イレネオ・パス将軍はこれをテーマにソネットを書いた。[8]

あれほどまでの愛国者であったはずの君が
なぜ、票を買い集めているのか?
君の名前に投票する者に金をやるという

汚い策略をなぜ許すのか？

君の国民をこんなに苦しめ、
国庫破産も飢餓にも動じないのか？　何とか言ってみろ。
もし耳を貸さないのなら、俺は予言者ではないが、
君が断頭台に登ること請け合いさ。

そうさ、ベニート、もう別の道を行くがいい。
友よ、海賊みたいなまねはやめろ。
もう皆はそれほど馬鹿ではない。

慈悲の心があるのなら、俺たちから離れてくれ、
息が詰まるほど嫌な一四年間だった。
俺たちを解放してくれ、役立たずの大統領！

「チナコ」の世代、つまり自由主義支持の軍人集団は憲法のもとに集結し、フアレスに対して反旗を翻した。フアレスのことを「自分自身のための候補者」、権力を「征服すべき権利のように思っている人物」、「ベニト一世陛下」と呼んだ。「今や、大統領が守ろうとしているものは憲法ではなく大統領の座である」とある者は批判した。もっと痛烈なことを言う者もいた。「ジュリアス・シーザーはフアレスよりも偉大であった。ここでは、かえって彼を殺したブルータスをも皆が祝福している」。フアレスから離れていったのは若者たちだけではなかった。レフォルマ時代の昔の自由主義者たち、或いはイグナシオ・ラミーレスのように憲法制定議会議員であった者たちもそうであった。フ

アレスは憲法を廃止したわけでも、違犯したわけでもなかった。憲法を冒瀆したのである。ファレスに対する尊敬の念を全く欠いて批判する者は、州の主権を無視したファレスの行為（彼は恭順の度合いや人々の異議申し立てに応じて州知事を任命した）と、ソノーラ州のペスケイラ、チワワ州のテラサス、ゲレロ州のアルバレスのような人物、とりわけ選挙操作した者たちを糾弾した。[9] 議会では、サマコナが「この国を統治している権力は衰退と没落の時期に突入したが、それは一人のエゴイストと強欲の時代と符合する。そうなると、人は寛容さを失い、自己犠牲が欠如してくる」と発言した。イレネオ・パスはもっと辛辣であった。[10]

一四年もだ、神様！　これで十分だ。
フライブルクの僧侶でもあるまいし、
シーザーでも、リュクルゴスでもあるまいし、
おまえの権力の苦味が減るわけでもあるまい。

言ってみろ。良心は痛まないのか？
自分が聖グレゴリオ・タウマトゥルゴだとでも思っているのか。
あぁ！　あんなにも手を広げすぎて滅びたハプスブルグのことを
決して忘れてはいけない。

神よ、私は希望を抱いている。
おまえがそうした簒奪に走らぬように。
そう伏してお願いする。

ヒワの鳥がおまえの首根っこをつかまぬように。
帽子をかぶれ。中国帽でも、つば広帽子でも
さぁ、逃げ出せ、無傷で逃れたいなら。

一八七一年にフアレスが再選すると、コロンビア政府は「ラス・アメリカスの功労者」の肩書きを贈った。その本人のお膝元で、不満が爆発した。ポルフィリオ・ディアスがオアハカで「ノリア事変」を引っ提げて蜂起したのであった。彼のスローガン「公正な選挙、再選反対」は単純で説得力があった。しかし、失敗に終わった。中央政府軍がディアスに致命的な打撃を与え、彼はメキシコ北西の山中をさまようことになった。「アリカの虎」と協定を結ぶことも試みた。そこへ、一八七二年七月一八日、国中を揺るがし、ディアスを驚かせた知らせが舞い込んできた。「国立宮殿にて狭心症のためフアレス死す」。新大統領セバスティアン・レルド・デ・テハダは直ちにディアスに恩赦を行い、彼は不承不承これに応じた。今度は再び蜂起するのに何年も待たなかった。一八七六年、トゥスクテペックの乱を指揮。これでディアスは軍事的勝利を収め、投票の結果、夢に見た大統領の座に就き、自らが称賛し、批判した指導者の二倍の年月もその座に留まることになった。

*

フアレスはレフォルマ戦争そしてフランス干渉戦争の中、メキシコを導いた。文民どうしの対立が新たな段階に入っている渦中、フアレスが自分のためにでも思い出のためにでもなく、この国のために国を導き始めた矢先、彼の死がこの国を絶妙な形で揺さぶったのであった。彼は「ギリシャ神話の」不和の女神と化していた。オアハカであっても首都であっても、彼が権力を譲歩したことは決してなかったし、譲歩するつもりもなかった。自らがその地位に留まるため、彼は自分の同志に対して徐々に極端な弾圧手段に訴えねばならなかったので、正真の自由主義の自縄自縛作用に陥っていたかもしれなかった。彼の方針が汚されることは許されなかった。

ファレスは国を対岸に導いた。大半をファレスに帰することができる、基本的な相異点を知るには、四七年戦争と六二年戦争を比べればわかる。クリオーヨの時代、メキシコは一つの国ではなかった。国としての意識がない、地域や地方の集合体であった。「戦争を目の前にしていたメキシコ人」はアメリカ合衆国軍のパレードさながらの進軍を、自分たちに向かって戦いを仕掛けてこない、劇中劇の出来事であるかのように傍観していた。領土喪失、国の崩壊という目に見える危機。他方、レフォルマ戦争での暴力と神学上の憎悪への覚醒は、国としての意識を形成するために役立った。しかし、追加すべき二つの要素がある。二つは内ではつながっており、決定的な役割を果たした。それは、それまでの過程と異なってファレスの正当で厳格で賢明な権威の定着と、メスティーソが躍進して権力の座に就き地位を向上させたことであった。

一八一〇年以降、スペインの秩序は全イスパノアメリカにおいて分断された。これは、地理的、社会的、政治的解体であった。南アメリカの国々はいずれも、彼らの間にも、彼らの中にも、一つの中心を、一つの国としてのまとまりを再構築することがなかった。反面、ボリーバルの都市国家同盟の試みは、それぞれの国で民主主義政権を強化するに匹敵するほどユートピア的なものであった。この世紀はカウディーヨの、圧政者の、独裁者の世紀であった。国として一つにまとまることはむずかしかった。それは、ペルーを除けば、かつてはスペイン帝国の辺境の地であり、人口も少なかったからである。ヌエバ・エスパーニャは異なる実験場であった。そこではスペインの政治秩序を前提とすることがしごく当然のことのように思われていた。帝国の中心はヌエバ・エスパーニャであり、メキシコは古都テノティティトランであり、そこはアステカ王国の首都であった。遙か昔の時代から、メキシコは国家の支配のもとで生きながらえてきたのである。先スペイン時代における各地の神権政治は、新しく、もっと緩やかで説得力のあるスペイン人による神権政治とうまく合った。オアハカの村々、ミチョアカンの山岳地帯、バヒオの平野、或いはベラクルスの海岸（こうした地域を隔てる文化的な違いを別にして）において、各地域はヌエバ・エスパーニャの首都と宗主国の首都からの中央支配の重みを感じていた。だからこそ、スペインは軍隊を持つことなく、三世紀にもわたってこの広大な領土に君臨できたのであった。この秩序を特徴づけていた政治的つながりが、まさにスペイン帝国崩壊後に解体したのだった。

ファレスの政治面におけるスケールの大きさは、秩序の再構築をしたことだ。古い革袋に新しい葡萄酒を注いだ。消滅一歩手前の国で権威を正当に請願することに成功し、二つの恐ろしい嵐の中でこの国を導いた。そして、嵐を抜け出したとき、この国は全く「別の国」に生まれ変わっていた。ファレスは先祖から受け継いだ本能的な賢明さに頼り、偶像崇拝にたどり着く宗教的な熱心さをもって、昔の忠誠を一九世紀の新しい政治要素、つまり法律、憲法、改革に移し替えたのであった。在職中、ファレスは神に呼ばれた羊飼いのごとく生きた。放し飼いにした羊の群を解放の川辺へと連れていくためであった。それは、個人的なレベルでファレスが到達した解放でもあった。ゲラタオの「嘆かわしい貧困」と無知から大統領の座へ。彼はこの経験を「兄弟たち」に伝えたかった。そして、ある重要な方法でそれを叶えたのであった。ファレスが死んだ時、メキシコは別の国になっていた。もはやオペラや演劇としての題材を提供する余地は残されてなかった。歴史と現実のための場所があった。昔の中心に新しい中心があった。一人の皇帝、一人のトラトアーニ、一人の聖なる大統領。古い形態と新しい形態との間には相も変わらぬ緊張が漂い、モレーロスを犠牲にしたメキシコの国情は不変であった。しかし、ファレスの登場した時の国情は、歴史的地位は異なっていた。彼の正当性は、過去の神権政治の伝統の中で苦難の合金となり、中央集権的で民主主義的な未来の理想の自由主義共和国と、宗教と祖国というモレーロスが唱えたあの二面性を、一つに融合した。カリスマをもった黒衣のカウディーヨは、伝統が結合した一つの産物であった。

*

さらに、ファレスが達成したものがあった。国家の歩みの中でメスティーソが指導的な職種に就けるように広く門戸を開いたことである。確かに一九世紀後半、メスティーソは国民人口の中ではすでに優位を占めるようになっていたが、インディオであったファレスの姿はその傾向を強めた。ファレスの在職中、もう一人のインディオのイグナシオ・マヌエル・アルタミラノは文芸雑誌『エル・レナシミエント』を創刊。これはまさに一国の文化の始動を意味することになった。多くの都市で、これが模範となった。新聞、文芸協会、雑誌が誕生した。歴史小説や風俗写実主義的な小説がかつてないほどに書かれた。学校も建てられた。厳密で科学的な思想を汲む何世代ものメキシコ人を形成することになる、イエズス会が追放された後初めて模範となる学校、国立師範学校（ENP）を創立。混血メキシコ人哲学者の中でも最も深遠な思想の持ち主アンドレス・モリナ・エンリケス[12]は、「ファレスの最大の貢献は、メキシコの国をメスティーソという構成員の上に立脚させたことだ。自由で、独立し、尊敬に値する祖国に成しとげたので我々メスティーソにとって、彼の存在は偉大である」と書いている。

しかし、ファレスは国を平定できなかった。民主主義を確立したわけでもなかった。連邦制度を尊重しなかった。しかし、法律を遵守する政治を行った。議会は行動し、決断し、反対した。最高裁判所の判事らは選挙によって国民に選出され、干渉されず独立して仕事をしていた。メキシコは、歴史上初めて完全に自由な風土を享受していた。当時の多くの新聞が自由に報道できた。報道の標的は、たいていの場合、やはりファレスの権威であった。しかし、ファレスは非常に辛辣ではあったが、誰も暗殺しなかったし、圧力もかけなかった。実際的な解決策を講じたにせよ、常に法を手段に実行した。ファレスが権力を手放さなかったのは、誰も信用していなかったからであった。サンタ・アナ時代の混乱期に長すぎるほどの歳月を生き、手に入れた幸せがこんなにもはかないものかと感じ、自分より上の権力から他のことを命じられない限り、この幸せを永遠に守ることが必要に思えたからであった。彼を動かしていたのは、ファレスの批判家が指摘しているような統師権への盲目的な野心からではなく、古い、消すことのできない権力の神秘主義であった。

レフォルマ戦争とフランス干渉戦争の全勝利をファレスの功労とするのは歴史的に問題がある、とブルネスが指摘したのも尤もなことだった。この二つの叙事詩は実際に起こった戦争が描かれているが、多くの有名な登場人物、すでに忘れられてしまった人たち、そしてさらには名もない人が参加していたからである。デゴヤード、オカンポ、ミゲル・レルド、ラミーレスを、自由主義知識人の世代を、そしてレフォルマの本当の原作者を隅に追いやったことは不当であったし、それは今日でも認められない。サラゴサ、ゴンサレス・オルテガ、コロナ、エスコベド、ディアスを、自由主義軍人の全世代を、そしてフランス干渉戦争勝利の本当の原作者を隅に追いやったことも不当であったし、それは今日でも認められない。しかし、自分の本能の命ずるままに従い、幾世紀もの憔悴から逃れ、常にもろい人間の意思を神秘的に、確固として、しかも敬虔な気持ちで発露させた、控えめで並外れた度量を持った人物の偉大さを認めないことはもっと不当である。

ブルネスがフアレスを何度も批判したことには納得がいくが、フスト・シエラはもっと重要なことを悟った。フアレスを理解したのである。現代の極端な懐疑主義の時代に、シエラの『フアレス・その功績と時代』（一九〇六年）の中で、彼を称揚した言葉を意外性なしに読むのは容易ではないが、メキシコの国民性を知る上でこの著書を一読する価値があるだろう。

「祖国の偉大な父よ！　あなたは自分の忍従さが、自分の献身が、自分の信仰が、勝利するのを見た。理想を実現しようとあせる者はあなたの前で武装し、怒って抗議した。しかし、その多くはあなたの協力者であり、同じ政治思想の持ち主であった。あなたの後継者であった。各世代は信条を堅く信じ守りながら去りゆくが、到来する世代に残していく言葉はあるのだろうか。メキシコ人よ、彼のように忍従せよ！　彼のように国を愛せ！　彼のように信念を持て！」[13]

註

1　フアレスが一八六七年七月一五日に発表した「メキシコ国民に告ぐ」演説文から引用されている。典拠は Benito Juárez, *Dis-*

cursos y manifiestos, INEHRM, México, 1987 ; *Documentos discursos y correspondencia,* Editorial Libromex, México, 1964.

2 ファレスの娘婿サンタシリア宛ての書簡の典拠は、Benito Juárez, *Epistolario,* Fondo de Cultura Económica, México, 1957.

3 マティアス・ロメロについては一章一節訳注3を参照。

4 典拠は Emilio Rabasa Estebanell : *La organización política de México. La Constitución y la dictadura,* Madrid, n. d., 一四三頁。

5 Santos Degollado については、四章一節訳注3を参照。Guillermo Prieto については、三章三節訳注9を参照。

6 教会財産国有化についての基本文献の一つは、Jan Bazant : *La desamortización de los bienes corporativos de 1856,* México 1969.

7 「蟹ども」については四章三節訳注14を参照。

8 Ireneo Paz（1836-1924）は、一八六一年から自由主義思想家として活躍をはじめ、フランス軍の侵入の不当性を強く批判した。ポルフィリオ・ディアス大統領の信頼も厚かった。各種の新聞 El Padre Cobos, La Patria, La bolsa o la vida を創刊し、言論活動を通じて大いに活躍した。

9 Mario Trevino Villareal : *Rebelión contra Juarez 1869-1870,* Monterrey 1991 は、ファレスの反対勢力の動向を知ることができる。

10 Ireneo Paz についてはその著作 *Algunas campanas : Memorias,* México, 1885 を参照。

11 Plan de la Noria。一八七〇年、ディアスが国会議員に選出された後、七一年にファレスの大統領再選が決まったが、そのときの再選反対グループの綱領である。しかし、同年七月一八日のファレスの急死で、計画は実行する意味を失った。このため、セバスティアン・レルド・デ・テハダが臨時大統領に就任。しかしレルドも再選を試みたので（七五年九月）、これを阻止するため今度は Plan de Tuxtepec が企てられた（七六年一月）。レルドは再選を果たすも、Tuxtepec の反乱に敗れ米国へ亡命することになる。そのため、ディアスは七七年に選挙を経て大統領に就任。

12 Andrés Molina Enriquez : Juárez y la Reforma, México, 1961 も参照。

13 Justo Sierra : *Juárez : su obra y su tiempo,* Editorial Porrúa, México, 1989 を参照できる。

第五章　メスティーソの躍進

1 オアハカの男

ポルフィリオ・ディアスは、独立百年祭の三年前、チャプルテペック城の高みから澄みきったメキシコ盆地を見渡していた。「パーソンズ・マガジン」のアメリカ人ジャーナリスト、ジェームス・クリールマンはディアスと会談していた。「この世にあの軍人政治家ほど情緒豊かな英雄はいない。彼の青年時代は余りにも大胆でデューマの小説でさえ色あせさせてしまう程だ。辣腕ぶりは、数世紀にわたるスペイン人の無慈悲で強欲さに抑圧された国を建て直し、好戦的で無知で迷信深く貧しいメキシコ人を今や繁栄させ、その社会的義務を履行させ、進歩的で平和的な国民に変えたのだ」。ポルフィリオ・ディアスから、彼はこんな印象を受けたが、それは正確だっただろうか。

二人は、展望台でメキシコの歴史とカウディーヨの経歴を追憶した。遠い過去にまで遡る必要はなかった。まずクリールマンは城のはるか遠くに見えるインディオの長い行列を見つけた。一行は頭には大きな帽子、肩には原色のサラーペ、裸足もしくはサンダル履きで、女子供を連れて聖母グアダルーペの礼拝堂を目指し、盆地や渓谷のあちこちから絶えずうごめいていた。一九〇七年一二月一〇日に行われた[1]会談の二日後、クリールマンはその日も「サラーペで肩を覆い、女子供もひざまずき、手に花と火の灯ったローソクを持ち深い信仰心で、聖母の巡礼に向かう」一〇万人にも及ぶ先住民を、どんな気持ちで見たのであろうか。ディアス本人はアメリカ人ジャーナリストが陪席している場や人前では、動揺するのを禁じていた。しかし、こんな指摘をした。「インディオは、国民の半数以上を占めているが、政治にはほとんど関心を示さない。自分達自身で考えるかわりに、権力者の顔色だけを窺う習慣に麻痺している。これはスペイン人がこの国を支配していた頃から彼らが受け継いでいる習慣だ。スペイン人は、インディオに公共問題に干渉しないよう教え、政府をひたすら信頼するように教え込んできた」とディアスは、独立までの数世紀間の社会構造を非難して簡潔に述べた。突如、クリールマンが城の近くに見える大きな闘牛場を指しながら言った。「これこそ唯一の歴史的財産ですね」。いったい、どこを見ていたのだろう？　町のほぼ全域は多くの教会や鐘楼で地平線まで埋め尽くされていた。植民地時代からメキシコは「殿堂の都」であった。遠くに大聖堂の二つの鐘楼が突き出ていた。しかし、ディアスはメキシコの「歴史的財産」に言及したクリールマンの無分別さを咎めなかった。むしろ理解を示し、「あなたは、スペインが残していった質草を見たことがなかったのですね」と冗談まじりに応答した。「闘牛場は彼らの質草なのです」。そのあとは、独立以前の歴史についてディアスは一言もしゃべらなかった。

自由主義者のディアスの意見によれば、メキシコが独立後築きあげてきたものとは、スペインの植民地時代の負の遺産を克服して独自に成し遂げたものを指す。一九世紀初頭の国情に関しても、端的にまとめた。「昔から、メキシコには中産階級はなかった。人々の知力と活力が、政争と戦争に忙殺されてきたからだ。スペインの圧政は社会の秩序を乱した。立て続けの戦いで国民の生産意欲も失われた。混乱が普通だった。生命の保障も財産の保障もなかった。この状況下で、中産階級の芽生えなど不可能であった」。しかし、一九〇八年には、既にメキシコに中産階級、すなわち「メキシコと全地域の社会にとっての活性基盤」が生まれていた。これは、レフォルマ時代と、フランス人とマキシミリアーノ皇帝を打倒して国民が勝ち取った第二の独立戦争の産物である。それは、ポルフィリオ・ディアスの「自由主義的独裁」が長年享受してきた秩序、平和、進歩の成果でもあった。要するにフアレスとディアスが中産階級を生み出した。この中産階級を土台にして自由主義の政治形態つまり、民主主義を立脚させることができた、とディアスは語ったのである。

＊

ポルフィリオ・ディアスという人物は、インディオの文化的人種混交という独特の現象と無関係ではない。彼の政治家としての地位と八〇歳を迎えた齢は、度重なる戦争、反逆、世代などを乗り越えた経験だけでなく、オアハカの先住民の特色ある歴史的後進性も克服していた。一九世紀中頃には、ミステカ人は二〇万人程で大集団の一つを形成していた。スペイン人の征服前は、戦士、金細工師、大工などをしていて土地を掌握していた。ディアスが生まれた一八三〇年頃は、もはやその面影を留めていなかった。ファレスと違い、ディアスは先住民の世界にそれ程深く関わりがあったわけではないが、心の底では相通じるものがあった。母親はミステカ人だった。

彼はレフォルマ戦争の間、テワンテペック地峡地帯の軍司令官として初めて部隊を、ミス人とサポテカ人で編成した。彼らを指揮し観察しながら、彼らが命令を実行する時の精緻、厳密さを学んでいった。彼らの言葉は理解できなかったが、サポテカ語は権力を行使する人にとって極めて濃やかなニュアンスと、豊かな表現力を持つ言語だと理解していた。ディアスの最愛の妻も先住民であった。ファナ・カタリーナ・ロメロは、その美貌、気品に満ちた人柄そして「あの魔法使いは薔薇のつぼみを開花させることができ、山の精霊とも通じ合う」と言われるほど、薬草、占い、煎じ薬について造詣が深く尊敬されていた。この記述を残したフランス人の旅人、シャルル・エティエンヌ・ブラッスールはディアスにも魅力を感じていた。「私が今まで旅をして、出会った中で最も傑出した先住民の血を引く人物である。想像していた通りクアテモックの化身だ」と記している。[2] 伝記によると、ディアスはその頃（一八五七年）鉄道建設事業の発展に奔走していて、ファナのために建てたフランス様式の別荘からわずか二メートル附近の地点まで線路を敷いた。彼女に国の進歩の一部を贈ったのだ。

三〇歳で読み書きを覚えたこの先住民女性は、最大の事業家にして最強の「カシーケ」、最も気前良い慈悲深いテワンテペックの「パトロン」のファナ・カタリーナ・ロメロ夫人に変身していった。インディオとメスティソにとって親代りともいえる存在であった。製造業、商業を営む才覚者で、その生産品は、ロンドンのクリスタル・パレス賞やミズーリ州セント・ルイスの世界博覧会でも国際賞を獲得するほどだった。彼女の尽力で学校が建設され、道路や教会は改装され、慈善事業が興された。一方、ブラッスールによれば、ディアスはミステカの血と気性を引き継いだ兵士「テワンテペックの絶対権力者」で、アステカのトラトアーニのようなメキシコ人には「親代り」であり、また、メキシコの発展における「モーゼとヨシュア」のような人物であると観察されていた。

インディオの血筋だけがポルフィリオ・ディアスをつくりあげていたわけではない。カトリック教とスペインの伝統も彼に影響を与えていたのだ。ディアス生家の前に、ソレダ教会があった。そこの真珠と宝石で縁取られた黒いベルベットをまとう聖母像は、敬虔な町の中で最も崇められていた。また、それほど離れていないところにフリーメーソンの会員が謎の「集会」を開く家もあった。主任司祭、ホセ・マリアーノ・ガリンデスは「聖ソレダ」の祝日、教会ではフリーメーソンの会員を批判して有名な説教を説いていた。一八四四年一二月一八日の朝、神学校生で司祭志願者でもあった若かりし日のディアスは、母親と三人の姉と弟と一緒に、その説教を教会の中で聞いていたと想像することは難しくはない。

「我々の教会は今まで、信仰を集めその慈悲深さを称賛されてきた。例えば、多くの修道院や教会でも、司祭にあらゆる階層の人々が心酔し、霊的指導と教会の定める儀式へ献身的に参加し、慈善事業に熱意を燃やしていた。霊的読書会も栄かんにおこなわれていた。しかし、現在は、なんというあり様だ。自堕落で神を冒瀆する書が広く読まれている。初めは隠れて読まれ、今は公然と市販され始めるほど急速にその種の本は市中に広がっている。新しい教義があたかも神聖視されるようになった。結果として人々は心が凍てつき、理性が鈍り、良き習慣を放棄し、現代哲学を注目する。子供と敬虔な老婦人だけが教会の掟を守り、大斎は修道院でのみ実践されている。今、我々の抱く神への厳粛な崇敬と、精神や魂の安寧は乱されて揺れ動いている」。

風紀を乱し不敬虔な教義を流布している源として、芸術科学院があると言われていた。司祭たちはそれを「異端者の家」と呼び、そこの学生を「放蕩者」と呼んだ。その「異端者の家」の教師をしていたのはベニート・フアレスであり、何年か後に学生の一人としてポルフィリオ・ディアスがいた。ディアスにとり神学校から離脱することはフアレスと同様、困難であったが、一八三三年にコレラの流行でディアス家の長男が死んだため、多くの兄弟をかかえ一家の大黒柱となった彼は、叔父に当たるオアハカの司教、ホセ・アグスティン・ドミンゲスを説得した。一方、ファレスは敬虔なサラヌエバ神父を説得しなければならなかった。ディアスは説得に失敗した。そこでその後たびたび試みたあと、強行手段を実行した。彼は司書を務め、傍ら、ラテン語を教えながら弁護士を目指して科学芸術院で勉強することに決めた。しかし、机上の仕事をするタイプの人間ではなかった。彼は極めて現実的な人物で、腕の良い職人(机、椅子、靴を作っていた)でもあり、優秀な体操選手(オアハカで初めての私設体育館を作った)で、その上、生まれながらの指導者となる素質を持っていた。ディアスにとって自立への道は軍人の道があった。一八五二年にベニート・ファレス自身は、科学芸術院の院長としてそれを支援していた。彼のお陰で、ディアスは戦術と軍事教練を学んだ。サンタ・アナが国民投票で彼の運命を確固たるものにしていた頃である。オアハカ中が怯え、「閣下」を「支持」していた時勢である。ディアスはサンタ・アナに反対して、イストラン山中に逃げた。アユトラ革命が成功すると、ファレスはオアハカ州知事の地位に就き、ポルフィリオは行政長官となった。百戦錬磨のミステカの軍人はサポテカ人の外交官に借りを作った。しかし、二人が袂を分かつ時期は、前者が後者に反旗を翻した時で、また、後者が権力に執着し過ぎた時であった。

*

ディアスのファレスへの感謝の念は時とともに大きくなっていった。彼の権力の絶頂期にファレスへ崇拝の念を強めていたことも理解される。独立百年祭に際しては、フランスのメキシコ干渉戦争を思い起こしながら、ファレスは、「霊感を得たかのような信念をもって待ち構えた」とディアスは語った。ディアスも同じ信念をもって、メキシコに平和と秩序と進歩をもたらした。

レフォルマ戦争の間、ディアスはテワンテペック地方に依然として基盤を置いていた。『回想録』の記録によると、その地域は「好戦的な地域」であった。[3] 勇猛なフチタン人からなる部隊を組織していた時代である。ファレス自身は彼らの勢力を弱め服従させようとしていたが、失敗に終わった。ディアスは適切な方法を用いた。彼らを味方につけ、雇用したのである。その頃、彼は既に一二回の戦闘をし、重傷を負っていた。腹膜炎も患っていた。秘密警察隊を創設し、弾薬工場などを設立した。また小規模戦闘、不意打ち攻撃、待ち伏せ戦法に長けていた。しかし、特に人を操り、情熱や野心を察知し、それを利用することにかけては抜群であった。「私自身の政府から指示も援助も受けなかった時代があり、そのため自力で考え、私自身を政府とするほかはなかった」。まさしく「オアハカの英雄」であった。

フランスのメキシコ干渉戦争の間は、ポルフィリオは最初から戦場と情報収集の最前線にいた。もはや「オアハカの英雄」ではなく、「メキシコの英雄」となっていった。五月五日の戦勝記念日の五日後に、彼はオアハカにいる姉に戦闘的なミステカ人魂が滲み出ている手紙を書いていた。

「今月五日、浅黒いマムルーク人を襲撃する待望の瞬間が到来した。溢れんばかりの喜びで、定刻午前一一時、戦闘を開始した。敵が敗走し始めたが、午後六時までに敵を全滅する予定だった。味方にかなり大きな損失があったが、敵の損失も大きい。私はズボンに帽子、十字架にメダル、武器などで装備していた。栄光なる日、忘れがたき五月五日の勝利ほど素晴らしい日は今までなかった。心配していた弟フェリックスも自分自身を取り戻し始め、戦場ではズアーブ兵たちで編成している騎兵隊に入隊して健康状態も恵まれているのでとても満足している」。

記者クリールマンが記述していたように、四年間の戦争中にディアスの身辺で起きた出来事は、デューマの書いた本の一頁から抜粋したかのような急転回をした。苦難の退却、ハンニバルのような勇ましい行進、肉食獣や鷲だけが隠れそうな難所への避難、見事な部隊編成など。メキシコ北部のファレスの状況が、もし超然とした受身の姿勢であるとすれば、南部のディアスのそれは執拗な抵抗精神であった。彼は刑務所の中でさえ一瞬たりとも議論や論争を止めなかった程である。さらに一八六六年には、彼の軍歴が一層輝いた。ハラトラコ、ミアウワトラン、ラ・カルボネラ戦でディアスの勝利は反響を呼んだ。全面的にディアスを信頼していたファレスは、「勇敢なポルフィリオが首都を手中に収める日まで自分の手紙に日付を記さない」と公言していた。一八六七年四月二日にディアスはプエブラで貴重な勝利を収めた。君主制に止めを刺した戦闘だった。同年七月一五日にディアスは、平定したメキシコ市をファレスに明け渡した。驚いたことに、サポテカ人［ファレス］の表情はいつもと同じではなかった。彼を敬遠し、拒絶し、自分の大統領の地位への野心を察知したのである。この勝利は一体誰のものだったのだろうか。

ディアスの勝利は軍事的なものであったが、それを一八六七年と一八七一年の二回にわたって冷静に判定しなければならない。権力を永久的なものにすると豪語していたファレス支持集団（レルドがファレスを継ぎ、レルドからイグレシアスに引き継がれるという永遠の図式）の政治策略と、その集団の外で待機することに疲れ果てたポルフィリオと弁護士や軍人の同盟は、メキシコ政治の伝統的手段である革命という方法での変化を訴えた。革命に訴えた。しかし、ファレスに対する最初の反抗は失敗した、のち、ディアスは、ベラクルス港ののどかなトラコタルパンに引きこもった。そこでは再び椅子や机や本棚を作ったり、子供二人、ポルフィリオとルスが誕生した。その間、レルド・デ・テハーダ政権に対する第二回目の攻撃を計画していた。それを実行する以前に、すなわち武力でもって勝利を勝ち取る手段に出る前に、下院でその必要性を演説した。この時ポルフィリオ・ディアスは、彼にしては希なことなのだが国会議事堂の演壇に上がったのである。

「祖国を守るために血を流した国家の良き下僕と、貧困に打ち克ち僅かな金銭を貯蓄に励む国民のために……」とポルフィリオは切り出した。しかし、彼は支離滅裂な話し方で、調子はずれの声で、非常に躊躇しながら考えを述べだした。弁舌苦手の軍人であるという理由ではなく、演壇でさらし者のように拷問に遭っているかのような発言者に、聴衆はその姿を見て躊躇した。ついにポルフィリオは悲嘆に暮れ、自分自身の考えと言葉がまとまらず、そこから抜け出せなくなり、どのように演説を結ぼうかもわからなくなり、突然子供のように咽せび出した。このため出席者は驚き、同情すべきか、苦笑すべきか戸惑う中、紅潮して涙だらけの顔で彼は演壇から降りた」。

ポルフィリオは、生涯この恥ずかしめを忘れることはないだろう。一八七六年のトゥクステペック革命進行中に、イカモレ北部の村で道に迷って進軍できなくなり途方に暮れた時、「イカモレの泣き虫」という名前が付けられたことがあった。しかし、その後敵を全滅させた。メキシコ市への勝利の凱旋行進を見た人は、もう、ディアスの新しい時代が到来したことをすぐに理解していた。

「頭には何も被らず（車の前の座席にはつばの広い刺繡した帽子を置いていたが）、大衆の大喝采に応える、少し前のめりの姿の偉大な指導者であった。厚い胸板、広い肩、太い首、頭は両肩の真中にたくましく直立し、日によく焼けた肌、伸びた黒い口ひげ、威圧的で奥を見据える意志の強さを感じさせる視線は、地平線や街路や建物をじっと見ている。少しばかりひそめた太い眉、逆立った濃い髪、敏感で目立つ鼻は雰囲気を感じとる。広い額と強調された下顎、耳は長くて赤い。完璧な男らしさが備わった人物だ」[4]。

ディアスは、たとえ明白に表さなかったとしても、自分の宿命はファレスを引き継ぐことであると常に悟っていた。心の中でディアスはファレスを他の誰よりも尊敬していた。作り話ではなく、事実である。二人の対立は必然かつ不可欠なものだった。平和、秩序、進歩という、スペインから独立して、次の段階へメキシコの民を導くことはファレスにはできなかった。それを達成する軍事力と活力を保持する新しい世代の指導者にファレスは適任ではなかったからだ。根本的には、オアハカ出身の二人のカウディーヨ、つまりサポテカ人とミステカ人、温和で外交的な弁護士と、精力的で建設的な軍人の間で騎馬特使役を交替しただけであった。両者とも頑固で、保守的で、情緒的で「政治の神秘論者」であった。二人は家父長的政権下で半世紀以上、異なった視座からメキシコを国家として建設してきた。前者は、自由主義者で文民による政治体制、広い視野に立脚し、謙虚で国際的に尊敬されていた人物。後者は、国内の秩序と治安を確立し、平和な国家を築き外国からの借款を取りつけ、経済的進歩を示し国家意識を高めた。しかし、国の指針は彼等自身の中に宿っていた。二人は彼らの個人的経験をメキシコに伝達し、確実な方法で国家を「解放」していった。近代メキシコは、二人によって、先住民の過去と植民地から逃避して、これまで常に両立できなかった二つの所産、つまり政治活動の自由か、物質的進歩への邁進か、いずれを選択するかの分岐点に差し向かっていく。

註

1 会談内容についての典拠は次のとおりである。James Creelman: "*Presidente Díaz, Hero of the Americas*; Pearson's Magazine (New York) vol. 19, no. 3, Mar. 1908 の三三二頁に所収

2 出典は Charles Entienne Brasseur: *Viaje por el istmo de Tehuantepec*, México, 1981 一五二頁

3 『回想録』は次の出典による。Porfirio Díaz: Memorias, 2 tomos, México, 1983。

4 典拠は、Federico Gamboa: *Diario*, selección, prólogo y notas de José Emilio Pacheco, México, 1977, 八八-八九頁。

2 秩序、平和、進歩

騎馬特使役の交代は、自由主義者やメスティソ階級のエリート層に属する人々の価値観変化に合致していた。長年にわたって個人の自由、政治の自由などの、自由そのものが最も価値あるものとして見做されてきたが、それを手に入れた人々は今、自由だけが唯一の価値ではないことに目覚め物質的進歩の遅れを見つめた。「我々は未熟である。四世紀あるいは五世紀の遅れを一気に飛び越えて、ヨーロッパ諸国の発展段階に到達しよう」。誇張しているが、物質文明の遅れは否定できなかった。鉄道網の充実はその事実を最も認識しやすい例であった。一八七三年にレルドはサンタ・アナの時代から夢であった、メキシコ鉄道をついに開通させた。しかしながら、レルド自身はとりわけメキシコ北部に鉄道網を広げることに反対していた。ディアスとともに権力を握った新しい世代のリーダーは別の考えを持っていたからである。この頃、進歩派の新聞社名がエル・フェロカリール［鉄道］と呼ばれていたのは偶然ではない。自由主義者で新聞記者でもあり、ファレスの友人で崇拝者でもあったフランシスコ・サルコ[1]でさえも当時失望して、次のように記述した。「自由な国であるのに何故、不便を感じるのだろうか。道路が整備されていないからだ。交通網の完備が不可欠だ。ベラクルスへ延びる鉄道網がなければ、我々は何もできない」。今日、発展への手掛かりはもはや自由を手に入れるだけではなく秩序、平和、進歩という三つの要素の組み合わせが必要となった。

「道路、郵便局、鉄道、電信、病院、孤児院、学校、工場、工房、商業、工業、為替取引所などがある場所には、平和は保障されており、秩序を保つために軍隊の出動は必要でない。それは万人が秩序を保持することに関心を持っているからだ」。

「我々の国の政治を、新たに自ら切り拓いて進む優れた人物が現れないのは不幸である」と自由主義者ホセ・マリア・ビヒル[2]は、一八七七年に書いているが、当時彼は思い違いをしていた。というのは政治活動の自由を犠牲にして、平和、秩序、進歩を遂げて国を統率した人物は、既に存在していた。ポルフィリオ・ディアスがその人であり、彼は大統領の地位に就いていた。

「手綱を握る」という言葉は的を射ていた。ディアスは、政治について話す際に、とくに、彼の政治手法について頻繁にその言葉を使った。メキシコは一つの集団ではなく、言い換えるなら、飼い慣らして服従させなければならない騒がしい「馬の群れ」であると言う。「歯止めの効かない形式だけの法律制定」はそれほど重要な問題ではない。まず秩序と平和を確立することであるという思いを彼が統治し始めて数年後に抱いており、クリールマンと会談した時次のように追想していた。

「窃盗犯に死刑を宣告する場合を例にあげよう。犯人が逮捕され判決が言い渡され、ほとんど時間をおかずに強制的に犯罪者を処刑する事例を考えよう。電信通話用の電線が切られて犯罪者が逮捕されない場合、その地区の行政責任者が罰を受ける。農場内で同じ事件が生じた場合、犯罪者を逮捕することができなかったら、土地の所有者が一番近くにある電信柱に吊される罰があった。そのため、犯罪は防がれていた。これは軍隊式の秩序維持方法であった。軍人は厳格であり時には残酷であった。しかし、国家の治安維持と進歩を成し遂げるには必要であった。残酷であっても、目的は手段を正当化する後で多くの血が流れることを避けるためには、僅かの血を先に流す方が懸命だ。流れた血は悪人の血であり、善人は犠牲をまぬがれている。強制された平和でも、国民が賢明で機能的な社会を望むなら必要不可欠となる。教育と産業は軍隊が治安維持してこそ持続される」。

ディアスの親しい友人〝片腕男〟マヌエル・ゴンサレスが、メキシコを一八八〇年から八四年短期間統治した時期を含めて、ディアスは一八七六年から一八八八年の間に、ファレスが夢見た国土の全面的な平定を達成した。山賊だけでなく、ソノラ州のヤキ人やマヨ人先住民を容赦なく打ちのめした。ディアスは険しいオアハカ盆地、あるいはさらに僻地に住む敵対する先住民、つまりユカタン半島のマヤ人も平定した。また、この時代にカシーケは消滅してむしろ、州知事に姿をかえて、それぞれの州の〝小ポルフィリオ〟に変化していった。

馬の群れを「調教する」秘訣は、あの記憶に残る会談でディアス自身がジェームス・クリールマンに率直に語った言葉のなかに見出せる。「私はこの政府を凱旋軍の手から引きついだが、早期に選挙をして私の権威は国民から信任された」。また、ディアスは次のように続けた。「国民に連帯感は希薄で、民主主義を実践する下地はなかった。国民に政府の形態を選択する全責任を一気に負わせていたとしたら、自由主義政府を台無しにする状況を恐らく生み出していただろう」[3]。そんな時代であったため、ディアスは、将来、憲法で唱えられる民主主義を保証する委託人を自任しなければならなかった。そしてメキシコ人、永遠の未成年者、は憲法によって自分の権利を行使することができるのである。

「我々は共和制で、民主主義の政府形態を維持してきた。我々はそれを守ってきた。国家の政策を推進させる行政の柱として、家父長型の政治を導入して、統制された平和によって知的で、国民に安定と統一をもたらし、ひいては教育、産業、商業を発展させてきた」。

「家父長型政治」が進むとディアスの支持者たちは、ベニート・フアレスが懸念していた権限と権威（立法、司法、地方行政、軍隊、出版社、知識人、教会）を尊重する意識が薄れてきた。フアレス政権時は、逆に、各種の権限と権威は尊重され、ほとんどの権限は認容されていた。

すべての下院議員と上院議員（一八七四年以来上院が設置）は努力して当選する代わりに都合よく選出された。それは選挙区民の判断によるものではなく、「偉大なる一人の有権者」の決意によるものであった。そのため、選挙は単なる形式だった。憲法に保障された議会は、三〇年間の大休会中であっても形態は存続し続けていた。議員とは責任を伴う職務ではなく、収入源を確保する身分であった。類似の事態は裁判所でも生じていた。ディアスは各州の知事をフアレスと同じ方針で同盟者に取り込んだ。しかし、ディアスの制御は厳しかった。ヌエボ・レオンの知事であり北東地域で彼の片腕であったベルナルド・レイエスに対しては、非常に詳細な命令伝達、情報提供、助言を求めるのが常であった。立法府、上院、裁判所の選挙、有罪と判定が下った犯罪人の赦免要請、カシーケの監視、ユカタン半島へ追放する盗賊の一覧表、隣接するヌエボ・レオンとコアウイラ間の諸問題への介入、モンクローバ地域担当司祭の地位剥奪要求など。また、モンテレイとメキシコ湾岸地区間の鉄道網を妨害した「ヤンキー」への警告（メキシコ人を挑発しないため）の布告など、その他多くの問題解決を委託していた。

彼の政府はさまざまな理念と政治的信念を持つ人たちの混合で形成されていた。「私は政治に愛情も嫌悪感も感じていない」これは、彼の名言の一つであろう。すなわち、かってのファレス支持者、レルド支持者、保守主義者と同じく古い時代の帝国主義者に共通していた考えなのである。唯一評価したのはその実行性であった。ディアスは一八七一年に兄のフェリックス（オアハカの知事としてフチテカ人を粗暴に扱った）がひどい手口で暗殺されたとき、先住民の犯人を許し、彼らの集団と和平を結んだ。彼はこの機会にその地域を武力併合したかったが、思い止まっている。また、自分の管轄外と思われる分野には干渉しないような方針を堅持していた。すなわち経済政策に関しては、最初から帝国主義者のドゥブランに、そして一八九二年以降は若くて大いに有能な財政専門家ホセ・イベス・リマントール大蔵大臣に信頼を寄せていた。[4]

ディアスは軍隊の規律統制に「パンか棍棒か」方式を用いた。パンとは、実入りの良い仕事と利権を譲与することで懐柔し、棍棒とは、恣意的に抑圧的行動をとり威圧したことだ。そのため、軍人精神の発露は、ポルフィリオ・ディアスの時代は見る影もなかった。当時、幸い、彼に非難されなかった同僚は、世紀末に大半は死んでいる。

新聞報道機関に関して言えば、高圧的な態度はとらなかったものの、彼は思うがままに、世論操作をしていた。ある窮地にいる州知事に、次のように忠告している。

「私の意見は、もし、新聞に一人の政治家がその不祥事を告発され窮地に立たされたとしたら、その記者を禁固刑二、三か月で身柄を拘束する。拘束期間が終了して、その男がまだ執拗に非難の矛先を向ければ今度は禁固二、三年の拘留を強制する。政治家はその間、記者の抵抗にうんざりするだろうが、その内に不祥事について世間の悪評も絶ち消えになることも、また事実である」。

知識人（彼は「堅物」と称して蔑んでいた）を牛耳るには、一般的に権力者を軽蔑しているものの、彼らには議会における地位と権限を提供し、その見返りとして権力側の味方につけた。幼年期からやっかい者退治に一つ方法があるのを彼は知っていた。「その雄鶏はとうもろこしを欲しがっている」という諺を、実践することだった。

教会に関して言えば、彼の策略は実に見事で、「和解の政策」を採用した。レフォルマ法を断行した元イエズス会士のレルドと異なった方法で、イエズス会士とサン・ビセンテ・デ・パウルの敬虔な修道会も再び追放した（メキシコ西部のキリスト教徒農民の反乱も鎮圧した）。ディアスは宗教関係者との不和に終止符を打つことを望んでいた。不信感の強いレフォルマ法の適用も控えなければならなかった。また、最初の妻デルフィナが死んだとき、ディアスはレフォルマ法の実施に翻意を促した。少し後の一八八一年に、友人である神父エウロヒオ・ヒロウは、五一歳で男やもめとなったメスティソ、ポルフィリオ・ディアスと、一七歳で独身のクリオーヨ、カルメリータ・ロメロ・ルビオの隔絶した身分の二人に婚姻の祝福を与えた。その後、一八八七年にディアスはオアハカの初代大司教にヒロウを任命している。ディアスから大司教へはダイヤモンドと大きなエメラルドがついている大司教の指輪を、大司教からディアスへはナポレオン一世の栄光の軍歴を物語る高価な宝石が贈り物として送られた。ポルフィリオ時代の終わりには、メキシコの教会は経済力こそなかったが、国民の精神的支柱と政治への影響力は回復していたことは明らかである。すなわち教会は、巡礼、学校、病院、教区、大教区で強力な布教活動をするために新聞にも影響力を持ち始めていた。グアダルーペ聖母会修道女が創設されたり、イエズス会士が戻ってきたりした。しかし、ポルフィリオは譲歩だけではなく、必ず彼らに見返りを要求していた。司教たちは「ディアスの融合政策」を支持した。そして、一八九六年第五回メキシコ公会議において、ファレスとレルド時代の残酷な「司祭食い」政策実施時期には考えられなかった、政治家と教会関係者との協調精神が目立った。すなわち、教会が世俗権力に従うことになる。ついに、国家はそれほど自由主義的でもなく、保守主義的でもない二つの側面を賢明に使い分けるようになっていく。[5]

すべての狙いは大統領の再選であった。一八五七年の自由主義憲法には大統領再選は認められていた。ディアスは七七年に当選したとき、再出馬を禁止するように憲法を改訂する方針であったが、しばらくして、条文は修正された。その後連続二期の再選出は禁止した。一八八八年には、一定の任期に限っての再選は認められるように、再度条項を改訂した。ブルネスならば皮肉を込めて言うだろう。「一流の独裁者とは、国の権力のみならず生命も長引かせるほど稀な生き物である」[6]と。一八九〇年に議会はついに大統領選への出馬資格は無制限と定めてしまった。その後もディアスは唯一の立候補者であり、四年ごとに再選された。彼はメキシコに欠くことのできない人物、カウディーヨで、自由主義派の〝天の声〟で指命された使者と化した。

＊

平和と秩序が保たれて初めて進歩が到来した。一八世紀の終わりから、ブルボン改革で外国貿易がわずかに活発になった時期があったが、メキシコ経済は絶頂期を迎えることはなかった。

一八八五年に対外債務の償還の見通しが立った。（老獪な自由主義者ギジェルモ・プリエトに扇動された学生集団の激しい反対運動もあった）国内通商の自由化、例えば、売り上げ税の撤廃、急速な鉄道網の建設（一八七六年の六三八kmから一九一〇年の一九二八〇kmへ）で、国内は初めて市場を統一して、外国貿易を栄かんにした。農業は前年度比で四％、工業は六％、鉱業はほぼ八％上昇した。マキシミリアーノ皇帝時代とは異なり、輸出製品の品目数の多様化がみられた。メキシコ銀のペソはヨーロッパ、アメリカ合衆国、中国まで流通していたが、銀の他に鉱石も輸出していた。一八九四年に、メキシコは金融政策とリマントゥールの財政政策が功を奏して、歴史上初めて経済収支が黒字となった。外国投資は総額にしても、国別、効率面でも、空前の増資を記録した。

世紀末にポルフィリオ・ディアスは絶対的権力を享受する。しかし、その権力は過去に例のない統率力と推進力が正当性の名の下で実行されていた。当時もその後も、この時期の経済的進歩に反論することは誰にもできなかった。すなわち、新しい産業、鉱山業、農業、金融、社会基盤の整備、雇用拡大等でメキシコは大きく発展していった。二〇年間でディアスは外国におけるメキシコの信用の失墜を回復させた。危機に瀕した国はふさわしい地位と、クリオーヨが抱いた夢物語の将来像ではなく、メスティソの控え目ではあるが、堅実な国家としての地位は躍進した。[7]

自由主義陣営の新聞「エル・モニトール・レプブリカーノ」は、ディアスの実績を称賛しないわけにはいかなかった。「トゥクステペック革命以来、国家の進歩は感嘆すべきものがある」。とはいえ、自由主義の本流から考えると、経済的な自由主義と政治的断圧の奇妙な組み合わせとなる。真正自由主義の否定と憲法無視と言えるかもしれない。

新聞批評は二通りあった、伝統的な「エル・モニトール・レプブリカーノ」紙と新鋭の論鋒紙「エル・イホ・デル・アウイソーテ」である。ディアスは、批判記事を問題にして弾圧することは決してしなかったので、一九世紀の最後の一〇年間は、新聞は執拗な批判の論壇を形成した。その中で屈指のフィロメロ・マタ氏の「エル・ディアリオ・デル・オガール」紙とカトリック系の新聞「エル・ティエンポ」紙が際立っていた。政府の検閲にもかかわらず、両新聞社は社会風潮の監視役の使命を放棄することはなかった。その当時「エル・モニトール・レプブリカーノ」紙と非合法の新聞「一九世紀」紙は、メキシコジャーナリズム史に残る論戦の端著をひらいた。

――メキシコでは、民主的に国を統治した者はいなかった。それには単純な理由がある。国民が民主主義的でないからだ。また国民は主権を行使するために共和国大統領の許可を必要としていた。国民はコヨテを目の前にした羊のような臆病者である。ディアス将軍は、生理的に国家が要求する任務を履行しただけで、その責任を責めることはできない。

――我が国には、ディアス将軍の意向を反映させない如何なる共和国の意志も、国民の意志も、彼に勝る権力も存在しない。民主的な習慣をどこまで犠牲にしているかを知っていた彼は、必要に対応した、私的社会体制を維持していた。これは真の共和主義者の良識とは思えぬ不条理な信念である。

世紀末のころ、新しい気風の御用新聞（皮肉にも社名はエル・インパルシアル［公明正大］と呼ばれていた）との熾烈な競争の結果「エル・モニトール・レプブリカーノ」が廃刊となった時に、国民の意識操作は完成の域に達したように思われる。権謀術数は当時、信じられないほどめぐらされた。大統領選再出場を求めてポルフィリオにひざまずく者もでた。平和の英雄という彼の名の下で連日、贈物、レセプション、宴会、セレモニー、行進、馬車パレードなどが催された。一八九七年にポルフィリオの命を狙う思いがけないテロ事件も発生したが、彼の名声を傷つけることはなかった。喝采の一〇年間と言えよう。

一九世紀の終わり、自由主義で革新気風のメキシコで、「政治抜きの行政」という言葉が、広く普及していた。まさに一八四六年にアラマンが語った名言、すなわち「我々には議会は必要とされてない。少数の政策立案者だけが必要である」を想起せざるを得ない。実際、ディアスは正確にアラマンの計画とコモンフォルトの融和的な夢を具現化したが、それは、一応、自由主義という正当性を建前として、また、一応、自由主義に徹するための秩序維持を図ったからであった。しかし、クリオーヨグループが決して実現できなかった国家統一の形態を、メスティソグループが作り出した。そして、かつて、夢にも想像しなかった国家の体制、すなわち、共和国の形態で君主制の実践を、一九世紀末から二〇世紀当初にかけて、彼によりその第一歩を踏み出したことになる。

レルド元大統領は、一八八九年にニューヨークで亡命中死亡するが、そこで批判的な簡潔な文章をまとめていた。彼は〝科学者〟「シエンティフィコス」（ディアスが地位、利権、委譲などの特権を与えて利用していた技術官僚で、国民は彼等の姿を風刺してこの呼称を用いていた）の切実な憂慮と心ある新聞記者の危惧を代弁していた。[8]「私はメキシコに大規模で強力な革命が起こることを予言する。弱小政党の革命ではなく、不毛な闘争でもなく、社会革命が勃発する。誰も、それを阻止することはできない」。

註

1 Francisco Zarco については四章三節訳注10を参照にされたし。

2 José Manã Vigil（1829–1909）は、グアダラハラ大学で法学を学び始めたが中途から文学と新聞学（とくに詩・劇作）の分野に興味を示し、その活動は言論界で注目を浴びる。フランス軍のメキシコ侵入時には米国に渡り、新聞を通じて侵略の不当性を糾弾した。メキシコに共和制が回復すると、国会議員に選出され、一八七五年には最高裁判所の判事、八〇年から一九〇九年までは国立図書館長を勤める。七つの言語を駆使して、翻訳活動も活発にした。El siglo XIX 紙、El Provenir 紙、El monitor Republicano 紙などの主要新聞に寄稿した。Carlos Justo Sierra : *José Manã Vigil*（一九六三年）に、彼の生涯が記録されている。

3 ディアスについての詳述はつぎの文献も参照できる。Angel Taracena : Porfirio Días, México 1983 ; Rafael de Zayas Enriquez : Porfirio Díaz, Aplentons 1908 ; Carleton Beals : Porfirio Díaz México 1982.

4 José Ives Limantour（1854–1935）。ポルフィリオ・ディアス大統領政権期には、「秩序・平和・進歩」のスローガン達成のために、Pablo Macedo, Justo Sierra, Emilio Pardo などと共に「シエンティフィコス」の主要メンバーであった。しかし、マデロによるディアス大統領打倒の革命が始まると、ニューヨークで Emilio Vázquez Gómez やマデロと協議を重ね、一九一一年三月にはマデロや Pino Suárez と共に、ディアス政権崩壊を決定的にした。後に、彼はパリに亡命し、死去する。大蔵大臣就任時は、税制改革を推進し、メキシコ史上初めて輸出入収支を黒字にした。メキシコ鉄道の国有化をはじめ、首都の公共設備の整備を図ったことでも功績がある。

5 ヒロウ大司教とディアスについての記述は、Jorge Fernando Iturribarria : *La política de conciliación del general Díaz y el arzobispo Gillow ; Historia Mexicana*（El. C. M.）vol. XIV, num. 53 México 1974 を参照。

6 Francisco Bulnes, *Rectificaciones y aclaraciones a las Memorias del General Díaz*, México, 1992 参照。

7 Cosío Villegas, *Historia moderna de México : El Porfiriato, vida política interior*, 2 tomos, Editorial Hermes, México, 1971–72.

8 シエンティフィコス（Científicos）。ディアスの第一次政権時代（一八八四-八八）のメキシコ人有識者グループ約五〇人を指した呼称。リマントゥール、ブルネス、シエラ、ラバサ、カサレス、パラ、カマチョらがメンバーであった。シエラが「政府は科学ciencia を心得る人間で構成されるべきだ」と説いたのが命名の由来。当初、このグループは知的集団であったが、一八九二年以降はディアス政権存続のため、選挙制度を見直す“Union Liberal”という政党形態を備えたグループに変貌した。そのため、ディアスの政敵からはシエンティフィコスの呼称が、政治グループ名として使われはじめた。さらに一九〇九年には、再選クラブ“Culb Re-eleccionista”に発展し、独裁政権を安泰ならしめるうえの重要な役割を果たした。彼らは実証主義と進化論をまぜあわせたイデオロギーで体制を容認する立場をとり、ディアス長期独裁政権に加担する結果となった。(「シエンティフィコス」拙稿参照。平凡社大百科事典)。

3　怪物と族長

何年もの間ディアス大統領を観察してきた小説家フェデリコ・ガンボアにとって、彼の人物像については、監察すればするほど疑問を増すばかりであった。ディアスが感銘を受ける人はいないのだろうか。もしくは、彼に感動を与えるものはあるのだろうか。彼だって親愛感を抱くものがあるはずだろう。例えば息子を愛さないはずはない。神も信じているはずだ。ガンボアにはこんな難問を解き明かすことはできなかった。ただ観察した事実を記述している。「いつも真剣そのもの、やらねばならないことは絶対にこなす、笑顔を見せることはなく、長身で頑健なその体が病に伏せることはなかった。ポーカーフェイスであったため機嫌がいいのか、怒っているのかもわからず全く不可解な表情であった。感情を表に出すなんてことは念頭になかったのだ。（そのため、彼の頭の中は、寸分の狂いもない蓄積された知識だけである）誰に対してもそうであった。言ってみれば彼は怪物である。顔色といい出自といい、まさに怪物のような人物である[1]」。

一九〇〇年、ポルフィリオ・ディアスは七〇歳をむかえていた。政治・軍事活動に五〇年、絶対的権力を握ってから二〇年経過していた。同時代の人の多くは、その絶対的権力はどのように形成されたのか疑問を感じていた。どんなことがあっても、決して専制政治の極みにまではなり下がらなかったからである。ディアスの私生活の秘密を探し出そうとした伝記作家の多くは、ガンボアと同じく当惑せざるを得なかった。彼は怪物だった。ディアスを観察する場合の要点は、彼の自意識の源を見過ごしてはならないことだ。言い換えると、彼は―ディアス個有のものと言うより、彼にとっては不可欠な―源泉から絶えず水をくみ出していたのである。彼はもともと先住民であるということだ。

ポルフィリオ・ディアスを理解するには、アンドレス・モリーナ・エンリケスのような鋭い知覚を生かした見解が要求される。[2] 彼は、地方の町で、先住民の集落や先住民出身の居住する町の裁判官で、ディアスを実証主義の専門用語を使用して民族学の範疇から分析した、『国家の重要課題』という本を一九〇九年に上梓している。この著作は、論証が幾分曖昧なところが見受けられる。しかし、「血縁」と「民族」という言葉を「文化」に置き換えてみると、怪物、つまりデイアスの人物像の謎が明らかになってくる。

「将軍ディアスは、先住民とスペイン人の血縁関係を持つメスティソで、その二つの血縁の割合はほぼ半々であった。そうでないとすれば、むしろインディオの血がかなり濃いはずだ。彼は先住民に格別の理解と信頼を寄せていて、彼等と感情や思考が共通する傾向が明確であった。二つの血縁には微かに違いがあるが、将軍ディアスは、肉体面でも精神面でも、我々メスティソ・メキシコ人にとって模範的な存在といえる。国民の将来像となるであろうし、既にその兆候は明らかである」。

ディアスこそ、メキシコ人がアイデンティティー形成上の、途中経過の姿であるかもしれないとの推測が成り立つ。彼の出自、つまり先住民という立場から始まってメスティソの立場に至るまでの経緯は、フアレスほど時間はかからなかった。フスト・シエラは、いみじくもフアレスは「二重（言葉と宗教）の解放」を実行したと言っている。しかし、ディアスは彼ほど純粋な先住民ではなかったので、出生上の影響は軽微で遺伝因子による影響より、メスティソという混血文化の影響は顕然であった。

しかし、言葉の面においてディアスはその音声学上の派生過程の揺れが表われている。fue の発音は、jue になり、maíz のかわりに máis と発音するのを決してやめず、独特の曖昧さでもって喋っていた。常に「あいまいな喋りかた」で、話の焦点は明確でなく、「あの件についてですが」（a lo que hablamos）という口調を用いた。ディアスの性格は、彼の人生の道程が影響していることも明らかだ。用心深く、寡黙でうかがい知れない面が多々あった。フアレスのような独特の平静さは維持できないとしても、決して自分の感情を露わにすることはなかった。同時代の著名な著述家の一人、エミリオ・ラバサが言い当てている。[3] ディアスは「感情に麻酔をかけている」。このような継続的な一種の鬱病は、彼に負わされた強大な権力がもたらす精神的な代償に違いない。しかし、権力者とは、しっかりした理念を内包するか、もしくは夢想していない限り、神秘的とも言える権力への執着心は空しく尽き果てるのかもしれない。また、サヤス・エンリケスは以下のように回想している。[4]「たとえ、どんなに時間を掛けた着想と言えども、その結果に権力者は憐憫の情と嘆きを伴う時もあるものだ」。そのことを熟知していたファレスは、レルドにある時自分の考えをもらした。「ポルフィリオ・ディアスは、泣きながら人を殺す男だ。あなたと私が彼の手で殺されるという不本意な状況が、作り出されるとも限らない」。

家族のなかで女性には（彼の妻と娘のルスとアマーダ。アマーダは六〇年代にフチテコ人の母から生まれてきた）ディアスは優しく丁寧な態度を示していた。男には、特に息子に対しては、非常に厳格な父であった。息子には、公衆の面前でよくくしゃみをするという変な癖があるために〝クシュン〟というあだなをつけた。彼はこの息子を、一二歳で士官学校に放りこんでいる。

メスティソのディアスは、先住民は忠実さと誠実さ（どちらも先住民の美徳だが）のために、権力に対して、自己犠牲を強いられていることに気付いていたようだ。ディアスはこの二つの美徳を身に付け、それに背かない善きインディオのように努めたが、それも彼の場合、見せかけにすぎなかった。忠実と反逆の間にある言葉は背信である。まさにポルフィリオが生涯にわたって実践してきたことである。同じように敵に対しては、寛容と赦免を実行してきたが、それらは、多くの場合、キリスト教徒の徳の実行としてではなく、政策的にされたものであった。常に体高の大きい馬に乗っていた。低い馬に乗っていてもそのように見えた。毎朝、起床ラッパで目を覚まし、体操をして水のシャワーを浴びた。時折、このことを耳にして訪れてくる外国人の投資家もいた。ある時、リマントゥールに連れられて陸軍学校を訪問した彼らは、真新しい体育館でバーベルをもち上げている年老いたディアスを目の当りにして驚いていた。リマントゥールは、紹介した。「こちらが、ディアス大統領です。毎朝、体操に来られますよ」。彼にしてみれば、「自分は長寿に恵まれている」ということを誇張していたのであろう。

記録写真の撮影は、彼の生涯の心の拠り所がそのつど、変化していることを如実に示している証拠である。無愛想な人民軍兵士の時代、インディオ風の髭をたくわえ、活気あふれるメスティソの将軍時代、勲章で胸元をいっぱい飾った血色の良い独裁者の時代の姿が映っている。新大陸のビスマルクのようなものだ。この三つの時期に、彼の愛する女性との関係も示している。つまり、インディオのファナ・カタ、メスティソのデルフィーナ、そして白人のカルメリータの三人である。彼の人生の有為転変を如実に物語る女性である。

＊

エミリオ・ラバサは言った。「かの英雄は、数々の従軍で多くを学んだ。しかし、基本は、服従と規律であった。政府という制度を、理解することはできなかった。権力のある組織として政府を理解した。おそらく権力とは、政府と民衆の間に存在する唯一の目に見える関係だと考えていたのであろう」。更にいうと、一人ひとりの人間の間に認められる唯一の関係だとも思っていたのかもしれない。人間の存在に関するこの視点については一九〇八年、アメリカのジャーナリスト、クリールマンにディアスは語っている。

「いつも私は、人間の有様に視線を注いできた。今でも、それは変わらない。平和時において、また戦時においても政府に協力してきた人間には、その人独自の動機があった。人間の野望は、良しにつけ悪しきにつけ、元をただせば、個人的な動機から生じている。権力者の使命とは、そのような野望の背後にある動機を見つけ出すことにある。私はこの鉄則を常に守ろうとしてきた。政府は、個人の野望を満たすために常に全力を尽くさなければならない。しかし、同時に個人の野望が全体の利益を損なうぐらいに過剰になれば、これを鎮静化する手段が必要となる」。

恐らく、ディアスの人物像の謎を解き明かす鍵は、次の一語に見出せるであろう。それは、父権という言葉であろう。野望だけは持っているが、未だに独り立ちできず、無責任な立場に居座り続けている子供たちの長としての姿が、ポルフィリオの中に見出せた。

「メキシコ人は、（現実を見据えた上で、ディアスはフランシスコ・ブルネスに語ったことがある）郷土料理をたらふく食べ、惰眠をむさぼり、権勢をふるう代父［padrino］の使用人となり、仕事場には遅れて行き、病気がちでわずかばかりの給料と休暇をもらい、闘牛を欠かさず見に行き、遊興にふけ、集会へはいつも飾り立てた身なりで出席し、若くして結婚し、子供をたくさんつくり、給料を使い果たし、祭祀や守護聖人のお祭りの前にはあちらこちらで借金をつくり、それで満足している。子沢山の親は、政府に絶対服従である。その理由は、貧乏が恐いのである。社会で指導的な立場に立つメキシコ人からしてそうである。専制主義、抑圧、圧政が恐いのではない。貧困が恐いのである。パン、家、服がないこと、ひもじい思いをしなければならないことに耐えられないのである」。

「我々の祖国の実情をどんなに楽観的にみても（ディアスは嘆いていたが）我々が未だ悟っていない事は、国民の道徳観念と、知的水準がまだまだ低いということである」。民主主義の歴史が浅い国民は、何をすればよいか？まず、時間が必要だ。次に、厳しいが決して横暴でない族長への服従だ。このふたつに限る。族長とはレフォルマ［改革を意味する］という標識杭を、進歩という調停手段の道具、シャベルに変えてしまうことを決断する人物を指すのだ。これこそ、ディアスの理念であった。

アンドレス・モリーナ・エンリケスは書いている。ディアスという特異な人物は、「完全な族長」の一人というのが正確だ。ポルフィリオは、公共の利益に関するトマス学派の説を理解していた上に、先住民の特性と能力の全てを内包していた人物であった。共和制政治を実行するように装った、政治家であった。ディアス将軍は、メスティソのモリーナ・エンソリケスの言葉を借りると、完全な政治統合をなし遂げてしまった。それは、アラマンが夢見ただけで成し遂げられなかった環境に適応させただけの副領時代の政治形態ではなかった。

ディアスは自己のアイデンティティーを形成していく段階で、先住民の原状から序々に近代的な状況に適用するようにその節節で努力してきた。ディアスは、その過程で権力を行使してきた。その統合の過程の媒介者の中心は、ディアス本人でなければならなかった。自らが祖国の新しい父である姿を演出するのに成功してきた。このようにして、モリーナ・エンリケスが看破したように、ディアス政権の基本的な姿勢は、交誼を結ぶ方式を用いていたことがわかる。「交誼」とは忠誠の代償を譲り与えることを意味する。各階層と社会集団は、「相応の扱い」を受けてきた。「保守的なクリオーヨ」に実権の伴わない名誉職を与え、「聖職者のクリオーヨ」にレフォルマ改革で規制された教会財産接収の法律を緩和することで妥協し、「新興クリオーヨ」または自由主義者には、注意を払い信頼して接し「援助金、特権、専売権」を与えることで気前良さを誇示してきた。メスティソには、威厳と権力を与えた。駆け引きして、彼らを官僚機構もしくは、軍隊において次席のポストにつけることであった。モリーナ・エンリケスが意見を述べている。「残念ながら、メスティソ全てが特権の分配計画に組み込まれた訳ではない」。離散している先住民（例えば、ヤキ人）には、抑圧、鎮圧という政策が断行された。しかし、統合した先住民には（職種としては下級聖職者、兵士、小地主、日雇労働者として）温情を施した。前者は、ディアスの急進的圧力の緩和に感謝した。後者は、給料が定期的に支払われることに感謝した。最後二つの階層の先住民（モリーナ・エンリケスが、将来農民一揆の原因となる集団と予測していた）に対して、ディアス個人の態度は社会学者が考えても慎重で注意深いものであった。

「地方小地主の先住民には、治安維持することで民衆の分散を回避した。それとともに、地主、州知事への陳述、苦請を聞くことで対処した。日雇労働者層の先住民には、ずっと小作人として働けるように、耕作に専念できる平穏な状況を維持してやることで最小限彼等に協力した」。

このような、権力の過度の集中管理体制に対しモリーナ・エンリケスは、危機を予期するより、むしろ称賛していた。

「ディアス将軍の成した業績とは、何と複雑なものか。彼の責任の大きさは比類なきものである。彼は、スペイン征服以前の時代から今日に至るまでの様々な人間集団を、多岐の転換期にわたって賢明に統治しなければならなかった。また、それを成し遂げた唯一の人物である」。

二〇世紀のメキシコ大統領制を理解する基本的な鍵と、一九世紀という混沌とした時代を補強してきた要因を分析する重要な鍵は、実際一つでしかも、同一のものであったのかもしれない。ファレスとディアスというオアハカ生まれの家父長的な二人の人物の人間関係の連続性である。オアハカ地方とは「政治の神秘主義者」が辣腕をふるっていた土地であった。人々の生活は、根本的に、先天的な宗教色に彩られ、神権政治にのっとって統治されていた。生涯にわたりあらゆる社会層、文化水準、人種階層と共生してきた二人である。言い換えると、彼等は先コロンブス期、もしくは副王領時代のメキシコに生まれ育ちそこから、メキシコを脱却させ、鉄道が普及する時代にまでこの国を発展させた。この二人こそ、メキシコを社会的に、歴史的に国を統合させ始めたのである。サポテカ人とミステカ人、つまり、ファレスとディアスの二人である。

註

1 Federico Gamboa: *Diario*, México, 1977 が参照できる。
2 Andrés Molina Enríquez: Los grandes problemas nacionales, México, 1978 が参照できる。
3 ラバサについては三章一節訳注8を参照。
4 典拠は、Rafael de Zayas Enríquez: *Porfirio Díaz*, Aplentons, 1908.
5 出典は、Francisco Bulnes, *Rectificaciones y aclaraciones a las Memorias del General Díaz*, México, 1992 参照。

4 聖人と化した自由主義者

保守派が敗北して一八六七年に共和制が本格的に始動すると、自由主義者は自分たちの理想の国を建設し始めると新国家を正当化する一種の使徒信経が欠如していた。自由主義政党は「聖書の真の番人」だと自認していても、多くの者は都合よく自分用の聖書を引続き信じていたので、国の英雄を首尾一貫して評価する信仰宣言を集大成した、一つの聖書が必要としていた。フスト・シェラの言葉によると、「社会的同意、つまり市民と一体化した宗教的信条」が必要とされた。この役割を果たしたのが歴史であった。「歴史という一種の公教要理」が国民を目覚めさせ、「愛国心」と「祖国への忠誠」を凝縮してゆく。一旦、自由主義政党が「国家の政党」となると、党そのものが国家となった。「学校では生徒がメキシコ人の国家の英雄を尊敬し、自由主義者が血縁をつくったことを知らされる。つまり、国民はそれに帰属しているという、自由主義への連帯感が芽ばえてくる。

神の国とは、聖人の住む天上の国であったが、当時のメキシコ流の公教要理によれば、フアレスとディアスの時代の「天上の国」は英雄の住み処となった。（そして対比的な「地獄」とは、平民の住む世界であった）。いままで聖人たち（布、青銅、象牙、石、紙上で描かれている姿）は祭壇に奉られたり、教会の墳墓の中で崇められていた。自由主義者が主導する時代になると、英雄たちを理想化した像が彫刻や胸像に刻まれ、「ダビデ風」に新古典主義様式で絵画として描かれることも多くなった。教会の諸聖人たちと同じようにその雄姿は学校内で肖像画として飾られるようになっていった。司祭は、説教や公教要理で聖人の模範的な生活を称える一方、自由主義者の雄弁家や歴史家は英雄の行状、感動的な文章、独立戦争の劇的な死などを、本や詩あるいは討論の中で力説する。メキシコの暦は通常

「聖人の祝祭暦」を指していた。聖人の生誕と死亡の日は神聖なものとされていたからである。市民の暦に新たに「守るべき祝日」が追加されるようになった。たとえば、憲法記念日（二月五日）、ファレスの誕生日（三月二一日）、プエブラ州でのフランス軍撃退戦勝記念日（五月五日）、イダルゴ神父の誕生日（五月八日）、ファレスの命日（七月一八日）、プエブラ州でのディアス軍の勝利記念日（四月二日）などである。町の教区や礼拝堂で人々は聖人の生涯と死を追想していた。同時に市民は国の祝祭日を風になびく国旗や半旗の掲揚を見て知るようになった。礼拝堂の中では聖人の遺体、遺骨、所持品、あるいは着衣の小さな切れ端が貴重品として保管されていたが、市中の記念堂でも英雄の遺骨や形見の衣服が特別展示されていた。植民地時代から、メキシコの町名、街路名はいつも英雄の名前が付けられている。イダルゴ、モレリア、シウダー・ファレス、シウダー・ポルフィリオ・ディアスなどの名前は国中至る所に命名されていた。聖人祝祭日の寓意的なパレードも、国内各地で継承されていた習慣であったが、それに加えて九月一六日には独立記念パレードがある。ついに、英雄たちは市中で顕彰歌や民衆の歌、時代小説や愛国の志士を称える武勲詩の主人公となる。しかし、決して教会の聖人たちほど深く民衆の意識の中には定着しなかったことも事実である。一一月一日はメキシコ全土で「諸聖人の祝日」を祝うが、これ程の規模で祝祭される他の宗教的な記念日はない。しかし、〝全英霊記念日〟というような顕彰祝日まではさすが制定されなかった。

ポルフィリオ崇拝者は、一八五七年憲法制定の「立案者」の偉業を認知させようと国民の共通認識を築きあげていた。しかし、過度の政治風潮を増長させている最中、異議をとなえる新風が社会に広まり始める。まず、「祖国の司祭」とも言われたことがあった歴史家フスト・シエラは、晩年の一八九九年にポルフィリオに書簡を送った。

「再選は終身大統領制を意味し、共和制という見せかけの下で選挙を実施して、一種の君主制を堅固しようと企んでいるようです。私は名称に拘らず、事実と実体を見つめています。曖昧な再選出の継続は、国内外の秩序に非常に不都合が生じます。すべては密接に関連しています。最初に、国力の衰退、国内の無株序、国際的な屈辱を不幸にも受ける危機を取り除く予防が困難になります。我々は運命が人間を支配することを忘れがちです。

また、現在の国力から判断してそんな危険は我々に無関係だと反論する人もいますが、大統領再選がもたらす重大な結果と危険性を、我々は認識しなければならないのでしょう。さらに、貴殿の政府と行政担当者以外の者がこの国の政治の未来図を議論できる余地はなく、そんなことは一つの夢物語です。貴殿の力量と申し分のない現在の健康状態が、継続するという前提で全てが成り立っているからです。これは私の考えですが、国内から湧きあがる圧力、そしてアメリカ合衆団、イギリス、ドイツ、フランスに必然的に及ぼす国外への影響について憂慮しなければならないと思います。メキシコ共和国には、一人の人物がいるだけで、一国の平和、生産性、信用はその一人の人物次第なのだ、という危惧が生まれていることです[1]」。

さらに四年後、ファレスの死後、激昂したブルネスは、勇敢に立ち向かった。彼もまた「一流の独裁者」であるディアスを敢えて批判した。彼はディアスを青ざめさせるかのような次の言葉を、聴衆の前で述べている。

「平和は大通りでも路地裏でも感じられる。しかし、意識の中には存在しない。国民は恐れているのだ。ディアス将軍に反抗できないと。国は政党を組織し、制度を確立し、有効な法律を制定し、論争、趣味、情熱を育む自由な土壌を望んでいる。ディアス将軍の後継者と呼ばれる者が出現するとすれば、それは法律だ[2]」。

その同じ年一九〇三年に、初めて批判勢力が結成された。ディアスと同じくオアハカ生まれの若者で、ディアスと同じくカリスマ性を潜めているが、権力に執着しない者であった。リカルド、エンリケ、ヘススのフローレス・マゴン家の三人であった。一九〇三年二月五日の憲法記念日に、新刊でそして、短命な『Regeneracion』［刷新］という新聞を発行していた社屋のバルコニーに垂れ幕が下りた。「憲法は死んだ」という標語であった。直ちにディアスは彼らを刑務所に送り込み国外追放にした。しかし、この時、新しい改革の種はしっかりと植え付けられたのである。サン・ルイス・ポトシで、本来の「自由主義者」という意味に喚起された、新たな政党が誕生した。すなわち、かつてポルフィリオ・ディアスがラ・ノリア地方とトゥクステペック地方で、初めて革命闘争に訴えた純粋な自由主義精神を皮肉にも擁護するためであった。

政府不信論の立場と鋭い社会感受性を通して、これらの新しいカウディーョは、彼ら独自の観点からポルフィリオ時代の進歩を観察していた。彼らは進歩を否定しなかった。しかし、農村と都市における進歩の代償を慎重に分析していた。封建制や奴隷制が残っていた時代のような、ポルフィリオ時代で急増した大農園を非難した。また工場の労働者、年少者の労働者、日雇い労働者を擁護する法制度の欠如を糾弾した。一言で言うと、自由主義の副産物である不平等の根源は、時代ではなく独裁者に帰属していたと考えたのである。

一九〇六年と七年に、この非合法政党はソノーラ州にあるカナネア鉱山労働組合を基盤として、その後ベラクルスにあるリオ・ブランコ織物工場の労働者の意識を刺激した。二つの地域で、ポルフィリオ時代に前例のないストライキが発生した。長期にわたる流血の闘争となった。今回こそ「族長的」仲介は反感を掻き立てただけであった。ディアスの側近の一人は、自由主義の天国に嵐が起こるかも知れないと、次のように予言をした程である。

「現在の状況は一過性の反動でもなく、労働者階級に限定されたものでもない。ある特定集団の「シエンティフィコス」に対する反感は労働者階級と、さらに農民層にまで拡大していった。重大な、非常に重大な何かが動き出したことは確実である。国の中心部において何か勃発する前兆の気配がみえた。革命思想が国全体に拡散すると、その思想は拡大の一途をたどって行き、ついには阻止できなくなる[3]」。

このことを誰よりもよく知っていたのはディアスであった。すでに一八九一年に、彼は述懐している。「政府への不満が増大すると、それを阻止する障害物が存在しないかのように強大な力となり、徐々に増幅していく」。しかし、ポルフィリオは一九〇七年のメキシコについて、そん状況判断はしていなかった。しかし、皮肉にも、その潮はすでに満ちていたのである。革命が起こる urbi et orbi［都市と国土］とは、ジェームス・クリールマンが取材した「パーソンズ・マガジン、一九〇八年三月号」の掲載記事〝ディアス大統領、アメリカの英雄〟のインタビューをした同じ場所であった。

註

1　出典は、フスト・シエラがディアスに一八九九年一一月に宛てた書簡。Justo Sierra・前掲書 Epistolario に所収されている。

2　出典は、Francisco Blunes : Rectificación y aclaración a las Memorias del General Díaz, México, 1992.

3　Ralph Roedaer : *Hacia el México moderno : Porfirio Díaz, vols. 2, México, 1983, vols., 2,*（*273-76* 頁）に所収されている、*Rafael Zayas Enrique* がディアスに宛てた一九〇六年八月六日の報告書。

5　名誉の墓を求めて

二人は語り明かしたものだ。インディオとスペイン人について。戦争の武勲、政治について。ファレスとマキシミリアーノについて。植民地時代のまやかしの安定。サンタ・アナの多難な時代。砲煙と工場の出す煙について。国の最優先事項の教育問題について。遠い昔に行ったミトラ遺跡と最近出かけたカサデロ農場での狩猟。馬に股がっている写真、もしくは勲章を胸に飾り立ててポーズを取っている写真等々。七七才になる「メキシコの主」は祖国の将来について語ろうとしていた。

一語一語慎重に言葉を選びながら話し始めた。最初の言葉はいつも同じであった。「そうだ」、「そうじゃなくて」、「そうなんだが、だけど」という口調であった。一八七六年以来掌握してきた民主主義という名の下で国民から得た信託を、いつ放棄するかどうかが取材の核心であった。

「長期間にわたって同じ人物が大統領であるからと言って、メキシコの民主主義の将来が危機に陥っていると考えるのは早計である。率直にいうと、政治の理想は失われていない。民主主義が政府の方針であることに変わりはない。啓蒙された国民にとっては、それを実行に移すことは可能である。私は何の後悔もしないでメキシコ大統領の座を退くことができるが、生きている限り祖国のために貢献したい。民主主義を信奉する国民にとって、統治者が変わることを想定するのは当然だ。私もこの考えに賛成だ。一人の人間が長きにわたって権力ある地位に留まり続けることで、それを独占しようという意識が芽生えることは否定できない。自由を望む国民が、野心を抱く個人を警戒することは当然だ。しかし、民主主義についての抽象的な理論と、その実際の適用に隔たりがある、というのはしばしば見受けられることだ。メキシコの未来は保障されているが、この国にはまだ充分、民主主義が定着していない。この点が私の懸念しているところだ。しかし、国民は成長したし自由を望んでいる。問題は、国民が民主主義と政治について、あまり認識していないということだ。一般的にメキシコ人は個人の利害について必要以上に執着するが、他人の権利については、全く目を向けようとしない。自分の特権については考えているが、義務については気にかけていない。自己を抑制する能力こそ民主的な国にとって欠かせないものだ。また、自分を抑制することは他人の権利を尊重することにつながる。メキシコに民主主義は成熟してきているし、いずれその実を結ぶだろう」。

けれども、合衆国の世論と折合いをつけるために妥協せざるをえなかった。歴然とした形である。というのは、合衆国はメキシコが羨むほどの強大な国力を掌握する程に、成熟した事実を知るに及んで、その成り行きに疑いの目を向け始めていたからである。このことから、おそらくディアスは、［権力を放棄］しないのでなく、［放棄］すると伝えたのであろう。

「私が根気強く待ち望んでいるのは、メキシコ国民が選挙で代表者を選び、より良い政府を選ぶために準備に入ることである。しかも、革命を起こしたり海外からの評価を落としたり、発展を妨げたりする手段に訴える方法は、避けなければならない。間もなく時期が到来するようだ。友人や支持者の気持ちがどうであれ、今の任期が終われば、引退して二度と再選には応じない。私も早や、八〇歳になろうとしている。国中が、私に信頼を寄せ、温かく扱ってくれる。友人達は私の長所を称賛し、欠点には目をつぶってくれる。けれども私の後継者に対しても同じような寛容さを持って接してくれるだろうか。私の忠告と援助が必要になるだろう。したがって、そういう意味でも後継者が権力の座についた時には健在でいたい。また、メキシコで野党が結成されることは好意の目で迎えたい。結党されれば、それを、不幸とは思わず祝福しよう。彼らが乱用でなく治世のために権力を拡大するとしたら、そして、共和国においてより良い民主主義政府が発足するなら、自分の利益を顧みずその維持と発展に努力するつもりだ。平和を愛する国民に支えられたメキシコを挑めているだけで満足だ。大統領の座にいつまでも居座り続けるつもりはない。メキシコは、自由に恒久的に繁栄し続ける準備はできている」[1]。

ワシントンにおいてはこの会見の報道は大反響を呼んだが、多少疑いの目も向けられることもあった。メキシコでも大きな波紋を呼んだ。年老いた独裁者に真意を問い質す必要があった。反対勢力は結束を強化する必要に迫られてきた。

コアウイラ州では、一人の若くして富豪の地主が民主主義実現のために戦い続けていた。ディアスのような権力の神秘論者ではなく、自由の神秘論者であった。フランシスコ・マデーロがその人物だ。一九〇八年、一冊の本を書いている。国中が待望していた『一九一〇年の大統領継承問題』という本だ。メキシコの政治形態について決して主観に陥ることなく、熱い思いを述べるとともに、総合的な判断を下した。その著書で、ディアス政権の特徴である「族長的な政治体制」を否定している。

「精神の堕落、公共生活改善への無関心、法律軽視、偽装、破廉恥の日常化や社会不安がはびこっている。自由の欠如と抑制への責任感が喪失された社会で［検閲などで思想発表の自由を強権的に公の機関が行う］剝奪、低俗、品性の墜落といったものが充満する。外国への服従に陥りやすい状態になっていることに気付いていない」。マデーロは更に予言している。「有害な樹の陰で浴す快適な眠りを貪り続けているのが我々だ。現実から目を外らすべきではない。あるべき原点に立ち返っていくべきだ」[2]。

ポルフィリオは権力とは何かについて熟知していたし、フランシスコは権力の限界について確信していた。マデーロは解決策を提案した。その提案は、あらゆる知識人に容易に受け入れられるだけの説得力と冷徹な論理に基づいていたので、彼を誹謗する者さえも唸らせた。民主主義と政治の自由を復活させることで、法のもとでの平等を実現することができる。要するに一八五七年憲法に立ち戻れ、ということであった。

ディアスが権力を握る三年前の一八七三年に生まれたマデーロは、古い体制に基づく声と新しい体制に基づく声の両方の代弁者であった。前者は、マデロが著作を通じて理解していた「純粋派」自由主義者で、一八五七年憲法とレフォルマを断行したが、長年のディアス政権の下では、自由というものが失われていると判断した人達であった。後者の闘争手段は、象徴的でも現実離れしたやり方でもなかった。すなわち、一九〇三年から、少しずつ（手紙、新聞そして反体制派への物質的援助をして）民主主義の復興という計画に着手してきた運動家を指す。彼の活動は初めは、市町村単位であったが、後に州単位、そして国政レベルに至るようになった。ある意味で、マデーロはパリで影響を受けた心霊術者の霊力を感じて絶対自由主義者に系統していった。彼が進まなければならない段階的過程を教示した精神（その中にはベニート・フアレス自身の考えも含まれている）を語り、あるいは、それに確信を抱いた。人々はそれを神託と呼んでいた――これが、メキシコの歴史において常に主役を担い、国民を圧政から救い出してきた――。しかし、彼の着想はまず、メキシコの歴史そのものを解読することであった。そうすれば、一九世紀における最後の、最も典型的なカウディーヨに、二〇世紀最初の民主的なカウディーヨが合体することになる。

一九〇九年、マデーロは決定的な手段に踏み切った。「大統領再選反対国民党」の結成と、一九一〇年を目指した大統領選挙に立候補する。間もなくメキシコ中をアメリカ合衆国の選挙遊説のやり方で全国を回った。メキシコでは、例のないことであった。「細菌が象に戦いを挑んだようなもの」と、フランシスコの祖父、エバリスト・マデーロは述べている。彼は、マデーロ家という実業家の創始者であった。フランシスコは、フアレスの忍耐強さを知っていたし、大地主のメルチョール・オカンポのごとく「極端に自立心が強かった」。マデーロは細菌でも、象を殺してしまうこともあると信じていた。

ディアスは、フランシスコ・マデーロの政治活動の意図を彼の著書で知り、嫌悪感と屈辱を覚えた。とうとう「フランシスコ君」は、心霊術に熱中しすぎて気が触れてしまったのだと言った。ディアスはベルナルド・レイエス将軍という「傀儡」の大統領立候補者を立てた。北部におけるディアスの永年の腹心の部下である。しかし、ポルフィリオは、一九〇九年に、彼を民主的な手段を用いて潰してしまった。レイエス将軍を外国への使節団として国外へ追放してしまった。ファレスなら別の手段を取ったかもしれないが、彼は入念な対策は練らなかった。メキシコは、まだ民主主義に向けての準備ができていなかったからだ。一九一〇年の七月、年老いた独裁者は、国益のために再び「身を捧げて立候補した」。明らかに不正な選挙をして、フランシスコ・マデーロを敗退させた。しかし、彼はサンルイス・ポトシに投獄された七月に、日取りまで予め指定していた期日にとうとう革命勃発を民衆に呼びかけた。一九一〇年の一一月二〇日の革命である。ソノーラからユカタンまで、民衆は―エリートのみでなく―みんなマデーロこそ民主主義の旗手だと知っていた。

この間にも、ディアスは、一九一六年まで続く八期目の大統領に就任をしてしまった。任期満了時には八六才に達するディアスはせめて椅子の上で死ねなかったのか。更に、前途には重大な事件が待ちうけていた。彼の八〇才の誕生日はメキシコ独立一〇〇周年の記念の年に当たる。メキシコは二つの列伝を合せてを祝わなければならなかった。しかし、ディアス自身は、この二つを別々のものとは考えていなかったようである。

*

ついに、首都と地方でメキシコ独立百周年祭が始まった。ディアスは、歴代の英雄と自分自身を礼賛した。[3] 花火があがり、音楽が鳴り響いた。その時、突然、その祭典式場に居合わせた者たちは、花火が爆発したのかとおののいた。メキシコの突発的火山噴火を思わせるような轟音にも似ていた。それは、新しい革命の凄まじい歓声であった。今回は、サンタ・アンナの目論んだような、オペレッタのような革命ではなかったし、ディアス自身が引き起こした短期無血革命でもなかった。レフォルマ戦争とは似ても似つかないものであった。レフォルマ戦争の場合は、国民は自らの意志でなく、召集されて参加させられていたのだ。しかも、その戦争は、一握りのエリートが主役であった。今回は、歴史上、最大規模の革命であった。レルド・デ・テハーダが勃発の予言した社会革命であるが、その精神は新しいものではなかった。マデーロは、かつてのディアス声明から引用した言葉、すなわち「有効投票、再選なし」を強調した。ディアスの思惑は、一九一〇年九月こそ、歴史の完全な一循環達成の百周年にあたるということ、つまり、進歩、秩序、平和を実現させてメキシコ独立から一サイクルした百年を祝祭しているということであった。完成し凝固された百年の歴史であった。しかし、ディアスは自分のうつろな認識を覚醒させる自分宛ての古い手紙、フスト・シエラの批判の声には耳を傾けなかった。彼の著書『政治史』の最後の文章を読むこともなかった。「最終日標、つまり自由を獲得するまでメキシコの如何なる社会変革も失敗を繰り返えし、挫折感を味わうだろう」。

彼は、決してそれを信じなかったが、歴史は、前代未聞の正確さで繰り返された。一九一〇年九月は、事件の終末でなく開始を意味した。革命の開始は百年祭のように騒然としていた。一八一〇年の嵐のように今度も混乱は、一〇年間続いた。革命はまたたく間に全国に広まり、数え切れない多くの犠牲者がでた。近代的なカウディーヨと伝統的なカウディーヨが対立する革命であった。理想に燃えた指導者と伝統的な価値観に縛られた苦悩のカウディーヨが対峙した。民族主義者のカウディーヨ、民主主義指向のカウディーヨ、無政府主義のカウディーヨ、社会主義者のカウディーヨ、聖職者のカウディーヨ、急進派のカウディーヨ、グアダルーペ派のカウディーヨが主導した。時が経ち、勝ち誇った笑みを浮かべた方のカウディーヨは新設の国立基地、即ちメキシコ革命霊廟に葬られている。彼らはこれまでとは変わった叙事詩、英雄伝、公教要理の中に彼らの実際上のもしくは、想像上の偉業やその壮絶な死も記された。反逆罪で銃殺刑にあった人物も暗殺されたとも書き変えられていた。この革命精神礼賛の公教要理は、自由主義者に一つの形で結合されている。というのも、革命を礼賛する祖国を共通認識とした公教要理が出来上った。イダルゴ、モレーロス、ブラボー、ゲレーロ、フアレスは天国で、マデーロ、ビーリャ、サパタ、カランサ、オブレゴン、カイエス、カルデナスと親交を結んでいるだろう。

地獄では、「反逆者」、「売国奴」、「保守派」、「蟹ども」、「夢想家」、「反動主義者」「悪しきメキシコ人」の烙印を押された方のカウディーヨらが永遠の罪を贖い続けている。イトゥルビデ、アラマン、サンタ・アンナ、ミラモン、ハプスブルグ（とクエルナバカ王朝のマキシミリアーノらは、今や、予期せぬ自由主義者と遭遇しているかもしれない。「平和・秩序・進歩」の英雄、ポルフィリオ・ディアスもいるからだ。ディアスはフアレスのような生涯を全うできなかったせいか、人々から忘却され、祖国、懐かしのオアハカ、そしてテワンテペックの偉大な女性インディオの異名をはせた妻、「フアナ・カタ」の元からも引きさかれている。一九一五年七月二日、パリで彼は没した。マニ教的歴史観の立場から全てのメキシコの政敵と同様に、ディアスは「栄光の思い出も名誉の墓地」もなく死んでいった。しかも、彼の場合、誰よりも重い罪を負わされていた。恐らくカウディーヨの世紀において最も不当な罪であろう。エルナン・コルテスでさえ彼の遺体は、メキシコの国土に眠っている。ポルフィリオ・ディアスは一九九四年現在も、依然、パリのモンパルナスの基地にひっそりと眠っている。無慈悲な祖国から追放されたままである。しかも、その祖国とは彼自身が混乱から救いだし、近代化の礎を築き、それを堅固にしたメキシコである。彼は、死後もずっと放逐されたままである。永久追放かもしれない。

註

1 一連のディアスの発言の典拠は、Creelman 前掲書二三二、二三七、三二四頁

2 *Francisco I. Madero : La sucesión presidencial en 1910 México 1908 237-38* から引用している。

3 ディアス大統領のスピーチの内容は、以下の史料を参照できる。“*Brindis pronunciado por el General Porfirio Díaz, presidente de la República en el banquete que ofreció a una parte del cuerpo diplomático especial de Estados Unidos, el 11 de septiembre de 1910*”; 典拠は *Genaro García ed., Crónica oficial de las fiestas del primer centenario de la Independencia de México, México 1991 Appendix 102, 54* 頁に所収されている。

原著参考文献

第1章

I. Historia de bronce

Alamán, Lucas, *Semblanzas e Ideario*, UNAM (Biblioteca del Estudiante Universitario 8), México, 1978.

Cosío Villegas, Daniel, *Historia moderna de México : La República Restaurada*, Editorial Hermes, México, 1955.

Crónica Oficial de las Fiestas del Primer Centenario de la Independencia de México, bajo la dirección de Genaro García, Talleres del Museo Nacional, México, 1911.

González, Luis, *Todo es historia*, Editorial Cal y Arena, México, 1989.

—, *Once ensayos de tema insurgente*, Gobierno del estado de Michoacán/El Colegio de Michoacán, Michoacán, 1985.

Hale, Charles A., *Mexican liberalism in the age of Mora 1821-1853*, Yale University Press, Yale, 1968.

Historia del arte mexicano, tomos 8 y 9, Secretaría de Educación Pública/Instituto Nacional de Bellas Artes/SALVAT, México, 1982.

Historia general de México, tomo III, El Colegio de México, México, 1976.

La columna de la Independencia, Editorial Jilguero, México, 1990.

Meyer, Jean, *La Revolución Mejicana*, Dopesa, Barcelona, 1975.

O'Gorman, Edmundo, *México, el trauma de su historia*, UNAM, México, 1977.

Prieto, Guillermo, *Lecciones de Historia Patria*, Instituto Nacional de Bellas Artes/Instituto Nacional de Estudios Históricos de la Revolución Mexicana (INEHRM)/Secretaría de Educación Pública, México, 1987.

Rabasa, Emilio, *La organización política de México. La Constitución y la Dictadura*, Editorial América, Madrid, s. f.

Roa Bárcena, José María, Catecismo elemental de la historia de México, INEHRM/Instituto Nacional de Bellas Artes, México, 1986.

Sierra, Justo, *Obras Completas. Evolución Política del Pueblo Mexicano*, tomo XII, UNAM, México, 1977.

Sosa, Francisco, *Las estatuas de la Reforma. Noticias biográficas de las personas en ellas representadas*, Oficina Tipográfica de la Secretaría de Fomento, México, 1900.

Tena Ramírez, Felipe, *Vasco de Quiroga y sus pueblos de Santa Fe en los siglos XVIII y XIX*, Editorial Porrúa, México, 1990.

Vasconcelos, José, *Breve Historia de México*, Editorial Continental, México, 1971.

Vázquez de Knauth, Josefina, *Nacionalismo y educación en México*, El Colegio de México, México, 1970.

第11章

II. Sacerdotes insurgentes

Abad y Queipo, Manuel, *Colección de los escritos más importantes que en diferentes épocas dirigió al gobierno*, Mariano Ontiveros, México, 1813.

—, *Escritos del Obispo Electo de Michoacán... que contienen los conocimientos preliminares para la inteligencia de las cuestiones relativas al Crédito Público de la República Mexicana*, en José María Luis Mora, *Obras sueltas*, Editorial Porrúa (Biblioteca Porrúa 26), México, 1963.

Alamán, Lucas, *Historia de Méjico*, Editorial Jus, México, 1972, tomo I.

—, *Historia de Méjico,* tomo III, Imprenta de J. M. Lara, México, 1850.

Alamán, Lucas, José María Lafragua, Manuel Payno, *et al., Episodios Históricos de la Guerra de Independencia*, tomo II, Imprenta de "El Tiempo", México, 1910.

Amaya, Jesús, *El padre Hidalgo y los suyos*, Editorial Lumen, México, 1952.

Apuntes para la biografía del Exmo. Sr. D. Lucas Alamán, Imprenta del Sagrado Corazón de Jesús, México, 1897.

Arreguín, Enrique, *Hidalgo en el Colegio de San Nicolás*, Ediciones de la Universidad Michoacana de San Nicolás de Hidalgo, Morelia, s. f.

—, *Hidalgo en San Nicolás. Documentos inéditos*, Fimax, Morelia, 1956.

Brading, David A., "La situación económica de los hermanos don Manuel y don Miguel Hidalgo y Costilla", *Boletín del*

Archivo General de la Nación, XI, 1 y 2 (México, enero-junio 1970).
—, *Mito y profecía en la historia de México*, Editorial Vuelta, México, 1988.
—, *The First America*, Cambridge University Press, Cambridge, 1991.
—, *The origins of Mexican nationalism*, Cambridge University Press, Cambridge, 1985.
Bustamante, Carlos María de, *Hidalgo*, Empresas Editoriales, México, 1953.
Carrera Stampa, Manuel, "Hidalgo y su plan de operaciones", *Historia Mexicana*, III, 10 (El Colegio de México, octubre-diciembre 1953).
Castillo Ledón, Luis, *Hidalgo, la vida del héroe*, INEHRM, México, 1985, 2 vols.
Chávez, Ezequiel A., *Hidalgo*, Editorial Campeador, México, 1957.
De la Fuente, José María, *Hidalgo íntimo*, SEP, México, 1980.
"Don Miguel Hidalgo y Costilla", *Boletín Bibliográfico de la Secretaría de Hacienda y Crédito Público*, 375 (México, 15 de septiembre de 1967).
Fuentes Díaz, Vicente, *El Obispo Abad y Queipo frente a la Independencia*, Editorial Altiplano, México, 1985.
García Genaro, *Documentos Históricos Mexicanos*, vol. 6, INEHRM, México, 1985.
González Luıs, *Once ensayos de tema insurgente*, Gobierno del estado de Michoacán/El Colegio de Michoacán, Michoacán, 1985.
González Navarro, Moisés, "Alamán e Hidalgo", *Historia Mexicana*, III, 10 (El Colegio de México, octubre-diciembre 1953).
Hamill, Hugh M., *The Hidalgo Revolt, Prelude to Mexican Independence*, Greenwood Press, Wesport, 1970.
Hamnett, Brian R., *Roots of insurgency. Mexican regions, 1750-1824*, Cambridge University Press, Cambridge, 1986.
Hernández y Dávalos, Juan E., *Colección de documentos para la historia de la guerra de Independencia de México de 1808 a 1821*, vols. I, II y VI, José M.ª. Sandoval impresor, México, 1877-1882.
Hernández Luna, Juan, "Hidalgo pintado por los realistas", *Historia Mexicana,* IV, 13 (El Colegio de México, julio-septiembre 1954).
—, "El mundo intelectual de Hidalgo", *Historia Mexicana*, III, 10 (El Colegio de México, octubre-diciembre 1953).

Herrejón Peredo, Carlos, *Hidalgo antes del grito de Dolores*, Universidad Michoacana de San Nicolás Hidalgo (Biblioteca de Nicolaítas Notables 46), Morelia, 1992.

—, *Los procesos de Morelos*, El Colegio de Michoacán, Zamora, 1985.

—, *Morelos, Documentos inéditos de vida revolucionaria*, El Colegio de Michoacán, Zamora, 1987.

—, *Hidalgo. Razones de la insurgencia y biografía documental*, Secretaría de Educación Pública, México, 1987.

—, *Morelos. Vida preinsurgente y lecturas*, El Colegio de Michoacán, Zamora, 1984.

Humboldt, Alejandro de, *Ensayo político sobre el reino de la Nueva* España, Editorial Porrúa, México, 1973.

Lynch, John, Las revoluciones hispanoamericanas (1808-1826), Editorial Ariel, Barcelona, 1976.

Méndez Plancarte, Gabriel, " Hidalgo, reformador intelectual ", *Abside* (México, abril-junio 1935).

Meyer, Jean, *Los tambores de Calderón*, Editorial Diana, México, 1993.

Meyer, Jean, *et al.*, *Tres levantamientos populares : Pugachóv, Túpac Amaru, Hidalgo*, CEMCA/CONACULTA, México, 1992.

Rangel, Nicolás, " Estudios literarios de Hidalgo ", *Boletín del Archivo General de la Nación,* I, 1 (México, septiembre-octubre 1930).

—, *Los precursores ideológicos de la Guerra de Independencia*, Archivo General de la Nación, México, 1932.

Rivera, Agustín, *El joven Teólogo Miguel Hidalgo y Costilla, anales de su vida y de su revolución de independencia*, Ediciones de la Universidad Michoacana de San Nicolás Hidalgo, Morelia, s. f.

Teja Zabre, Alfonso, *Vida de Morelos*, INEHRM, México, 1985.

Timmons, Wilbert H., *Morelos, sacerdote, soldado, estadista*, Fondo de Cultura Económica, México, 1983.

Villaseñor y Villaseñor, Alejandro, *Biografías de los héroes y caudillos de la Independencia*, México, 1910.

Villoro, Luis, *El proceso ideólógico de la revolución de independencia*, UNAM, México, 1967.

—, " Hidalgo : violencia y libertad ", *Historia Mexicana*, II, 6 (El Colegio de México, octubre-diciembre 1952).

Zaid, Gabriel, *Omnibus de poesía mexicana*, Siglo XXI, México, 1973.

III. El derrumbe del criollo

Alamán, Lucas, *Semblanzas e Ideario*, UNAM (Biblioteca del Estudiante Universitario 8), México, 1978.

—, *Historia de México*, tomos IV y V, imprenta de J. M. Lara, México, 1852.

—, *Disertaciones*, tomos I y II, Editorial Jus, México, 1969.

—, *Documentos Diversos (inéditos y muy raros)*, tomos III y IV, Editorial Jus, México, 1946-47.

Aguayo Spencer, Rafael, "Alamán estadista", *Historia Mexicana*, III, 10 (El Colegio de México, octubre-diciembre 1953).

Anna, Timothy E., *El imperio de Iturbide*, CONACULTA/Editorial Alianza, México, 1991.

Arnáiz y Freg, Arturo, "Alamán en la historia y en la política", *Historia Mexicana*, III, 10 (El Colegio de México, octubre-diciembre 1953).

—, "El Doctor Mora, teórico de la reforma liberal", *Historia Mexicana*, V, 20 (El Colegio de México, abril-junio 1956).

Barquin y Ruiz, Andrés, *Agustín de Iturbide : Campeón del Hispanoamericanismo*, Editorial Jus, México, 1968.

Berlandier, Luis ; Rafael Chovell, *La Comisión de Límites. Diario de Viajes*, Archivo General del Estado de Nuevo León, Monterrey, 1989, nº. 39.

—, *La Comisión de Límites. De Bejar a Matamoros*, Archivo General del Estado de Nuevo León, Monterrey, 1989, nº. 40.

Bolívar, Simón, *Doctrina del Libertador*, prólogo de Augusto Mijares, compilación, notas y cronología de Manuel Pérez Vila, Biblioteca Ayacucho, Montevideo, 1976.

Bravo Ugarte, José, "El conflicto con Francia de 1829-1839", *Historia Mexicana*, 8 (El Colegio de México).

Bulnes, Francisco, *Las grandes mentiras de nuestra Historia, La Nación y el ejército en las guerras extranjeras*, Editora Nacional, México, 1951.

Calderón de la Barca, Madame, *La vida en México durante una residencia de dos años en ese país*, Editorial Porrúa, México, 1959.

Costeloe, Michael P., *La primera república federal de México. 1824-1835*, Fondo de Cultura Económica, México, 1983.

Díaz Díaz, Fernando, *Caudillos y Caciques*, El Colegio de México, México, 1972.

—, *Santa Anna y Juan Alvarez frente a frente*, Secretaría de Educación Pública (Sepsetentas 33), México, 1972.

Fernández de Lizardi, José Joaquín, *Obras. Periódicos*, UNAM, México, 1973.

Florstedt, Roberto F., " Mora contra Bustamante ", *Historia Mexicana*, XII, 45 (El Colegio de México, julio-septiembre 1962).

—, " Mora y la génesis del liberalismo burgués ", *Historia Mexicana*, XI, 42 (El Colegio de México, octubre-diciembre 1961).

González Navarro, Moisés, *Anatomía del poder en México 1848-1853*, El Colegio de México, México, 1983.

Gringoire, Pedro, " El ' protestantismo ' del Doctor Mora ", *Historia Mexicana*, III, 11 (El Colegio de México, enero-marzo 1954).

Gutiérrez Casillas, José, S. J., *Papeles de don Agustín de Iturbide*, Editorial Tradición, México, 1977.

Hale, Charles A., " Alamán, Antuñano y la continuidad del liberalismo ", *Historia Mexicana*, XI, 42 (El Colegio de México, octubre-diciembre 1961).

—, *Mexican liberalism in the age of Mora 1821-1853*, Yale University Press, Yale, 1968.

Herrejón Peredo, Carlos, *Guadalupe Victoria, Documentos I*, INEHRM, México, 1986.

Liceaga, José María de, *Adiciones y rectificaciones a la Historia de México*, INEHRM, México, 1985.

Lopéz Aparicio, Alfonso, *Alamán, primer economista de México*, Editorial Jus, México, 1986.

López de Santa Anna, Antonio, *La guerra de Texas. Documentos*, Universidad Autónoma Metropolitana (UAM), México, 1983.

Mora, José María Luis, *Obras ueltas*, Editorial Porrúa (Biblioteca Porrúa 26), México, 1963.

—, *Obras completas*, tomos II, IV y VIII, Instituto Mora/Secretaría de Educación Pública, México, 1987.

—, *México y sus revoluciones*, 3 tomos, Editorial Porrúa, México, 1977.

Mörner, Magnus, " Una carta de Iturbide en 1824 ", *Historia Mexicana*, XIII, 52 (El Colegio de México, abril-junio 1964).

Morton Ohland, " Life of general don Manuel de Mier y Teran, as it affected Texas-Mexican relations ", *Southwestern Historical Quarterly*, XLVI, 1 (julio 1942).

Muñoz, Rafael F., *Santa Anna : El dictador resplandeciente*, Fondo de Cultura Económica, México, 1983.

Noriega Elío, Cecilia, *El Constituyente de 1842*, UNAM, México, 1986.

O'Gorman, Edmundo, *Hidalgo en la historia* (discurso), Academia Mexicana de la Historia, México, 1964.

—, *La supervivencia política novohispana*, CONDUMEX, México, 1969.

Olavarría y Ferrari, Enrique, y Juan de Dios Arias, *México a través de los Siglos*, vol. IV : *México Independiente 1821-1855*, Editorial Cumbre, México, 1970.

Otero, Mariano, *Obras,* recopilación, selección, comentarios y estudio preliminar de Jesús Reyes Heroles, Editorial Porrúa (Biblioteca Porrúa 33), México, 1967, 2 vols.

Pérez, Fernando, sobre Javier Ocampo : " Las ideas de un día. El pueblo mexicano en la consumación de su independencia ", *Historia Mexicana*, XX, 78 (El Colegio de México, octubre-diciembre 1970).

Poinsett, Joel R., *Notas sobre México*, Editorial Jus, México, 1973.

Potash, Robert A., *El Banco de Avío de México, el fomento de la industria 1821-1846*, Fondo de Cultura Económica, México, 1986.

Prieto, Guillermo, *Memorias de mis tiempos*, Editorial Patria, México, 1969.

Reyes de la Maza, Luis, *El teatro en México en la época de Santa Anna*, UNAM, México, 1979.

Reyes Heroles, Jesús, *El Liberalismo Mexicano*, Fondo de Cultura Económica, México, 1982, 3 vols.

Sanders, Frank, " México visto por los diplomáticos del siglo XIX ", *Historia Mexicana*, XX, 79 (El Colegio de México, enero-marzo 1971).

Sierra, Justo, *Evolución Política del Pueblo Mexicano*, tomo XII de *Obras Completas*, UNAM, México, 1977.

Suárez y Navarro, Juan, *Historia de México y del general Antonio López de Santa Anna*, INEHRM, México, 1987.

Trueba, Alfonso, *Iturbide, un destino trágico*, Editorial Jus, México, 1959.

Valadés, José C., *México, Santa Anna y la guerra de Texas*, Editorial Diana, México, 1982.

—, *Alamán : Estadista e historiador*, UNAM, México, 1987.

Vázquez Mantecón, Carmen, *Santa Anna y la encrucijada del Estado ; la dictadura (1853-1855)*, Fondo de Cultura Económica, México, 1986.

Velázquez, María del Carmen, " Alamán y sus ideas ", *Historia Mexicana*, II, 8 (El Colegio de México, abril-junio 1953).

Ward, George Henry, *México en 1827*, Fondo de Cultura Económica, México, 1981.

Zavala, Lorenzo de, *Obras. El Historiador y el Representante Popular, Ensayo crítico de las revoluciones de México desde 1808 hasta 1830*, Editorial Porrúa, México, 1969.

—, *Obras. El periodista y el traductor*, prólogo, ordenación y notas de Manuel González Ramírez, Editorial Porrúa (Biblioteca Porrúa 32), México, 1966.

Zavala, Silvio y José Bravo Ugarte, " Un nuevo Iturbide ", *Historia Mexicana*, II, 6 (El Colegio de México, octubre-diciembre 1952).

第四章

IV. El temple del indio

Aurreola Cortés, Raúl, *Ocampo*, Universidad Michoacana de San Nicolás de Hidalgo, 1992.

Basch, Samuel, *Recuerdos de México*, Editora Nacional, México, 1953.

Bazant, Jan, " La desamortización de los bienes corporativos de 1856 ", *Historia Mexicana*, XVI, 62 (El Colegio de México, octubre-diciembre 1966).

Berry, Charles, " La ciudad de Oaxaca en vísperas de la Reforma ", *Historia Mexicana*, XIX, 73 (El Colegio de México, julio -septiembre 1969).

—, *La Reforma en Oaxaca. Una microhistoria de la revolución liberal 1856-1876*, Editorial Era, México, 1989.

Blasio, José Luis, *Maximiliano íntimo, memorias de un secretario particular*, Editora Nacional, México, 1966.

Bravo Ugarte, José, *Munguía, Obispo y Arzobispo de Michoacán (1810-1868)*, Editorial Jus, México, 1967.

Broussard, Ray E., " Mocedades de Comonfort ", *Historia Mexicana*, XIII, 51 (El Colegio de México, enero-marzo 1964).

Bulnes, Francisco, *Juárez y las revoluciones de Ayutla y Reforma*, Editorial H.T. Milenario, México, 1967.

Conte Corti, Egon Caesar, *Maximiliano y Carlota*, Fondo de Cultura Ecónomica, México, 1971.

Covo, Jacqueline, *Las ideas de la Reforma en México (1855-1861)*, UNAM, México, 1983.

De la Maza, Francisco, " Melchor Ocampo, literato y bibliófilo ", *Historia Mexicana*, XI, 41 (El Colegio de México, julio-septiembre 1961).

De la Portilla, Anselmo, *México en 1856 y 1857. Gobierno del General Comonfort*, INEHRM, México, 1987.

Documentos básicos de la Reforma, 1854-1875, investigación histórica, introducción, compilación y registro bibliográfico de Mario V. Guzmán Galarza, vol. IV, Partido Revolucionario Institucional (P. R. I.), México, 1982.

El Sitio de Querétaro, compilación de Daniel Moreno, Editorial Porrúa, México, 1982.

Fuentes Mares, José, *Juárez, los Estados Unidos y Europa*, Editorial Grijalbo, México, 1981.

—, ... *Y México se refugió en el desierto*, Centro Librero La Prensa, México, 1979.

—, *La emperatriz Eugenia y su aventura mexicana*, El Colegio de México, México, 1979.

González, Luis, *La Ronda de las generaciones*, Secretaría de Educación Pública, México, 1984.

—, *Galería de la Reforma*, Secretaría de Educación Pública, México, 1984.

Guzmán Galarza, Mario V., *Documentos básicos de la Reforma*, tomo IV, P. R. I., México, 1982.

Henestrosa, Andrés, *Los caminos de Juárez*, Fondo de Cultura Económica (Lecturas Mexicanas 77), México, 1985.

Hidalgo y Esnaurrízar, José Manuel, *Proyectos de Monarquia en México*, Editorial Jus, México, 1962.

Iglesias, José María, *Revistas Históricas sobre la Intervención Francesa en México*, Editorial Porrúa, México, 1987.

Israel, Jonathan I., *Razas, clases sociales y vida política en el México Colonial, 1610-1670*, Fondo de Cultura Económica, México, 1981.

Iturribarría, Jorge Fernando, " El partido borlado ", *Historia Mexicana*, III, 12 (El Colegio de México, abril-junio 1954).

Jackson Hanna, Alfred, y Kathryn Abbey Hanna, *Napoleón III y México, Fondo de Cultura Económica, México, 1981.*

Juárez, Benito, Discursos y manifiestos, INEHRM, México, 1987.

—, *Documentos discursos y correspondencia*, Editorial Libromex, México, 1964.

—, *Epistolario*, Fondo de Cultura Económica, México, 1957.

—, *Exposiciones* (*cómo se gobierna*), INEHRM, México, 1987.

—, *Miscelánea*, INEHRM, México, 1987.

Knapp, Frank A., *Sebastián Lerdo de Tejada*, Universidad Veracruzana, Veracruz, 1962.

Knowlton, Robert J., " La Iglesia mexicana y la Reforma : respuesta y resultados ", *Historia Mexicana*, XVIII, 72 (El Colegio de México, abril-junio 1969).

—, *Los bienes del clero y la Reforma mexicana, 1856-1910*, Fondo de Cultura Económica, México, 1985.

Kolonitz, Paula, *Un viaje a México en 1864*, Secretaría de Educación Pública, México, 1972.

Lefevre, E., *Historia de la Intervención Francesa en México, Documentos oficiales recogidos en la secretaría privada de Maximiliano*, Bruselas y Londres, 1869.

Lombardo de Miramón, Concepción, *Memorias*, Editorial Porrúa (Biblioteca Porrúa 74), México, 1989.

Maciel, David R., *Ignacio Ramírez ideólogo del liberalismo social en México*, UNAM, México, 1980.

Molina Enríquez, Andrés, *Juárez y la Reforma*, Editorial Libromex, México, 1958.

Moreno, Daniel, *Los hombres de la reforma*, Editorial Libromex, México, 1961.

Ocampo, Melchor, *Obras completas*, F. Vázquez editor, México, 1900, 3 tomos.

Ochoa Campos, Moisés, *Ignacio Manuel Altamirano, Discursos cívicos*, CREA, México, 1984.

Parra, Porfirio, *Estudio histórico-sociológico sobre la Reforma en México*, Trabajo presentado al Concurso abierto por " La Comisión del Centenario ", Imprenta de la *Gaceta de Guadalajara*, Guadalajara, 1906.

Payno, Manuel, *Memorias sobre la Revolución*, INHERM, México, 1987.

Paz, Ireneo, *Algunas campañas. Memorias*, Imprenta y Litografía de Ireneo Paz, México, 1885.

Poesía Mexicana, 1810-1914, selección de Carlos Monsiváis, tomo I, PROMEXA, México, 1979.

Proceso de Fernando Maximiliano de Habsburgo, Miguel Miramón y Tomás Mejía, prólogo de José Fuentes Mares, Editorial Jus, México, 1966.

Ramírez de Arellano, Manuel, *Ultimas horas del Imperio*, Tipografía Méxicana, México, 1869.

Riva Palacio, Vicente, *Historia de la Administración de don Sebastián Lerdo de Tejada*, Imprenta y Litografía del Padre Cobos, México, 1875.

Rivera Cambas, Manuel, *Historia de la Intervención Europea y Norteamericana en México y del Imperio de Maximiliano de*

Habsburgo, INEHRM, México, 1987, 3 tomos.

Roeder, Ralph, *Juárez y su México*, México, 1958, 2 tomos.

Scholes, Walter V., *Política mexicana durante el régimen de Juárez, 1855-1872*, Fondo de Cultura Económica, México, 1976.

Sierra, Justo, *Juárez : su obra y su tiempo*, Editorial Porrúa, México, 1989.

Sosa, Francisco, *Efemérides Históricas y Biográficas*, INEHRM, México, 1985, 2 vols.

Spores, Ronald, *et al.*, *Benito Juárez : Gobernador de Oaxaca, documentos de su mandato y servicio público*, Archivo General del Estado de Oaxaca, Oaxaca, 1987.

Torres, Víctor Manuel, "El pensamiento político de Ignacio Ramírez", *Historia Mexicana*, XII, 46 (El Colegio de México, octubre-diciembre 1962).

Treviño Villarreal, Mario, *Rebelión contra Juárez, 1869-1870*, Archivo General del Estado de Nuevo León, Monterrey, 1991.

Vasconcelos, Francisco, *Apuntes históricos de la vida en Oaxaca en el siglo XIX*, s. p. i.

Vigil, José María, *México a Través de los Siglos*, vol. V, *La Reforma*, Editorial Cumbre, México, 1970.

Zaid, Gabriel, *Omnibus de poesía mexicana*, Siglo XXI, México, 1973.

Zayas Enríquez, Rafael de, *Benito Juárez : su vida/su obra*, Secretaría de Educación Pública, México, 1971.

第五章

V. El ascenso del mestizo

Archivo del General Porfirio Díaz, tomo I, Editorial Elede, México, 1947.

Beals, Carleton, *Porfirio Díaz*, Editorial Domés, México, 1982.

Brasseur, Charles Etienne, *Viaje por el istmo de Tehuantepec*, Fondo de Cultura Económica, México, 1981.

Bulnes, Francisco, *Rectificaciones y aclaraciones a las Memorias del General Díaz*, Bibliofilia Mexicana Editores, México, 1992.

Cosío Villegas, Daniel, *Estados Unidos contra Porfirio Díaz*, Editorial Hermes, México, 1955.

—, *Historia moderna de México : La República Restaurada*, Editorial Hermes, México, 1955.
—, *La Constitución de 1857 y sus críticos*, Editorial Hermes, México, 1957.
—, *Historia Moderna de México : El Porfiriato, vida económica*, Editorial Hermes, México, 1965, 2 tomos.
—, *Historia moderna de México : El Porfiriato, vida política interior, primera parte*, Editorial Hermes, México, 1971.
—, *Historia moderna de México : El Porfiriato, vida política interior*, segunda parte, Editorial Hermes, México, 1972.
—, *Llamadas*, El Colegio de México, México, 1980.
Creelman, James, "Presidente Díaz, Hero of the Americas", *Pearson's Magazine*, 3 (Marzo 1908).
Cumberland, Charles C., *Mexico, the Struggle for modernity*, Oxford University Press, Oxford, 1968.
Díaz, Porfirio, *Memorias*, Editorial Offset, México, 1983, 2 tomos.
—, "Don Porfirio visto a través de su sastre", *Hoy* (6 de septiembre de 1952).
—, "Don Porfirio y los yaquis", *Así* (26 de febrero de 1944).
Estadísticas económicas del Porfiriato, fuerza de trabajo y actividad económica por sectores, El Colegio de México, México, s. f.
Gamboa, Federico, *Diario*, selección, prólogo y notas de José Emilio Pacheco, Editorial Siglo XXI, México, 1977.
Hale, Charles, A., *La trasformación del liberalismo en México a fines del siglo XIX*, Editorial Vuelta, México, 1991.
Hart, John M., *El anarquismo y la clase obrera mexicana, 1860-1931*, Editorial Siglo XXI, México, 1980.
Iturribarría, Jorge Fernando, "La política de conciliación del general Díaz y el arzobispo Gillow", *Historia Mexicana*, XIV, 53 (El Colegio de México, julio-septiembre 1964).
Kaiser, Chester C., "J.W. Foster y el desarrollo económico de México", *Historia Mexicana*, VII, 25 (El Colegio de México, julio-septiembre 1957).
Krauze, Enrique, *Biografía del Poder. Porfirio Díaz. Místico de la autoridad*, Fondo de Cultura Económica, México, 1991.
—, *Biografía del Poder. Francisco I. Madero. Místico de la libertad*, Fondo de Cultura Económica, México, 1987.
López Portillo y Rojas, José, *Elevación y caída de Porfirio Díaz*, Editorial Porrúa, México, 1921.
Meyer, Jean, *La Revolución Mejicana*, Dopesa, Barcelona, 1975.

Molina Enríquez, Andrés, *Los grandes problemas nacionales*, Editorial Era, México, 1978.

Paz, Octavio, *México en la obra de Octavio Paz*, Editorial Promexa, México, 1979.

Rabasa, Emilio, *La evolución histórica de México, Editorial Porrúa,* México, *1972.*

—, *Organización política de México*, Editorial América, Madrid, s. f.

Roeder, Ralph, *Hacia el México moderno : Porfirio Díaz*, Fondo de Cultura Económica, México, 1983, 2 tomos.

Taracena, Angel, *Porfirio Díaz*, Editorial Jus, México, 1983.

Ultimos meses de Porfirio Díaz en el poder. Antología Documental, INEHRM, México, 1985.

Zayas Enríquez, Rafael de, *Porfirio Díaz*, Apletons, 1908.

訳者あとがき

本書はメキシコ独立百周年記念日の前夜から、百年間を遡る歴史をカウディーヨ（Caudillo. 国の運命を決定した絶対権力者、首領、領袖または独裁者を指すスペイン語）の姿を通して論及し、この時期の歴史の実像と虚像との落差を縮めようとする意図をもっている。原著者エンリケ・クラウセによれば、彼らこそメキシコという国の抱えていた運命を体現した存在となる。クラウセは一九八七年にメキシコのFCE出版社から、マデロ大統領（在職一九一〇-一三）からカルデナス大統領（一九三四-四〇）までのカウディーヨ列伝シリーズ『メキシコの権力者列伝』を出版して好評を博した。その後、このシリーズはテレビのドキュメンタリー帯番組で放送され高い視聴率をえた。著者はノーベル文学賞受賞のオクタビオ・パスが存命中に編集長をしていた *VUELTA*（メキシコの文芸誌）の副編集長であった。評論家であり現在メキシコの言論界で注目されている一人である。九九年一月に『*VUELTA*』が廃刊された後に『*LETRAS LIBRES*』誌が創刊されエンリケ・クラウセが編集長に就任している。

九四年に初版がでた本書は原題『カウディーヨの世紀』で、独立戦争からメキシコ革命までの百年間（一八一〇-一九一〇）の歴史である。その後、アビラ・カマチョ大統領（一九四〇-四六）からセディーヨ前大統領（一九九四-二〇〇〇）までを扱った『大統領の特権』を出版してメキシコ近代史を纏めている。なかでも『カウディーヨの世紀』はスペインのバルセローナで初版出版後、版を重ねる度に話題を呼んだ。スペインの出版文化賞の VI Premio Comillas de biografiá も受賞している。前記三巻は合本され、九七年に *Mexico —Biography of Power— A History of Modern Mexico 1810-1996*（Harper Collins Publishers, NY, 1997）として英語版が出版されている。

訳者はかって著者と同じ、El Colegio de Mêxico（メキシコ大学院大学）で学んだこともあって、これまで同氏のメキシコ事務所で面談し、日本語翻訳権を得ることができた。

訳者は本書に出版直後から関心を抱いていた。その背景はさまざまである。すぐさま翻訳を決意したわけではない。予てより興味のあったメキシコ独立戦争時期をよく理解したいと考えていたので、これまで外国語、日本語で書かれたこのテーマに関する研究書を補完する新刊書を待望していた。自分が執筆することも含めてこの希望を満たしたいと思っていたが、その葛藤は意外にも本書を再読した時に、当面は本書を翻訳する形で解決できると考えたのである。日本の読者、とくに、ラテンアメリカに興味を持っておられる方には一八一〇年から一九一〇年のメキシコ百年の歴史は、まず、その概略をつかむことが前提であるが、その後に生じる、歴史事実だけに覆われた歴史解釈の難点、歴史上の人物の人間性、有機性に関心を抱けば、その解決に焦燥感を暮らせるかもしれない。この抵抗しきれない誘発に本書は何らかの暗示を読者に提示している。原著の序に記載されているカーライルの歴史観もその意味で著者は引用したのであろう。また、これまでメキシコの多様な面に興味を持っておられる方は、本書を百年間の予備知識なしでもおもしろく読めるかもしれない。メキシコ人にとって本書は、一つの知識提供以上に〝警告〟を発する問題作とも言える。自己発見の苦痛が伴うからであろう。かつて、ラテンアメリカを植民地支配していたスペイン人には、著者が本文に著述しているように、「大きな幹から分離した枝のような国メキシコ」が抱える否定しがたい史実と現実を、この国は直視していることを認識させる。アメリカ合衆国にとっても、別の意味で本書は関心を喚起させる。メキシコは米国の隣国である。現在の米国西海岸地帯は一九世紀までメキシコの領土であった。多くの地名がスペイン語であることは、その歴史を如実に物語っている。「本書を読むアメリカ人にとって、自国の知らざる歴史の一面を、図らずも理解する機会になるかもしれない」と、英語翻訳版の「帯のことば」でオクタビオ・パスは書き残している。

訳者は、毎年メキシコの独立記念日がミゲル・イダルゴ神父の「ドローレスの叫び」の一八一〇年九月十六日を

「起点」として祝祭年の回数が、計算されているのを奇妙に思っている。なぜ、イトゥルビデがメキシコの独立を達成した一八二一年を初年度としないのか。こんな単純な疑問にも解答を与えてくれのが本書かもしれない。独立戦争勃発後百年間の歴史をカウディーヨに基軸を合わせて歴史を検証する本書の視座はユニークだ。オクタビオ・パスも指摘しているように、「カウディーヨはメキシコで強力な存在であった。古来アステカの時代から王たちは神格化され、その伝統は植民地時代を通して生き続けてきた。それが起因してカウディーヨは単なるカリスマ的存在ではなく、むしろ神に近い存在であったと言える」(Enrique Krauze, "Imperial Presidency", *TIME Magazin*, 1995. 1. 9)。歴史を単なる史実記述に止まらず、著者のようにメキシコ史を列伝体に著述していくと、カウディーヨについての書き手側の語りと、カウディーヨ自身が秘めている絵画的な要素が融け合い、それが見事に一連の連続性を持って百年間の歴史が甦る。スタジオで撮影する肖像、あるいは、一連のスライド映写が生み出す効果と比較すると、本書はカウディーヨの人生そのものを読者に伝え、断片的に捉えられてきた一九世紀メキシコ史に〝生きた〟現実を注入している。

本書の構成は次のようになる。一九世紀前半のカウディーヨはクリオーヨ出身で、独立の第一声を発したイダルゴ、その後の独立運動を指揮したモレーロス、保守派のアラマン、教会の特権剝奪を試みた自由主義派のモラ、典型的な独裁者サンタ・アナがあげられる。一九世紀後半になると、インディオ出身の大統領ベニート・フアレスが出現する。独立以降も強大な権力と財産を保持し続けていた教会勢力を打破し、ヨーロッパの干渉を退け、法制を確立させるなど、彼はメキシコの近代化に尽力した。フアレスがひときわ秀でた存在と言われる由縁である。フアレスの登場により、独立直後から始まった自由主義派と保守派との争いは前者の勝利をもって決着し、メキシコは新しい政治秩序を築くことになる。この時期はレフォルマ、「改革の時代」と呼ばれた。その後、権力の座につくのはメスティソの軍人ポルフィリオ・ディアスである。従来のメキシコ史において、彼はメキシコ革命を誘発したカウディーヨとして否定的に見られることが多かった。しかし、三五年間におよぶ政権で、メキシコに自由主義を確立するとともに、「政治的安定」と経済的発展をもたらした点を見直して、彼を再評価することも本書のテーマの一つである。著者の主眼は従来の歴史像に固執することなく、また単なる修正主義に陥ることもなく、生身の人間としてのカウディーヨの姿を、彼らの時代に立ち戻って綿密に綴る。その生きざまに迫っていくことで、独立後百年の歴史を俯瞰し、メキシコ史の底流に位置する文化と政治と人種の問題に直面することになる。ひいては、その延長戦上にあるサリーナス政権末期の政治混乱などにみられる、メキシコが直面した混迷をより鮮明に理解できる一つの示唆を与えられるかもしれない。セディーヨ前大統領の六年間の任期が終了したあと、二〇〇〇年一二月には、野党PANが七一年目にして、メキシコの政権を奪還したビセンテ・フォックス大統領の登場がみられた。メキシコにおける民主主義の発展の一里塚として大きな意義がある。

本書は *Enrique Krauze : Siglo de Caudillos, Biografía política de México* (*1810–1910*)(Tusques Editores, 1994)の翻訳である。本文中の「　」は、原著の引用箇所を示している。しかし、読者にとって煩雑さを避けるためいちいち出典の明記を原著は差し控えているようだが、著者の論述の背景を知る上で貴重な個所と言えよう。詳しくは原著参考文献リストをご覧いただきたい。なお、日本語訳文中の傍注番号とその解説は訳者が付けたものである。出典に関しては、訳者が独自で付記したものと、ハーパー・コリンズ社刊の英語翻訳版の典拠も参考にした。また、訳者による簡単な人名と語句の説明は本文中の［　］内に挿入した。

翻訳書の完成には多くの方々の協力を得た。とくに、第三章と第四章は立岩礼子さんに負う所が大きい。同様に、脱稿までの期間、原稿の入力作業でお世話になった橋本和美さんはじめ、多くの方々にもお礼を申し上げなければならない。また、出版にあたって適切なアドバイスを頂いた山中昭夫氏、また原著者と訳文の推敲をするためにメキシコに出張した際の、研究助成金を頂いた大同生命国際文化基金と川村秀人氏にもお礼を申し上げる。おわりに、日本語翻訳版の刊行が実現したのは、メキシコ外務省文化総局の出版助成基金（PORTRAD）の援助を受けたことも記したい。

二〇〇四年八月　洛西の研究室にて

大垣　貴志郎

〔訳者略歴〕
大垣　貴志郎（おおがき・きしろう）

1943年生まれ。京都外国語大学イスパニア語学科卒業。スペイン・ナバラ大学大学院とエル・コレヒオ・デ・メヒコ（メキシコ大学院大学）を修了し、両大学院で博士号（歴史学）を取得。京都外国語大学教授。ラテンアメリカ近現代史が主な研究領域。

〔著者紹介〕

Enrique Krauze（エンリケ・クラウセ）

歴史家、評論家。1947年生まれ。1969年にメキシコ国立大学（UNAM）工学部を卒業し、74年にメキシコ大学院大学（El Colegio de México）で歴史学博士号取得。77年からはオクタビオ・パスが編集長をしていた「Vuelta」誌で執筆活動を始めた。81年からは同誌の副編集長であったが、廃刊後91年にEditorial Clío社を創設し現在に至る。99年に発刊された「Letras Libres」誌の編集長として、メキシコ内外の問題に論鋒鋭く詰め寄る編集方針と硬派の掲載記事に耳目を引きつけている。同氏による独立戦争から現代までのメキシコ史三部作の著作は、Harper Collins社からMexico: Biography of Power. として1977年に刊行された。

メキシコの百年　1810–1910

発行……二〇〇四年一〇月二九日　初版第一刷
定価……四五〇〇円＋税
著者……エンリケ・クラウセ
訳者……大垣貴志郎
発行所……現代企画室
住所……101-0064東京都千代田区猿楽町二—二—五—三〇二
電話——〇三—三二九三—九五三九
ファクス——〇三—三二九三—二七三五
E-mail：gendai@jca.apc.org
http：www.jca.apc.org/gendai/
郵便振替——〇〇一二〇—一—一一六〇一七
印刷所……中央精版印刷株式会社
ISBN4-7738-0409-2　C0022　Y4500E